中国文明的反思

肖建生◎著

中国社会科学出版社

图书在版编目（CIP）数据

中国文明的反思/肖建生著. —北京：中国社会科学
出版社，2007.1
ISBN 978-7-5004-5848-7

Ⅰ. 中⋯　Ⅱ. 肖⋯　Ⅲ. 文化史 – 研究 – 中国
Ⅳ. K203

中国版本图书馆 CIP 数据核字（2006）第 117024 号

特约编辑　李登贵
策划编辑　陈　彪
责任校对　朱小青
封面设计　回归线视觉传达
版式设计　王炳图

出版发行　中国社会科学出版社
社　　址　北京鼓楼西大街甲 158 号　　　邮　编　100720
电　　话　010—84029450（邮购）
网　　址　http：// www.csspw.cn
经　　销　新华书店
印　　刷　北京金瀑印刷有限责任公司　　装　订　广增装订厂
版　　次　2007 年 1 月第 1 版　　　　　印　次　2007 年 1 月第 1 次印刷
开　　本　710×980　1/16
印　　张　22.5　　　　　　　　　　　插　页　2
字　　数　356 千字
定　　价　38.00 元

前　言

　　二十多年前，我在写作《民国总理熊希龄》的时候，就曾有过用现代文明的观点，系统地反思中国历史的想法，想写一本这样的书。那时候，许多人还是习惯于用阶级和阶级斗争的观点来看待历史，把活生生的历史套在阶级和阶级斗争的框框里，随便加以歪曲，把人分成"革命"和"反动"两大类来进行评价，不尊重历史的事实，把历史简单化和庸俗化了。

　　如今，中国的历史学有了很大的进步，这是解放思想、改革开放的结果。但是，在许多重大的问题上，中国的历史学依然没有实质性的进步，依然还处在一种思想混乱的状态。一些人不愿意彻底地反思自己的历史，所以不能够正确地认识中国历史上的文明成就，不能够从历史上吸取真正的有益的经验教训。对哪些是应该抛弃的，哪些是应该继承和发展的，没有一个科学的认识，结果，该抛弃的东西没有被抛弃，反而作为文明的精华被继承下来，而应该继承和发展的文明精神，反而被认为是糟粕而抛弃了。例如，在中国古代，儒家就提倡"己所不欲，勿施于人"的宽容态度，提倡"民贵君轻"、"仁政爱民"和"以民为本"的思想，这些本来非常好的思想和政治主张，却长期被人们否定，而暴力和专制思想以及后来的江湖习气等不良文化，却长期被人们所肯定和继承。由于中国历史上的文明精华没有得到继承和发展，结果使得中国的文明没有走上健康发展的轨道。这不能不说是一个很大的缺陷。

　　一个民族必须正确地认识自己的历史。只有正确地认识自己的文明史，才能清醒地意识到自己文明的精华和糟粕，从而为民族的生存和发展找到一条正确的道路。而一个不能够彻底反思自己文明历史的民族，很难说是一个有希望的民族。事情很明显，一个民族连自己的文明历史都不能够正确地对待，又怎么能够期望这个民族以伟大的胸怀面向未来？

　　直到今天，很多人还是把春秋战国看成是一个诸侯割据、军阀混战的黑暗时代，他们根本没有去想一想，一个黑暗的社会，怎么会出现百家争鸣、百花齐放的局面？怎么会产生那么多伟大的思想家、政治家、军事家、文学家和科学家？怎么会使社会的政治、经济、文化等各项事业出现蓬勃发展、欣欣向荣的景象？

　　直到今天，很多人还是依然把秦始皇以暴力统一六国、建立高度大一统的皇帝专制制度的国家看成是历史的伟大进步。可是他们没有去想一想，既然是伟大的进步，那么，为什么秦灭六国之后，中国没有再出现像老子、孔子、孟子等伟大的思想家？为什么中国总是出现周期性的动乱而无法走出这个怪圈？为什么中国人在秦朝社会生活得那么痛苦？为什么秦朝社会很快天下大乱而走向崩溃？

　　直到今天，很多人依然把宋朝看成是一个专制的、腐败的、落后的、贫弱的朝代，对宋朝所创造的文明成就采取全盘否定的态度，可是他们没有想一想，既然是这么专制、腐败、落后、贫弱的社会，那么，它为什么会创造出领先世界上百年的先进文明？为什么会对全人类社会贡献出火药、指南针、活字印刷术等伟大的发明？为什么宋朝会出现像《清明上河图》所描绘的那样繁荣的商品经济？为什么会出现像范仲淹、包拯、王安石、司马光、苏轼等伟大的政治家和文学家？为什么会产生范仲淹那种"先天下之忧而忧，后天下之乐而乐"的伟大情操，文天祥"自古人生谁无死，留取丹心照汗青"那样崇高的民族气节？为什么宋朝会出现伟大的文艺复兴运动？为什么宋朝人会有那么高的文明素养？为什么宋朝人会具有那么伟大的创造力、进取心和民族精神？为什么宋朝人的生活会那样富裕和多姿多彩？而别的社会却为什么做不到呢？

　　直到今天，很多人还在对所谓的"康乾盛世"津津乐道，可是他们没有去想一想，既然康乾盛世那么进步繁荣，为什么乾隆皇帝死后仅仅41年，中国就在外国人的大炮轰击之下割地赔款、丧权辱国？中国人为什么从此被人视为东亚病夫，被人视为脑后拖着猪尾巴的怪物和白痴？为什么龚自珍会写出"九州生气恃风雷，万马齐喑究可哀，我劝天公重抖擞，不拘一格降人才"的悲怆诗句？

　　现在人们都说要复兴伟大的中华文明，可是人们在说这个话的时候，是否真正想过，什么是伟大的中华文明？中华文明的伟大表现在哪些方面？今天要复兴什么样的中华文明？有谁真正弄清楚了这些问题？如果连中华文明伟大在什么地方都搞不清楚，又怎么谈得上去复兴伟大的中华文明呢？

所有这些问题，都不能不让人产生一种强烈的感觉，这就是，虽然经过了二十多年的改革开放，中国人依然对自己的文明历史没有清醒的认识，对哪些是先进的，哪些是落后的，哪些是文明的，哪些是野蛮的，完全没有弄清楚。如果说，在改革开放前的"文革"时代，由于阶级和阶级斗争的理论在控制着人们的思想，不能够正确地认识自己的历史还情有可原的话，那么，如今已经改革开放二十多年了，国人还是这样无动于衷，麻木不仁，就实在是难以原谅了。一个国家、一个民族怎么能够长期处在这样的状态？这怎么能够吸取自己文明的精华，继往开来？

正是由于这样的原因，使我感到用民主、法治、自由和人权等等现代文明的观点，来系统地彻底地反思中国文明史的必要性。我觉得，面对着中国经济迅速发展的形势和中国人建设世界性大国的迫切愿望，必须要对国家的文明历史进行深刻的反思，这是一件十分紧迫的也是非常重要的工作。古人说，以史为镜，可以知兴替。正确反思历史，是一个民族进步的标志。只有用现代文明的观点来深刻反思自己的文明史，才能知道今天的中国为什么会是这个样子，才能知道中国人在哪些地方做对了，哪些地方做错了，为什么中国人会犯那样的错误，从而吸取有益的经验教训，以指导今天中国的现代化建设。

一个最现实的问题是，经过二十多年的改革开放，中国社会的发展已经面临着一个重要的关键时期，这就是如何改革目前的政治体制，以适应我国快速发展的经济形势，从而建立起一个民主、法治、公平、自由、和谐的社会。有人认为，中国要有效地进行政治体制改革，就必须模仿西方的民主政治模式，实行全民竞选、政党轮替、三权分离等宪政体制，也就是要全盘西化。但是也有人认为，西方的政治模式不适合中国的国情，中国的政治体制改革绝对不能走全盘西化的道路。

那么，中国到底能不能走全盘西化的道路？如果中国的政治体制改革不能走全盘西化的道路，那又该走什么样的道路？说要建设具有中国特色的社会主义社会，那么这个社会的政治体制该是什么样子？如果说中国目前的政治制度不需要改革的话，那么，为什么会发生像"反右"和"文革"那样的历史大悲剧？为什么当前官商勾结、权钱交易、化公为私、挥霍浪费、黑社会猖獗等腐败现象，以及决策失误、分配不公、资源浪费、环境恶化等问题，不但没有得到有效的解决，反而日趋严重？所以，从现实的情况看，中国的政治体制不仅必须要改革，而且必须要加快改革的进程。不然的话，要把中国建设成为真正民主、法治、自由、和谐的社会，要实现中国的长治久安和经济长期、稳定、健康发展的目标，是不可想像的。

应该肯定地讲，世界上没有任何一种政治制度是完美无缺的，但至少到目前为止，西方民主政治的模式，是比较先进的，对权力的制约和对腐败的打击是比较有效的，具有普世的价值。这些人类优秀的文明成果，中国人是应该努力学习的。问题是，在中国这个幅员辽阔、人口众多并具有几千年专制传统的国家，要贸然进行全盘西化的改造也是不明智的。因为在中国的近代史上，也曾经实行过君主立宪和建立中华民国的大规模的西化改造，中国人并为此付出了巨大的牺牲，但结果并没有成功。而且，今天的中国也并没有具备全盘西化的社会基础和基本政治条件。要迅速地实现西方化的改造，不仅是不现实的，而且是非常危险的。

所以，如何在坚持中国共产党执政和社会稳定的前提下，去有效地推进政治体制的改革，实现中国文明的革新和进步，就成为当前一个最重要的问题。如何找到这个问题的答案，应该是当前社会科学的神圣职责。我感到，历史研究不能仅仅就历史讲历史，也不能对历史采取全面否定的虚无主义态度，更不能厚古薄今，而是要从历史的经验教训中，找到变革今天中国文明的成功模式。而要成功地进行中国政治体制改革的设计，就必须要改变一下思路，不要把目光只盯着西方的政治模式，而要把目光转到中国自己的历史上来。因为中国政治模式的确立，应是源于其悠久的历史传统的。所以，改革中国目前的政治体制，必须要从中国的历史上去吸取经验教训，去寻找一个成功的政治模式，这样才能符合中国的国情和民众的心理。

正是出于这样的动机，五年前我开始写作这本反思中国文明史的书。在这本书中，我主要是对照西方文明发展的历史，着重研究了以下一些问题：中国的一元化专制文明是怎样产生的，又是怎样发展和强化的？为什么在君主专制的社会里，中国人在唐宋时期，特别是在宋朝时期，创造出了领先世界上百年的先进文明？为什么西方能够产生立宪政治？西方中世纪的一元化文明为什么能够成功地实现向多元化文明的转型？而中国的一元化文明为什么没有在近代实现向多元化文明的转型？其中文明转型失败的根本原因在哪里？今天的中国应该复兴什么样的中华文明才是正确的？等等。

在此同时，本人根据现代文明的基本观点，还对西周社会、春秋战国、秦朝等主要朝代的文明状况进行了分析，对商鞅变法、秦灭六国等一系列重大事件进行了重新评价，对儒家思想等传统文化和中国人的思维方式进行了重新的探讨，等等。其中特别分析了宋文明高度繁荣的原因，如实行中央集权加仁政的政治设计，加强制度建设等，以作为今天中国政治体制改革的借鉴。

由于自己的理论水平有限，历史知识不足，许多观点和看法不一定是正确的，但是我觉得，个人的看法正确与否并不是最重要的，重要的是，对中国文明史的深刻反思，将有助于人们重新客观地认识自己的历史，有助于人们探索政治体制改革的成功经验和模式，这对于提高民族素质，促进中国文明的繁荣进步，推动中国今天的现代化建设，有其积极意义。

现代文明的核心，是限制政府公权力的滥用，保障个人的权力和自由。正如托克维尔在《论美国的民主》一书中指出的那样："我们把视线转向美国，并不是为了亦步亦趋地仿效它所建立的制度，而是为了更好地学习适用于我们的东西；更不是为了照搬它的教育之类的制度，我们所要引以为鉴的是其法制的原则，而非法制的细节。法兰西共和国的法制，可以而且最好是应当不同于治理美国的法制；但是美国各项制度所依据的原则，即遵守纪律的原则，保持政权均势的原则，实行真正自由的原则，真诚而至上地尊重权利的原则，则对所有的共和国都是不可或缺的。它们是一切共和国都应当具有的，而且可以预言：不实行这些原则，共和国很快就将不复存在。"

今天，面对着我国经济蓬勃发展的局面，重温托克维尔的话，是很有现实意义的。是的，中国有中国的国情，中国人不一定要模仿美国的制度，但是，作为共和国必须遵守的基本原则和精神，我们是可以借鉴

的。建立一个民主自由、公平正义、共同富裕以及人与自然和谐相处的
社会，也是中国共产党和广大中国人民的理想，所以托克维尔的话，值
得每一个中国人深思。

肖建生

2006 年 6 月

目　录

天无二日　民无二主

——古代神话传说与中国文明的起源

　　文明的源头早已被掩盖在一片混沌之中。要揭开远古层层的迷雾，看清文明的真实面貌，在今天缺乏直接的文字证据的情况下，委实是一件十分困难的事。人们不仅要对地下挖出的一颗牙齿、一片头骨、一块陶片作繁琐的考证，还要从古代神话传说故事中寻求线索。

　　因为神话是一个民族的灵魂。如果说一个民族没有神话，无异于说这个民族的历史起源于没有思想的木偶。正是有了动人的神话，才使我们今天能够有可能追寻到祖先的足迹，窥测到他们的行为方式和思维方式。有些神话传说表面看起来荒诞不经，矛盾百出，但正是因为这样，才显出它的真实性。事实上，许多的神话传说，都是以真实的历史为依据的，例如《荷马史诗》、《圣经》中记载的许多神话传说故事，后来都在考古发掘中得到了证实。在中国古代神话传说中，有些故事很能说明中华文明的起源。

天地人起源的传说及其意义

　　传说很久很久以前，没有天，没有地，到处一片漆黑，混沌不开。一个叫盘古的人，用巨斧砍开浑浊的球体。一声巨响之后，球体分为两半，上半为天，下半为地，于是宇宙出现了。在这个神话中，盘古表现了无比的牺牲精神：他死后，用自己的身体变成了太阳、空气、河流和大山，带来了一个美丽的世界，而他自己却从此消失。

　　与盘古开天地具有同样重要意义的神话，是女娲造人的神话。传说盘古死后，女娲出现了。她是一位美丽的女神，人首蛇身，身材苗条纤细，却有着非凡的智慧和力量。她精心用泥土造出了人来，有男有女，并教导他们婚配，繁衍了许许多多后代。

　　后来大自然出现灾难，支撑苍天的四根柱子断裂了，大地破裂塌陷，苍天不再覆盖大地，大地不再承载万物，洪水泛滥成灾。女娲为了拯救人类，于是炼五色石以补苍天，杀了大海里的一只大龟，将它的四只脚立起来作为撑天的柱子，用芦灰止住洪水，于是"苍天补，四极正，淫水涸"，人类终于得救。

　　这就是中国古代有关天、地、人起源的神话传说。这些神话传说在中国流传了一代又一代，于是盘古和女娲成了人类的始祖。当代人类科学还没有发展到能彻底解释宇宙形成原因的水平。所以，古人开天辟地的神话传说依然还有它存在的价值。因为正是这些神话传说，开始产生了人类文明的观念。也许盘古开天地的神话，恰好保留了人类对宇宙巨变的某种记忆。

　　例如，世界各地不同人种喜怒哀乐的表情几乎都相同（如都用点头表示肯定，用摇头表示否定），那么，是不是可以设想他们有共同的祖先呢？而这一个共同的祖先又是一位女性呢？如果真是这样，那么，女娲造人的神话也就不仅仅是一种幻觉。《生活时报》2000年11月7日报道，美国斯坦福大学的研究人员选择了来自世界上22个不同地区的1000多名男性，对其Y染色体进行分析，同时还对来自母系的遗传物质也进行了排序。结果发现，不同人种有一位共同的女性祖先，这一女性生活在距今14.3万年前。这说明，人类有一位共同的女性祖先，是她最早繁殖了人类，之后这些人才从某一中心地域逐渐扩散到世界各地。中国古代的女娲是不是人类的女性始祖，谁也无法证实，但女娲造人的神话却反映了远古中国人对人类起源的观念。这与《圣经》中记载的上帝用泥土造人是一样的。

　　至于女娲补天的传说，应该是对远古一场大洪水的描述。这是有真实的历史做基础的。地球上曾发生过一次造成全人类文明毁灭的大洪水，而只有极少数人得以存活下来。全世界已知的关于那场大洪水的传说有600多则，都保留着对大洪水的记忆。虽然这些传说产生于各个不同的民族，却拥有极其相似的故事情节。对于这一切证据和现象，用偶然或巧合是根本无法解释的。有关那次大洪水的过程，《圣经》中有所描述。虽然《圣经》是一本宗教书籍，但很多学者认为《圣经》描述的是真实的人类历史。以下为《圣经》中关于那次大洪水的摘要："洪水泛滥地上40昼夜，水往上涨，把方舟从地上漂起"；"水势在地上极其浩大，山岭都淹了"；"5个月后，方舟停在拉腊山上；又过4个月后，诺亚离开了方舟，地已全干了"。那次洪水同时伴随着大陆的变迁，完全摧毁了当时整个地球的人类文明，而女娲可能就是当时拯救人类生命的英雄。

在盘古、女娲的神话传说中，无论是盘古还是女娲，都表现了古代中国人崇高而豪迈的精神和气概，充满了伟大牺牲精神和悲壮的情怀。他们的身上有超越一切的伟大力量。而且他们的力量是用来为人类造福，不是用来获取个人的权利。所以他们是完美的圣人。

这些神话不仅与西方古代的神话不同，而且与西方犹太教中的创世神话也不相同。在古希腊的神话中，众神都是有着人的弱点的，特别在《圣经》里，人类被上帝创造出来之后，自亚当和夏娃偷吃了智慧树上的果实，便犯下了原罪。所以从那以后，人一生下来就是有罪的。人的一生都要为此忏悔和赎罪。正因为如此，除了上帝之外，世界上没有圣人。人不可能成为圣人。迷信和崇拜圣人是不对的。这一看法与中国古代人类恰好相反。中国远古的人类，没有宗教观念，有的只是对圣人和英雄的崇拜。不仅盘古、女娲是如此，还有伏羲氏、有巢氏、燧人氏、神农氏、黄帝、尧、舜、禹等等，无不表现出超人的力量和造福于人类的伟大精神。应该说，中国歌颂圣人和英雄的历史是从这些神话开始的。

正是由于这种观念上的差异，所以西方社会没有产生个人崇拜的观念。西方人除了上帝之外，对任何权威都不相信，对任何权力都认为要加以制约，不然掌握权力的人就会利用权力谋取私利。而中国人却希望有完美道德的圣人出现，由圣人来管理社会事务，为大众谋福祉。所以中国远古神话的重要意义之一，就在于为古代"圣人治国"的权威提供了最早的意识形态。

大同社会的传说与原始民主制

在儒家的重要经典《礼记·礼运》篇中，记载着这样一件事：一次，孔子参与蜡祭，充任蜡祭饮酒的宾客。祭祀完毕，孔子外出到门楼上游览时唉声叹气。当时子游在他的旁边，问道："老师为什么叹气呢？"孔子回答说："大道施行的时代和三代英杰辈出的时代，我都没有赶上。"

接着，孔子描绘了大同社会的景象："大道之行也，天下为公，选贤与能，讲信修睦。故人不独亲其亲，不独子其子；使老有所终，壮有所用，幼有所长，矜寡、孤独、废疾者，皆有所养。男有分，女有归。货，恶其弃于地也，不必藏于己；力，恶其不出于身也，不必为己。是故谋闭而不兴，盗窃乱贼而不作，故户外而不闭，是谓大同。"

这就是儒家思想中的大同社会。孔子描绘的这个大同社会，是一个权力和财产都公有的社会，其中最重要的是权力的公有。权力公有的主要表现是"选贤与能"。也就是说，管理社会的人是被选举出来的贤能，而选举贤能的权力在于"天下"，也就是全社会的民众。所以说权力公有，而不是由少数人垄断权力。因为权力不被个人垄断，所以保证了社会的其他方面不受垄断；因为坚持权力的公有，所以保证了社会其他方面的公有。由于社会权力公有，人人平等，所以，没有人搞阴谋诡计，也没有军队和战争。

从全社会民众参与选举贤能的事实来看，"天下为公"的口号其性质是与王权根本对立的，是一种民主的形式。今天人们已经很难确切地知道当时社会举行选举的方式，但可以想像的是，这是相当久远的原始社会时代，当时部落社会规模很小，几十个人或者几百个人一起选出他们认为贤能的人出来带领大家谋生存，应该不是特别复杂的事情。在这个人的带领下，大家一起渔猎，一起分享劳动的成果，抗拒自然的灾害，应该是很自然的事情。当这个人因为种种原因不能担负其责任时，部落成员又重新选别的人来领头，所以这个首领的位置不会是终身制的。在大同世界里，根本就不存在帝与王。由此可见，孔子所说的"三代"大同社会时期是早于尧舜时代的远古社会，还没有圣人的出现。这也说明，大同社会的"选贤与能"，体现了古代儒家某种民主的意识。

但是，这里有一个问题，就是《礼记》这部书并不是远古社会的人写的，而是一部先秦至秦汉时期的礼学文献选编，其作者也并非一人。其中可考者，较多是孔子的再传弟子所作，所以是一部儒家思想的资料汇编。它的真实性到底有多少？大同社会的权力公有是纯粹的儒家理想，还是有所依据呢？

为说明这个问题，我们必须来看看中国最早的文献《易经》。《易·

系辞上》说："河出图，洛出书，圣人则之。"这就是"河图洛书"的传说。说伏羲氏时，有龙马从黄河出现，背负"河图"；有神龟从洛水出现，背负"洛书"。伏羲氏根据这种"图"、"书"，画成八卦，这就是后来《易经》的来源。于是，"河图洛书"和《易经》就成为了中国最早的文献资料，成为中国文化的源头，其历史至少在4000年以上。后来的儒家、道家等各家学派的思想都是从这里发挥出来的。传说固然有虚构的成分，但《易辞》上说，包羲氏（即伏羲氏）仰头观望星象，俯首观察大地，从鸟兽的花纹、生活的环境、外界的诸多物象中受到启发，创作出"八卦"的图形，应有一定的史实基础。之后经历代发挥，加以改进，特别是后来经周文王加以演化，孔子的发挥，才成为今天看到的《易经》。

《易经》上的《乾卦》用九爻辞说："见群龙无首吉。"意思是要看到群龙无首才吉利，反过来说，只要群龙有首，就不吉利。为什么要看到群龙无首才能吉利呢？这话是不是违反了逻辑呢？其实认真思考这句话，就会发现这句话实际上是符合逻辑的。因为群龙有首必然有争，大家都想成为首，都想出头成为统治者，必然要进行争夺，有争夺就会发生战争。所以只有群龙无首才能无争，无争才能消弭战争，才能太平，所以说吉。也就是说，只有不设"首"，大家平等相处，才能无争。用于人事，是一种反王权思想。

《易经》的经文是这样的思想，传文也是如此。《彖传》说："首出庶物，万国咸宁。"庶物即是庶民，《彖传》是从提高庶民地位的角度解释的。既然群龙要争，干脆以庶民为首，也就是把庶民提到首位，让庶民自己当家做主。这样各个部落之间才能得到安宁。这里的国当然不是现代意义上的国家，而是各个部落建筑的城邦。《象传》则借"上天"来压人，以震慑群龙，警告群龙说："天德不可为首也。"天德本来平等，无所谓首。其实《象传》说的也是实话，这茫茫大地，究竟谁该为首，谁该为"尾"？既然为首都是争夺得到的，那么为"尾"的就是争夺失败的结果。《易传·文言》再次肯定了用九的爻辞："乾元用九，天下治也。"也就是必须按用九爻辞说的"群龙无首"，天下方才可能得到治理（参见任俊华：《儒家大同、小康思想与〈易经〉的渊源关系》）。

《易经》用十分隐晦的语言，对王权进行了否定。由于它成书年代的久远，因此有一定的事实依据。

从神话传说看，燧人氏钻木取火，教人熟食。包犠氏（伏羲氏）作八卦，结绳而为网罟，教人渔猎。这在《易经》上有记载。《易经·系辞下》说包犠氏"作结绳以为网罟，以佃以渔"。这是原始社会以渔猎为生的社会图景。而神农氏教人农耕，《易经》也是有记载的。《易经·系辞下》说："包犠氏没，神农氏作，斫木为耜，揉木为耒，耒耨之利以教天下"。还说当时"日中为市，致天下之民，聚天下之货，交易而退，各得其所"。

可见神农在伏羲之后，社会进入到了农耕时代，而且有了私有产品的简单交换，使大同社会"货恶其弃于地也，不必藏于己"的原则受到了破坏。但依然还是一个财产公有的社会。在当时的社会，显然是没有强权和暴力的。燧人氏、伏羲氏和神农氏也许并非真有其人，而是部落民众选举出来管理社会事务的贤人。是后人把他们神化了，使他们成了圣人。所以，《易经》和《礼记》所描绘的权力公有、民主选举的大同社会，是一个没有王权专制的时代，是中国一元化文明还没有产生的时期。

小康社会的传说与王权的产生

根据《易经》的记载分析，大同社会指的是燧人氏、伏羲氏和神农氏三皇时期。但这个社会发展到黄帝时期，就开始被王权统治的小康社会所取代。小康社会包括黄帝、尧、舜等五帝时期以及禹、汤、周文王、武王、成王、周公时期，是古代圣人辈出的时代，是中国一元化文明产生的时代。

那么，什么是小康社会呢？《礼记·礼运》在孔子谈完大同社会之后话锋一转："今大道既隐，天下为家。各亲其亲，各子其子，货力为己。大人世及以为礼，城郭沟池以为固，礼义以为纪，以正君臣，以笃父子，以睦兄弟，以和夫妇，以设制度，以立田里，以贤勇知，以功为己。故谋用是作，而兵由此起。禹、汤、文、武、成王、周公由此其选也。此六君子者，未有不谨于礼者也，以著其义，以考其信。著有过，刑仁讲让，示民有常。如有不由此者，在势者去，众以为殃，是谓小康。"

　　从孔子的描绘中我们可以看到，自三代以来，天下为公的大道衰微了，天下被君主一家所占有。天下成为君主个人的私有财产。在这个社会里，人们各自敬爱自己的双亲，各自关爱自己的子女。财物和人力都据为己有，把君主世袭作为礼法。修筑城郭和护城河来加固防守。把礼仪作为纲纪，用来确定君臣之间的等级，强化父子之间的慈孝，融洽兄弟之间的感情，增进夫妻之间的恩爱，并用礼仪来设立各项制度，划分田地，尊重有勇力和有才智的人，为自己建功立业，把功劳归于个人所有。于是阴谋欺诈从这里产生，战争也从这里兴起。夏禹、商汤、周文王、武王、成王、周公就是这个时候出现的治国英才。这六位君子，没有一个不是谨慎地按照礼制来行事的，用礼来彰明大义，考察诚信，明察过失，提倡仁爱，讲究谦让，昭示民众以正常的行为。如果不遵循礼仪，有权势的人也要被罢黜，没有权势的人也会遭到灾祸。这就是小康社会。

　　可见，小康社会是一个"群龙有首"的社会，作为社会制度和社会景象，小康与大同几乎全是对立的。在这里，天下为公的大道没有了，"天下为公"改成了"天下为家"。权力成为私有，这就是所谓的"大人世及以为礼"。"大人世及"就是君主世袭。"大人"就是君主。"大人世及以为礼"就是说，以血缘关系为基础的君主世袭是任何人都不能怀疑和挑战的社会制度，是礼法。这就把君主垄断权力提到了至高无上的位置，用以取代天下为公、民举贤能的社会游戏规则。这就是宗法世袭制度。

　　在天下为家的总原则下，一切社会现象都与大同世界相反。在小康社会，君主实行家天下的统治。大同社会民举贤能的社会游戏规则没有了，权力为少数人所垄断，权力世袭也成为社会通行的基本准则。在这样的社会里，人人为公的社会道德没有了，各尽其力的劳动态度没有了，产生了"以功为己"、人人只为自己打算的普遍的私有观念，以是否对自己有利作为衡量功利的标准和尺度。于是，大同社会的"谋闭不兴"变成了"谋用是作"，各种损人利己的阴谋因此产生，人人钩心斗角，社会危机四伏。于是"兵由此起"，争斗无宁日，战争也由此发生，于是大禹、成汤、文王、武王、周公这些君王便应运而生。

　　为了防止群龙争夺为首的现象出现，这些君主一方面用坚固的城池和强大的军队来保卫自己的世袭权力，一方面制定礼仪纲纪，用以教化臣民、规范君臣、父子、兄弟、夫妇之间的等级关系，使社会在人自为私的情况下大体安定，使社会成员各安本分，谓之小康。康者安也，所以说大体安定。"如有不由此者，在势者去，众以为殃。"凡不能这样做的，在位者去位，无位者遭殃，天下大乱。于是，建立在宗法世袭基础上君主专制制度和社会形态形成了，大同社会的"天下公有"的社会制度和意识形态消亡了。

那么，大同社会从什么时候开始形成了强权和暴力？小康社会又是在什么开始形成的呢？根据古代神话传说分析，小康社会应该是在黄帝时期开始形成的。有一个羿射九日的神话，比较典型地说明了当时的情况。传说古代天上有十个太阳，一起升起，烈焰滚滚，庄稼枯死，河流干涸，草木不能生长。当时的神箭手羿，不能容忍十个太阳同时存在，于是举起大弓，射下九个太阳，仅留下一个太阳。

羿射九日的神话，可能反映了这样一个事实：在远古的中国，有许多部落。这些部落首领为了扩大统治权，就相互发动战争，给人民带来很多苦难。于是后来有一个像后羿这样具有超凡力量的部落首领，最终打败了其他的部落，统一了天下。这个神话反映了古代的统治者对异己的排斥，反映了这些统治者对最高权力的争夺，以及唯我独尊和一统天下的心态。于是，在中国历史上，就有了"天无二日，民无二主"和"一山不能藏二虎"的说法。

对于这一点，《易经》上是有所记载的。《易经·系辞下》描述了当时社会的情况说："神农氏没，黄帝、尧、舜氏作，通其变，使民不倦，神而化之，使民宜之"；"刳木为舟，剡木为楫，舟楫之利，以济不通，致远以利天下"；"服牛乘马，引重致远以利天下"；"重门击柝以待暴客"；"弦木为弧，剡木为矢，弧矢之利以威天下"。

从这些描述我们可以看到，黄帝、尧、舜"使民不倦"的结果，确实大大推动了社会的发展。当时有了舟楫船只，实现了河流的通航运输，加工谷物，驯服野牛，骑乘车马，等等。但是，大同社会和谐安宁的社会秩序也被完全破坏了。人人都只是为了自己，于是社会产生了欺诈，产生了暴力。人们晚上不仅要关紧厚重的大门，而且还要准备敲击木梆报警，以防止暴徒和强盗的偷盗抢劫。统治者此时还制造弓箭和利器，出现了武器，用以威震统一天下，武装镇压敌对的势力。于是，战争频繁地发生了。

　　传说在黄帝时代，部落林立，除黄帝和炎帝两大部落外，黄河和长江流域至少还有几百个甚至几千个大小部落。为了争夺"群龙为首"的权力，这些部落之间经常发生战争。战败的部落，就必须向战胜的部落纳贡称臣，听从战胜一方的号令。而战胜的部落一方，就取得了部落联盟首领的地位，有了发号施令、统治别人的权力。

　　传说黄帝是靠武力征服别的部落的。其中最惨烈的战争，就是与炎帝之间的一场大战。炎帝部落的共工战败后，愤怒地发狂，用他的头猛烈地撞断不周之山，使天倾西北，地不满东南。可见这是一场严重的社会动乱。

　　炎帝部落战败后，被黄帝部落驱逐到长江流域。于是，文明先进的黄帝部落成了华夏民族的正统。

　　之后，黄帝渡过黄河，在涿鹿又打败了力大无穷的蚩尤，统一了黄河流域。社会结束了动乱，出现了统一安定的局面。从此，各部落的首领都对黄帝俯首听命。黄帝随后将他的都城建在他的老家有熊（河南新郑）。黄帝于是成为了各个部落的首领。黄帝下令，今后各部落之间的争执都要向他控诉，由他以天子的身份为大家判断是非，由他发号施令。

　　但是，黄帝的霸权是靠武力征服得来的，并不是通过部落大会选举出来的，所以，就开创了暴力征服、弱肉强食的历史。既然社会的一切问题和矛盾都要靠暴力来解决，靠强权来说话，社会的秩序也要靠暴力来维持，那么，《礼记·礼运》所描述的大同社会"天下为公"的原则，民举贤能的制度，"讲信修睦"的世风，彼此亲善的关系，人人为公的道德，以及"谋闭而不兴，盗窃乱贼而不作"的社会秩序，也就不复存在了。可见，小康社会是一个君主依靠其强权和暴力进行世袭统治的时代。

尧舜禹"禅让"的传说与圣人时代

　　黄帝虽然平息了当时各部落之间的战争，但是黄帝并没有建立大一统的中央集权的社会，当时依然是部落林立。黄帝可能是在武力的支持下，实现了部落之间的联盟。黄帝是部落联盟的首领。史书载"黄帝之子二十五宗，得其姓者十四人，为十二姓"。这12姓可能就是12个部落的首领。从这里可以看到黄帝时代是部落联盟的时代。

黄帝死后，他的后代又与其他部落实行联盟，形成了巨大的政治联合体。部落首领和部落联盟的首领都是世袭的。而且这些部落之间的关系是平等关系。部落联盟的首领，每遇大事，可能召集这些部落首领前来商议解决。到了尧帝时期，情况发生了变化。各个部落的力量增大了，而部落联盟的首领的力量相对减弱了，对各个部落的控制力也相对减弱了。在这种情况下，各个部落的首领对联盟首领的号令也敢于发表不同的意见，甚至提出批评，部落联盟首领的地位也没有从前那样神圣了。于是"尧帝禅让"的故事也就发生了。

《史记·五帝本纪》写道："尧知子丹珠之不肖，不足授天下，于是乃权授舜。授舜，则天下得其利而丹珠病；授丹珠，则天下病而丹珠得其利。尧曰：终不以天下之病而授一人，而卒授舜以天下。"

然而真实的历史事实是不是这样呢？在中国，统治者把权力看得比生命还重，怎么可能随便把王权让给他人？

对于这一点，连孟子也不相信。《孟子》记载说：一次，万章问孟子："尧把天下给予舜，有这个事情吗？"孟子回答说："没有。天子不能把天下给予人。"

孟子说，舜之所以能够得到天下，并不是尧禅让给他的，而是他得到民心的结果。舜辅助尧治理天下28年，这不是人的意志可以办得到的，这是天意。尧死后，三年丧事结束，舜为了让尧的儿子丹珠能够继承天下，自己躲了起来。可是天下诸侯见天子时，不到尧的儿子丹珠那里而到舜这里；打官司时，也不到尧的儿子丹珠那里而到舜这里；歌颂的人，不歌颂尧的儿子丹珠而歌颂舜，所以说这是天意。正因为这样，舜才回到都城，继承天子之位。

什么是天意？孟子认为，"天视自我民视，天听自我民听。"也就是说，舜的品德高尚，得到民众的拥护，所以得到天下，而不是尧帝禅让给他的。但是在王权时代，普通百姓是没有地位的，权力的转移百姓也不得与闻。那么，这个"民"自然就是指当时各个部落的首领了。也就是说，舜在帮助尧管理天下时，显示出高贵品质与才能，逐步掌握了实权，架空了尧帝，与各个部落首领关系密切。因此，各个部落的牧伯们共同推举舜为部落联盟的首领，最后演绎出了"禅让"的故事。可见，平等式的邦国联盟中的力量对比有利于舜，这是尧"禅让"天子之位给舜的社会基础。当然，也不是所有的部落首领都拥护舜，所以后来舜遭到了三苗、驩兜等部落的讨伐，导致天下大乱。舜帝只好发兵征讨，平息了叛乱。

至于舜后来重演尧的故事，将天子之位"禅让"给禹，应该也是部落联盟的力量对比发生变化的结果。由于禹在舜帝时治水有功，加上后来在帮助舜帝在治理天下的过程中，逐步取得实权，在邦国联盟中的力量超过了舜帝。于是，后来被各个部落的牧伯们推举为天子，舜帝也只好禅位给他。禹帝将舜帝流放到遥远的南方苍梧山，即今天的湖南九嶷山。舜帝后来死于此地，他的两个妃子娥皇、女英伤心痛哭，泪洒竹林，留下斑斑泪痕，所以后来的文人把那里的斑竹附会为娥皇、女英的泪痕。

禹帝吸取了尧帝和舜帝大权旁落的教训，于是加强了统治。《韩非子·饰邪》记载说："禹朝诸侯之君会稽之上，防风之君后至，而禹斩之。"在《国语》等古代文献中也有这样的记载。大禹在会稽山上朝见诸侯，防风君作为一方诸侯，朝觐迟到无论如何也罪不至死，可是防风君却因朝觐迟到而遭到杀戮，足见大禹对诸侯的严厉控制，以杀防风君而震慑其他诸侯。大禹在他的晚年逐步将军政大权交给他的儿子启掌管。据说禹在执政的后期，曾在部落联盟议事会上提出过继任人的人选问题，表达了希望儿子启继承父位的愿望，但没有被其他部落首领所认可。议事会先是推选了皋陶，因为皋陶很快就死了，后来又推选伯益，作为禹的继任人。禹只好将王位"禅让"给伯益。但伯益没有掌握实权，成为傀儡，最后启发动政变，夺取了王位，从此恢复了黄帝部落初期父子相传的古老的世袭制和终身制，废除了"禅让"制度。

可见，在五帝时期的小康社会，虽然"天下为公，选贤与能"的权力公有制度已不复存在，但是在部落上层的统治者之间，还有对最高权力的制衡机制，在上层社会还有共和的体制，所以最高权力的转移还是通过部落联盟大会推选的方式来进行。虽然这种体制是建立在政治和军事力量的对比之上，是以强权和暴力为其基础，但毕竟还是没有发展到君主专制的阶段。由于部落上层有对权力的制衡和选举制度，因此能够有力地监督和制约天子的权力，并能把德才兼备的"圣人"选举到最高权力的位置，担任部落联盟的盟主。

正是因为这个原因，黄帝、尧、舜、禹的时代，是一个被后来儒家之为"圣人"的时代，政治开明，经济发展，被后世儒家津津乐道。例如尧帝实行德治，"克明俊德，以亲九族，平章百姓，协和万邦，"（《尚书·尧典》）不使用暴力，关心民众的生活，所以天下太平，为后世所称颂。还有舜帝为部落盟主时，在政教上也非常成功，建树颇多。不仅设置了水、农、渔猎、兵、刑、工、礼、宾9个官职，由禹总理，而且放任其他氏族部落的贤才"八元"、"八恺"掌政教与礼教，由各地首领四岳十二牧自治，天子定期巡视天下。他还在交通路口设置"谤木"，以便民众在木牌上谤议朝政；在自己的大门口置"谏鼓"，以便民众有事可击鼓以达天听。为了消除水患，舜帝派大禹治水。大禹治水13年，栉风沐雨，风餐露宿，数次过家门而不入，终于运用疏导的办法将洪水制服。这种身劳天下的伟大功德，使社会政治与道德并兴。

可是禹帝执掌最高权力之后，特别是他的儿子启即位之后，社会就发生了根本性的变化。由于夏氏政治、军事力量的迅速壮大，打破了尧、舜时期各个部落的政治、军事的平衡状态，使禹取得了独尊的地位。特别是他的儿子启即位后，强化个人的权力，部落联盟会议逐步丧失了权威。各个部落首领联合推选天子的制度被取消了，对天子的监督力弱化了，社会上层互相制约的共和体制废除了。由于夏启是通过阴谋手段夺得部落联盟首领地位，在当时"天下万国、部落林立"的局面下，虽然一些部落首领臣服于夏朝，但也有很多异姓部落对夏启的行为表示不满和反对。据《史记·夏本纪》记载，启即位，当时的"有扈氏不服，启伐之"。应该说，反对夏启的部落不止有扈氏，还有很多别的部落，后来都是通过发动战争才征服这些异姓部落的。这种以暴力征服的结果是使其他部落与夏的关系，由邦联式的平等关系，变成了"臣服"和"纳贡"的关系，变成了统治和被统治的关系。夏启甚至对其他部落的方伯（首领）有生杀予夺的权力。其他部落方伯必须定期向夏启纳贡。而夏朝的最高权力实行宗法世袭制和终身制，建立了比较完善的军队、官吏、刑法、监狱等公共权力系统，这标志着早期国家的正式诞生。所以，历史上有"禹铸九鼎"的传说。因此中国第一个王朝是夏王朝。可以说，夏王朝是古代中国一元化文明形成的时代。

从原始部落天下为公、民选贤能的大同社会，发展到夏启建立君主世袭的国家政权，这是中国历史发展的一个重要阶段。民权的消失与王权的强化，是这一阶段的主要特征。

强权和暴力形成的原因

三皇时代的大同社会，是一个权力公有、民举贤能的时代，有民主政治的萌芽。而小康社会虽然是一个天下为家、大人世及的社会，但在尧舜时期，却出现了部落首领大会推举天子的制度，社会的上层有相互制衡的共和体制，所以有圣人出现。这两个时代都是后世儒家心目中的理想社会。但这两个社会，最后都没有向古希腊、古罗马那样比较成熟的民主、共和社会转变，反而最后发展到君主专制的社会。这其中的原因在那里呢？

由于历史资料的缺乏，人们今天很难真正弄清楚其中的原因，但是中国古代的地理环境，应该是中国没有走向民主政治的重要原因。

有一个精卫填海的神话说，女娃是炎帝之女，她想游过东海，可是东海太大了，她被淹死在茫茫的大海之中。她的灵魂化成精卫鸟，天天衔西山的石头和树木，抛入东海，想把东海填满。可是，她没有能够成功。于是，她发誓不再饮东海之水。

东海就是如今的太平洋。这个神话让人们想到，古人曾经想征服太平洋，航行到海外去，可是他们被浩瀚的太平洋吞没了。也许这种航行还不止一次，也许还不是一代人，也许曾经有过无数次的冒险的航行，结果都没有成功，无数的人被大海吞没，无数的人葬身鱼腹。

在无数的航海冒险失败之后，古人终于意识到，大海是无法逾越的。但是，征服大海的欲望，并不因为无数次的失败而泯灭。于是，在古人的幻想中，就出现了一只神鸟，是圣人炎帝之女的灵魂所化。她因为想游过东海，结果溺水而死，于是化为精灵，成为神鸟，天天衔西山之木石以埋东海，希望有一天，大海被木石填满，人因此能走向大海的彼岸。但是，就是神鸟也对大海的辽阔无能为力，只好发誓不饮东海之水。

这个神话故事深刻地反映了古人征服大海的强烈愿望，也反映了古人对大海的强烈憎恨。在无数次的航海失败之后，无可奈何的古人只好转向内陆生存和发展。于是，中国文明的发源地就与大海隔绝了。

这种隔绝的后果是，古代中国人只能在内陆以农业谋生，而不能以经商为生。海上贸易的不发达，使商业竞争和信息的交流受到限制。因为陆地上经商运输成本很高，大规模地运输商品在交通、信息都不发达的古代难以进行。所以当时的古人只能以农业为主要生存方式。从远古至夏朝建立之前，虽有简单的市场交易的传说，但均没有产生出大商人的传说故事，所有的神话传说基本上是以农业为题材。从有巢氏、神农氏到黄帝、禹帝，直至西周的井田制的传说，都与农业息息相关。所以中国远古时代商品经济不发达，不构成家庭和部落的主要经济支柱，而农业是家庭和部落的主要经济支柱。

可是从事农耕却是分散经营的，日出而作，日落而息，不需要信息交流，不需要争论，不需要话语权，只需要和谐和安宁，所以不需要公共场所。人们只关心天气和收成，不那么关心政治。由于没有公共场所，执政者就没有机会向民众发表演说，表达自己的执政理念，让民众了解和进行辩论。民众也很难充分张扬自己的权力和个性。这就制约了民主政治的发展，使古代"天下为公，选贤与能"的原始民主制度很难延续下来。这与古希腊地处地中海商业发达的情况刚好相反。

古希腊由于海上交通的发达，商业的繁荣，人群都集中于城邦，形成了独特的市民社会。人们都喜欢集中在城市的广场等公共场所，交流商业信息，议论时政，而建立在这种市民社会基础上的政治结构，是由公民经过激烈的辩论之后来选出城邦的管理者，从而能够推动民主政治的发展。可是古代中国人追求财富的手段只能是发展农业生产，而不会是经商。商业的不发达，使中国难以产生独特的城邦市民社会，难以产生信息透明、有充分民意表达和争论的公共场所。因此，就很难导致民主政治发展，却为强权和专制培育了深厚的社会土壤。大禹之后，启之所以能够废除部落联盟的选举制度而行王权世袭，并取得成功，就是因为当时中国缺乏一个强大的城邦市民社会，缺乏民主、共和政治广泛的社会基础。启无须考虑民众的意愿，而只要用武力征服别的部落首领就行了。

而且，在远古农业生产工具极不发达的情况下，生产的效率很低，所以当时社会的物质成果很贫乏，很难满足统治者维持国家机器运转和奢侈生活的需要。在这种情况下，发动战争，征服别的部落，夺取生存资源，是统治者的一件大事。而且，与进行商业运输成本高昂相反，陆地上发动战争却很容易，只要将别的部落打败，就可以得到许多好处，比经商容易。所以通过战争使别的部落臣服，然后纳贡，这是获得生存资料的最快也是最有效的方法。因此远古社会各个部落之间的战争频繁。

但是战争带来的只能是强权和暴力。史载夏朝建立之后的 400 年间，发动了大大小小数百次战争，如伐有扈，伐蒙山，伐有施、克有缗等等，诸侯商汤不履行贡职，夏桀乃"召汤而囚之于夏台"。史载夏王国先后征服的异姓部落有防风氏、陶唐氏、有穷氏、昆吾、薛、任、施等大大小小上百个部落，这些被征服的部落必须定期入夏都朝觐夏王，进贡本部落出产的物品。《左传·宣公三年》说："昔夏之方有德也，远方图物，贡金九牧。"又说："禹会诸侯于涂山，执玉帛者万国。"可见夏王朝与臣服的部落诸侯之间，存在一种纳贡制度。这既是部落诸侯向夏王朝臣服效忠的标志，也是夏王朝夺取生存资源、维持其统治的重要手段。这种物质上的利益争夺，是远古社会统治者发动战争的主要动机，也是远古中国社会由"群龙无首"向"群龙有首"转变的主要原因之一。

地理环境制约了古代中国商业的发达，使古代只能以农业小生产为主要生存方式。而农业生产与水利的关系极为密切。古代中国大规模的水利工程建设，需要把人们有效地组织起来，统一指挥，这就为专制的出现创造了条件。这种内陆文明的形式，是古希腊社会所没有的。所以，古代中国的文明与古巴比伦、古埃及、古印度文明一样，都没有发展成为成熟的民主政治，只有古希腊、罗马社会是一个特殊的例子，是地中海的商业造成了古希腊城邦民主政治的模式。

特别要提到的是中国古代以家族血缘为基础的宗法世袭制度的产生，也是与中国古代内陆的农业文明相联系的。因为从事农业生产与经商不一样，经商需要四处奔波，需要独立承担市场的风险，需要高度的自主性和独立思考，才能在市场竞争中获得利润。不论是谁，就是父母长辈，都无法左右商人的判断。对商人来说，赚钱盈利是最高目标，只要有利可图，他们就会全力以赴。在这样的情况下，就很难产生唯长辈之命是从的宗法伦理关系，无法产生家族血缘的礼仪纲纪。

可是从事农业生产在古代自给自足的情况下，并不承担市场的风险，只要一家人努力劳动自给自足就是了。而且农业不需要四处奔走，不需要面对市场的竞争，需要的是建立一个和谐的家庭关系，上下长幼有序，孝敬赡养老人，遵守长辈的教导，祭祀祖先。在这样一种社会环境里，统治者很容易把家国相联系，把孝敬老人和忠于国家（即忠于统治者）紧紧相连。于是"亲亲"和"尊尊"很容易成为农业社会的道德伦理规范。统治者很容易通过祭祀、丧葬、婚冠、宾客、占卜等各种礼典，将家族组织的模式移植到国家组织之中，建构出一个以"忠"、"孝"为本的，以姓氏血缘关系为主轴的家天下的统治权力机构，使家族强权暴力与国家强权暴力融为一体。"大人世及以为礼"，国家政治结构中血缘家族制度与国家组织结构的这种融合，导致家、国合一，国与家不分的结果，家之"礼"即国之"法"。逾越了"礼"，不服从家长和君主的管制，便是破坏了国家的政治秩序，就会受到刑法的惩罚。这是中国古代政治的一个显著的特点。

因此可以说，封闭的内陆环境是中国古代产生强权暴力专制统治的主要原因。

伟大时代的悲剧

—— 春秋战国与专制主义的胜利

在传统的历史教科书上，春秋战国被认为是一个战乱不已、人民受苦受难的分裂时代。但是，在这里，我们要把过去被颠倒的历史重新颠倒过来，还历史以本来的面目。

春秋战国时代是我国历史上最伟大的时代之一，是中国的黄金时代。因为这一历史时期，我国的大一统的中央集权的君主专制制度还没有出现，伴随着西周分封制度的瓦解，中国进入了一个在东周名义统一下的邦联式的诸侯分治时代。在这样的时代背景下，社会发生了"礼崩乐坏"的社会大变动，各国统治者面对生存危机，纷纷改革开放，礼贤下士，延揽人才，力图富国强兵，使得春秋战国时代成为古代人权勃兴的时代，出现了政治空前开放、经济空前繁荣、思想空前自由、文化艺术和科学技术空前发达和人才辈出、百家争鸣的辉煌局面。这个局面如果从公元前770年周平王东迁算起，到公元前221年秦始皇统一中国结束，维持了整整500多年的时间。

但是，春秋战国却没有像欧洲希腊、罗马社会那样，走向民主、共和社会，而是导致秦始皇建立了大一统的中央集权的郡县制度，使中国从此进入了两千多年的专制社会，这是一个令人痛心的历史悲剧。直到1840年鸦片战争，才在西方社会的大炮轰击之下，开始了由一元化文明向多元化文明的艰难转型。

西周分封自治制度对人权的保护

春秋战国时代之所以能够成为思想自由、政治开放和人权勃兴的社会，这是与西周建立的政治制度分不开的。没有西周确立的分封诸侯、实行地方自治的制度，春秋战国时代的自由、开放和繁荣的局面是不会出现的。所以，我们要分析春秋战国时代中国人的人权状况，首先就必须来看看西周社会的人权状况。

西周是在推翻商朝的基础上建立的。商朝与之前的夏朝一样，实行的是暴政。夏朝时，老百姓生命财产安全没有保障，人权被剥夺。所以老百姓对夏朝的君主非常痛恨。当时夏桀把自己比作太阳，他说："吾有天下，如天之有日也。日有亡乎？日亡，吾亦亡"（《新序·刺奢》）。但不堪忍受其压迫的老百姓，也愤恨地把他比作太阳，发誓说："时日曷丧，予及汝皆亡"（《尚书·汤誓》）。老百姓愤恨地说，太阳你何时死去，我与你一道灭亡。

商朝推翻夏朝，虽然有了比较发达的官营手工业，创造了甲骨文和青铜器的辉煌成就，但是这个朝代与夏朝一样野蛮没有人性，对民众的压迫和剥削非常残酷。商朝统治者制定了比夏朝更多更残酷的刑法，如"族诛"之刑，一人犯罪，亲族全部被杀。所以，周武王伐纣时，宣布其罪名之一就是"罪人以族"。还有"炮烙"之刑，用炭火将铜柱烧红，令人在铜柱上行走，活活烤死。还有"醢"刑，就是把人剁成肉酱的酷刑。还有"脯"刑，就是把人晒成肉干。还有"剖心"之刑，就是把人的心脏挖出来，剖开。如《史记》记载，比干劝谏纣王，纣王大怒："吾闻圣人心有七窍，剖比干，观其心。"

除了刑法特别残酷之外，商朝统治者还特别迷信鬼神，重视死人，而轻视活人，把大批的活人杀死作为牺牲品来祭祀祖先和神灵，并用大量的活人殉葬。赵德馨主编的《中国经济通史》指出，近年仅在殷墟王陵区一个大墓中发掘，就有225人为墓主殉葬。王陵区祭祀坑达2200多座，被杀死用来祭祀的活人上万人。当一个个鲜血淋漓的人头摆在供桌上的时候，那是一幅多么恐怖的画面。在当时人口稀少的时代，这样大规模的杀人，充分显示了商朝统治者的残暴和对人生命权力的极端漠视。而商朝末代君主商纣王更是一个有名的暴君。他宠信姐己，生活腐朽糜烂而又极端残暴，弄得天怒人怨。所以西周武王发动牧野之战，打败了纣王。纣王登上鹿台自焚而死，这个残酷的朝代从此灭亡。

牧野之战的胜利，并不是西周的军事力量比商朝强大，而是商朝几万奴隶临阵叛变，倒戈投降了西周，转而攻打朝歌，将商朝埋葬。奴隶成了商朝的掘墓人，使"小邦周"战胜了"大邦殷"，而成为天下共主。这件事情让西周的统治者受到极大的震撼，不得不深刻地吸取商朝灭亡的严重教训，所以西周武王克商后大会八百诸侯于孟津，史称"孟津之誓"。会上宣布西周建国，废除商朝的暴政，同时对商朝的政治、法律制度进行了许多重大的改革，以建立一个长治久安的社会。故孔子对此极为称赞说："周鉴于二代，郁郁乎文哉！吾从周。"这些改革的措施主要有：

第一，"封藩建卫"，实行分封制度，建立了统一的国家。

在夏商两代，可能也有少量的分封，但绝大多数部落不是夏商分封的，而是表面臣服夏商的原始部落。所以夏商虽然建立了国家，但没有使这个国家成为一个统一的整体，还没有形成一个多民族融合的统一的国家形态，还是一种松散式的政治联合体，只有在夏商国王直接统治的区域构建了国家的政治体制。夏商与别的部落的关系，是采取强权加暴力迫使对方称臣纳贡的形式。

西周是中国历史上第一个统一的国家。因为西周没有继续夏商这种松散式政治联盟的形式，而是建立了统一的政治体制，实行了统一的法律制度，这就是分封自治的政治体制和以周礼为核心的法律制度以及意识形态。具体地说，就是确立了"普天之下，莫非王土；率土之滨，莫非王臣"和"亲亲、尊尊"的最高原则，在宗法世袭的基础上，由周王把天下土地，按公、侯、伯、子、男五个等级，分别赐给那些与西周国王有血缘关系的贵族，让他们自己筑城殖民，建立城邦国家，成为大小诸侯，以确定诸侯与周王的君臣关系。分封当然也不仅限于有血缘关系的同姓贵族，异姓贵族和功臣也可以受到分封，其中有些是周族的亲戚，有些是臣服于周朝的原始部落的首领。周公东征时，击败了殷商及其同盟淮夷的反叛势力，即在新占领的地方大封同姓、异姓诸侯。当时共分封诸侯800多个。

这些封国全部实行地方自治，自行管理。只有京都周围方圆千里的地方为王畿，由周王直接治理。周王只是这些诸侯的"共主"，但不直接治理这些封国，不实行君主集权专制统治。临民亲政是本国诸侯，而不是周王。这些封国诸侯有定期到周王室担任官职、按期向西周王室纳贡、朝觐、述职、出兵助王征伐以及救济国内灾患的责任和义务，西周王室也有保护这些小国诸侯不受外敌侵犯的责任。当然分封制并不只是西周王室封赏诸侯，而且诸侯还要仿效周王将国土分封给卿大夫"建邑立家"，大夫再聘请家臣治理，建立相应的各级政权机构，从而组成"王臣公，公臣大夫，大夫臣士"的社会权力结构。

这就是西周社会的分封建政之制，也就是人们常说的封建制度。这个制度很像今天的英联邦以地方自治为基础的社会制度。因为是地方自治，所以后来孔子言仁政时，只批评诸侯不行仁政，而不批评周天子，是有道理的。因而中国社会与西方社会不同，中国的封建制度是周朝独有的社会制度。西周是中国全面实行封建制度的朝代。自秦始皇统一六国之后，中国就不再实行封建制度，而实行的是大一统的皇帝专制的郡县制度。虽然西汉时刘邦实行过郡国并行制，既有郡县制，也有封建制，但以郡县制为主。自汉武帝削藩成功之后，中国以后的朝代（除明初朱元璋封过几个诸侯王外），就不再实行封建制度了。所以，反封建而行专制的大鼎革，是在前221年秦始皇铲灭六国时完成的。有人把秦以后皇帝专制的中央集权的郡县制度称为封建制度，是不符合中国历史事实的。因此，说西周是封建社会，秦以后是专制社会，比较符合历史的真实。

表面看来，全国的土地和臣民都是周天子的私有财产，诸侯对分封的土地只有使用权和收益权，而没有所有权。但实际上，西周的制度是"天下共有"的制度，至少是社会上层人物权力和财产共有的制度，不是周天子一人一家之私产。因为土地所有权在分封制下面是虚的名义，而使用权和收益权则是实实在在的所有。而且，西周分封的诸侯，并不都是同姓诸侯，还有齐国、宋国等异姓诸侯。所以，周朝的封建制度与秦始皇之后的"家天下"，即君主独裁的中央集权的大一统郡县体制是有根本区别的。

在这种制度下，周王的权力是有限的，虽然名义上拥有天下的土地和人民，但实际上既不能占有全国的土地、财产、人民，也不能任命全国的官员，因为封国诸侯是世袭的，大夫也是世袭的，所以国王能直接支配的只是王畿里的财产和人民，要对全天下的诸侯国实行专制独裁是很难的，腐化堕落也是有限的，不会是无限制的。所以西周虽然没有恢复尧、舜、禹时期部落联盟会议选举联盟共主的制度，但却有权力和财产所有权、使用权和管理权上的限制，使中央与地方之间形成了一种新的制衡机制。这是西周天子对自身权力的一种制约行为，故而周厉王时的国人暴动仅限于国都，而没有酿成全国性动乱，更没有颠覆西周的政权。还有周幽王宠爱比他孙子年纪还小的美人褒姒，废申后及太子宜臼，以褒姒为后，立褒姒所生的伯服为太子，并导演出千金一笑的闹剧，引起了申侯的叛变。申侯和缯侯联合犬戎杀死幽王于骊山之下，也只是攻破西周都城镐京，却不能占领整个国家，不像后来清军入关那样，迅速地占领整个中国，这实为地方自治制度的优势所在。

这种分土自治的封建制度，其松散的管理，长处是因地制宜，依民习惯，顺乎民心，不至于一主昏暴而天下同祸。但是由于地方诸侯权力太大，不仅容易滋生腐败和发生欺压民众的行为，而且由于天下政令不一，容易发生大欺小、强侵弱的国际纷争，甚至会对周王的王权造成威胁，造成社会的动乱。为了防止这些情况的发生，周天子用礼法严格约束诸侯的行为，维护"亲亲、尊尊"的社会等级秩序，强调公卿和大夫们的自觉守礼行为和道德自尊与以身作则的表率作用，强调"天下有道，则礼乐征伐自天子出"的社会游戏规则。同时制定了一系列的制度，赋予民众以较多的个人权力，以监督地方诸侯的施政行为。

周朝首先恢复了尧、舜、禹时代的"谤木"、"谏鼓"制度，让人民有表达意见的渠道，给人民言论自由的权力，同时建立民间采风制度，派人到民间收集歌谣，了解民间的意见，并把这些意见作为改善施政的根据。从《硕鼠》等诗歌中，我们看到当时社会有批评统治者的言论自由。

其次，国人有参政议政之权。国人之所以有参政议政的权力，是因为周朝实行的是嫡长子继承制，嫡长子是大宗，其余子弟为小宗，都是贵族。五代以后，这些小宗与大宗逐渐疏远，丧失了贵族的身份，但由于他们与贵族依然保留着某种血缘的关系，因此在地方自治的条件下，他们在居住的村邑和都城之中，依然保持着传统上的政治权力。同时，在西周时，国人有当兵的权力，平时他们是农民，一旦需要，他们就会组成军队打仗，保卫国家。由于有军队的背景，故国人在地方具有较高的社会地位而获得政治权力。

国人的这些参政议政权力中，最重要的是选举大夫以下的地方官吏。《通典》记载了西周的选举制说："乡先论士之秀者，升诸司徒曰选士。"也就是地方官吏由他们选举出来以后，再逐级上报挑选。而且，地方基层官吏的考察，当时称之为"大比"，也必须由国人来发表意见，决定这些官吏是否是"贤者、能者"。由于地方官吏需要经过国人选举才能产生，而且大多数地方官都是从国人中选举出来的，加上官吏的考察也是由国人发表意见，决定着官吏的政治命运前途，所以地方官吏能够积极为地方服务，使周朝的地方政治比较清明。

《周礼》还记载，周朝制定了"询万民三政"的政治制度。这三政是：询国危、询立君和询国迁。也就是说，凡是制定有关涉及国家安危的政策，必须征询国人的意见；凡是立新君的大事，必须征询国人的意见；凡是国家出现重大事件变化，王室决策必须征询国人的意见。《周礼》记载，周王室和诸侯国的外朝，就是国人议政的地方，在这里国王和诸侯向国人问政。所以《周礼》说："若国有大故，则致万民于王门"，"大询于众庶。"

《孟子》后来也描述了周朝"询万民三政"的制度，说："左右皆曰贤，未可也；诸大夫皆曰贤，未可也；国人皆曰贤，然后察之，见贤也，然后用之。左右皆曰不可，勿听；诸大夫皆曰不可，勿听；国人皆曰不可，然后察之，见不可焉，然后去之。"可见，国人在当时确实具有参政议政的民主权利。他们的意见和看法，左右着国家的政治走向，这绝非是虚构的故事。如西周厉王时实行官方垄断制度，禁止国人进山砍柴下河渔猎，国人批评厉王，厉王竟用暴力禁止别人批评，结果国人忍无可忍，最后起来将厉王流放于彘。这就是著名的"召公谏弭谤"的故事。召公要厉王听取国人的意见，厉王不听，结果被流放。《史记》还记载说，西周末年，晋国曲沃庄伯和他的儿子武公夺取翼派晋君之位，事先没有听取晋国国人的意见。结果，虽然5次打败翼派，但国人还是不支持曲沃派。这是周朝实行分封制度促进了地方自治的结果。

西周社会的地方自治的制度，造就了地方一定程度的自由，使村社、城邦的国人比较容易关心地方公共事务，关心地方的发展，关心国家政治和参政议政。这也是西周历史上曾经出现过的事实。显然，这一点比起由中央政府直接派官员来管理，要好得多，因为派来的官员，只对上负责，而不会更多地关心地方居民的利益，为了讨好上级，地方官员就可能盘剥老百姓而向上行贿，并随意欺压当地的老百姓。

当然，西周的地方自治也不会是完美无缺的，例如国人虽然有一定的参政议政的权力，但大量与周王室没有血缘关系的手工业者和乡村野人（农民），却没有这样的权力，他们必须为诸侯、大夫等统治者无偿耕种土地和修建房屋等，也没有受教育和当兵的机会，他们是被剥削的对象。在《诗经》中，不少诗歌都反映了野人受剥削和社会不公平的事实。

特别是西周穆王之后，南方的楚人和西北的犬戎力量日益壮大，不断向西周发起攻击，成为西周的严重威胁。西周面临着两面作战的不利形势。早期西周的铜器铭文中，有很多关于"伐荆楚"的记载。《竹书纪年》还说昭王"丧六师于汉"，昭王最后死在汉水之中。铜器铭文还记载西周与西戎激战于洛水北岸，说明西戎已经离西周国都不远了。

长期的战争，使兵役、劳役繁重，加重了国人和野人的负担，西周的财政也不堪重负。周厉王为了增加财政收入，就对山泽之利实行国有垄断，最后导致国人暴动。周宣王即位后，在文治武功方面都有成效，史称"宣王中兴"。在《诗经》上有很多诗篇歌颂宣王的功劳，从中可见宣王在对楚人和西戎等的战争中取得一些胜利，但也遭到一系列的失败，他命秦仲伐西戎，秦仲战死，特别是公元前789年的千亩之战，"王师败绩于姜氏之戎"，损失十分惨重。为了战争，西周耗尽人力物力，大量的国人长期远离家乡作战，田园荒芜，留在农村的野人遭受更惨重的剥削，不得不抛弃家园，逃亡他乡。《诗经·硕鼠》就是一篇反映野人逃亡的诗歌。而国人也不堪战争的重负，《诗经·大雅》说："人有土田，女反有之，人有民人，女覆夺之。"反映了国人对无休止的兵役等"王事"和不公平待遇的不满。《诗经》上还说"百川沸腾，山冢崒崩，高岸为谷，深谷为陵"的大地震和连续几年的大旱，带给西周严重的饥荒，以致"周遗黎庶，靡有孑遗"。

以上我们可以看到，西周社会后期危机深重，人民深受苦难。但这主要不是地方自治制度造成的，而是战争与自然灾害造成的。所以当时并没有发生国人或者野人暴动的事情，历史文献上找不到这方面的记载。所以，我们还是要肯定西周分封自治制度在古代是一种先进的政治设计，是构建一个大国政治体制的基本要件。这个制度是一种比较文明、人道的统治方式，比起夏商两朝对人民的残酷压迫和杀戮来说，是一种巨大的进步。在《诗经》中，我们也同样看到许多反映当时人民愉快生活和劳动的场面。这些场面也是真实的历史。

第二，西周改变了只重鬼魂而不重活人的观念，基本上废除了奴隶制度，不再用活人殉葬，也不再杀人以祭祀祖先和神灵。于是神本观念发展到人本主义，君权明确为仁政理念所掣肘。人殉、人祭制度的废除，这是中国历史的一个伟大的进步，是对人权尊重的表现。如今大量的考古发掘，很少发现西周的墓葬里有人殉、人祭的历史遗存。在文献典籍中，也没有西周出现大量奴隶被用于人殉、人祭的记载。因为奴隶在牧野之战中立下大功，所以武王不可能把这些殷人再当作奴隶，而且还对殷人进行了分封。所以在西周社会，主要的下层民众是国都里的国人、手工业者以及国都外的野人，奴隶已经很少。而国人和野人作为西周的人民，不可能大量成为人殉、人祭的对象。当然，西周社会不可能完全消除奴隶现象，但也不可能再像夏商两个朝代那样，有大量的奴隶和大规模的人殉、人祭现象存在。

有些学者过去从阶级论出发，认为西周是奴隶社会。这不符合事实。不能说有少量奴仆、奴婢的存在就是奴隶制社会。买卖奴仆、奴婢现象中国历代都有，直到清朝社会都存在。美国到19世纪还有买卖黑奴现象，这不能成为美国19世纪还是奴隶社会的根据。

第三，放弃商朝对人民的暴力镇压手段，改为用礼乐规范人们的行为。这是君主世袭的社会中最人道、非暴力的文明治世模式，所以孔子称赞周朝是有人性的昌明之世。礼产生于夏代，但那时礼的内容比较简单，经过商朝，逐步增多。西周初年，周公在夏商礼的基础上，根据当时的人情制定礼乐，作为社会的等级秩序和人们行为的规范，对臣民进行教化，以德治国，"民为邦本，"贵德而保民。

西周的礼乐很复杂很完备。如八佾舞，八人一行为一佾，按礼制规定这是周天子才能观看的舞蹈，而诸侯只能用六人一行的舞蹈，大夫为四人一行的舞蹈。这是不能乱的。如果诸侯用八佾舞，那就是越礼，就是犯上作乱。这是很严重的罪行。春秋时鲁国季氏观看八佾舞，孔子闻讯大怒说："八佾舞于庭，是可忍，孰不可忍！"不要以为孔子是小题大做，实际上周代是天下土地人民分封自治，天子主要靠车马服饰、行礼作乐诸事的等级来表示上下尊卑的关系，日常用物一僭越，尊卑秩序就不存在了。君不君，臣不臣，社会就乱套了。所以，礼乐治世意味着这既是天下安宁的保障，更是王权的命根，须严格遵守。否则就会天下大乱而导致暴力与战争。

与夏商一样，西周最重要的典礼也是祭祀。周礼中祭祀最烦琐繁杂，程序很多，如按照与死者的亲疏远近，要详细地定出服丧期限的长短，穿不同服装，并制六冕等等。因为在周人看来，祭祀关系到"慎终追远，民德归厚"的大事，只有强化不忘本的教育，才有礼义道德可立，而人一旦忘本，则精神文明均为荒漠。所以在西周的法律中，"不孝"是非常严重的罪名，要受到严厉的惩处。

周公强调要敬天保民，崇德、行仁、行孝，依人道，顺民心，是治国之本。而行仁政，则必然尊重人权，给人以自由。这其中有逻辑上的联系。

第四，废除夏商朝的一些严刑苛法，完善法制。西周社会敬天保民，实行德政和仁政，因此在立法和司法上体现出来的指导思想，是"明德慎罚"。这一刑法思想其基本的含义，是要提倡道德，重视道德，适用刑法要宽严适中，不能滥杀无辜。所以在废除夏商朝的一些残酷刑法的同时，还在制定法律和司法方面，提出了不少保护人权的闪光思想。

如西周的法律实行罪责自负的原则。据《尚书·康诰》等文献记载，西周法律规定，"父子兄弟，罪不相及。"即一人犯罪，罪责自负，不得株连亲属。这项原则改变了商朝"罪人以族"的残酷刑法，在中国刑法史上具有重要意义。可惜秦朝统一后的统治者大多未能坚持这一原则，继续"罪人以族"，造成后来中国无数的人间惨剧。

还如西周司法在判决之前，规定要征询群臣、群吏和万民的意见，这就是《周礼·秋官》中所说的"三刺"制度："一曰讯群臣，二曰讯群吏，三曰讯万民，听民之所刺宥，以施上服下服之刑。"这也是《孟子》上说的："左右皆曰可杀，勿听；诸大夫皆曰可杀，勿听；国人皆曰可杀，然后察之，见可杀焉，然后杀之。故曰国人杀之也。"

西周三刺制度虽然不能跟古希腊司法中的民众陪审团那样完善的司法体制相比，但也体现了一种先进的司法思想，是对民意的尊重和对人权的保护，在中国古代是绝无仅有的。这个三刺制度后来被统治者抛弃。在秦朝的法律中，已经没有三刺制度的记载。到了西汉、东汉之后，直至清朝的法律中，都没有这方面的记载。

西周法律还规定，法官在审案中严禁刑讯逼供，必须要严格物证的检验和供词的核对，如法官犯有"五过之疵"而故意使人入罪的，要以同样的罪惩治法官。"五过"的具体内容是："惟官"，就是法官依仗权势或者官官相护而出人入罪。"惟反"，就是法官为了报个人恩怨而出人入罪。"惟内"，就是法官为照顾亲戚而出人入罪。"惟货"，就是法官因贪赃枉法而出人入罪。"惟来"，就是法官因受人请托或者偏袒故旧而出人入罪。同时，西周法律还规定，重大案件必须上报周天子亲自审理裁决，当事人不服判决，可以向天子直接上诉。上诉方式就是击朝廷所设的"路鼓"鸣冤，或者在朝廷设的"肺石"上站立三天，要求重审。这就是《周礼》中记载的"路鼓"之制和"肺石"之制。这些规定，显示出西周社会具有保护人权的措施。

可以说，周朝是中国历史上伟大的朝代之一，其分封自治的政治制度设计，其崇德治、行仁政、顺民心的执政理念，其对人权的保护，其人道的法律制度和法制思想，应为中国伟大的文明遗产之一。

孔子曾经预言说："殷因于夏礼，所损益可知也。周因于殷礼，所损益可知也。其或继周者，虽百代亦可知。"西周抛弃暴力，用礼法来治国，行分封自治制，上下左右的权责关系都定出严密可行的礼制，靠严守礼仪来维持天下安定，这是一种和平的、人道的、文明的统治方式。所以孔子认为后人也会采取这种方式，最多不过是对周礼不完善之处进行"损益"。有因有革，故文明可得积累而发展。但他做梦也没有想到，秦始皇完全抛弃礼仪而专用暴力，比夏商厉害百倍，也实现了大一统。西周效法尧舜，秦皇效法桀纣，这不是学术之争，而是统治者爱民与虐民的根本分野。孔子、老子、孟子等思想家太相信人类的理性与善性，总以为天下终必循道而行，殊不知历史常常由非理性之邪恶势力操纵左右，所以孔子的预言完全破产，但孔子的道德人格魅力并未消失，西周的文明也终将为后人所肯定。

春秋战国时代人权的勃兴

西周社会实行分封制度，地方有自治之权，王权受到一定程度的限制，不能无限扩张，因此如前所述，西周国人的人权受到保护和尊重，有参政议政的历史传统。这种情况到了春秋时期，得到了更大的发展，最终造就了战国时代百家争鸣的局面，写下了中国文化史上最辉煌的一页。

当时的情况是，在社会的上层，由于平王东迁，西周灭亡，导致周王室的权力衰落，无力对分封的诸侯进行有效的控制，于是，各地的诸侯便开始上升到国君的地位，"礼乐征伐自天子出"的政治格局，演变成了"礼乐征伐自诸侯出"的政治格局。几百个分封的诸侯，等于是几百个小国家，相互发动战争，彼此吞并，于是有了"礼崩乐坏"的社会大变动。正如司马迁所说："春秋之中，弑君三十六，亡国五十二，诸侯奔走不得保其社稷者，不可胜数。"春秋242年间，各诸侯国之间大大小小的战争共达483次，平均一年两次。各个诸侯国在得不到周王室保护的情况下，为了自身生存和发展，面对着国家的深重危机，纷纷向民众开放舆论和政权，网络人才，发愤图强，为民众参政议政创造了比西周更好的条件。

同时，春秋早期，虽然诸侯并起，天下大乱，但这只是社会上层的变化，在社会的下层，分封制度并没有改变，地方自治的局面依然存在。由于当兵打仗主要靠国人，所以国人的地位并没有受到任何影响。随着国家政治的开放，国人的政治权力反而加强了。人权由此开始得到更大的进步与勃兴。到了春秋后期和战国时代，整个社会进入了思想自由、言论开放、人才辈出的时代，其500多年的漫长岁月，使春秋战国成为我国历史上最辉煌的人权时代。综合起来，春秋战国时代各诸侯国国人的人权勃兴表现在以下几个方面：

第一，言论自由导致中国出现空前开放的社会，从而出现了百家争鸣的繁荣局面。

思想、言论自由是最重要的人权。西周时期"询万民三政"的制度，是周王就国家大事征询国人的意见。而到了春秋时代，国人有了议论政治的公共场所，可以毫无顾忌地议论国家政治，批评国家的执政者。著名的"子产不毁乡校"的故事就发生在这个时候。

乡校是西周时期就有的专供国人子弟学习骑射和军事训练的地方，是官方的学校，是官方培养人才的地方，并不是公共场所。但是到了春秋时代，面对着社会的巨大变化，国人慢慢地把这里当作公共场所，当作集会、批评时政、表达民意的地方了。就像古代希腊雅典的公共广场一样，人们在这里谈论公共事务，对政府的政策和行政进行批评，对一些重要的问题进行争论。有思想、有见解的人，可以在这里发表演说，引导民意和舆论，甚至对统治者进行尖锐的批评。这就是民意表达的途径。民主就是多数人对政治的参与，而且这种参与在古代是建立在演说和辩论基础之上的。

　　子产是当时郑国的执政者，国人当然要对他的执政情况进行批评。也许当时郑国人对子产的批评过于尖锐，所以，当时有人劝子产毁掉乡校，以此来阻止民间的批评。但子产没有接受这样的建议。他认为乡校是人民休息时议论当权者执政是否适当的地方。人民认为我做得对的地方，我就坚持实行；人民认为我做得不对的地方，我就改正。他还认为，对待人民的意见和批评，要及时改正，把问题解决在萌芽状态，而如果等到问题激化的时候，那就像河堤决口，那就没有办法解救。所以他坚持不毁掉乡校；相反，他鼓励民众对政治进行批评，维护民众思想、言论、集会自由的权力，鼓励民众争论问题。

　　子产是我国古代历史上最开明、最具有民主意识的伟大的政治家。他作为郑国的执政者，坚持政治对民众开放，不仅没有毁掉乡校这一民众议论政治的公共场所，保护民众的人权，而且，他还是我国历史上第一部成文法的制定者。更难能可贵的是，他还是我国历史上第一个将法律公之于世的政治家。这就是史书上所记载的"铸刑鼎"的历史事件，就是把刑法条文铸在金属鼎上向民众公示，让民众知法而不犯法，同时也可以因此限制国君、贵族和各级官吏的特权。这种将政治、法律制度公开化、透明化的行为，是对春秋战国时期民主政治的有力促进，所以被人称为是我国历史上的一件划时代的大事。

　　正是因为子产这种开明、民主的政治作风，所以推动了郑国政治、经济、文化的迅速发展。司马迁在《史记》里描述了子产的政绩在民众中的反映，说子产为相期间，"门不夜关，道不拾遗"，特别是维护了和平，没有发生战争，没有一个郑国士兵死于战场。他在公元前522年病逝，"郑人皆哭泣，悲之如亡亲戚"（《史记》），"哭子产者，皆如丧父母"（《韩诗外传》）。成千上万的郑国人为子产送葬。在春秋战国的历史上，能受到民众如此强烈怀念的执政者，仅有子产一人。就是在中国几千年的历史上，这样的政治人物也是凤毛麟角。

　　当然在春秋战国时期，像子产这样具有民主作风的政治家很少，但是，在激烈的国际竞争的大环境下，各个国家的国君及其执政者也不得不接受言论自由、思想自由、集会结社自由的现实，广纳治国之策和治国人才。如管仲和百里奚，原来都是地位卑贱的人，因为德才兼备，而被齐国和秦国的国君委任为国家的执政者。而知识分子也敢于独立思考，纷纷到各国游说国君，自由发表各种各样的政治见解和治国方案，希望自己的政治主张能够为国君采纳。孔子是春秋时代第一个开始游说国君的人，先后游说了十多个国家，推行自己的"仁政"主张。但他的主张并没有被各国国君所采纳。回到鲁国之后，他聚众讲学，创办私学，打破了"学在官府"的传统教育制度，培养出3000弟子和72贤人，并整理了《诗》《书》《易》《礼》《乐》《春秋》等文化典籍，创立了儒家学派，为中国文化的发展作出了伟大的贡献。

还如孟子在游说国君时，发表了许多尖锐的观点，对当时一些君主不施仁政、压迫人民的行为进行抨击。在《孟子·万章》记载了这样一件事，说齐宣王向孟子询问有关公卿的问题，孟子说："君王问的是哪一类公卿？"齐宣王说："公卿难道还有不同吗？"孟子说："有不同。有和王室同宗族的公卿，有非王族的异姓公卿。"齐宣王说："请讲讲和王室同宗族的公卿。"孟子回答说："君王有重大过失就劝阻，如果多次劝阻还不听从，就废弃他的王位，另立新的君主。"

听了这句话，齐宣王脸上勃然变色。但孟子根本不理会齐宣王的气愤，说："君王不要见怪。您既然问了我，作为臣子，我不能不向您说真话。"齐宣王脸色平静下来，又接着问非王族的异姓公卿。孟子说："君王有过失就劝阻，如果多次劝阻还不听从，自己就辞职离去。"

从这件事可见孟子具有自由、独立的思想，反对君主专制的态度和不向权势低头的人格。在孟子的一生中，还说过许多蔑视王权、反对君主专制的惊世骇俗之语，如"民为贵，社稷次之，君为轻"、"说大人，则藐之"、"君之视臣如手足，则臣视君如腹心；君之视臣如犬马，则臣视君如国人；君之视臣如土芥，则臣视君如寇仇"。他还主张统治者要少用刑法，减少赋税，使人民休养生息。他严厉谴责暴君，认为暴君并不是君主，而只是一个"独夫"，人民推翻他，甚至杀掉它，都是合理的。孟子的这些"大逆不道"的言论，使以后很多朝代的专制帝王难以接受，直到明王朝的开国皇帝朱元璋，还对孟子的这些激烈的言论大发雷霆，下令把孟子的画像逐出圣庙。可以想见，在君主专制时代，没有思想和言论自由，那么，孟子说出的话，面临的肯定是杀头之罪。可是孟子在当时不但没有因这些言论获罪，相反，还受到各国国君的尊重。

人民的自由思想是一切创造力的源泉。没有自由思想的社会环境，整个社会就是一潭死水，没有生机和活力。在春秋战国时代，由于中国人真正获得了思想、言论自由的权力，所以，中国人的聪明才智和创新精神才像火山一样迸发出来，使中国出现了百花齐放、百家争鸣的局面，出现以儒家、法家、道家、墨家为代表的诸子百家，从而奠定了中国几千年政治学、伦理学、哲学、军事学、文学、教育学等等学科的基础。特别是战国时期，由齐国政府出资建立在齐国都城临淄的稷下学宫，存在时间长达 150 多年，集合了当时儒、墨、道、法、黄老、阴阳、名辩、纵横、兵、农等各个学派的学者在这里著述讲学，进行自由的学术讨论，成为当时国际学术活动的中心，对学术的繁荣，发挥了巨大作用。

第二，国人的民主权利得到进一步的扩大，民意已成为制约王权和左右国家政局的重要因素，在地位上已经与国君、贵族处于三足鼎立之势。

在西周时代，国人就有在地方参政议政和选举基层官吏的权力。所以就出现了周天子、诸侯、大夫以及国人这样多极的力量，相互制衡。这样社会比较稳定。到了春秋时期，周王的权威下降了，但国人参政议政权并没有被取消；相反，随着王权的衰落，地方自治权力的加强，这种权力还更加得到扩大。

如曹刿论战，齐国的军队攻打鲁国，鲁庄公准备应战。曹刿当时是一个普通百姓，没有身份，没有地位，可是他却要去见鲁庄公。他的同乡就劝他说："国家大事有那些有权位的人谋划，你又何必参与呢？"曹刿说："有权位的人见识浅陋，不能深谋远虑。"于是他进见鲁庄公，并说服了鲁庄公让他指挥这一场战争，结果取得了完全的胜利。

曹刿论战的故事，其意义不仅仅在于军事上的谋略，它最深层次的意义，就在于说明，在春秋战国时代，国人不仅可以在地方基层参政议政，而且可以直接参与国家政治活动。一个百姓去见国君，没有任何困难，而且国君还以平等的态度，老老实实地接受曹刿的批评，赋予曹刿指挥战争的权力。这一现象的发生，如果是在专制的社会里，是不可思议的。在专制的社会，等级森严，人民对统治者只能歌功颂德，普通的老百姓是没有权力和机会参与政治的，国家的政治运作与老百姓没有任何关系，人民不得与闻，更不用说直接参与了。

可见在春秋时代，国人已经成为一股重要的政治力量。公元前 645 年，被秦军俘虏的晋惠公自己觉得有辱"社稷"，害怕回国后得不到国人的支持，难以稳定自己的王位，所以在被秦国释放回国前，特派大臣先回国向全体晋国国人道歉，用以取得国人的谅解和支持。这足以证明，国人在晋国已经具有了稳定或者威胁国君王位的政治力量。

《左传》记载，公元前632年，卫成公决定与楚国结好，可是"国人不欲，故出其君"，也就是说，卫国的国人反对与楚国结盟，可是卫成公不听国人的意见，结果被国人将他驱逐出卫国，可见，卫国国人有着监督政府决策施政的权力，左右着卫国的外交政策，并有了驱逐或者罢黜国君的民主力量。

公元前529年，楚国发生政变，郢都为政变者所控制。面对这种情况，大臣子革对楚灵王说："请待于郊，以听国人"，也就是要楚灵王先到城外躲一躲，看看国人的态度再说。楚灵王回答说："众怒难犯"，感到自己很难被国人原谅，于是放弃复位。不久，参与政变的弃疾为了获得王位，也以国人"众怒如水火焉"相要挟，迫使在政变中分别取得王位和令尹的子干、子皙二人自杀（《左传》）。

还有公元前506年，吴军破楚，招陈怀公归附吴国，"怀王朝国人而问焉"（《左传》）。

以上事例表明，在春秋时代，国人不仅保留着西周时代"询国危"、"询国迁"、"询立君"和选举地方官吏等参政作用，而且有了左右国家政局、直接驱逐或者另立国君的民主权利，形成了制约王权的重大力量，这是一个了不起的进步。

第三，春秋战国人权的勃兴，还体现在民众已经取得了私有财产权，推动社会经济的迅速发展。

私有财产权是重要的人权。西周建国后在经济上实行土地分封制和工商食官制度，基本上是一种国有制度，土地层层分封，无论是公田还是私田，均为国有，不准买卖，所以谈不上个人私有财产权。当时居住在国都外的农民（野人），其地位可能与中国20世纪60—70年代的农民情况差不多，白天要在公田（人民公社生产队的集体土地）上劳动，晚上收工后才能在私田（自留地）劳动，收获归自己。不同的只是西周野人耕种公田的收获全部归诸侯和贵族，是一种劳役地租的形式，而20世纪60—70年代农民耕种公田的收获归生产队，农民可以拿工分参与分配，但分配的收入十分微薄。

而国人，就是居住在国都里的平民，他们有自己的土地（当然也是国有的，但平民有使用权），不用去公田劳动，只是为自己耕种，收成只要上缴百分之十的赋税就可以了，所以国人的生活要比野人好过。因为他们与周王室有血缘关系，所以他们比较受到照顾。手工业者则完全食官，为官方劳动，没有个人财产，不能拿工资，只有饭吃。商业应该很早就存在，传说神农氏时代就有了交易，在商朝，据说后来成为西周丞相的姜子牙，就在商朝的国都朝歌做过买卖。西周建国后，商业有了发展，《周礼》记载，西周已经有了专门管理市场的官吏，早晨为朝市，以商贾为主交易；午后为大市，以百姓为主进行交易；下午为夕市，以小贩为主进行交易。但交易的商品有严格的限制，连衣服、饮食都不准买卖，可交易的商品很少，所以西周的商业应该不会有太大的规模。

这种制度适应当时社会落后的生产力水平，但是它不利于社会的市场竞争，不利于推动农业、商业和手工业的发展。在这种制度下，无论是国人还是野人，都被束缚在土地上，不能自由流动，所以无论是农业、手工业和商业都很难发展起来，其原因就是没有个人的财产权，土地不能交易，人就被束缚死了。到了西周中后期，出现了土地买卖的现象，法律已允许土地进入交换领域，贵族已具有处分土地的权利。

到春秋时期，国家开始对私田征税，如鲁国在公元前594年实行"初税亩"。其他国家也先后对私田征税，从法律上承认了土地的私有权，土地国有制逐步瓦解了。这极大地促进了土地的交易和农民对荒山荒地的开垦，农民私有的土地不断增多。随着牛耕和铁工具的普遍使用，农业水利工程的大量兴建，土壤的改良和粪肥的使用，使社会生产力迅速提高，经济有了空前的发展。同时，各个国家还制定了有关手工业和商业的法律制度，通工惠商，并开始对商业征税，承认私人商业交易的合法性，承认商人合法的财产权，使商业发展迅速，出现了子贡、陶朱公、吕不韦等著名的大商人。商业的发展，推动市场的竞争，使社会经济空前繁荣。

据史料记载，战国时期人口猛增到2000多万，是西周社会人口的一倍以上。人口的数量达到了很高的水平。而东汉末年三国时中国人口才有700多万，到清朝顺治十二年，全国人口也只有1403万人。可见春秋战国时代社会的繁荣程度。由于土地分封制和"工商食官"制度的瓦解，社会对人的控制措施的弱化，加上对私有财产的保护，使人民获得了人身的自由，可以自由迁徙和流动，同时有利于商人积累资本和进行投资，推动了商品经济迅速发展起来。商人阶层空前活跃，市场交换一片繁荣，商业城市迅速崛起，金属货币广泛流通，国际贸易四通八达。陶邑、洛阳、临淄等商业城市，是当时著名的国际贸易中心。自由的市场贸易，是当时的主要经济形式。虽然齐国在管仲时制定了盐铁官营政策，由国家垄断盐铁等重要资源的专卖权，与民争利，但就整个商品经济而言，还是以前所未有的高速度向前发展。在秦国发动消灭六国的战争之前，整个经济形势是好的。当然不能说没有穷人，没有剥削，但自由竞争的社会，毕竟能给人带来改变命运的机会。

老子说过："天之道，损有余而补不足；人之道，损不足以奉有余"。老子生活在春秋早期，当时商品经济还不发达，经济还很落后，野人受诸侯、贵族压迫和剥削，生活困苦，所以他沉痛地揭示人类社会违反自然天道的趋势，自有其批判意义。但春秋后期到战国时代，随着商品经济的繁荣和个人财产权的确立，人们可以获得军功和财产而进入贵族阶层，所以国人与野人地位的逐渐平等，而一些贵族也由于特权的丧失而逐渐没落，社会也曾一度向均富的方向迈进，只可惜秦朝的专制强权大一统让这个方向逆转，于是社会又重新回归到"人之道"的可怕境遇中，实在是中国人的不幸。

春秋战国没有走向民主社会的原因

如前所述，春秋战国时代是解放人的时代，是中国人权勃兴的时代，这个时代是具备向民主社会转变的条件的。在春秋早期，周王室权威虽然不再，但各诸侯国内分封的政治结构并未改变，而且当时各诸侯国还没有"大一统"和行专制的思想，没有用郡县制统一中国的条件，只是希望建立霸权。后来就兴起了齐国、晋国、秦国、楚国、吴国五个霸权，史称春秋五霸。

齐桓公是当时最值得称道的一位霸主。齐桓公在称霸的 40 年中，曾召集过国际和平会议 26 次，出动军队 28 次，一直保持着那种开放的胸怀和贵族骑士风度。他的政治口号是"尊王攘夷"，即尊奉周王朝和排斥蛮族，并且以"盟誓"的方式，与各国签订了各种国际条约，来保护各个国家不受侵犯，维持和平的国际秩序。这些条约的基本原则，是维护周室的王统，排斥异族入侵，提倡国际间的睦邻友好，相互合作、维护和平，存亡继绝，巩固现有秩序。在事实上，齐桓公就是春秋时代邦联国家的实际执政者，已经使中国成为了一个带有邦联性质的国家，各个主权国家统一在"尊王攘夷"的旗帜下，结成了一个较为松散的政治联合体。只要在虚君的名义下，用联邦或者邦联的形式，选举执政官（责任内阁政府）和诸侯议事会议（国会），将军队统一指挥，那么就奠定了实现民主、共和、法治和自由的基础，为中国建立联邦制的国家创造了前提。

但遗憾的是，这一切最后都没有成为现实；相反，导致了秦王朝在中国建立了大一统的高度中央集权的皇帝专制制度。所以说这是一个伟大时代的悲剧，也是中国历史的最大悲剧。在春秋战国时代，诸国林立，可以有政治制度多样性试验的条件，可以有多种政治体制的选择，而最后民主政治制度没有成长起来，没有在制度的试验中胜出，肯定有复杂的历史原因，是众多因素交织的结果。在这里，我们作一些粗浅的分析。

第一，中国的地理环境不能限制强权和暴力无限扩张的趋势。

强权和暴力本身有自发扩张的趋势。要有效地制约强权和暴力的扩张，必须要有制约强权和暴力扩张的力量。在西周社会，由于周王室有强大的政治和军事力量，能够对各诸侯国进行有效地制约和控制，因此，社会保持和平和稳定。

到了春秋时期，周王室衰落，无力再维持社会的稳定和平，因此各个诸侯国之间互相发动战争，强国以暴力兼并弱国。所以齐桓公成为霸主后，提出"尊王攘夷"的口号，存亡继绝，维持建筑在周礼基础上的国际和平，弘扬"仁德和平"的精神，限制强权和暴力的扩张，禁止强国兼并弱国，大国侵占小国。但不久，这种均衡的局面又再次被打破。

诸侯国之间的军事兼并，使诸侯国内的政治也发生了根本的转变。在西周和春秋早期，各诸侯国内实行的是分封制度，天子、诸侯、大夫、国人等各个阶层的人，以周礼为行为的准则，有相互制约的体制。但战争打破了这种均衡局面。为了生存和发展，各个国家没有别的选择，只能走富国强兵的道路。

到了战国时代，面对着秦国强大的军事力量和消灭六国的战争形势，各个诸侯国社会原有的价值观念发生根本的改变，崇尚道德、行仁政、讲礼仪的价值观念被"成者为王、败者为寇"的价值观念所取代。各国的统治者不再尊崇仁德，不择手段地推进政治独裁和强人政治，崇尚法家专制手段，破坏了原来的国家体制，以奖励耕战，扩张军事力量。这是当时政治形势下不得已的选择。于是纵横、阴阳、法家等各种阴谋集团和野心家应运而生，军事强人纷纷出现。在战国后期，各个国家面对着强秦的进攻已经无能为力，最终完全被秦国用暴力征服。六国灭亡，使秦始皇的强权和暴力达到极点，民主政治终于完全失去生存的土壤。

中国不是海洋性的国家，各个诸侯国之间，没有海洋的阻隔。所以，在交通不便、信息闭塞的古代，便于武力征服而不利于商业的发达，因为商业运输的成本非常高昂，且风险极大。虽然民间商业得到迅速发展，但各个诸侯国之间的竞争，并不以商业的形式出现，而只能以武力的形式出现。因此，内陆的环境是培植政治枭雄和军事强人的肥沃土壤，像后来秦始皇、汉武帝、成吉思汗等等军事强人的出现，就是这个环境的产物。这一点，与欧洲的情况不同。欧洲在同一文化下的政治分裂，由于受到地中海和英伦海峡的阻隔，很难用武力实现长期的统一，所以英国的宪政体制和商品经济得以生存下来。英国长期没有常备军，但却没有遭到军事强国的占领，应该是英伦海峡阻隔的作用。大海的隔绝能够保护和平和商业竞争，不利于政治枭雄和军事强人的成长和长期延续其专制独裁统治。所以在欧洲，虽然出现了亚历山大、拿破仑、希特勒那样的军事强人，但不过是昙花一现。

中国在春秋战国时代，各个诸侯国也在同一文化之下实现了政治分裂，但由于没有大海的阻隔，无力抗拒强权和暴力的扩张，结果一些政治民主和商品经济成长的国家不能够单独生存下来。如郑国在子产执政时期，已经有了一定的政治民主，商品经济也相当发达。但是，面对着其他国家的威胁和进攻的严峻形势，郑国也很快就走上了军事扩张的道路，否则就很难生存。如果郑国始终处于一个安全的环境，后来也可能向民主政治方向发展。也正是因为没有大海的隔绝，使得秦国的战车长驱直入，没有任何障碍。如果当时其他六国有大海的阻隔，在没有先进的航海工具的情况下，秦国不可能消灭六国，实行郡县制度。中国内陆的地理环境，不支持在同一文化下的商业竞争和平等外交，国与国之间

的竞争最后都是以战争的方式解决问题，而不利于和平和民主政治的
繁荣。

第二，民主政治家的缺失。

与西周社会并存于世的古希腊，当时是一个民主的社会。但古希腊
不是一开始就是民主制度。在其文明的萌芽时期，也是部落首领大会选
举部落联盟共主的制度，后来也经过很长一段君主专制时期，与中国的
尧舜禹时期的制度差不多。而后来古希腊之所以没有出现夏启建立宗法
世袭制度那样的结果，很大原因是因为雅典社会出现了像梭伦、克利斯
提尼、伯里克利那样伟大的民主政治家，是这些具备民主思想的执政者
站出来，引导人民扭转社会走向专制的车轮，实行民主政治改革，建立
民主政治制度，实行民主与法治的政治运作。

由于中国在西周和春秋战国时期没有产生这样的民主政治家，所
以，当时的政治人物把中国带到了一个专制社会。例如子产是当时最开
放、开明的政治家，但是，他并没有进一步把乡校发展成为国家的立法
机关，没有让乡校成为选举国家执政者的权力机关，没有让乡校成为国
家的决策机构。如果子产再往前走一步，在政府每项政策制定之前，都
由乡校的民众进行讨论和投票表决，国家执政官的产生，都由乡校的民
众来选举，并把乡校发展成为民主决策的机构，那么，中国的民主政治
在两千年前就出现了。但子产没有把郑国带进民主社会。

齐桓公也是这样，他已经奠定了联邦制的基础，只要再向前跨进一
步，古代联邦制的国家体制就建成了。可是就是这一步，他始终没有跨
越过去。

还有三家分晋也是这样。在分晋之前，当时晋国的权力实际上已经
掌握在韩、赵、魏三家的手中，晋国国君实际上是徒有虚名。如果是在
宪政的国家，就会实行君主立宪制度，国君作为国家象征而不行政，
韩、赵、魏三家可以通过竞选轮流执政，或者由三家分别执掌立法、行
政和司法的权力，形成三权分立的格局。但他们后来将晋国瓜分，将晋
国的君主废除掉。然后，他们自己当上了国君，依然实行宗法世袭制
度。这样一来，社会没有任何进步。不同的只是将一个国家分裂为三个
国家。除此以外，什么也没有变化。

齐国也是如此。本来陈氏已经掌握了国家政权，但是，他们还是觉
得不够，非要将齐国国君杀害，自己当上国君才觉得名正言顺，不能实

行在虚君前提下的立宪政治，不能对文明进行革新。

还有鲁国的三桓政治。公元前 6 世纪初，鲁国的仲孙、叔孙和季孙三大家族，从鲁国国君手中夺取了政权和土地所有权，三大家族轮流执政，世代相传，时间长达 400 年之久。这就是当时著名的三桓政治。三桓政治最大的进步意义就在于三家轮流执政，相互监督和制约。但不足的是，在这么长的时间里，鲁国也没有建立起相应的民主体制，最后依然分裂成几个国家。

中国古代没有民主政治家的产生，是受到了当时的社会意识形态的制约。英国有一个著名的思想家和经济学家，叫哈耶克，他认为社会秩序的扩张是自发的，不是理性的，是由宗教信仰和意识形态决定的，是意识形态和宗教信仰这些东西决定一个国家的政治秩序、道德准则，决定人们可以接受和不可以接受的行为。这些东西决定政治游戏规则，决定法律制度和经济表现。是信仰系统和意识形态影响到人，使人认为什么可以接受，什么不可以接受，社会形成了一个共识，就会建立一个社会反对、禁止或者遵守的机制。特别是那些有权力制定游戏规则的人所达成的社会共识，是产生一种社会政治和法律制度的基础。

比如说，无论古今中外，人们都认为偷盗和抢劫是犯罪，所以才建立合法的警察制度，去惩罚这些犯罪者，没有人认为警察惩罚小偷是以强凌弱。如果没有这个共识，那么人们就会认为警察抓小偷，是仗势欺人，是滥用暴力。所以社会文明的产生和进化，是由宗教信仰系统和意识形态决定的。

西周和春秋战国没有民主政治家群体的产生，很大程度就是因为社会缺乏民主、共和政治的共识，没有这方面的宗教信仰和意识形态。比如，搞民主竞选就要人人平等地竞争，但在西周社会，人们认为这不符合"亲亲"和"尊尊"的血缘世袭的原则，因为在西周人看来，最亲莫如父子，最尊莫如君王。所以把"忠孝"作为人的立身之本。如果父子之间、兄弟之间、晚辈与长辈之间、地位卑下的人与地位高贵的人展开竞争，会被人认为是违背人伦道德而遭人唾骂为"无父无君"的小人。西周时期的国人可以选举基层官吏，是因为这些基层官吏不是世袭的，而周天子、诸侯、大夫是世袭的，所以不能够进行选举。

西周春秋时最难由社会自身来打破的意识形态，就是以血缘为基础的世袭宗法制度，因为根本无法达成社会的共识。正是由于宗法制度的根深蒂固，因此无法培植出产生民主政治家的土壤。按照当时"传长不传贤，传嫡不传庶"的宗法世袭原则，无论是周王室，还是诸侯国君，都希望把政权和财产传给自己的后代，不愿意把权利让与别人。这些有权制定游戏规则的人对宗法血缘关系的共识，以及对公平竞争的拒绝，使社会无法进行公开、平等的民主选举。

所以在西周和春秋战国时代，不可能达成公开、公平竞争的民主政治的共识。而古希腊的城邦文化在宗法世袭方面的意识形态比较差，因为海洋性的国家血缘世袭观念比较淡薄，其财富的获得往往与占有的权力没有必然的联系。商业社会强调的是个人自由，平等竞争，所以选举执政官和建立公民大会的行为，能够产生社会的共识。这是梭伦进行民主政治改革取得成功的社会基础，而西周和春秋战国时代没有这样的社会基础，所以没有产生民主政治家的社会需求。没有民主政治的需要，就不可能产生民主政治家。当然，没有民主政治家的出现，也就不可能将民众带进民主社会。

第三，国人的消亡，使社会失去了民主政治的基础。

西周和春秋早期之所以会产生一定的政治民主，一个重要原因，是因为有国人这个特殊的阶层存在。国人不是一般的农民，他们是与西周王室有血缘关系的人群。虽然这种关系已经很疏远，不能保持他们的贵族身份了，但依然还是有着传统的参政议政之权。正因为有这一群人存在，所以西周王室和各国诸侯，都必须要听取他们的意见。没有他们的支持，国王和诸侯的地位就不稳固。

国人既然是分封制的产物，那么，分封制的瓦解，就必然意味着国人的消失。正所谓"皮之不存，毛将焉附"。国人的消失过程，就是分封制瓦解的过程。在分封制下，他们有自己的土地，不需要为诸侯、士大夫们的公田劳动，只要把自己的地种好并上缴什一之税就可以了。农忙时，他们种地；农闲时，他们参加军事训练；有战事就去打仗。国人还有受教育的权利。所以，在西周和春秋早期，他们有比较高的政治地位和较为富裕的生活。

可是，后来随着各国对土地私有制的承认，无论公田私田一律缴税，而且土地可以买卖。这样，他们的地位就发生了变化。一部分人可能因为自己的勤劳和善于经营而积累了财富，或者经商发财，买进许多土地，而成为了贵族；一部分人可能因为懒惰、不善于经营，或者遇到天灾人祸，被迫卖掉自己的土地而沦为贫民，甚至有可能成为债务奴隶；还有一些人可能因为具有知识和才能，或者因为军功等因素而受到重用，成为了士大夫。

同时，原来住居在国都外的野人的地位也发生了变化。野人，就是那些与西周宗室没有血缘关系的农民，他们可能是被征服者，如殷商的后代等。他们原来只能为诸侯、士大夫的公田耕种，后来承认了土地私有，这些人就可能拼命开垦荒山荒地，而成为了自耕农，有的甚至经营有方，积累财富，而最后成为贵族。加之从晋国"作州兵"开始，国家允许野人当兵打仗，也可以受到教育。这样，野人的地位提高了。如孔子的学生中，就有很多野人的子弟。如子路、子张、仲弓，等等。这些人因为有了受教育的机会，或者因为军功，后来不少人成为地方官员。国人和野人的区别消失后，都成为了自耕农，处于平等的社会地位了。正如《孟子》所说："在国，曰市井之臣；在野，曰草莽之臣。皆谓庶人。"国人与野人一样都成为普通的老百姓了。

国人这个阶层消失以后，原来他们所具有的参政意识和参政议政的权利也一起消失了。各国的国君和大夫也不需要向他们问政了。他们由于地位的变化，整个群体也不再存在，也没有能力与国君、大夫们抗衡了。生存的压力和社会的竞争，使他们也不再具有参政议政的兴趣。随着岁月的流逝，几代人之后，到了战国时代，可能这些人的后代也不再具有"国人"的概念。当然国人的政治责任和政治权利，也一起从他们后代的脑海里消失了。而参政议政的责任，慢慢地转到了知识分子的身上了。知识分子成为了最关心国家政治的人。而原来那些国人分化后，有些成为知识分子继续关心政治；有些成为贫民而为贵族耕种土地，成为佃农；有些成为贵族地主。总之，这些人不再具有参政议政的兴趣、能力甚至资格了。

国人这个制约统治者的力量的整体消失，从确立土地私有权和发展生产的短期效益来说，是一种社会的进步。但是，也使中国古代失去了发展民主政治的长远的社会基础。国人退出政治舞台的后果是，西周社会形成的周天子、诸侯、大夫、国人这些多极社会力量不复存在，互相制衡的体制被瓦解。到了后来，随着周天子权威的丧失，国人的消亡，社会只存在诸侯、大夫、自耕农这三种主要力量。而诸侯、大夫是统治者，自耕农是被统治者，社会就只剩下统治者和被统治者了。社会只有两极，这是不稳定的。之后，统治者再也没有人去监督了，基层的官吏没有人去选举了，统治者也不再在乎人民的感受了，不需要征询人民的意见了。人民参政议政也不再成为一种权利和责任。由于社会制衡力量的消失，结果很容易发生压迫剥削和反压迫剥削的现象。统治者占上风就是专制，被统治者占上风就是革命。于是中国就很难摆脱专制与革命恶性循环的怪圈，实现民主政治的希望就破灭了。

商鞅变法与专制独裁者的崛起

在民主政治迟迟不能产生的同时，以法家为代表的专制独裁的野心家却在迅速崛起，从而彻底铲除了民主政治产生的土壤，加速了中国走向专制独裁的步伐。

当时，各个国家的国君能够听到的改革方案虽然很多，如墨家的思想、道家的思想、农家的思想等，但是真正能够作为治国的指导思想的政治主张，除了儒家实行"仁政"的政治主张之外，就是法家的改革方案。由于儒家的思想只是一些道德的说教，没有具体的政治方案，不具备可操作性，而且具有繁琐的礼仪，难以达到富国强兵的目的，所以，当时不为各国国君所采纳，只有法家的改革主张成为了各国国君的唯一选择。法家人物也就纷纷成为各个国君实行变法改革的主要政治力量，使中国走上了一条独裁专制的道路。

在这里，让我们以商鞅在秦国变法为例，看一看法家改革带来的严重恶果。

商鞅是一个典型的独裁者，是一个只迷信强权的政治动物。他是魏国人，原名公孙鞅，从小聪明好学，曾拜魏国法家李悝为师。学成后曾想为魏国效力，但没有受到重视，恰好秦国国君秦孝公广招人才，于是，商鞅带着李悝的《法经》来到秦国，向秦孝公献上了"强国之术"，提出了"治世不一道，便国不法古"的著名论述，受到了秦孝公的高度重视。随后，秦孝公起用商鞅，在秦国实行变法。

商鞅在秦国变法的时间长达二十多年，把一个贫弱的秦国变成了一个令诸侯畏惧的军事强国，为后来秦国统一中国打下了坚实的基础，这是一件非常了不起的事情。所以，后世对商鞅的变法都持肯定的态度，有人甚至认为，商鞅是民族英雄，他的变法是伟大的革命，他是中华民族第一人，等等。

事实是不是这样呢？客观地分析商鞅的变法，在肯定他在短时间促进了秦国经济发展的同时，必须指出，商鞅变法，从长远的历史角度看，它的危害远远大于它的功绩，它为后世的专制暴君祸国殃民创造了有利的条件，它对阻碍中国历史的前进，产生了极为恶劣和极为深远的影响。

确实，在当时的历史条件下，商鞅的许多改革措施，有先进的一面。例如，他规定，没有军功的人，不得列入王室宗室的簿籍，不能享受贵族的特权，而有军功的人，可以显荣，并授以爵禄。这就打破了贵族的世袭制度。又例如，他规定，"民有二男以上不分异者，倍其赋"，"民父子兄弟同室内息者为禁"。这是用法律的手段，强制人民改变落后的生活方式。因为在北方，往往一家人大大小小几十口，男的女的挤在一个炕上睡觉，既不卫生，也不方便，而且，年轻人在家中没有地位，唯老人之命是从，不利于年轻人的发展。而父子兄弟分开居住，避免了宗族大家庭的诸多矛盾，刺激了新家庭的形成，生活也更为方便卫生。虽然商鞅颁布这条法律的目的，不过是想增加人口，发展生产，但客观上起到了移风易俗的作用。

还有，商鞅规定，老百姓开垦土地增加生产，可以免去官差，这也是对老百姓有利的。还有，禁止私斗，人际之间的争执必须诉诸法庭裁判；否则，不论有无道理，一律处罚。这也增加了人们的法制观念。

但是，商鞅变法的危害也是极其严重的，因为他的目标是极为明确的，那就是要通过严厉的手段，促进耕战，达到"富国强兵"的目的。换句话说，就是要通过严刑酷法，强化君主的绝对统治权力，把人民都变成会说话的牛马，完全处于绝对服从和愚昧、麻木状态，把秦国改造成为一部战争的机器，成为一个战争的巨人。这种政策，与现代的军国主义政治，如出一辙。所以，当时的诸侯各国，都把秦国当成一个可怕的虎狼之国。

商鞅用残暴的手段实行变法，为什么能够取得成功，而没有引起秦人的殊死反对？这是因为秦国在西周建国时，还只是一个原始的小部落，不是西周封的诸侯国，没有建立起分封制度和各种礼制。为了战争的需要，秦国实行的是带有军事性质的屯田制度，这种军事屯田制度使"农"和"战"紧密结合，兵民流动很快，无法进行分土治理，只能派官管辖，设县管理，实行中央集权的制度。这就是中国郡县制度的起源。土地掌握在国君手里，各级官吏由国王任命，军队也由国王调动，一切政令、法律均出自国王一人之口，官员的土地和爵位也不能世代相袭。这种中央集权的县制使国君能够集中权力，集中资源，发动战争，谁反抗就镇压，因此也很少有人敢于反抗。由于土地没有分封，所以推行土地私有化，促进农业，也比较容易。可见，秦国的政治制度一开始就与中原各诸侯国不同。

秦朝的中央集权的县制培养出来的都是老实守法、唯唯诺诺的顺民，是驯服的战争工具。他们在强权的压迫下，只有老老实实地当牛作马，不能乱说乱动。秦国没有西周分封制度之下国人的产生，没有思想、言论、集会、结社的自由，人民没有参政议政之权，没有地方自治下的公民权利意识和对人权的保护措施。统治者不讲仁义道德，讲的就是强权和暴力。在战争中奋勇杀人的人，可以得到奖赏；反对战争的人，则要被处死，甚至株连亲人。所以在秦国，郡县制兴，则人权灭。几代人下来，秦国的老百姓就习惯了这样的政治制度，对强权和暴力的逆来顺受，是秦国人无法逃避的生活方式。

这种建筑在强权和暴力基础上的县制，是商鞅在秦国变法成功的重要基础。商鞅变法就是这样的基础上，大规模地推行县制。他把全秦国分为41个县，任命县令、县丞和县尉。这些官员可以随时任免和调任，而不能世袭。他们执行国家的命令，管理各地百姓，起着强化中央集权、强化君主专制的作用，将全秦国的人民都置于被奴役的地位。商鞅的法西斯军国主义的改革政策，与秦国的国情正好能够相适应，于是得到顺利推行。这不是秦国人欢迎县制，而是在强权压迫下的无奈接受。《史记》上说商鞅变法后"乡邑大治"、"秦人大悦"，恐怕只是一种表面的现象。在一个发几句牢骚就可能掉脑袋的国家，在一个"富者田连阡陌，贫者无立锥之地"的国家，老百姓会真心拥护政府吗？如果这样的政府老百姓都会真心拥护，那只能说明这个国家的老百姓实在太可怜了。

为了把秦国改造成为一部战争的机器，商鞅实行壹赏、壹刑、壹教政策。

壹赏，就是奖赏耕战有功的人和告密者，而有学问的人、有智慧的人、诚实的人、廉洁的人、有修养的人、有发明创造的人，等等，均不在奖赏之列，不能凭借这些获取富贵和利禄。

特别是他对搞活流通的商人和改进生产工具的手工业者，不但不赏，反而采用严酷的手段予以打击。他把工商业者与无业游民等同，用法律规定，将他们本人及妻子儿女一起全部收充官府，罚作奴隶，使秦国的工商业经济全部消失。因为他认为，手工业者和商人"事末利"，不生产粮食，也不打仗，所以，要用残酷的手段，重农灭商。可见商鞅不仅野蛮残暴，而且愚蠢无知。他对后来中国历代统治者采取重农抑商的落后政策，产生极其恶劣的影响。

壹刑，就是法令统一，加强君权。不管是对卿相、将军、大夫还是平民，有不从王令者，一律"死罪不赦，刑及三族"。虽然刑及贵族，加强法制是进步的，但是，老百姓对新法有些意见，就要受到连坐，就要砍头、腰斩、抽筋、剥皮、锉头顶、下油锅、五马分尸，等等，轻罪重罚，真是前无古人、后无来者。

有一次，商鞅为镇压对新法不满的人，在渭水边一天就杀了七百多人，鲜血把整个渭水河都染红了，以至于"号哭之声动于天地，畜怨积仇比于丘山"。还有，太子只不过对新法发了几句牢骚，商鞅就视为大罪，他不好处置太子，就把太子的两个师傅治罪，一个割了鼻子，一个脸上刺字，害得太子两位师傅8年不敢出门。

在思想和言论方面，对新法有些不同看法，本来是正常的。然而，商鞅却对这些人施以如此的严刑酷法，真是骇人听闻的野蛮行为，也从此开了思想犯罪、言论犯罪的先河，在中国历史上产生了极其恶劣、极其可怕的影响。

商鞅还根据郡县制的要求，层层建立村社组织，然后在严密的地方组织的基础上，颁布"什伍相连坐"的野蛮法律。他把老百姓按照五家为伍、十家为什的单位进行编制，并建立户籍制度。凡是一家有罪，而其他九家不予检举揭发，那么，这九家人就一样要遭受刑法的严厉处置，这就是"罪人以族"的野蛮的"连坐法"。他把西周社会早已废除了的株连之法，搬到秦国来实施，只能说明商鞅的野蛮和残暴。他规定，秦国人平常不得随便外出，外出必须要向上级请假，得到批准后，才能外出，否则，也要受到法律的追究。那么，处罚有多重呢？商鞅规定，"不告奸者腰斩"、"匿奸者腰斩"。此外，旅店收留没有证件的旅客，一样要受到连坐。于是，秦国的人口流动停止了，人人都捆绑在土地上，自由和贸易彻底消失了。

从商鞅这条株连无辜、严格控制人口流动的法律规定可以看出，秦国当时实行的是一种恐怖的统治，人民根本没有人身的自由，处在极端高压的环境中。鼓励人和人之间相互告密，陷害无辜之人以邀功请赏，对人的尊严和基本道德肆意践踏，让人民终日在惶恐不安的心态中生活。

商鞅实行新法是为了富国强兵，而不是为了强国富民。而他的富国强兵，是建立在国富民穷的基础上的，也就是大量剥夺老百姓的财产，来保护贵族的利益和充盈国库。

例如他按户口来征收军赋，"舍地而税人"，实际上就是一种变相的人头税，而人头税是古代社会最为残酷落后的一种税法，负税的人实际上都是没有土地的穷人，而占有大量土地的贵族，反而缴与穷人一样多的税收，致使"穷者愈穷，无立锥之地；富者愈富，田连阡陌"。商鞅还把税率从"什一"提高到"什五"，提高了五倍之多，这还不包括户口税。国家的收入增加了，但是老百姓却"常衣牛马之衣，而食猪狗之食"。商鞅甚至对"怠而贫者举以为收孥"，使大批破产的农民成为奴隶。所以，商鞅的变法，并没有提高社会的生产力，实际上是加重了对老百姓的压迫和剥削，加深了贫富的两极分化，是对农民最残忍最露骨的剥夺。

商鞅为了强制推行他的新法，还采取了壹教的政策。他把礼乐、诗书、善、贤、孝、悌等，视为"六虱"，坚决禁止和打击。为了让人们的思想和行为都符合战争的需要，他对凡不符合农战的思想著作一律消灭，"燔《诗》、《书》而明法令"，以此来禁锢人民的思想和行为，排斥异端思想，强化精神专制，因此，商鞅在秦国大肆焚毁《诗》、《书》，在意识形态领域实行愚民政策和文化专制主义，为后世的统治者开了焚书坑儒、大搞文字狱的先例。

商鞅为什么要这样做？就是因为他把人性和兽性等同起来，他说："民如飞鸟禽兽"，对待人民就要像驯化役使野兽一样，一手拿着皮鞭，一手拿着臭肉，才可驱使。他把人民驯化成杀人的武器，把整个国家变成一部绞肉机，他说："民之见战也，如饿狼之见肉，则民用矣"。

商鞅的心里，除了血腥的战争，没有任何别的东西。这与现代军国主义的政策和法西斯主义，事实上没有什么两样。为了战争强迫人民进行生产，然后，又通过战争占领新的土地，扩大新的财源，再进行新的战争，这就是商鞅变法的根本目的和主要内容，这就是他富国强兵而王天下的根本途径。

通过商鞅变法的分析，我们就可以看到法家学说的实质了。正因为商鞅如此残酷和野蛮，所以，后来秦孝公死了，他失去了保护伞，竟走投无路，没有一个人、一个国家肯收留他。他到旅店投宿，店主由于他拿不出外出的证明而拒绝他住店，店主说："商君规定住店的人一律要有证明，如果没有，那么一店的人都要受到牵连。"商鞅无法，只好离开。他被抓住后遭到车裂之刑，五马分尸，全家被杀。他遭到这样的酷刑，如果不是欠下累累血债，不可能受到如此猛烈的报复。但在整个秦国，竟没有一个人同情他，都认为他死有余辜，作法自毙，就绝不是偶然的了。连司马迁都在《史记》中批评他残忍、刻薄、寡恩，落得悲剧的下场，是自取恶名。商鞅不是什么民族英雄，他的变法，也绝不是什么伟大的革新，他乃是中国历史上最大的罪人之一，他的变法对中华民族造成了严重的危害。正如司马迁所说，商鞅的变法，乃是"挟持浮说，非其质也"。

国家当然要有完备的法律，当然要发展生产、要有强大的国力。但是，一个国家的政策和法律，首先要保护人民的生命财产以及各项基本的权利，要体现人的价值和人的尊严，体现人民的权力和意志，要给人民以自由发展和积极进取的机会。当时有个叫赵良的人，就劝商鞅不要实行暴政，而要实行仁政。可见，商鞅的变法，与现代维护人权的民主政治和建立在民主基础上的法治精神，是没有任何相同之处的。

商鞅变法确实达到了他将秦国改造成为一部战争机器的目的。后来荀子来到秦国，当时的秦相范雎问他有什么观感，荀子从秦国的地理形势说到风俗民情，从公门衙吏说到朝廷决事，认为秦朝社会没有奢侈之风，人民俭朴，畏惧官府而顺从法令；官员勤于政务，风纪严肃而忠于职守，好像无为而治的古代社会一样。

荀子说，秦国"四世而胜，非幸也，数也"，认为秦国自孝公以来，四世屡胜敌国，并非侥幸，而是有其必然的原因。荀子是战国时有名的大思想家，他的看法应该是比较客观的。

秦朝的中央集权的县制度之所以在当时能取得这样的效果，是因为当时还是列国纷争的时代，秦国国君能够广揽人才，一方面对农战有功的人予以奖励，一面又用严刑峻法来管理百姓，通过什五连坐、奖励告奸、轻罪重罚等一系列残酷的手段，迫使百姓成为唯官是听的老实守法的顺民，没有人敢于反抗，没有自由思想的权利，以免招来灾祸。因此在秦国，国王的命令能够畅通无阻，能够集中全国的资源进行战争，这是集权专制政治造就的强大社会。所以，荀子后来说，秦国之政，虽然到达"治之至也"的境地，然而要论"王者之功名，则偶偶然其不及远矣。"为什么呢？"殆无儒也"，"此亦秦之所短也"。

商鞅变法造就了秦国专制独裁制度的膨胀，使人民见官府犹如见蛇蝎。其最大的独裁者，当然非秦始皇莫属。秦始皇在秦国没有统一全国之前，其残暴、专制、霸道、冷血、极端自私和贪婪无度的性格就已经充分地显露出来了。他残酷地杀害了对他的权力有所制约的丞相吕不韦，对《吕氏春秋》中所宣扬的贵公去私、顺应民意、求贤纳谏、臣民可以诛杀暴君和虚君分权的政治主张深恶痛绝，而对法家代表人物韩非有关君主个人专制独裁、大权独揽、钳制舆论和严刑酷法的理论十分赞赏，个人的权欲恶性膨胀。统一全国后，更是变本加厉，全面推行郡县制度，实行强权和暴力统治，以极其野蛮残暴的手段欺压人民。这个中国古代最大的专制暴君和独裁者的崛起，造成了中国历史上巨大的人道灾难。

百家争鸣与学术思想的历史局限性

春秋战国时期，各种思想和学术观点纷纷像雨后春笋一样应运而生，萌芽成长，大大小小的学者如同繁星一样布满天空。儒家、法家、道家、墨家以及各种社会科学和自然科学的派别，统称为诸子百家，一时间纷纷出现，光芒四射，使华夏民族的思想学术，进入了空前的自由和辉煌时代。

此时的中国，充满着蓬勃的朝气和活泼旺盛的生命力，中国人充满着进取向上的精神，也使华夏民族的创新能力达到了高峰。如果中国的文明能在此时突破一元化的形态，那么，中国的前途将无比广阔。

然而，春秋战国时代的百家争鸣，却未能突破一元化文明的束缚；相反，却让专制主义的一元化文明取得了彻底的胜利。以秦始皇建立高度中央集权的郡县制为标志，中国真正进入了一个大一统的专制社会之中。从那以后，整个中国，只能有一个大脑，那就是皇帝的大脑；只能有一种思想，那就是皇帝的思想；只能有一种声音，那就是皇帝的声音；只能有一种自由，那就是皇帝的自由；事实上皇帝本身也是野心和权欲的奴隶。人民的思想、言论、人身、集会、结社等等自由完全被剥夺了，人权被取消了，中国人的进取精神和创新精神完全被摧残殆尽。虽然后来还出现过文景之治、贞观之治，出现过开元盛世，特别是出现了宋朝的自由、开放的社会，但在华夏民族整个历史上，这样的时代都很短暂。在绝大多数时间里，中国人的进取精神、创新意识和竞争能力受到压制，中国再也没有像春秋战国时代那样，充满着蓬勃的朝气和活泼旺盛的生命力。

春秋战国时代中国学术思想的这一悲剧命运的出现，原因就在于没有产生民主政治的共识，没有能够形成多元文明的强大潮流，以致宗法血缘世袭思想、强权和暴力意识最终占了主导地位，造成了中国大一统的专制局面。这既与社会的现实相关，也与这些学术本身的局限有关。所以需要对当时的一些主要学术派别进行分析。

首先是孔子代表的儒家。

孔子是个大学问家、思想家和教育家。他是一个善良的人。可是，他学说的核心是"圣人治国"、"仁者爱人"和"存亡继绝"，恢复西周的政治制度和各种礼制。所以，他的学说主要是一种如何为人处世的道德说教，并不是真正的理论思想和国家政治制度的设计。他把人分为君子和小人，告诉人们如何加强自身的修养，完善自我，最终成为一个好人，成为一个君子，成为一个圣人。而只有成为君子、圣人之后才能治理好国家。他希望人世间成为一个君子国，统治者是"仁者爱民"，而人民则"忠于国君"，整个国家没有尔虞我诈，没有争权夺利，没有战争，人人相亲相爱，诚实守信，生活幸福。

孔子鼓吹圣人治国，他的思想是一种人治的思想，是一种以德治国的思想。虽然孔子的出发点是善良的，但是，他希望统治者进行道德的自我完善，显然是很难做到的。在当时社会"礼崩乐坏"的形势下，各国都面临着生存的危机，统治者需要的是富国强兵的切实可行的政治方案，但孔子提不出这样的治国方案，因此孔子的学说难以为各国国君所采纳。

在一个自由、开放的社会里，特别是在民主制度之下，孔子的思想作为一种传统文化，可能会发挥很大的作用。例如，他要求人们讲礼节、重修养、完善道德、尊老爱幼，以仁爱之心待人，忠于国家，热爱民众等，都是非常好的。可是他没有提出民主的思想，没有要求对权力进行制约，也就是说，三个"魔鬼"的平等竞争要比一个"圣人"专制好，没有受到制约的圣人就可能变成暴君。因此必须完善国家制度设计，以加强对执政者的监督和制约，使执政者不敢滥用权力。但孔子的思想没有这些思想，他没有为人权和民主大声疾呼过，这是孔子思想的局限。

后来，到了战国时期，孟子发展了孔子的思想，并把它引入了政治的领域，提出了"民为贵，社稷次之，君为轻"的民本思想，要求统治者实行仁政，"乐以天下，忧以天下。"他认为统治者实行仁政，则可以得到天下，维持自己的统治。他主张统治者要少用刑法，减少赋税，使人民休养生息。但孟子仁政爱民、以人为本的治国理念，也不是一种国家的制度设计，不是建立在民主基础上的法治，因而与主权在民的现代文明还是有很大的差距的。

孔子、孟子代表的儒家之所以不能产生制约君权的思想，是因为他们在经济上没有独立性。他们必须依赖君主的俸禄才能生活。他们游说国君，其目的是为了让国君重用他们，除了能够让他们能够施展自己的才能之外，更重要的是提高自己的政治地位。所以他们对君主只能劝告，对君主没有威慑力，没有制约力。不像西方的基督教，是来自政治体制之外的一种力量，可以挑战君权。

孔子和孟子以后，一些儒家人物在《礼记》中假借孔子的话，提出了"大道之行也，天下为公，选贤与能"的大同社会理想和在《易经》中提出"群龙无首吉"的民主理念，要求统治者实行"民选贤能"的民主政治模式，显然比孔子和孟子本人的思想前进了很多。吕不韦著的《吕氏春秋》也提出了"天下非一人之天下，天下人之天下"的可贵思想，要求"贵公去私。"吕不韦甚至认为，天子有过也要处罚，还可以用武力诛杀暴君，"以除民之仇而顺天之道也。"

儒家知识分子这些"天下为公"和"民选贤能"的政治理想，有民主的思想萌芽，是对王权的深刻批判和否定。吕不韦曾以大无畏的精神，在《吕氏春秋》写成之后，将之"布咸阳市门，悬千金其上，延诸侯游士宾客，有能增损一字者，予千金"。吕不韦希望通过这个"一字千金"的方式，让该书中的反王权思想深入人心进而传播于天下。可惜秦始皇没有接受吕不韦的反专制独裁的思想，不然，中国的历史该是另外一番景象了。

　　然而当时的社会，秦国统一已经是大势所趋，各国已经面临被消灭的命运，已经没有人对这些思想表示关心了。所以这些民主的理念在当时没有成为思想的潮流，对社会的变化没有发挥作用。

　　更可叹息的是，这种先进的思想在秦汉以后不仅没有得到发扬光大，甚至连"天下为公"的社会理想也被儒家自己所抛弃。如西汉时代的儒生董仲舒，提出了"天人合一"的理论，为皇权专制提供根据。唐朝柳宗元在《封建论》中说："公天下之端自秦始"，更是歌颂秦始皇建立万世一系的家天下的君主专制是"公天下"，选举变成朝廷对民间人才的选拔，民举变成了官举，使"选举贤能"的民主权利与民众彻底绝缘了。

　　其次是以韩非为代表的法家思想。

　　法家在当时的历史条件下，要求打破贵族世袭制度，实行奖励耕战的政策，要求变法革新，实行君主专制的中央集权制度，以此来富国强兵。因此，法家思想是一种政治制度的设计，具有可操作性的政治措施和方案，因此普遍受到希望图生存、谋发展的各国国君的重视和采纳，在春秋战国时期，在诸子百家中，只有法家的思想成为各国国君的指导思想。出现了管仲在齐国变法、李悝在魏国变法、吴起在楚国变法、商鞅在秦国变法的事实。这些变法行动，对促进当时社会经济、军事的发展，起到了很大作用。

　　但是，促进经济和军事的发展，并不等于就是促进了多元化文明的进步，促进了民主、自由和人权意识的发展。相反，法家君主绝对专制的思想，是一种极度蔑视民主、自由和人权的思想，是一种崇尚刑法的思想方式和制度设计。为了维护君王的绝对独裁专制统治，法家主张严刑酷法，他们所提倡的革新、法制、积极进取和富国强兵，是建立在对人民实行残暴镇压的基础上的。甚至不惜毁灭文化，摧残知识，禁绝一切不利于君主专制的"异端邪说"。他们所谓的法律，并不是保护公民权利和财产的宪法，而是残暴镇压人民的刑法，其用刑之残忍，无所不用其极，惨无人道。

　　韩非是法家思想的集大成者，他说："明主之国，无书简之文，以法为教；无先王之语，以吏为师"。也就是要禁绝法律以外的一切，所有的臣民，都只能听从法令，不得有个人的任何自由。他从"性恶论"出发，认为人民统统都是盗贼、坏蛋，必须要实行严刑酷法，才能有效治理，从而把极端的专制集权推向顶峰。

更为严重的是，韩非为君主强化专制统治，想出了一整套阴谋和权术，使君主的严厉统治达到了艺术化的程度。这就是后来所谓的驾驭群臣、奴役百姓的帝王之术。这一整套毫无透明度的阴谋诡计，成为中国人心灵上的沉重枷锁。它培养了一代又一代残暴的君王和虚伪、贪渎、残忍、阿谀谄媚、没有灵魂、毫无人性、欺上瞒下、玩弄权术、巧取豪夺、尔虞我诈的官僚、政客和酷吏，将他们异化成为具有多重面具的丑陋的怪物，使一代又一代的中国人生活在高压、欺骗和充满谎言、阴谋的社会中，人格分裂，使中国人应该具有的自由天性、自主观念、进取精神和竞争意识丧失殆尽，使人权观念灰飞烟灭。法家残酷思想和阴谋手段，给中国社会造成的危害之大，为祸之烈，从两千多年后的"文化大革命"对法家的推崇也可见一斑。

到了西汉以后，法家的专制思想与皇权天赋的神学实现了合流，并用篡改了的儒家思想欺骗人民，成为皇权专制的软硬两种手段，一个是政治高压，一个是思想奴役，从而构成了两千多年皇帝专制的思想基础。

第三是以老子为代表的道家思想。

老子是春秋时期的陈国人，早年在周王室担任图书管理员。后来周王室发生内乱，王子朝携带大量典籍逃奔到楚国，老子所管理的书籍也被全部带走，他因此而被免职，只好归居故里。后来，他到了鲁国，与孔子有不少来往，晚年返回陈国，最后，因为陈国为楚国所灭，他逃亡到秦国，病死在那里。

老子的著作《道德经》是一本内容丰富、思想深奥的哲学著作。从这本书中可以看到，老子对当时中国各诸侯国之间的战争十分反感，对战争和统治者对人民的横征暴敛非常痛恨，对人民的苦难十分同情。所以，他反对战争，反对统治者对人民严刑酷法，反对统治者对人民的剥削，希望统治者无为而治，希望社会公平，希望减轻刑法。他警告统治者，不可实行繁苛的政刑法令，逼得人民无法生存下去。他说："民不畏死，奈何以死惧之？"人民是不怕死的，用死来强迫他们是没有用的。所以他提出治国要顺其自然，实行无为而治，不需要暴力强制。

老子的思想境界是非常高尚的。在那个时代，很少有人可以跟他的品德相比。可是，他找不到社会的出路，他的社会理想和政治设计，是一种小国寡民的乌托邦。他对自己理想国家的描述是这样：国家小，人民少，即使有各种器具，却并不使用；使人民看重生命，而不向远方迁徙。虽然有船只车辆，却没有必要去乘坐；虽然有兵器装备，却没有地方去布阵打仗；使人民用远古结绳的办法记事。国家治理得好极了，人民有甜美的饮食、漂亮的衣服、安适的居所、欢乐的习俗。国与国之间互相望得见，鸡鸣狗吠的声音也可以互相听得到，人民从生到老到死，也互相不来往。

老子对社会制度的设计，是一个建筑在小农经济生产方式基础上的原始社会的模式，没有社会的竞争，没有人的流动，没有商品经济，没有人类的创新精神，是一个封闭的、落后的农业社会。这种小国寡民的绝对平均主义的社会理想，违背了人类历史发展的方向，违背了人类追求财富、自由和幸福的人性本能，违背了人类通过公平竞争获取个人的利益并推动历史发展的原则。这种社会理想，不仅不能实现，而且，也是对历史的反动。这样的社会学说，不可能导致现代多元化文明的产生，也很难受到当时力图富国强兵的各国统治者的注意。

第四是以墨子为代表的墨家思想。

在春秋战国时代，墨子思想是最应该受到人们称赞的，是具有平等、博爱和平民意识的。

墨子是鲁国人，与孔子是同乡，但他不像以孔子为代表的儒家人物那样，一生为求官四处奔走，四处碰壁。他一生从来没有当过官，也从来没有想过要去当官。他从来没有想过要跪在君主的脚下，乞求什么。在春秋战国时代，只有墨子人格独立，崇尚行侠仗义，其他学派的人都不能跟他相比。

墨子的思想，最主要是兼爱、非攻，也就是博爱和要求和平，反对战争。不是反对一切战争，而是反对侵略战争。此外，就是反对浪费，反对享受。面对当时不合理、不平等的社会现实，他提出了许许多多重要的问题，例如，为什么统治者挥霍享乐，却让人民忍饥挨饿？为什么要家天下，要人民把政权交给一家人世代相传？为什么在战场上杀一万个人的是英雄，而在街上杀一个人的是罪犯？为什么抢夺别人一只鸡的是盗贼，而抢夺别人国土的是名将？为什么一个人死后要用活人殉葬？等等，这些问题的提出，都深刻地触及和冒犯了被隐蔽着的上层统治者和贵族集团的利益，显示了墨子的高度智慧和蔑视权贵的勇气，以及他要求改变不平等的社会现实的理想。

在春秋战国时代，墨子学派最早而又明确主张取消世卿世禄制度、废除贵族特权，代表了当时各国中下层人民（主要是国人）要求参与国家政权的意愿，是当时社会最先进的思想和政治主张。所以墨子追求的是一个新的社会秩序和新的人际关系。他希望国家政权能有国人参与，而统治者的权力和财产不是世袭的，他反对君主专制集权，希望人和人之间是平等的，他希望社会是和平的，没有战争，认为并不是君王给人民以恩惠，而是人民养活了君王，君王不能够挥霍享乐而让人民忍饥挨饿，等等。

墨家思想在春秋早期，有着广泛的社会影响，一度成为思想的潮流，在各国有着参政议政传统的国人中引起了强烈的共鸣，成为国人争取更多的政治权利的思想武器。因为当时国人有很大的政治势力。可惜的是，后来国人随着社会地位的变化而整体消失了，因此墨家的思想后来也销声匿迹了。当然，墨家的思想与多元化文明的民主、法治和自由的思想，还有很大的差距，但毕竟还是提出了国家政治要有平民参与的政治主张，在当时是非常了不起的。

从上面的分析我们可以看到，在春秋战国时代，在中国文明真正兴起的时代，却没有形成多元化文明的思想潮流。孔子、孟子、老子、墨子、荀子、庄子、屈原等伟大的人物，竟没有一个人能够成为民主思想的代表人物。这是中国历史上非常遗憾的事情。尤其是对国人在政治中发挥的民主作用，对子产在郑国执政期间对促进政治民主和商品经济的发展所进行的具体实践，都没有能够引起这些思想家的重视，也没有思想家认识到其中的重要意义。对西周的分封诸侯、实行地方自治的政治体制的设计，以及这种设计给国人带来的自由和参政议政之权，也没有引起思想家的足够重视。虽然墨子提出了国人参政的思想以及后来有些儒家人物提出了"天下为公，选贤举能"和"见群龙无首吉"的民主思想，但都没有得到社会广泛的认同。可见民主、共和思想在当时的社会中，没有能够形成社会共识。宗法观念以及强权和暴力思想，威胁到当时中国人的生存，选择暴力和战争是各国无可奈何的选择，因此民主、共和的多元化文明就离人民远去了。

　　然而，就在与孔子同时代的古希腊，却产生了亚里士多德这样伟大的思想家，其思想产生了超越国界的广泛影响。他的伟大，就在于他超越了前人的思想，并哺育了后来的西方文明。他从他的老师柏拉图的贤人政治和"理想国"的政治主张里，得到启示，从而提出了政体分类的学说，他认为，一个人掌握最高权力的政体是君主政体，少数人掌握最高权力的是贵族政体，多数人掌握最高权力的是共和政体。而最理想的政体是共和政体。他反对人治，崇尚法治，认为"常人不能完全消除兽欲"，这会"在执政的时候引起偏向"。他认为最好的法律是反映中等有产者意志和利益的法律。所以，从他的政治思想中，导致不出君主集权专制主义。他的思想对后世的思想家产生了巨大的影响，成为民主思想的一个重要渊源。

　　可是，在中国春秋战国时代，虽然应该肯定产生了一些初步的朦胧的民主思想，但却没有产生一个超越时代的伟大的民主思想家，没有一个人能够以他的民主思想的光辉和强烈的呐喊，唤醒沉睡的中国人，并成为后世文明复兴的灯塔。以致到了明朝时期，黄宗羲等人猛烈地批判君主专制制度，认为它是一切罪恶的根源，也没有产生出民主政治的制度设计。这是令人感到很可悲的事情。

暴力与专制的灾难

——秦朝大一统与一元化文明的确立

长期以来，人们都认为，是秦始皇第一次统一中国，建立大一统的由皇帝绝对专制的中央集权社会，顺应了历史发展的潮流和人民的愿望，是对中国历史的重大贡献，是历史的重大进步。但是，我们今天用现代文明的观点来分析，可以毫不怀疑地认为，秦国用暴力手段消灭六国，建立起皇帝绝对专制的大一统中央集权社会，绝不是纯粹的历史进步。

首先必须认识到，秦始皇不是第一个统一中国的人。第一个统一中国的人，应该是西周的武王。因为武王推翻商朝之后，就对天下诸侯进行了分封。周王室是中央政府，而各诸侯国实行地方自治。用现代文明的观点看，这是最好的统一方式。因为统一不等于集权，更不是专制，而分封也不是分裂，自治也不是独立。各地是在西周中央政府的领导下，以周礼作为维系中央和地方关系的政治法律基础。周王不行专制。所以统一不是只有中央集权这一种模式，而地方自治是一个大国必须具备的基本政治构件，是更好的统一方式。因此，那种认为秦始皇是第一个统一中国的人的看法，是对文明的曲解和对政治常识的无知。

国家的统一，民族的融合，是必须要肯定的。但是秦朝的统一，却并没有带来社会的进步和经济的发展，只要人们听听孟姜女哭长城的故事，就会知道秦始皇的专制和暴政给人民带来了多么深重的灾难。这是一场历史的大倒退。

秦灭六国的非正义性

今天我们之所以说秦朝的统一不具有进步性，首先就是因为秦灭六国不具有正义性。我们知道，战争是人和人之间的互相残杀，这当然是不好的事情。老子在《道德经》中说过："兵者，不祥之器，圣人不得已而用之。"孟子也说过："行一不义，杀一不辜，而得天下，不为也。"还有孔子、墨子等思想家，无不反对战争，主张和平。不要认为这是书生之见，其实这是一切政治家都必须具备的基本道德和做人的起码要求，只有政治流氓、无赖才会为了目的而不择手段。所以，没有充分理由发动的战争，就不具备正义性。而秦国发动的战争，无论动机还是手段，都没有正当的理由。

在春秋战国之前，中国曾发生过两次推翻旧王朝的战争。一次是商汤灭夏，一次是武王灭商。这两次战争，史称"汤武革命"。这两次战争之所以发生，是因为夏桀和商纣暴虐无道，所以汤、武起来推翻前朝的暴政，具有儒家所提倡的"吊民伐罪"的意义，这种战争是"圣人不得已而用之"，因此是正义的。

以武王伐纣为例。史载纣王残暴，搞得天怒人怨，天下之人纷纷投奔西歧。西周还没有发动对商纣的战争，就出现了三分天下周人有其二的局面，所以周朝灭商是顺理成章的事情。即使这样，周武王即位后二年，"东观兵，至于孟津"，然后撤回，也没有马上攻击商朝。直到商纣杀掉大臣比干之后，殷人已无法生存时，武王才决定正式伐纣。军队一直前进到朝歌，也没有遇到抵抗，很顺利地到达朝歌郊外的牧野。商纣王发兵迎战，《诗经》说"殷商之旅，其会如林"，可见军队很多。可是，商纣王的大军临阵倒戈，攻击纣王。纣王不战自败。纣王自焚而死后，武王大会诸侯于孟津，天下传檄而定，很快实现了统一和安定。

可见，武王伐纣打倒暴君，是吊民伐罪，替天行道，无论是发动战争的动机或者理由，都是正义的，所以得到了天下百姓的拥护。虽然使用的手段是武力，但事实上并没有发生多少战斗，也没有采取任何阴谋诡计，就取得了胜利，没有发生大规模的杀戮行为。所以说，西周这样的统一是进步的，是合乎人心道德的。当时伯夷批评武王伐纣是"以暴易暴"，所以和叔齐拦住武王，叩马谏阻，武王不听，于是伯夷和叔齐遂逃往首阳山，不食周粟而饿死。伯夷和叔齐高风亮节，反对暴力是没有错的，但是武王伐纣乃是正义之举，为解民倒悬也是迫不得已。

当然实现国家的统一，也不光是采用武力这一个办法。如美国人选择用和平的方式实现国家的统一，在自愿签订宪法的基础上建立联邦制的国家，实现了民主、共和、法治和自由的理念，奠定了国家长期稳定和繁荣的基础。这显示了西方人高度的政治智慧和对人权的完全尊重，开创了人类用法治的非暴力手段建国的新模式。只是古代的中国没有类似的，实现和平统一的条件，但至少也应该像武王伐纣那样，具有充分的理由来发动战争，从而得到民众的拥护。

就是到了春秋时期，各个诸侯国之间发动战争，也是有其理由的。裴默农在《春秋战国外交群星》中说："外交是主权国家处理国际事务的官方渠道，是一种对等的国际行为。这种行为必须有普遍承认、互相遵守的一般规则，即现代意义的国际公法。就一定意义说，周礼便是春秋战国时期这样一套法规。"春秋普遍宣扬周礼，目的在于维护周室王统，排斥异族入侵；提倡国际间的睦邻友好，互相合作，发展友谊，促进和平；存亡继绝，巩固现有秩序。所以齐桓公、晋文公称霸都以"尊王攘夷"为号召，并以盟誓的形式来落实这一主张。维护周礼是他们发动战争的动机和理由。

如齐桓公在卫国和邢国遭到夷狄侵略的情况下，发动了对夷狄的战争，维护这两个国家的安全，当时受到国际社会的普遍赞扬。如周礼规定，诸侯国要定期向周王室朝贡，否则要遭到讨伐。后来诸侯称霸，小国不向霸主进贡也要遭到讨伐。当然，很多诸侯国当时也不遵守周礼，互相攻打兼并，弱肉强食，破坏国际秩序，这些霸主就要担负起维护国际和平的责任。反对侵略和兼并是他们发动战争的重要理由，这是维护当时社会稳定和平的需要。

有些情况是不能发动战争的，例如，一个诸侯国遵守周礼，那么，任何国家都不能对他发动战争。如齐桓公有一次想乘鲁国内乱加以讨伐，但大夫仲孙湫认为"不可"，他说："鲁不弃周礼，未可伐也。"结果齐桓公放弃了进攻鲁国的打算，而采取了安抚的办法。还如周礼规定，如果一个诸侯国有丧礼，则不能对其发动战争，"不伐有丧之国"，是当时各国的必须遵守的规则。《左传》记载，陈文公卒，"楚人将伐陈，闻丧乃止"。前554年，晋侵齐，"闻丧而还"。前560年，吴国乘楚共王病故去进攻楚国，结果遭到几个国家的讨伐，吴国只好向晋国求救，但晋国宰相当众批评吴国乘楚国办丧事而进攻人家是不道德的"非礼"行为，拒绝发兵援助。在整个春秋时代，救灾、恤邻、讨罪、扶立、吊贺、不伐有丧之国、庇护政治犯，等等，史不绝书，在国际关系中被视为"礼之大者也。"

当时人们信仰的是忠、孝、仁、义、信等这些意识形态，违背这些意识形态就会遭到国际社会的谴责。比如，春秋时有个宋襄公，在与楚国作战时，就在大旗上写着"仁义"二字，在楚国军队渡河时，他本可以一鼓作气将楚国军队打败，可是他认为这不符合"不鼓不成列"的仁义道德的要求，非要等到楚军渡完河列好阵势才进攻，结果反被楚军打败。宋襄公的行为在今天的人看来很愚蠢可笑，但在那时人们认为是可以接受的，是严守周礼道德规范的"君子之风"，是应该称赞的。如果不这样做，就会被人认为是"不仁不义"。还如秦国和晋国在河曲交战，秦军败走，赵盾之弟建议乘秦军渡河之际将其歼灭，但赵盾认为，乘人之危而加以攻击是"无勇也"，断然拒绝进攻的建议，让秦军安全撤退。还有吴王夫差围攻越国都城会稽，勾践乞降求和。伍子胥力主拒降，夫差则认为拒降乃是"不仁不义，虽得十越，吾不为也"。这些社会共识，体现了春秋时代中原各诸侯国之间的道德观念和人道精神，以及对游戏规则的尊重。

可是秦灭六国的战争，与汤武革命以及春秋时代"循礼而行"则完全不是一回事。如果当时的周王室是像夏桀和商纣一样的暴君，秦国为了"吊民伐罪"，发动战争，推翻周朝，建立新的朝代，那当然是无可非议的。但周王室在当时并没有实行残暴的统治。当时各个诸侯国在东周的名义下保持着统一的格局，按照周礼处理国际关系，思想开放，经济繁荣，文化发达，是中国历史上一个欣欣向荣的时代。秦国在这种形势下挑起战争，显然不是为了吊民伐罪，解民倒悬，也不是为了和平和促进社会的进步，更不是反抗外族的侵略，而是为了掠夺和占有别的国家的土地和财富。因此，秦国的这种战争的动机没有任何正义可言，也没有任何正当的理由可言。

为了说明秦国挑起战争的丑恶动机，我们在这里来回顾一下秦国的历史。

秦国在西周建国时，还只是一个原始的小部落，不是西周封的诸侯国，与西周王室没有任何宗法血缘关系。当时主要以养马为业，据说伯乐是他们的先人。到了前889年，才被封为邑，开始筑城定居。到了周平王东迁时，因秦襄王护卫平王有功，才正式被封为诸侯，开始建国。

正因为这个原因，所以秦国很少受到西周文化的影响，没有建立起分封制度和各种礼制，没有仁义道德观念。当时还是一个野蛮的奴隶社会，还实行人殉制度。《史记》记载秦穆公死后，有 177 人被迫为他殉葬，比秦武公殉葬人数多 3 倍还多，其中还有 3 位"良臣"。可见被称为"贤明之君"的秦穆公之残忍野蛮。民间写了一首《黄鸟》的诗，点名对秦穆公进行愤怒的鞭挞，其中"彼者苍天，歼我良人，如可赎兮，人百其身"之句，哀婉沉痛。此诗后收入《诗经》而流传至今，让世世代代的中国人记住秦国统治者的罪恶。

秦国面临西戎，当年周平王东迁，曾告诫秦人说：西戎"侵夺我丰、歧之地，秦能攻逐戎，即有其地。"歧是周人的故居，为关中富庶之地，却被外族占领，可见周平王心情之沉痛。可是秦国统治者没有起码的国家观念和道德意识，不仅没有担负起拱卫国家边防的责任，西进以平定西戎，反而掉过头来，不断发动对中原的战争，夺取中原国家的土地和财富。几百年的战祸，使中原人民生灵涂炭。虽然秦穆公曾一度称霸西戎，但自从秦穆公死后，秦国的历代国君都放弃了西进的政策，又转过头来进攻中原各国，使秦穆公苦心经营的西北疆土，悉数丧失。直到秦始皇统一天下时，其西北之界不过临洮（今甘肃兰州）一带。秦始皇如此雄才大略，为什么不去平定西戎？统一天下之后，秦始皇也不过是大修长城，防止西戎（匈奴）进攻。显而易见，秦始皇不进攻西戎而占领中原无非是因为西戎是蛮荒之地，无利可图，所以置西戎于不顾，而占领中原则可以得到大量的土地、财富和美女。

近年来，考古工作者勘察发现，秦东陵 5 个陵园（昭襄王及其母宣太后、孝文王、庄襄王和秦始皇）的陵墓，与"南面称王"的传统不同，全都"坐西面东"。再向上溯源，凤翔的秦陵（春秋时期秦国历代国君墓地）也都全部"坐西朝东"。裴默农在《春秋战国外交群星》一书中叙述这一历史事实时，十分尖锐地指出，这些事实说明，最晚从秦穆公开始，秦国征服东方的决心，世代相传，矢志不移，其含义比"死不瞑目"深刻万倍。其动机当然不是出于什么"寻根"的故土之恋，也不是为了顺应什么历史的潮流，而是对东方诸国富庶之乡的垂涎，其企图征服开放发达的东方各国的野心昭然若揭。

由于秦国发动战争的动机，纯粹是为了掠夺别人的土地和财富，所以发动战争就根本没有任何理由，都是不宣而战，以突然袭击为取胜之道。只要有机可乘，就发动进攻。为达目的则无所不用其极，没有任何规则和道德可言，完全是采用阴谋诡计和残暴杀戮为手段，不具备任何的人道精神和文明意识。

　　这里我们以白起为例，来说明秦灭六国的残暴野蛮。据《秦集史》的统计，战国时期，秦国共向中原各国发动战争22次，共杀害各国将士163.5万人，其中死在白起麾下者就达86万人，超过半数。事实上，这个统计还不全面，据《战国史》统计，白起仅在伊阙、鄢郢、华阳和长平四大战役中，就残杀三晋和楚兵已愈百万人。人称白起为"人屠"。如在伊阙之战中，韩、魏两国的将士有24万人遭到白起斩首。特别是秦赵长平之战最为惨烈，据《史记》记载，赵国军队打败了，有45万多人向白起投降，而白起认为"赵卒反复，非尽杀之，恐为乱。乃挟诈而尽坑之"。（《白起列传》）白起坑杀赵国将士45万多人，这种野蛮的暴行为中外战争史上所罕见。

　　以上这些数字，还不包括秦始皇后来发动战争所杀戮的人数。《秦史集》记载苏代致燕王书说："秦之杀三晋之民数百万，今其生者，皆死秦之孤也。"战国时代中国人口如果以2000万人计算，则秦国所杀害的人数达20%左右，足见秦始皇对中原人民的杀戮之残暴。整个消灭六国的战争，都是杀人如麻，尸横遍野，血流成河，对社会生产力和文明积累是极其巨大的破坏。对秦国的暴行，以"人神共愤"来形容，丝毫也不为过。

　　战国初期，中原各国都忙着改革开放，发展经济，富国强兵，整个国际社会处于稳定和平衡的状态。到秦孝公即位之时，战国初期114年间所发生的战争次数仅为战国战争总数的1/3，战争的规模都很小。可是自商鞅在秦国变法之后，形势大变。由于秦国从商鞅开始采取暴力和各种阴谋诡计来发动消灭六国的战争，完全没有任何道德和人道精神可言，其他六国为了抵御秦国的进攻，维护自身的生存，也被迫放弃了西周和春秋时期的各种道德观念，不再尊重周礼的权威，而专以暴力和阴谋诡计为能事，发动战争的目的均以弱肉强食为目的。

　　于是到了战国后期，上层社会的仁义道德观念，以及对游戏规则予以尊重的思想，荡然无存，而像苏秦、张仪、范雎、韩非、李斯等阴谋家、野心家则有如雨后春笋般生长出来，社会风气完全以强权和暴力为转移。野蛮由此战胜文明，中国统治者的人心自此大坏，为达目的而不择手段成为社会的共识，对强权和暴力由反对而变成迷信，由周朝几百年培育起来的良好社会风气和良好道德，至此毁于一旦。而精神文明的堕落，则是中国历史的最大倒退，也是春秋战国这一伟大时代的深刻悲剧。

对此，古人就有极为清醒的认识。刘向在他集录的《战国策·书录》中就说过："秦孝公捐礼让而贵战争，弃仁义而用诈谲，苟以取强而已矣……贪饕无耻，竞进无厌；国异政教，各自制断；上无天子，下无方伯；力功争强，胜者为右；兵革不休，诈伪并起。当此之时，虽有道德，不得施谋……故孟子、孙卿儒术之士，弃捐于世，而游说权谋之徒，见贵于俗。是以苏秦、张仪、公孙衍、陈轸、代厉之属，生纵横短长之说，左右倾侧。"可见，秦国的强权、暴力与阴谋诡计所产生的严重危害。

这里，我们需要强调的是，哪怕仅仅就是为了统一这个单纯的目的，秦国发动战争也是非正义的。如果以统一为理由，就肯定秦始皇发动的战争是正义的，那么，这种统一本身的正义性就会受到质疑。因为统一本身的正义性不仅在于结果，更在于手段。手段的不正当，必导致结果的不正义。就像希特勒当年发动侵略战争那样，不能说希特勒想统一世界，就肯定他发动的残暴战争是进步的，就认为他侵略和杀戮别人是正义的。如果统一的手段是正义的，那么必然是进步战胜落后和反动，而不是落后战胜进步。只有正义的行为，才能够得到人民的拥护，完全不需要采取阴谋诡计和大规模杀戮的方式。事实上，秦始皇统一中国，不仅动机不正义，手段不正义，就是结果也是毁灭性的，没有任何进步意义可言。

秦国是一个没有开化的野蛮国家，在当时的冷兵器时代，越野蛮就越强大，越凶恶就越容易取胜。这是当时中国选择了用暴力统一的原因。由于这种方式完全是杀戮、流血和征服，违背了当时人民希望自由与和平的愿望，人民并不接受这种征服和压迫。为了镇压人民的反抗，秦朝只能而且必须要采取暴力屠杀的手段。不然的话，秦国就无法实现征服他国的目的。有人说"得民心者得天下"，好像这话并不总是与事实相符。秦始皇并没有得人心，但依然得到天下。

政治结构设计思想的失败

秦朝的建立，是中国分封诸侯、实行地方自治的封建制度向皇帝绝对专制的中央集权制度的根本转折，是中国古代文明、人道的封建社会走向大一统的野蛮的专制社会的分水岭。虽然秦始皇和李斯都声称建立皇帝专制的中央集权郡县制度，是吸取了西周分封制度导致诸侯纷争的教训，以保证国家的长治久安。但历史证明，这种政治设计既不能保证国家的长治久安，也不能促进政治开放和经济繁荣，更是对中国人民人权的剥夺。

由于这种一元化的政治设计能够满足历代帝王对权力无限贪欲的需要，因此这种以强权和暴力为基础的社会制度设计，后来成为历代王朝的制度模式。但由于这种社会结构没有像西周那样具有天子、诸侯、大夫、国人这样多极力量相互制衡的体制，而是只有皇帝和官僚（统治者）与百姓（被统治者）这样两极的力量，社会就变得很不稳定。统治者占上风就是专制，被统治者占上风就是革命。一元化政治设计这个致命的缺陷，使中国以后几千年的历史，都陷于以暴易暴和周期性动乱的泥潭而无力自拔。所以，中国秦朝以后社会政治的失败不是一个实践的问题，而是政治结构设计思想的失败。

秦朝是用强权和暴力建立的王朝，其消灭六国的速度犹如摧枯拉朽一般，但是，由于其政治结构设计思想的失败，所以出现了"一主昏暴而天下同祸"的悲剧。如果秦朝能够像西周一样实行地方自治的制度，权力受到一定的制约，那么，即使秦始皇再残暴，其祸害也会被限制在一定的范围内，不至于祸及全国，秦朝不会只短短的 14 年就土崩瓦解，走向灭亡。

所以，秦朝政治结构设计思想的失败，首先就在于它完全否定了西周政治结构设计的优点。西周政治结构的最大优点，就是实行诸侯分治的地方自治制度。而中央和地方分权的地方自治制度是产生民主的基础。

法国思想家托克维尔在《论美国的民主》一书中，深刻地分析了美国民主产生的原因主要是三个方面：自然环境、法制、民情。他认为，自然环境不如法制重要，而法制又不如民情重要。

托克维尔说，美国民主的民情，扎根于历史上形成的新英格兰乡镇自治制度。这个制度促进了美国独立运动的发展，提高了人民积极参加公共事务的觉悟，并为后来被联邦宪法肯定下来的中央和地方分权的制度奠定了基础。

　　他用大量的事实证明，乡镇自治的传统，是人民主权和美国人在实践中确立的公民自治原则的根源。乡镇自治，如居民选举、罢免乡镇官员、居民会议对乡镇事务的决议、乡镇重大问题的讨论，等等，是自由人民的力量所在。它通过乡镇居民的种种权利和义务的体现，培养了居民的乡镇自主精神，这就是公民意识和为公共服务的思想。美国就是在这种乡镇自治的基础上，自然而然地建立了民主、共和制度。直到今天，美国依然实行联邦制形式的地方自治制度。

　　托克维尔对美国联邦制度的良好效果进行了生动的描述："我最钦佩美国的，不是它的地方分权的行政效果，而是这种分权的政治效果。在美国，到处都使人感到有祖国的存在。从每个乡村到整个美国，祖国是人人关心的对象。居民关心国家的每一项利益就像关心自己的利益一样。他们以国家的光荣而自豪，夸耀国家获得的成就，相信自己对国家的成就有所贡献，感到自己随国家的兴旺而兴旺，并为从全国的繁荣中获得好处而自慰。他们对国家的感情与对自己家庭的感情类似……在美国，绝不是人服从人，而是人服从正义或法律。"

　　当然，西周社会的地方自治制度，不能跟美国的地方自治制度相提并论。但是，西周社会的诸侯地方自治制度与美国的地方自治制度相比，也有一些相似的地方。这就是在客观上造就了乡镇（西周的村社及城邦）一定程度的自由。在这种制度之下，国君不得行专制统治，天子、诸侯、大夫和国人之间有权力制衡机制，也赋予了国人选举地方基层官吏和参政议政的权力。这种多极力量并存的社会制度，很难导致周王专制的产生，社会也比较稳定，使人民获得较多的人权和自由，也比较容易关心地方公共事务，关心地方的发展。显然，这一点比起由中央政府直接派官员来管理，要好得多。因为派来的官员，只对上负责，而不会更多地关心地方居民的利益。为了讨好上级，地方官员就可能盘剥老百姓而向上行贿，并随意欺压当地的老百姓。所以周朝（西周和东周）社会维持了近千年的时间，这绝对不是无缘无故的。

　　西周的政治制度也有严重的弊端，主要是在中央没有建立起立法、司法和行政的权力分立和相互制约的机制，在地方，诸侯权力太大，如果中央政府强大，当然可以对诸侯国进行控制，但如果中央政府衰弱时，就会造成失控的局面而导致诸侯之间的战争。

　　面对着西周分封自治制度的优点和缺陷，如果秦始皇是一个具有开放的胸襟和开明思想的人，那么，他就可能认真吸取西周灭亡的教训，同时发扬西周社会制度的优点，重新进行政治制度的设计，使秦朝既具有勃勃生机，又能够维持稳定、和平的局面。那就是首先把军权集中于中央政府，完善对皇权的制衡机制，并在建立郡县制之后，不是派官管辖，而是让人民来选举地方的执政官员，同时划分中央和地方的权限，允许地方有自治的权力。通过这样的政治制衡措施，一方面保持国家的统一和社会的稳定，一方面建立社会的竞争机制，消除官僚体制和官本位的思想，激发人民的进取精神，培养人民的公民意识和为公共服务的思想，使社会保持春秋战国时期旺盛的活力。这样说，并不是苛求于前人，事实上，在西周社会，基层官吏的选举和考察的权力，就是由国人来行使的。秦始皇只要继承并发展这个制度就行了。

遗憾的是，嬴政却不像西周开国的领导人那样既革新政治，也尊重传统。他抛弃了历史上优秀的传统。他按照法家理论设计的皇帝专制的中央集权制度，不但没有分权，反而将中央行政、军事等等一切大权，均集中于他一人之手。丞相也只是"助理万机"而已，"丞相诸大臣皆受成事，倚办于上。"（《史记·秦始皇本纪》）也就是说，丞相和大臣都是办事员的身份。就主管军事的太尉一职而言，事实上从来没有在秦朝史籍中出现过这一职务的人选。显然军权完全由秦始皇亲自掌握。秦始皇自称"朕"，皇位世袭。他的话成为圣旨，必须绝对服从。按照秦朝法律规定，凡立法、行政、司法、官吏任免、统帅军队、赋税征收、国家大规模工程的建设，等等，都要由皇帝决定，才能进行，而臣下对皇帝的决定不得有任何非议。秦始皇掌握着所有官员的生杀予夺大权。臣民稍有不慎，或者违反他的命令，有不同的看法，谁就会被杀头，甚至会株连九族，连丞相也不例外。强权和暴力自发扩张的趋势，在秦始皇的手里，得到了恶性发展。

地方政权组织，实行郡县制，"分天下以为三十六郡"，后增加到46郡。关于郡县制，最早产生于秦国，后来虽然中原各国也陆续实行这种地方管理体制，但真正普遍建立这种体制，还是在秦始皇统一中国之后。秦朝各郡设郡守。郡以下设县、乡、亭3级行政组织。郡县制的特点，就是郡县官员全部由皇帝任免，而不是由民众选举。这些官员均没有自己的封地，他们只负责将下情上达，并按照皇帝的命令办事，同时向百姓征收赋税，及时上缴中央财政，并审理地方的一些刑事案件。

地方没有自己的财政，官员的俸禄是由中央政府发给的。地方官员只是执行皇帝的命令。通过这样的地方政权组织形式，使地方官员完全听命于皇帝，使皇帝能够完全控制地方政权。

特别要提到的是，秦朝最基层的政权组织是亭和里。一乡有十亭，亭有亭长、亭父、求盗各一人。亭下面设里，里有里正，平时负责对百姓的管理，维持治安，征收赋税，征集兵员，接待官吏等事务，完成一切由朝廷交办的事情，尤其对百姓的管理十分严格。百姓建有户籍，实行什伍连坐法。平时外出，需要向亭长和里正请假。秦朝的法律甚至规定，如果有几个百姓聚集在一起说话，就要作为毁谤朝政和谋反的嫌疑犯而遭到逮捕；百姓有一人犯罪而别的人不举报，那么一里甚至一亭之人都要受到连坐；百姓不准经商，不准外出，不准办私学，不准聚集议论国家事务，等等。

一经发现百姓有不轨行为，里正和亭长可以立即将百姓抓起来，并追究一里甚至一亭人的连带责任。如果里正和亭长本人有包庇行为，一经乡老发现，里正和亭长本人也将受到连坐。从而使整个国家，形成了一张严密的统治网络，密不透风，铁幕重重。整个秦国，就是一个大兵营、大集中营、大监狱。

在政治设计方面，秦始皇还完全抛弃了周朝的礼仪和仁义道德的价值观念，不仅没有像西周社会那样对战败的前朝贵族进行分封，并给予必要的尊重和保护；相反，对六国战败的诸侯、贵族乃至民众进行残酷的镇压，"徙天下豪富于咸阳十二万户"（《史记》），几十万六国贵族和商人、地主被押往咸阳充作苦力，有的横遭杀戮。中原六国全部"绝祀"。这种斩尽杀绝的暴力行为，使社会陷于恐怖。

地方自治是民主的基础，而中央集权大一统，则是专制的根源。秦始皇的政治制度，完全否定了西周社会的地方自治权力，使乡镇自由荡然无存，使居民的自由精神、公民意识和为公共服务的思想完全被扼杀，使中国建立民主政治的民情基础被连根拔掉。在强权和暴力的压迫下，中国人善良的人格和心理被扭曲，积极进取的精神被压抑。像盘古、女娲那样的豪迈气概和伟大的牺牲精神，以及像西周和春秋时代的仁义道德观念和自由、独立的意志，都从此被中国人抛弃。这都是中央集权大一统所导致的强权和暴力压迫的结果。

秦始皇的这一套政治制度，是从商鞅变法以后形成的政治制度发展而来的，是按照法家严刑酷法的思想建立的，它把法家役民、使民的政治思想发挥到了极致，把皇帝的一人统治强化到了无以复加的地步。他的眼里没有民众，人民在他的眼里与蝼蚁无异，他所有的行为都是出自自己的私欲，就是让自己的家天下代代相传，至于万世。说是"天下为公"，不行分封，实则是一心为私，不择手段。专制土壤必生长邪恶势力，而邪恶势力又强化专制统治，周而复始，彼此恶性循环。

多元化文明的核心是限制公权力的滥用，保护民众个人的权力和自由。可是秦朝设计的政治结构却恰恰相反，它限制的是民众个人的权力和自由，而保护的恰恰是皇帝和官府的公权力的滥用。所以它不是历史的进步，而是对历史的反动。

中国一元化文明在秦朝得以确立。这是历史的根本转折。可惜这种转折，与多元文明的方向背道而驰。因为一元化的社会结构就像一个鸟笼一样，它虽然允许小鸟在笼子里有一点的活动空间，但这个空间却非常的狭小。任何想要脱离这个笼子展翅高飞的小鸟，都会遭到皇权坚决而猛烈的扼杀。中国的鸟笼文明，就这样形成了。

秦朝法律对人权的严重摧残

西周武王统一中国后，坚持"民为邦本"和"贵德保民"的政治原则，很少采用夏商以来的严刑苛法，主要是用礼乐规范人们的行为，对人权采取了一系列保护的措施。所以在西周社会，国人有言论、思想和集会自由，有参政议政之权，甚至在司法判决中，也有权发表意见。

可是秦始皇统一中国后，完全抛弃了西周文明、人道的统治方式，而专以强权和暴力进行野蛮统治，对人民进行政治高压和严密控制，以此强迫人民成为无智、无欲的驯服工具，使秦朝的人权遭到严重的摧残。秦朝长期实行军事管制，滥施刑罚，伤天害理，其人权记录是中国历史上人权记录最坏的朝代之一。

第一，秦朝恢复了商朝"罪人以族"的野蛮法律。

一人犯罪，株连亲族，商朝这条野蛮的法律，在西周时就已经废除，直到战国时代中原各国还是坚持一人犯罪一人当，不得株连无辜。但商鞅在秦国变法时，又将商朝这条野蛮的法律搬出来施行，建立了"什五连坐"制度。《唐六典》说："商鞅传法经，改法为律以相秦，增相坐之法，造三族之诛，加车裂镬烹之刑"。

秦始皇统一中国后，不仅没有废除商鞅的残酷刑法，反而变本加厉地在全国推行。秦朝法律规定了族刑连坐、军事连坐、邻里连坐等严厉的连带责任制度，不仅使"群臣人人自危"，而且犯罪者日众一日，以致"刑者相伴于道，而死人日成积于市"，给广大群众带来深重灾难。在秦朝，一人犯罪而全家抄斩，最轻者也要被罚为官府奴隶。在《睡虎地秦墓竹简》中对此有明确的记载。

这条残酷的法律究竟害死了多少秦朝的百姓，史无记载。但具有讽刺意义的是，商鞅和李斯这两个"罪人以族"这条野蛮法律的制定者和推行者，最后全部死于这条法律。商鞅后来被车裂，秦惠王并"灭商君全家。"商鞅临死时叹息："嗟乎！为法之弊，一至此哉！"还有李斯后来被赵高诬告"谋反"，结果，"具斯五刑，论腰斩咸阳市"，并"夷三族。"更可悲的是，秦始皇制定和推行这条法律，结果使自己的后代也死于非命。《史记》记载，秦二世元年（前209年），胡亥初登皇位，担心诸公子与他争权，于是听从赵高建议，罗织罪名，牵连众多无辜，最后将十二公子戮死于咸阳市，将六公子、十公主处以磔刑（分裂剁碎肢体），并逼迫公子将闾兄弟三人拔剑自杀。

第二，秦朝制定了思想、言论犯罪的法律，剥夺了人民思想、言论自由的权力。

西周至春秋战国时代，人民的思想、言论、集会以及结社都是非常自由的，也可以批评国君。西周王室还主动就国家大事征询国人的意见。可是，商鞅在秦国变法后，就开始对言论治罪。太子说了一些对新法不满的话，商鞅就对太子的师傅处以重刑。对人民议论政治，商鞅一概治罪，并连坐一族之人，令人民钳口结舌。当时秦国隐士赵良对商鞅说："千羊之皮，不如一狐之腋；千人之诺诺，不如一士之谔谔。武王谔谔以昌，殷纣墨墨而亡。"劝告商鞅要虚心听取不同的意见和批评，不要用残暴手段对待不同意见的人，否则会招致灭亡。可是商鞅不接受赵良的劝告，最终被车裂。

秦朝统一中国后，不但没有改变商鞅以言治罪的法律，反而制定了更多的法律，来镇压不同意见的人，其手段之残忍，世所罕见。对人权的摧残，无以复加。根据怀效锋主编的《中国法制史》的介绍，秦始皇制定的以言治罪的法律主要有以下几个方面：

以古非今与挟书罪。

秦始皇不行分封而行郡县，使人民丧失了地方自治下的自由，所以当时的儒家知识分子对此极为不满，他们引证《诗》、《书》、百家语，以古非今，纷纷批评秦始皇专制。本来人们对一种制度的改变有意见是正常的，作为统治者应该认真倾听人民的批评意见，可是李斯却不能容忍人民的批评，他要秦始皇焚毁《诗》、《书》、百家语，消灭私学。秦始皇接受李斯的建议，于是在《焚书令》中规定："史官非《秦纪》皆烧之，非博士官所职，天下敢有藏《诗》、《书》、百家语者，悉诣守、尉杂烧之；有敢偶语《诗》、《书》者弃市；以古非今者族；吏见知不举者同罪；令下三十日不烧，黥为城旦；所不去者医药卜筮种树之书，若欲学法令以吏为师。"于是发生了焚书事件。

秦始皇用法令的形式规定，"有敢偶语《诗》、《书》者弃市，以古非今者族"，就是说只要用以往的事例，或者民间各家学说议论现时政策、制度者，便构成以古非今罪，就要被处以弃市和族刑连坐的重刑，如官吏知情不纠举，与犯者处以同罪。这就是以法律的手段来行文化专制主义，毁灭文化，钳制舆论，严厉打击不同意见的人，以巩固其专制统治。当时到底烧了多少书，史籍没有具体的记载，但从秦始皇如此严厉的命令来看，全国的书籍应该基本上被烧毁，这不仅使中国文化遭到一场浩劫，而且使人民思想和言论自由的权利彻底丧失。

危害专制集权的诽谤妖言罪。

《史记》记载，刘邦攻进咸阳后，对关中父老说："父老苦秦苛法久矣，诽谤者族，偶语者弃市。"《集解》引应邵曰"秦禁民聚证"，禁止人民议论政治，诽谤皇帝。凡触犯者按律对诽谤者实行族诛。秦始皇35年，即焚书的第二年，侯生、卢生议论秦始皇独断专行："专用狱吏"，"乐以刑杀为威"，"天下之事无小大皆决于上"。他们认为秦始皇刚愎自用，贪于权势，不可为其效忠，于是二人悄悄逃亡。

秦始皇对此勃然大怒，即以卢生等"今乃诽谤我，以重吾不德也"，"或为妖言以乱黔首"，于是逮捕儒生和方士460多人，全部坑杀于咸阳。事前公子扶苏曾力阻秦始皇坑杀儒生，他上谏说："天下初定，远方黔首未集。诸生皆诵法孔子，今上皆重法绳之，臣恐天下不安，唯上察之。"但秦始皇不但不听扶苏的劝告，反而把扶苏赶到边关去防守长城。焚书坑儒是秦始皇以言治罪和用残暴手段摧残人权的重大事件，对中国古代文化和对言论自由的环境都是毁灭性的破坏。

秦始皇36年，有陨石落于东郡，有人将一谶语刻于石上："始皇帝死而地分。"秦始皇闻讯派御史前往查问，然终无结果，于是将附近的居民全部诛杀，燔销其石而了事。这在中国首开以文字定罪的先例，对后世产生极为恶劣的影响。

非宜所言与妄言罪。

"非宜所言"罪出现在秦二世胡亥统治时期。当时陈胜、吴广农民起义发生，二世召集博士诸儒生询问此事，"或言反，或言盗"，凡言反者均以"非宜所言"罪下狱处死（《史记》）。所谓非宜所言罪，就是说了不该说的话而获罪，但哪句话该说，哪句话不该说，法律上并没有明确的规定，这就为统治者随意给人定罪以制裁具有异端思想和言论的人大开了方便之门。还有妄言罪，就是说了反对秦朝的话。史载秦始皇游会稽，渡浙江，项梁与项籍俱观之。项籍说："彼可取而代之。"项梁慌忙掩其口说："毋妄言，族矣。"也就是犯了"妄言"罪者，不仅本人要被处死，还要株连家族连坐受死。

泄露皇帝行踪罪。

秦朝法律规定，秦始皇的行踪是国家的最高机密。凡有泄露者，一律处死。《史记》说："行所幸，有言其处者，罪死。"一次，秦始皇行幸于梁山宫，从山上望见丞相之车骑甚众，很不高兴。事后，一位随他行幸的侍从将此事告知于丞相，丞相于是减少了车骑。秦始皇为此大怒，为了惩罚泄语者，竟将当时在场的人全部诛杀。"自此后，莫知行之所在。"

第三，秦朝重刑轻罪，以极其残酷的刑法残害人的身体。

重刑轻罪就是对轻罪之人施以重刑。秦朝奉行重刑主义的方针，用严刑峻法来镇压不满秦朝统治的人，以阻止臣下侵犯君上。所以秦朝刑罚制度异常残酷。刑讯逼供非常普遍。死刑中有凿颠（凿头顶）、抽胁（抽肋骨）、镬烹（锅煮）、枭首、弃市、腰斩、车裂、定杀、戮、具五刑、囊扑等残酷刑罚。定杀首次见诸《睡虎地秦墓竹简》，其方法就是将罪人投入水中或者活埋致死。具五刑，就是对那些要遭到灭三族的罪人，先用黥刑（脸上刺字）、劓刑（割掉鼻子）、再斩左右趾，然后笞杖死（用竹板打死）、枭其首（把人头砍下后再悬挂起来）、再剁成肉酱。如有诽谤诅咒者，还要先割掉舌头。李斯具五刑，就是被此种刑法处死的。囊扑，是秦孝公时出现的，就是将那些要处以死刑的人，装入囊袋，然后扑打而致死。

看了秦朝的刑法，真不知道生活在秦朝的中国人民到底是生活在人世，还是生活在地狱里。这样的世界还能叫做人的世界吗？可是秦朝的皇帝就是要用这样的残酷的手段，来对付他的人民。《史记》记载，当时有个范阳令，就是一个杀人不眨眼的刽子手，他"杀人之父，孤人之子，断人之足，黥人之首，不可胜数"，真是无恶不作。以致整个秦朝"蒙罪者众，刑戮相望于道，而天下苦之。"（《史记》）秦朝监狱遍布国中。

除了以上死刑之外，秦朝还有肉刑、劳役刑、流刑、耻辱刑、财产刑、连坐刑等等，其中具体的条文有上百种之多。如肉刑，就是黥刑（脸上刺字）、劓刑（割掉鼻子）、刖刑（割掉膝盖骨）、宫刑（割掉男人生殖器，女人则幽闭），等等。

第四，秦朝法律限制人身自由。

在西周和春秋时代，人民可以自由选择自己的居住地和国籍。如前635年，晋文公因勤王有功，周襄王赐给晋国阳樊等四邑之地。不料樊人不服于晋。晋文公为了表明服人以德，"乃出其民"（《左传·僖25年》），让他们统统离开阳樊，回到周王室的领地去，继续保留周的国籍。像这样由人民自愿选择居住地和国籍的事情，当时有不少。统治者一般都加以尊重。

春秋战国时代，中国人的人身得到了空前的自由，人们可以随意迁徙，可以干自己喜欢的事情。正因为这样，春秋战国时代才出现了空前繁荣的景象。可是秦始皇统一中国后，继续实行商鞅变法时制定的"什伍连坐"法，老百姓实行名籍（户籍）制度，人人都要把自己的姓名、年龄、土地等等进行登记，以便官府随时查验，对官府征发徭役和赋税提供了极大的方便。老百姓平常不准外出，外出必须向里正或者亭长请假报告，并且得到外出的通行证后，方可外出，否则将被处以重刑，而且还要牵连一亭的人受到惩罚。老百姓生活在狭小的村子里，被牢牢地固定在土地上，与坐牢几乎没有区别。

秦朝建立户籍制度，在中国历史上第一次采取制度性措施对人民进行严密的控制，剥夺人民的自由，榨取人民的血汗。秦朝统治者为强化专制真是挖空了心思，绞尽了脑汁。这一制度以后为绝大多数朝代统治者所继承，以致到了21世纪的今天，中国的农民还在为这一制度制造的城乡二元结构付出惨重的代价，而中国当代的领导人还在为消除这种不平等的现象费尽心血，但却收效甚微。几亿农村劳动力的就业问题已成为困扰中国现代化进程的核心问题之一，也成为造成中国社会不稳定的主要因素之一。几千年的户籍制度，造成中国严重的农民问题，这一严重的后果在中国不知道要到何年何月才能真正得到解决。如果说秦始皇的杀戮还只是短期的灾难的话，那么，户籍制度与中央集权郡县制度这些制度性措施，才真正造成了中国绵延数千年的大灾难。

第五，秦朝横征暴敛，私有财产被掠夺。

秦朝统一后，虽然颁布了"使黔首自实田"的政策，为老百姓分配了一些土地。但这些土地老百姓没有所有权，只有使用权。土地是国有的。这与在春秋战国时代，中原各国都承认个人的土地私有权是有根本区别的。而且，秦始皇大大增加劳役和赋税的征发。《汉书·食货志》记载的情况是：征发的程度达到"力役三十倍于古，田租、口赋、盐铁之利二十倍于古"，"见税什五"。农民收获的粮食有50%要缴纳赋税。这种横征暴敛的残酷性，表明秦朝时的中国农民所遭到的惨重剥削，以至于"衣牛马之衣，食犬彘（猪）之食"。

秦朝法律规定，不仅土地，而且山林、矿山、湖泊、水流等等资源也全部收归国有。于是那些曾经在战国时拥有山林等资源的人，财产全部被政府剥夺。

秦朝实行重农抑商的政策。法律规定，手工业由官营，如冶铁、煮盐、采矿、陶器、纺织，等等，全部由国家垄断。《秦简·田律》规定，百姓也不能经商，"不从令者有罪"。同时，秦朝用强权和暴力大规模地剥夺战国时代大商人的资本和财产，把商人及其家属当成犯人一样发配到咸阳或边境去做苦役，他们的财产被官府没收。

秦朝无视人民的生命财产权，大搞一平二调，让人民无偿从事各种兵役和劳役，政府不付给他们任何报酬。如不服从，就会遭到镇压，加上赋税沉重，以致饿殍遍野，人相食。《汉书》描写当时的情景是"男子力耕，不足粮饷；女子纺绩，不足衣服。竭天下之资财，以奉其政，犹未足以澹其欲也"，以致"海内愁怨，遂用溃叛"，终于爆发了陈胜、吴广领导的农民大起义，"天下云集而响应"，秦王朝顿时土崩瓦解。

秦王朝用强大的军事力量建立的庞大帝国，在世界上仅仅存在了

14 年，这绝不会是无缘无故的。这个野蛮王朝的灭亡过程，警示以后的历代统治者，不要以为自己是什么上天之子，人民都是草芥，如果无视人民的生命财产权利，肆意践踏人权，必将受到猛烈的报复而被人民埋葬。

大一统扼杀了国际外交竞争

在春秋战国时代，各诸侯国之间，虽然战争时有发生，但大多数时候，是各个诸侯国之间的和平的竞争。这种竞争，是社会发展的根本动力，是经济繁荣的重要保证，是中华民族生命力的源泉。可是，由于秦王朝统一全国之后，实行了皇帝绝对专制的中央集权制度，彻底扼杀了社会的竞争，使整个中国社会失去了前进的动力，变成了一潭死水，使整个华夏民族的蓬勃生机彻底丧失。首先就是各个诸侯国之间的外交竞争没有了。

在春秋战国时代，各个国家为了生存和发展，除了在战争中取胜之外，还十分重视和平外交的努力。那时候，外交是一个国家政治的重要内容。如著名的晏子使楚的故事，就是外交成功的范例。还有蔺相如渑池智斗秦王，也是外交成功的典范。春秋战国时代外交频繁，外交人员到各个国家穿梭般游说国君，当时最年轻的外交家甘罗 12 岁就当上了丞相。

和平的外交努力是一种高超的政治斗争策略，是各个国家的君主注意世界大势、重视国际舆论和开放社会的重要政策。通过国际外交，使各国的国君更注重国际的形象，注重内政外交的改善，以加强自身在国际社会的竞争力，并能够广泛争取政治同盟。齐桓公的弭兵会议，就是这样。当然，春秋战国时代的外交，往往是强者称霸。所谓弱国无外交，在当时的国际社会是普遍的现象。然而，正是因为如此，就使得一些落后的国家，立志发愤图强，后来居上，以称霸中原。所以，才有了各国国君对变法革新的支持，才有了人才的大量涌现和经济、文化和各种思想的大发展。

国际外交活动，有一个重要的作用，就是要求各国的统治者必须遵守国际通行的游戏规则。周礼本来是周族宗室的内部规范，到了春秋时代，就像当代的《联合国宪章》一样，周礼也是国际通行的游戏规则，由国内法发展成为国际法了。所以各国都必须按照周礼行事。这些游戏规则具有公平、透明的特点，如果哪个国家不遵守，就会遭到各国的讨伐。这就是用合法的警察暴力，迫使各国的统治者按照游戏规则行事，使政治家严守信用，不得言行不一。政治家耍流氓、无赖手段，出尔反尔，搞阴谋诡计，很难行得通。但是由于秦始皇建立了大一统的社会，以强权和暴力行事，实行专制统治，失去了国际公法的约束，所以统治者可以不遵守游戏规则，可以大搞阴谋诡计，大耍流氓无赖，大搞欺骗活动，毫无诚信可言，无法树立起人民对政府的信赖感。在这样的情况下，人民无法相信政府，政府与人民之间完全是一种不信任的关系，是压迫与被压迫的关系。更严重的是，政府的流氓和无赖手段，会严重地毒害社会的空气，使整个社会变得毫无诚信可言，人与人之间互相欺骗，互相防范，社会道德由此而堕落。秦朝的统治集团实际已经堕落成为一个黑社会的团伙，成为一个恐怖组织。

外交的丧失，还使中国统治者从此不再具有国际的眼光，不再知道世界的变化和发展，不再具有开放的精神，不再发愤图强，锐意进取，用和平竞争的手段赢得国际社会的尊重。所以从秦始皇开始，统治者就只知道用一座无用的长城，来抵御外族的入侵。

据说秦始皇修长城的起因，是因为一本荒诞不经的预言书的流传。司马光所著《资治通鉴》记载，这本名为《录图书》的预言书，当时在社会上流传十分广泛，后来，由一位名叫卢生的方士上奏给秦始皇。书中关于"亡秦者胡也"的预言，给了秦始皇极大的震撼。于是秦始皇决定派出蒙恬修筑长城，抗击匈奴。

可是，秦始皇分析错了：这个"胡"指的不是匈奴，而是秦二世胡亥。是胡亥的愚蠢和残暴，导致了秦帝国的灭亡。秦始皇只对匈奴保持着高度的警惕，可是他却对自己的儿子疏于防范，没有在他的身前把皇位的继承问题，加以很好地解决，以至于在他死后，秦朝发生了篡权夺位的悲剧。赵高、李斯和胡亥三人密谋，篡改了秦始皇命长子扶苏继承帝位的遗诏，用假遗诏命令扶苏和大将蒙恬自杀，从而使胡亥顺利地当上了皇帝，而扶苏和蒙恬竟然老老实实就自杀了。这一历史悲剧把封建专制的极端阴险和残暴揭露得无以复加。

历史跟秦始皇开了一个大玩笑。可是这个预言故事，却深刻地说明，专制皇权有着难以解决的体制性问题和弊端。专制制度，没有权力的分立和制衡，没有对皇帝的制约机制，没有谁能够否定皇帝的荒唐决定。在没有国际外交的情况下，在没有国际竞争压力的情况下，秦王朝不可避免地走向了封闭和保守。统一了中原的秦始皇，已经陶醉于胜利的颂歌声中了，习惯了别人的阿谀奉承，丧失了开拓进取的精神，权欲日益膨胀，心胸和眼光也日益狭隘。

　　中国的地域环境由于没有大海的分割，使中国成为一个天然大一统的国家，从而使国际外交无法生存。在交通和信息都不发达的古代，这种地理环境限制了中国皇帝和各级官吏的视野，限制了他们与遥远的欧洲诸国进行和平的外交竞争的努力。结果，中国的皇帝和士大夫们就产生了根深蒂固的大一统情结和狭隘的国家观念以及虚幻的安全感，认为自己是世界的中心，中国就是天下，统一中国就是统一天下。每当国家处于分治状态，他们都把统一全国作为最高目标。因此，在他们的心目中，就失去了和平外交竞争的概念。这一点，与欧洲的历史情况完全是不一样的。

　　虽然后来西汉派张骞、东汉班超出使过西域，班超曾派出部将甘英前往罗马（大秦）访问，以窥探罗马帝国的虚实，可惜甘英是一个懦夫，他在出使罗马的途中，被波斯湾巨大的海浪吓退了，以至于使东西方的文明失之交臂。张骞出使西域，虽然开通了丝绸之路，但并没有给汉朝开辟真正的外交。汉代以后大唐王朝也是积极开放的，但没有那么主动地进行国际外交活动，没有派出过真正的外交官，去访问中亚、西亚和欧洲各国，看看人家是怎么回事。当时住在唐朝都城长安的，有100多个国家的大使和留学生，人数多达几万人。可是，大唐帝国却没有想到要派出哪怕一个大使，去外国建一个大使馆，与别的国家进行和平的平等的外交，收集一点外国的政治、经济等方面的有用的信息。虽然唐朝有唐玄奘西天取经故事，但唐玄奘并不是由官方派遣的，相反，却是偷越国境。这在当时是一种犯罪行为，不能说是外交活动，更谈不上是对外开放。

　　宋朝是一个特殊的朝代。宋朝是全方位开放的。当时宋朝面临的主要国家是辽、金和蒙古，可以说是存在国际外交。正是因为有国际外交竞争的存在，所以宋朝统治者没有把自己看成是天朝大国世界中心，政治比较开明。宋朝在与周边这些国家的外交上，基本上遵循和平竞争、共存共荣的原则，不诉诸武力，都是以经济补偿的形式，来平息国家之间的矛盾和冲突。但元朝灭宋之后，这些外交活动完全停止。

　　明朝郑和七下西洋，是一次比较大的国际外交活动，在政治上有一定的意义，但在商业方面没有经济目的。这支庞大的"无敌舰队"返航时，带回的不是投入国内市场、可产生利润的货物，而是供帝国朝廷观赏的斑马、鸵鸟和长颈鹿等奢侈品。结果无敌舰队不但不能像西欧的远洋舰船那样为自己的国家带来巨额财富，相反成为国家难以承受的经济负担。所以，1433年，远在北京紫禁城的中国皇帝颁下一道敕令，命令"无敌舰队"限期返航。"无敌舰队"返航后，在皇帝的勒令下解散。大型的舰船被拆毁，所有的航海资料都被销毁。同时禁止帝国制造能够进行远洋航行的大海船。整体来说，明朝闭关锁国，没有国际视野和国际竞争的意识。清朝继承了明朝闭关锁国政策，而且走得更远，以致将沿海居民内迁30里，与海洋隔绝。结果清朝统治者对世界极为无知，英国外交官出使中国时，中国皇帝和官员还不知道英吉利国在世界的哪个角落，还认为洋人没有进化完全，脚上少了两块膝盖骨，腿是站不直的。

　　没有外交，就没有开放；没有开放，就没有竞争的压力；没有竞争的压力，就不会有奋发图强的动力；没有奋发图强的动力，就没有文明的进步。中国在外交上的失败，与大一统专制社会有着必然的联系。

大一统扼杀了国际贸易竞争

　　西周实行的是土地国有和"工商食官"制度，也就是说，土地不能买卖，商业和手工业由官府垄断经营，也就是实行的是国有工商业制度，不是私营的工商业制度，因此市场经济不发达。当然，西周也有市场交换，据《周礼》的记载，当时已经设置了专门管理市场贸易的官吏，有"司市"、"质人"等。近年出土的文物也证明，西周时期已经使用铜制的货币。在河南浚县的西周卫墓群中，出土铜贝和天然贝3000多件。根据《礼记·王制》的记载，西周有市场交易，但是规模不大。

　　到了春秋战国时代，手工业和商业已经有相当的规模了。由于铁器的使用，各国出现了采矿、铜器制造、兵器制造、造车、造船、陶瓷、玻璃、建筑、纺织、编织、漆器、皮革、酿酒、煮盐等手工业。随着生产力的迅速进步，终于导致了西周土地国有和"工商食官"制度的瓦解。税收制度建立了，私有财产制度建立了，土地可以买卖了，民间自由贸易迅速兴盛起来。各个国家，不仅国内贸易兴盛，而且，国际贸易尤其繁荣。当时有大量的手工业产品和农产品进入流通领域，用于市场的交换，如陶瓷器、铁器工具、布帛、粮食、鱼盐、林木、畜产品，等等。

城市是商业的载体。随着商品贸易的发展，人口大量涌向城市，使春秋战国时代的城市规模迅速扩大。以前国都作为武装据点和政治、军事中心的功能，迅速演变成为商业交换的中心。各个国家的国都，都从春秋之前的几百平方丈的面积，发展到 10 平方公里以上的规模。其中，由于齐国宰相管仲和鲍叔牙都是商人出身，所以特别重视发展商业，重视商品市场的建设，使齐国国都临淄城居民达到 7 万多户，几十万人口，面积达到 18 平方公里，城中商品交换市场的面积达到 30.5 万平方米，成为当时最大的国际贸易中心。其他各国的城市都发展很快，到了战国时代已经有了 20 多个居民在 3 万户以上的商业城市，几百个人口上万的县城。

特别值得一提的是，当时的国际贸易空前发展。各国国家的各种商品，远销各地。举个例子说，在今天的朝鲜，就出土了当时中原各国制造的铜镜、铜剑和刀币，等等。在今阿尔泰山，出土了楚国制造的铜镜和丝织品。在今辽宁的偏远农村，出土了燕国制造的铁器。至于各诸侯国之间的国际贸易交流，那都是极平常的事了。

秦国自商鞅变法以后，商业受到了禁止，但大商人吕不韦担任秦国宰相以后，开始发展商业。由于秦国有都江堰、郑国渠等大的农业灌区，粮食丰富，因而大量出口粮食，进口中原各国的手工艺产品。这一点，在李斯的《谏逐客书》中有详细的描述。

当时宋国的陶邑，是中原各国的水陆交通枢纽，国际贸易的重要商品中转站，商业繁荣，盛极一时。越国大夫范蠡逃离越国之后，就在此地经商，化名为陶朱公，他薄利多销，经商有术，致富达千万之巨。

洛阳国际贸易发达，吕不韦在秦国担任宰相之后，受封于洛阳，他鼓励各国商人来此经商，从而使洛阳迅速发展到 10 万户居民，而吕不韦年轻时经商发家的阳翟，也是当时有名的国际商城，到了汉代，这里依然还有 4 万户人家。

　　国际贸易的发展，大大促进了各国的交通、运输、通信、信息、餐饮、酒店等各种服务行业的发展，促进了人们的消费，推动了生产的发展，推动了工艺水平的提高，科学技术和文化也蓬勃发展起来，带来了社会的繁荣，也使大量的农民向城市转移，从事建筑、搬运、制造各种工艺品等工作。因此中原各国都建立了"司市"这一管理商品市场的专门机构，来规划市场建设，处理商务纠纷，维护市场秩序，平抑市价，维持治安，征收税款，打击欺诈行为，保护公平竞争，而且，商人队伍的扩大，财富的增长，使人们不把做官当成唯一的出路，使社会意识出现了多元化的趋势，带来了社会的巨大进步。

　　特别要肯定的是，国际贸易的发展，促进了商业资本的迅速大规模流动，导致了国际金融业的出现。随着国际贸易的发展，各诸侯国的货币大量出现，进入流通。各诸侯国都有自己的货币。如秦、魏的圜钱，韩、赵的布币，齐、燕的刀币等。由于各诸侯国的货币的比值不同，这就使货币的比价关系开始出现，商人和居民买卖商品，就必须要计算各种货币的汇率，因而导致了最早的国际货币，即金本位制概念的产生，使黄金成为当时商人进行国际贸易结算的通用货币。

　　在这个基础上，出现了货币借贷行为，出现了利率、债权人、债务人、钱庄等等早期的金融概念，商人为了扩大贸易，向钱庄借钱，钱庄与商人签订合约，到期还本付息。使金融契约观念开始产生。据《周礼》的记载，当时各国出现了质剂证券。

　　质剂证券是买卖或者借贷的一种凭证，是资本的一种契约形态。质券，主要是用来进行奴婢或者牛马一类大宗商品交易的凭证；剂券，主要是用来进行兵器以及珍玩一类小宗商品的交易的凭证，也就是一种买卖的合同。这种合同用竹片制作，买卖或者借贷双方将交易或者借贷的内容刻写在上面，然后一分为二，买主或者债权人执右券，卖主或者债务人执左券。到期买卖或者借贷双方合同不能履行，发生商务上的纠纷，双方就到"执人"那里去进行诉讼。执人就相当于今天的经济法庭，代表国家在规定时间内来对这些诉讼进行立案受理和判决。质剂证券的出现，意味着金融契约及信用经济的诞生，意味着资本契约化的开始，表现了法律对金融、商务活动的巨大作用。质剂证券具有某种现代经济的意义。

　　随着商业的繁荣和城市的扩大，市民社会也逐渐形成，信息的交流频繁，商业的竞争也是十分激烈的。为了商业的利益，人们就必须要创新和发展，新的思想和文化由此不断出现，国家政治和经济的透明度也就随之而提高。社会的人与人之间的平等关系开始确立。当官不是当时的唯一出路。官本位意识在当时不是非常强烈的。而经商发财，却是许多人追求的目标。这显然是一种新的社会形态。

然而，由于秦始皇用暴力手段迅速地统一了六国之后，制定了一系列的严刑峻法，禁止人口的流动，禁止私人贸易，禁止商品的自由交易，取缔了全国的商品市场，取消了建立在自由贸易基础上的一切国家商业管理机构，扼杀了一切公平和自由竞争的行为，用大刀和长矛将人民压迫在土地上，日出而作，日落而息，丧失一切谋取财富的机会，让人民在对土地的无限依赖中，在封闭的环境中，变得麻木、愚昧和不思进取。看起来，国家统一了，市场统一了，可是没有交易的市场只能是一个空壳市场。

几百个国际商业都市因此衰落了，货币、利率、汇率、债权人、债务人、证券、金融契约等等现代经济的萌芽被扼杀了。这是中国历史上野蛮战胜文明的最大的悲剧。

第一，它消灭了自由贸易，促进了官府垄断商业的体制迅速建立，普天之下，没有竞争，没有资本和人的流动，老百姓除了向官府上缴赋税和服劳役之外，一年到头，就在土地上觅食，哪里还知道什么金融贸易？官府除了向老百姓催缴赋税、强迫老百姓服兵役、服劳役并向老百姓巧取豪夺之外，没有别的事可干。在这种情况下，经济发展还从何谈起？

第二，秦始皇穷兵黩武所导致的大一统，使全中国都成了一个大兵营、大集中营、大监狱，国际贸易完全消失了，国家间的进出口贸易没有了，各国货币之间的汇率不存在了，刚刚萌芽的金本位制和证券等等消失了，国际市场也取消了，运输货物的码头、货栈、货物中转站、信息交流、娱乐服务、运输货物的交通工具等等这些随着国际贸易兴起而建立的设施，还有市场管理机构、商业纠纷的仲裁机构、经济法庭等等，都随之取消了，国际上的各种语言也不需要了，一个欣欣向荣的中国，顿时变得死气沉沉。就算秦始皇统一了度量衡，又有什么意义呢？再如车同轨，看起来使全国的路面宽度一致了，方便了车的通行，但是，老百姓都被强制在土地上干活，谁也不能出门，那么，车同轨又有什么作用？如果说有作用，那也只是方便皇帝出巡旅游，对强化皇权统治是有利的。

第三，它从根本上确立了以农为本的思想，使小农经济的生产方式，像一副沉重的枷锁，扼杀了中华民族的商业精神和自由竞争的意识，扼杀了中华民族的智慧和伟大的创造力，使全民族都产生了对商业贸易的反感和对商人的鄙视，使全中国人民都臣服在皇帝和官僚体制的脚下，老老实实地脸朝黄土背朝天，终年耕种，得一碗饭吃，不可能有所作为。这样一来就为专制政治奠定了基础，强化了官本位的意识，人们除了千方百计去当官，就没有别的出路。官场成为人们追求的唯一目标。中国人的人格和心理从此就被扭曲了，中国的政治和文化也就成为了官僚政治和官僚文化。

没有私有财产的发达，没有获取财富的机会，没有资本，一个人就无法独立。而没有独立、自由精神的民族，没有竞争意识的民族，没有多元文明的民族，就是一个没有希望的民族。秦始皇的大统一，就是用强权迫使伟大的中华民族变成一个愚昧的民族。

大一统扼杀了国际人才竞争

春秋战国时代，各个国家的国君出于自身安危的考虑，纷纷网络人才，除旧布新，一时间，在中华的大地上，各种人才如雨后春笋般涌现。他们为了实现自己的政治理想，为了自己的显身扬名，发奋读书，创立各种学术思想，游说各国国君，希望用自己的三寸不烂之舌，获得国君的支持和信任，以实现自己改革政治的抱负。

在政治方面，有帮助春秋五霸、战国七雄逐鹿中原的管仲、百里奚、李悝、吴起、西门豹、申不害、邹忌、范蠡、文种、商鞅、吕不韦、苏秦、张仪、李斯，等等。

当时的社会，为这些政治家发挥自己的才能，创造了有利的条件。一个人，当他在自己的祖国不能施展才能的时候，那么，他就可以到别的国家去发挥自己的聪明才智。如帮助秦穆公成就霸业的百里奚，原来就是晋国的一个奴仆，后来逃到楚国，也没有受到重用，是秦穆公用五张羊皮与楚国交换，使他到了秦国并加以重用。那年，百里奚已经70多岁了，还依然有施展才能的一天。还有吴起，原是魏国人，因受人陷害，面临魏武侯的诛杀，只好逃到楚国，楚悼王立即加以重用，并命他对楚国进行变法革新。商鞅也是魏国人，但是在魏国始终怏怏不得志，后来秦国招贤，他离开魏国，来到秦国，立即受到秦孝公的高度重视，命他主持变法。

更有戏剧性的是苏秦，他原是周王国人，家境贫苦。他曾到秦国推销统一中国的主张，但秦惠文王刚刚杀了商鞅，根本不想见外国人，苏秦碰了一鼻子灰，钱也花光了，几乎是乞讨着回到家乡，自然是穷途潦倒的模样。他的妻子正在家里织布，看到丈夫搞得人不人，鬼不鬼，连身子都懒得动。苏秦满脸羞愧，向正在煮饭的嫂嫂要点饭吃，嫂嫂理都不理。

受了世态炎凉的苏秦，改变了主张，提出了对秦国采取合纵对抗政策，并对当时的国际局势进行深入研究。疲倦的时候，他用铁锥猛刺自己的双腿，血流遍地。前333年，他再次出发游说各国国君，取得巨大成功。六国完全同意签订合纵盟约，并一致任命苏秦为他们的宰相，让他担任合纵联盟的"纵约长"，相当今天联合国秘书长的职务，他的外交策略取得了完全的成功。

于是，最富有喜剧色彩的一幕发生了，当苏秦从楚国返回赵国复命途经家乡时，周王室从国君到下人，纷纷打扫街道、张灯结彩，欢迎这位尊贵的客人。苏秦这位六国宰相再也不是当年可怜兮兮的模样，而是香车宝马，随从前呼后拥，威风凛凛，令他祖国的同胞羡慕不已。那位曾经让他挨饿的嫂嫂，也跪倒在路边，不敢抬头。苏秦问她："你从前那么轻视我，今天又为何如此恭敬？"那位嫂嫂老老实实地回答："只因为你今天位尊而多金。"

苏秦嫂嫂的回答，虽然粗鄙，但她在两千多年以前就一语道破了人类社会最深刻的秘密，那就是，一个人要想有独立的人格，得到别人的尊敬，尤其要想得到这种嫂嫂型势利眼人物的尊敬，别的什么都不需要，只要有权有钱就行了。

从地位低贱的穷人，到地位高贵的大臣，这就是春秋战国时代人才竞争的结果。时代需要人才，人才于是应运而生。这些人才为了建功立业、实现自己的政治理想和得到权势，彼此之间展开了智慧和谋略的竞争。与其说，春秋战国时代的攻战杀伐，是各国国君的决定，还不如说，是这些谋臣出谋划策、相互竞争的结果。

在春秋战国时代，最具有传奇性的人物莫过于吕不韦了。吕不韦原是赵国的一位富商，虽然致富百万，但社会地位却并不高。为了实现自己治国平天下的政治抱负，他精心策划并出巨资帮助在赵国充当人质的子楚（秦国王储安国君之子，秦王政的父亲）获得了太子的地位。因此，当子楚当上秦国国君之后，立即兑现了当初与吕不韦约定的"分秦国与君共之"的诺言，任命吕不韦为丞相，封为文信侯，食河南洛阳10万户。13岁的嬴政即位后，又尊其为仲父。从此吕不韦统摄朝政，大权在握。

在这场具有赌博性质的政治运作中，吕不韦表现出了惊人的政治谋略和非凡的政治眼光，他是一位真正具有雄才大略的政治家，在秦国取得了杰出的成就。他在主政期间，为秦国的发展和统一中国的大业作出了重大的贡献。例如他策划进攻赵、魏、韩等国，还派兵击退了赵、楚、魏、燕、韩五国联军的进攻，粉碎了战国时期最后一次"合纵"行动。在国内，他完善法律，发展生产，积极推进工商业和城市化发展进程，使秦国迅速强大起来。他还组织学者编纂了《吕氏春秋》一书，为秦帝国设计了未来的政治蓝图，提出了一套长治久安的治国方略。

吕不韦当年的成功，不仅是其本人杰出的政治才能的结果，而且也是时代造就的。如果当时的社会不是处于诸侯分治的时代，而是处于后来秦始皇高度集权专制的大一统的社会，压抑人才，重用奴才，钳制思想，摧残一切进步的因素，吕不韦就是有经天纬地之才，也是不可能取得如此成就的。

春秋战国时代，除了政治型人才层出不穷之外，还出了许多伟大的思想家。如老子、孔子、荀子、孟子、韩非子、墨子、庄子、惠子，等等，他们的思想，至今还在影响着中国人的生活和思维。

这些思想家的出现，也是时代的产物。言论自由，思想自由，百家争鸣，百花齐放，使他们有机会对社会、人生、自然等等发表他们的看法，影响着当时各国统治者的决策，对中国文化的发展作出了巨大的贡献。如果没有当时的政治环境，这些思想家是不可能产生的。

此外，春秋战国时代，还产生了孙武、孙膑、乐毅等著名的军事专家，产生了李冰、郑国等著名的水利专家，产生了许行等农业专家，产生了吕不韦、端木赐、陶朱公等大商人，产生了扁鹊等著名的医学家，产生了屈原那样的大诗人，还产生了公输班那样出色的工程师。

人才的竞争，必然推动社会政治、经济、军事、文化等等的蓬勃发展，推动社会的迅速进步。它就像文艺复兴时期的欧洲一样，人才辈出，百花齐放。可惜的是，大一统的专制社会扼杀人才，钳制思想，所以，中国社会自秦朝建立皇帝绝对专制的中央集权的郡县制度之后，中国古代就再也出不了像子产那样具有民主意识的政治家，出不了像老子、孔子、孟子那样伟大的思想家。相反，专制社会培养出了大量的专制暴君、贪官污吏，使中国进入了大黑暗时代。

大一统与秦始皇的极端腐败和暴政

在秦始皇统一六国之前，各诸侯国的国君，面对着当时动荡的国际局势和弱肉强食的社会现状，都不可避免地产生强烈的忧患意识和进取精神，所以才有各国的变法革新奋发图强。当时虽然某些诸侯国也有腐败，也有不思进取和压抑人才等等现象的发生，但总的来说，各个国家都很开放，政治都比较开明。不然，一个政治腐败的国家就无法吸引人才，无法吸引人民前来就业和发挥自己的才能。

然而，自秦始皇统一中国以后，中国的官僚腐败政治就开始产生了。首先是皇帝丧失了进取精神，个人的私欲无止境地膨胀起来。

秦始皇在统一六国之前，非常年轻，充满着勃勃的雄心和抱负，他以常人难以想像的旺盛精力，不知疲倦地工作。据说他每天要看成吨重的写在竹简上的奏章和大量的书籍，每天写出的批示达数千言之多。每天要与大臣们讨论国家大事，常常通宵达旦。他之所以能够如此勤奋，就是因为他要统一中国。而一个如此奋发进取的人，在个人的私生活上，当然不会十分腐败。可是，当他的统一中国的理想实现之后，当他再也没有竞争的对手以后，他的忧患意识就消失了，他就迅速地走向腐化和堕落。因为他没有更崇高的理想要奋斗了，所以，人性中的惰性和丑恶的一面就迅速地占了上风。

在政治上，他考虑的不是让人民得到自由和幸福，而是如何保持他的家天下传之万世。为此，他不惜动用 70 万劳工，耗尽国家的财力，去修建万里长城，想用长城来保住他的家天下，永远不受外敌的侵犯。这 1 万多里用老百姓的血汗和民脂民膏筑成的长城，似乎就成了保卫他家的院墙。为了防止老百姓反抗，他把全国所有兵器都强行收缴，运到咸阳全部销毁，铸成 12 个铜人，每一个都重达 24 万多斤。似乎有这些巨大的铜人为他家站岗，他家就可以镇住全国的民众。为了防止六国贵族的反抗，他把原来的六国贵族、商人、工匠等等，共 12 万户，上百万人，全部赶到咸阳去做苦工并加以监视，让大批的人才在高压的政治环境中沉沦。

在思想上，秦始皇不是放开舆论，实行言论自由，而是采取了严厉的措施，严密控制舆论，大肆推行愚民政策。他根据战国末期的阴阳五行家邹衍的"五德终始"学说加以推断，认为尧舜是土德，夏是木德，商是金德，周是火德，那么，秦作为一个受命于天的朝代，应该具有水德。于是，一个离奇的故事出现了。有人说，当年秦文公在打猎时，曾获得一条黑龙，那就是水德的祥瑞。秦文公是秦始皇的老祖宗，祖宗获得黑龙，就是上天把水德托转给秦人的证据。秦灭周，就是水克火，就是替天行道，就是天命所归。

按照五行家的理论，水为黑色，五行水主北方，北方为阴寒，因此，水德立国必须以黑色为正宗。于是，秦国的旌旗、礼服均为黑色，处理政事要严刑峻法。为了神化其政权，秦始皇还郑重其事地跑到泰山，装模作样地举行封禅大典，以证明其君权乃是天神所授，神圣不可侵犯。他周游全国，所到之处，刻石立碑，颂扬他自己的功德超过三皇五帝。

为了实行文化专制主义，秦始皇在焚书坑儒的同时，全力禁办私学，取消了春秋战国以来兴起的教育运动，学校只能官办。官办的学校当然只能是官家的子弟来读书。这样一来，使本来可以受到教育的百姓子弟，全部失去了受教育的机会。而且，就是在官办的学校里，也只能学习法家的严刑酷法，也就是以吏为师，以法令为教材，禁止学习别的内容。这种军国主义式的、法西斯式的学校教育，培养出来的只能是残忍的酷吏。

秦始皇就是用这样的手段，彻底实现了中国政治、经济、文化、思想学术的大一统，实现了对社会的严密控制，实现了舆论一律，将春秋战国时期的言论自由、人身自由、充满着竞争的朝气蓬勃的社会，变成了一个死气沉沉的坟墓。

在对人民极端镇压的同时，秦始皇对自己却是毫无约束，极端放纵自己的淫欲，生活奢侈糜烂。由于他是中国第一个集无限权力于一身的人，所以，他堕落之后所产生的腐败，要比他之前的所有君主都要厉害千百倍。

他广选天下美女，供他淫乐。所谓后宫佳丽三千，在他看来，那不过是小儿科。因为他认为，他的功劳超过三皇五帝，所以，他需要更多的美女。史载他的后宫，美女最多时达到 12000 多人。但美女太多了，皇宫装不下，于是他就征调 30 多万劳力，在渭南上林为他建一座阿房宫，占地 300 多里。石材、木材都从四川运来。建筑之精巧、工程之宏大，令人惊叹。这一建，就耗时 12 年，直到秦朝灭亡，宫殿还没有完工。后被项羽一把火烧掉，大火竟然烧了 3 个多月还没有熄灭。

如此众多的美女，供他一人之淫欲，他就是日夜不停地工作，也忙不过来。再说，人的身体毕竟是血肉之躯，就算他秦始皇的身体是金刚不坏之身，也难以应付上万美人的需求。于是，他就希望自己成为长生不老的神仙，到处访求仙丹神药。一时间，全国有上万名方士为秦始皇日夜炼丹。

有一个叫徐福的人，对秦始皇说，东海上有一座蓬莱山，山上有长生不老之药。秦始皇大喜，命徐福带上 3000 名童男童女，乘坐一艘大船，前往东海寻求仙药。徐福一去当然不会再有消息。据说是到了东海的一座岛上定居，即今天的日本。传说不知真假，但如今日本有众多的徐福庙，似乎印证了这一传说。

秦始皇最后当然没有成神成仙。但他为自己建造了一座死后居住的宫殿，这就是至今都令全世界感到神秘莫测的骊山大墓。为建造这座大墓，秦始皇出动了 30 多万劳力，修了 30 多年，直到秦始皇死也没有完工。《史记》说墓内用水银灌成江河大海，墓顶是日月星辰，极尽天上人间之奢侈繁华。仅秦皇兵马俑一处，就成为如今世界的第八大奇迹，可见这座大墓的规模之宏伟，陈设之精致，举世无双。据说，为了不泄露墓内的秘密，竟将几万劳工和几千嫔妃、宫女全部殉葬。

秦始皇真是一个"伟大"的君主，搞起腐败来，也搞得惊天动地，不同凡响。当时全国仅仅只有 2000 多万人口，除了 100 多万军队之外，还有 70 多万劳工修长城，50 多万劳工戍南岭修驰道，30 多万劳工修阿房宫，30 多万劳工修骊山大墓。加起来，共达 300 多万人，占了全国总人口的 15% 以上，这还不算服其他劳役的劳工。根据《汉书·食货志》的记载，当时服兵役、劳役的人，远远超过 300 万人，占壮年男子的 40% 以上。如果除掉老弱病残，真正能从事生产的劳力，已经寥寥无几。这对经济的破坏，是灾难性的。

这就是中国千古一帝的伟大理想、道德和进取精神。这就是至今还为许多人所崇拜的英雄。

自秦始皇之后，历朝历代的皇帝没有几个是不腐败的，有的年轻时励精图治，可是到了晚年，也一样腐败。英明的李世民大帝，年轻时是何等地勤政爱民，可是到了老年时，却生活奢侈，他不仅住进了隋炀帝豪华的宫殿，广选天下美女以供个人的淫欲，甚至还迷信丹药，希望长生不老，成神成仙。最后，他因为吃了一位印度方士为他提炼的所谓仙丹，结果中毒身亡。像李世民这样英明的皇帝尚且如此，那些花花公子般的皇帝就不用说了。如以腐败、昏庸、残暴出名的隋炀帝，倾全国之力来为他个人的腐朽生活服务，结果弄得天怒人怨，国破家亡，个人身首异处。

为什么中国的皇帝最终都逃不脱腐败的命运？其根本的原因，不完全在于个人的品德，而在于专制的社会制度，为他们的腐败创造了这样的条件。没有受到制约的权力就会导致腐败，绝对的权力导致绝对的腐败。皇帝绝对专制的大一统，使皇帝掌握绝对的权力，那么必然导致绝对的腐败。

大一统与官僚体制的黑暗

在春秋战国时代，由于各国在政治、经济、军事、教育、文化等各个方面竞争激烈，国君迫切需要大批的人才来治理国家，所以，唯才是举是那个时代的特点。一个人，只要有才干，他立即可以成为国家的大臣。一个官员，只要有才能，随时可以受到奖励和提升。否则，这些人才随时可以离开，到别的国家去发展。用现代的话说，就是官员随时可以炒国君的鱿鱼，而不是国君炒官员的鱿鱼。

在这样的政治体制下，地方官员能够比较充分地发挥自己的才能，把地方治理好。而不需要通过献媚、巴结、行贿等方法，来取悦上司，从而能够得到提拔。在这种情况下，政治是比较清明的，官员也有独立的人格和独立的思想主张，官员只要有才能，不愁没有发挥的机遇。而没有真才实学的人，在官场中是很难混下去的。即使靠某种关系而得到一官半职，或者因为一些国君的荒唐而让小人得志，但只是暂时的，其结果，不是小人垮台，就是国破君亡。

当时有一个有名的故事，叫滥竽充数。说的是齐宣王喜欢听音乐，但他喜欢要几百人一起吹竽，合奏。一个叫南郭的人，冒充吹竽能手，请求为宣王吹竽，宣王很高兴，发给他工资，与别的人待遇一样。

后来宣王死了，他的儿子即位。新君的政策变了，他不喜欢听合奏，而喜欢听独奏。不学无术的南郭先生，再也混不下去了，只好灰溜溜地卷铺盖走人。

这个故事说明，在春秋战国时代，没有才干是很难得到上司的重用的，即使一时混得一碗饭吃，但用不了多久，饭碗就会打破。靠巴结、吹牛拍马是没有用的。相反，只要自己有才能，不用耍什么手腕，也照样飞黄腾达，建功立业。否则，这些人才随时可以离开，到别的国家去发展。用现代的话说，就是官员随时可以炒国君的鱿鱼，而不是国君炒官员的鱿鱼。在这种情况下，政治是比较清明的，官员也有独立的人格和独立的思想主张。而没有真才实学的人，在官场中是很难混下去的。即使靠某种关系而得到一官半职，或者因为一些国君的荒唐，而让小人得志，但只是暂时的，其结果，不是小人垮台，就是国破君亡。

当时，也有才干突出的人怏怏不得志。如楚国的屈原大夫，就是一个比较突出的例子。屈原忧国忧民，关心民生疾苦，是一个很有政治才干和文学才华的人，他在楚国很想革新政治，选贤任能，修明法度，有一番作为，可是他碰到的楚怀王却是一个既愚蠢又荒唐的君王。楚怀王根本不信任屈原，而是听信令尹子兰、上官大夫靳尚等小人的谗言，说屈原与王妃有不正当的男女关系，于是将屈原贬官为三闾大夫，流放汉北。

后来，楚怀王被秦国骗去当了俘虏，死在了秦国。他的儿子即位，是为楚顷襄王。楚顷襄王与他父亲一样，也是极为荒唐的君王，他依然对屈原与王妃的事耿耿于怀，不但不重用屈原，反而把屈原流放到更为偏远的湘江、沅水流域，让屈原报国无门。

面对政治上的打击，才华横溢的屈原大夫不是像当时的人才那样，另选贤明的君主，以发挥自己的才干，反而却是一味消沉，怨天尤人。他在《天问》的诗中，质问上天的不公平，以此来表示自己心中的不满。等到秦国攻破楚国的国都郢（今湖北江陵），屈原悲愤交加，陷于绝望之中，竟很不理智地投汨罗江自杀殉国，浪费了自己的盖世才华。

屈原之死不是时代的悲剧，而是他个人的悲剧。人民虽然对他十分惋惜，甚至在他投江这天划龙船和包粽子纪念他，但也只能说明他人品高尚，受到了老百姓的尊敬，而不能证明他在政治上是成功的。屈原之死在春秋战国时代是极为个别的事例。当时普遍的现象是，人才辈出，群星灿烂。一个有才能的人，只要不像屈原那样，死抱着一个昏君不放，那么，他不需要巴结权贵，就可以出人头地，一展才华。此地不留爷，自有留爷处。换个地方干就行了。这是春秋战国时代很普通的事情。

然而，这个政治开明的时代，却在秦始皇统一中国后，彻底地画上了句号。秦始皇当上了至高无上的皇帝后，他再也不需要人才了，他需要的只是那些为他歌功颂德的奴才。谁为他歌功颂德，他就奖励；谁批评他，他就镇压。而官员又没有选择君主的机会，不像春秋战国那样，这里不行，换一个国家就行了。这就使所有的官员完全出于无奈，必须屈从于强权。

全中国的官员都由皇帝一个人任命或者罢免的，可是皇帝不可能认识全中国的每一个官员，不可能对每一个官员工作的好坏都十分了解，于是，就需要考察官吏的机构。中央考察地方长官，地方长官又考察基层的官吏，这样层层考察，人治的因素就起了决定性的作用。而这个考察机构的官员，也由皇帝来任免。一旦皇帝任命的考察百官的官吏品质上出了问题，那么，这些人选拔的官吏就可想而知了。

这是一种可怕的官吏选拔或者罢免制度。在这个制度下，百官的命运完全取决于个别人的好恶。各级官员都不再可能具有自己的思想和看法，他们只能根据皇帝的命令行事，以皇帝的好恶为转移。为了讨皇帝和上级官吏的欢心，他们就必须要说假话，掩盖问题。造假从此开始。而如果不说假话，违背了皇帝或者上级的意志，他们就会被认为是大逆不道而遭到贬斥，甚至生命也不能保。举个例子说，宦官赵高本是一个极为阴险、残暴的坏人，可是，他却利用秦始皇好大喜功的特点，用种种的假象骗取了秦始皇信任，竟当上了皇宫总管，甚至连皇帝大印也由他掌管。而对秦始皇焚书坑儒提出批评的长子扶苏，明明是一个正直、善良的人才，可是由于说了真话，而被秦始皇贬到遥远的边疆。秦始皇死后，胡亥当上皇帝，但大权却被赵高篡夺。赵高当上宰相之后，特地在一次朝会上，把一只鹿牵到大殿上，呈献给秦二世，并宣称是一匹马。胡亥说："明明是一只鹿，怎么说是马呢？"赵高说："明明是马，怎么说是鹿呢？陛下如果不信，请问大家"。大臣们于是分为两派，一派说是马，一派说是鹿。结果，认为是马的大臣，受到了提升，而认为是鹿的大臣，却莫名其妙地陷于了一场谋反的冤狱之中，全部被杀。

这就是著名的指鹿为马的故事。有了这次教训，大臣们谁还敢说真话呢？

从此以后，中国官场说假话、说违心的话，完全以皇帝和上级的意志为意志，以皇帝和上级的好恶为好恶，以致形成了颠倒是非、混淆黑白的风气。

任命制还导致了贪污腐败和行贿受贿之风的盛行。由于各级官吏都是由皇帝来任免，而由于皇帝不可能对每一个官员的情况都了解，所以，必须要依靠各级官员的推荐，然后，由中央派出官员进行考察。在这样一种官员考察制度下，下级官员为了讨好上级官员，以便得到推荐和升迁，就必须千方百计请客送礼，金钱、美女、奇珍异宝，等等，什么值钱送什么，上级喜欢什么送什么，使腐败之风愈演愈烈。

那些手握实权的大臣和封疆大吏往往利用手中的权力，卖官鬻爵，聚敛财富。他们的家属和亲朋好友也是一人得道，鸡犬升天。他们四处为非作歹，搜刮钱财。下级官员为了攀龙附凤，也极力满足他们的贪欲。

于是各级官吏便以这种利害关系为核心，结成了一张庞大的关系网，一损俱损，一荣俱荣；形成了盘根错节、难以动摇的人身依附关系。为了维护这种利益关系，官场上的各个利益集团之间，你争我夺，相互倾轧，展开了你死我活的窝里斗，什么国家利益，什么人民的疾苦，统统被抛到九霄云外。下级官员为了讨好上级官员，一旦遇到与上级官员有某种关系的案件，就有意保护这种关系，于是就无视法律和证据，制造冤狱。一旦出了什么问题，就相互包庇，攻守同盟。

为了得到更多的金钱来贿赂上级官员，下级官员就会拼命地搜刮民财，以种种的名义，盘剥百姓。由此造成了政府与民众的极端对立。政府不再是民众利益的代表，而成为了骑在民众头上作威作福的老爷。

有的下级甚至胆大包天，贪污工程款、救济款、军饷和税收。有的官商勾结，中饱私囊，有的卖官鬻爵，大发横财，有的向百姓敲诈勒索。各种手段，无所不用其极。

在这样一种政治体制下，各级官员的命运，完全掌握在上级的手中，而不是掌握在人民的手中，人民无权选举或者罢免领导人，于是，各级官员都只是向上负责，而不是向人民负责，不是以自己的政绩为标准。哪怕他们管辖的地方饿殍遍野，民不聊生，而只要朝中有人说话，照样升官发财。而如果上面没有人为你说话，你就是为人民办了再多的好事，政绩再卓著，你依然不可能得到提拔，甚至还有人在上面散布谣言，以莫须有的罪名，将你置于死地。

在这样的背景下，一个官员要想得到升迁，就必须要重金贿赂一个靠山，才会有人保护和提拔。更离奇的是，有的大臣为了取得皇帝的信任，竟然向皇帝行贿。例如，明朝大臣万安为了取得宪宗皇帝的信任，竟向这个荒唐的皇帝秘密进献春药，终于受到赏识，被提拔为华盖殿大学士。宪宗皇帝死后，孝宗皇帝继位，他在一个小箱子里，找到了这些春药的秘方，每张秘方上都署名"臣万安进"，以便皇帝在淫乐时也会记得他的忠心。

正如孟德斯鸠在《论法的精神》一书中所指出的那样："专制国家有一个习惯，就是无论对哪一位上级都不能不送礼物，就是对君王也不能例外……在这种政体之下，就没有一个人是公民；人人都认为上级对下级没有任何义务；人们认为彼此间唯一的联系，就是这一部分人加给另一部分人的惩罚。"

他接着指出："在共和国里，礼物是讨厌的东西，因为品德不需要它们。在君主国里，荣誉是比礼物更强有力的鼓舞力量。但在专制的国家，既没有荣誉又没有品德，人们所以有所作为，只是因为希望获得生活上的好处而已。"

所以，这样的一个官僚体制，必然要使好人受气，而使坏人当道。如果一个官员不想同流合污，那么，你就很难在官场立足。如果是在春秋战国时代，官员可以选择国君，但是在大一统的社会里，官员没有选择的可能，只能在黑暗的社会里腐烂。他们不得不抛弃国计民生，而去钻山打洞，寻求靠山，整天想着如何讨得上司的欢心，使中国的官场，完全成了商场，成了名利场。这不是官员个人的品质问题，而是腐败的制度所使然。

正如孟子当年一针见血地指出："为政不难，不得罪于巨室"。这句话深刻地道出了中国官场的秘密，那就是：人身依附关系，是中国官僚体制的核心。

总之，中国历史上的一元化专制文明，是在秦始皇的手里完全定型的，他为历代统治者建立了一个家天下的统治模式。打个比方说，就是秦始皇为后来历朝历代的家天下的专制皇帝设计和建造了一栋坚固的舒适的大房子。每一次改朝换代，胜利者都迫不及待地要成为这座房子的主人，不管他是农夫还是和尚，一旦成为了房子的主人，就想着世世代代将它据为己有。

在这座房子里，绝对的权力，腐蚀着一代又一代专制皇帝的灵魂，让他们一个个丧失人性，蜕变成凶残的蛇蝎。在这座房子里，人民成了命运悲惨的奴仆和牛马，几千年都只有跪着说话的份，不能站着做人。

国家的统一、民族的融合，当然是要肯定的。但是，国家的统一和民族的融合，是要以促进经济发展、社会进步和人民自由、幸福为前提的。秦的统一，虽在一定程度上促进了当时生产力的发展。可是，秦始皇在建立由皇帝绝对专制的中央集权社会的同时，却对人民进行残酷的剥削和压迫，因此，我们要对秦始皇的暴行进行坚决的否定。

繁荣背后的危机

——雄汉盛唐与皇权强化

荀子在《劝学篇》讲了一个寓言:"南方有鸟焉,名曰蒙鸠,以羽为巢,而编之以发,系之苇苕,风至苕折,卵破子死。"

这个故事是说,在南方有一种叫蒙鸠的鸟,用羽毛做窝,又用发丝精心地编织起来。但是,鸟窝却托在芦苇穗上。大风一吹,芦苇的茎秆被折断,鸟窝坠地,鸟蛋打破,幼鸟跌死。

如果我们用这个寓言,来比喻皇帝专制的集权制度与汉唐国家兴衰的关系,那是再也恰当不过了。

蒙鸠筑巢的启示

公元 782 年,在中国的大唐王朝,发生了一件颇有意义的事情。

那时候,安史之乱刚刚结束。经此动乱,国家元气大伤。当时的宰相李泌,鉴于朝廷财政的困难,决定对生活在长安的 4000 多外国使节和一万多外国留学生,不再负担所有的费用,并要这些外国使节和留学生自己作出选择,要么保留原来的国籍,那就得早日回国,要么放弃他们原来的国籍,成为中国的国民。

宰相李泌原以为这些人会回到他们的祖国去,可是,结果却出乎他的预料。这 4000 多外国使节和绝大多数留学生,都不愿意回到他们的祖国去,竟全部归化为中国的国民,他们为能成为大唐的臣民感到自豪。

这情景,就像今天的世界上,绝大多数人都以能拿到美国的绿卡、加入美国的国籍为荣那样,是一件令人感到自豪的事情。

那时候的中国,虽经安史之乱,但国力依然是世界上最强大的。中国是当时世界上的超级大国。它的富庶繁华、文化腾达和威力远被,以及中国人的温文尔雅、谦恭有礼对世界各国民众放射出巨大的吸引力。

当时的中国首都长安，就像今天的美国纽约一样，是一个国际大都市，居住着来自世界各国的侨民，有的经商，有的留学。

他们一踏上中国的国土，便不再想返回，千方百计要留在中国。在这些人中，还有不少来自遥远的非洲大陆的黑人，当时他们被称为昆仑奴。这些外国的侨民，在长安永久居住，开设商店和酒家，从事商业和贸易，还用西洋女子做招待。当时这些西洋女子被称为胡姬。这些外国侨民还与中国女子通婚，生儿育女，成家立业，从语言、文字到日常生活，全部华化，连姓氏也完全中国化了。他们都熟练地掌握了中国的文字语言，有的还有很高的文学造诣，有的还参加了科举考试，成为唐朝政府的官员，如进士及第的李彦升，就是阿拉伯人。强大的唐王朝，令这些外国人乐而忘返。唐朝，是当时世界上令人魂牵梦绕的国度。史料记载，公元 769 年到 770 年间，每年仅在广州登陆的外国商船就达 4000多艘，平均每天就有十多艘。而广州，当时仅是泉州、扬州、明州、交州等著名大港中的一个。这还不包括从丝绸之路进入中国的外国人。由此可见当时中国城市的繁华。

这是中国历史上辉煌的时代。此时，欧洲正进入黑暗的中世纪。而在中国周围，都是一些茹毛饮血的蛮邦夷族。在当时世界的诸帝时代，在当时全世界都处于一元化文明的时代，中国国力的强大与世界各国相比，犹如鹤立鸡群，以它华丽的羽翼，遮蔽着天空。以至于日本国派出大量的遣唐使，向中国学习，后来日本几乎全部华化。

在唐朝之前的繁荣的朝代，有西汉王朝。西汉时期，国家经济发达，文化兴盛，国力强大，出现了"文景之治"，汉武帝派出的军队，由卫青、霍去病率领，一直打到贝加尔湖，逐出匈奴上万里，建立了庞大的西汉王国。西汉实行主动对外的开放政策，派出张骞两次出使西域，并开通了著名的丝绸之路。

可是，自安史之乱开始，西汉以来的强盛王国，辉煌的大唐盛世，这一轮光焰万丈的红日，就陨落为天边的流星，在人类历史的长河中，犹如昙花一现。

没有什么悲剧，能比古代中国文明毁灭的悲剧更悲壮的了。今天，当人们来到泥沙滚滚的黄河岸边凭吊一处处历史遗迹的时候，当人们沉浸在昔日古老文明的辉煌的想像之中的时候，谁都会对历史发出这样的诘问：为什么这么伟大的文明没能保留下来呢？千百年来，多少人为之惋惜，为之感叹。

今天，当我们客观地来分析古代中国文明衰落的原因时，不能不这样认为，中国文明的衰落，说到底，这是中国文明的缺陷造成的，是这种文明体内潜伏着的病毒大量蔓延的结果。这种病毒是中国文明自身难以治愈的，也就是说，在古代中国政治体制的框架内，开不出战胜这种病毒的药方。所以出现了西汉末年、东汉末年和唐朝末年的社会大动乱；刹那间，伟大的文明成果化为乌有。

就像蒙鸠筑巢一样，汉唐的经济、文化、军事等单个的因素再发达，国力再强盛，也只能孤立地成长，不能组成一个新的文明的结构，不能改变皇帝专制的集权制度，因此，它们只能像鸟窝托在芦苇之上，不可能独立于旧的文明结构而存在。

由于皇帝专制的、宗法世袭的中央集权制度的脆弱性和一元化文明的不可克服的矛盾，使得社会周期性动乱的大风必定要刮起，于是，支撑社会文明成果的芦苇就不可避免地被折断，其结果必然是蛋破雏死，经济、文化、军事等等文明成果被这股动乱的大风彻底扫荡。

荀子曾经感叹道："卵破子死，巢非不完也，所系者然也。"汉唐社会的高度繁荣，之所以后来荡然无存，就是因为其繁荣的背后，隐藏着深刻的文明危机。而这种危机的最大悲剧，就在于它本身没有自我更新的机制和动力，没有实现文明的变革和创新，不能从自身的体内生长出新的文明因子，不能实现从一元化文明向多元化文明的跨越。也就是说，国家的文明成果，不能得到政治制度的有力保证，社会不能保持持续的、健康的和稳定的发展，因此它最终灭亡了，正所谓"巢非不完也，所系者然也"。

中国人接受皇权专制的心理过程

周王朝建立的分封自治制度，在中国实行了 800 多年，特别是春秋战国时期，这种制度给人民带来了高度的自由，给社会带来了繁荣。人民已经习惯了这种生活方式，从而形成了悠久的历史传统。所以秦始皇消灭六国之后，要求建立分封自治制度，是当时社会人心所向。

例如秦始皇统一六国不久，召开了一次重要的会议，讨论国家的重大问题。会上，丞相王绾等文武大臣和儒学博士淳于越等人，都要求实行分封制度。结果遭到秦始皇的镇压。

焚书坑儒事件发生之后不久，有陨石落于东郡。石上刻有一句预示吉凶的谶语："始皇帝死而地分。"这一谶语显然是一种民意的表达。可是秦始皇不但不因此反省自己，反而大肆追查。然查无结果，秦始皇只好将陨石周围的居民全部诛杀，燔销其石而了事。

皇权当时也没有被神化，皇帝还是被看作是普通人。例如司马迁在《史记》中记载了荆轲刺秦王的故事，还曾描写道，刘邦和项羽看到秦始皇巡游时的宏伟场面，刘邦说，真是太雄伟了，大丈夫一生就应该这样。而项羽说，我可以取而代之。后来，陈胜在大泽乡起义时，曾说，王侯将相，宁有种乎？这些都证明，皇权受命于天的思想当时受到质疑。加之秦始皇横征暴敛和残酷屠杀的暴政，使当时的民众对皇权产生了极度的恐惧和反感，并进行强烈的反抗，所以，恢复西周时期的分封自治制度，并在此基础上，建立民主政治，实现文明的创新，在当时也不是没有可能的。

那么，为什么经过秦末农民大革命之后，分封制没有得到恢复，却反而让中央集权制度在后世逐步得到巩固呢？从今天的观点看来，主要的原因有以下几点：

第一，秦朝末年的农民大革命所导致的直接后果，就是在人民中培育了强烈的反革命情绪，他们对秦朝暴政的仇恨和革命热情，在秦末的大革命中完全被化解了。这种强烈的反革命情绪导致他们对和平的极度渴望，对生活稳定的殷切期盼，在这样的心态下，中国人终于放弃了对分封制度的追求，接受了皇权专制的事实。这就是中国"革命产生暴君，暴君产生革命"的改朝换代逻辑。

革命和战争是暴力的行为，它造成的直接后果，是生灵涂炭，民不聊生，血流成河，人民的生命财产遭到了空前的摧残。秦末农民大革命，是中国当时有史以来最大的社会动乱。在此之前，只发生过两次改朝换代的全国性战争：一次是商汤推翻夏桀的战争，一次是周武王推翻商纣的战争。但这两次战争，第一是时间很短，规模不大，对人民的生活没有大的影响，第二是汤武都是具有开明的政治理念的人，特别是周武王夺取政权后，迅速改变了商朝重死人不重活人的观念，把对活人的尊重放到首位，因此才有了西周分封自治制度的产生。

但秦末战争就不同了，它不是六国贵族复辟分封制度的运动，而首先是一场由被压迫的农民反抗秦朝暴政的革命战争，秦朝推翻后，发生的楚汉战争则完全是项羽和刘邦为争夺国家统治权而进行的战争。这场战争耗时 8 年之久，时间之长，规模之大，对平民屠杀之多，都是惊人的。而且这场战争是一群没有文化的农民干的，他们没有开明的先进的政治理念，开始是反抗官府，后来以争权夺利为目标，是一场空前的浩劫。历史记载，经过秦末社会的大革命，到汉朝初年，全国人口锐减，老百姓连树皮、草根都吃光了，以致"人相食，死者过半"，十室九空。当时物价飞涨，一担米卖到一万钱，连刘邦所乘坐的马车，也配不齐四匹一样颜色的马，将相们只能坐牛车上班，整个社会一片残破凄凉的景象。战国时，中国人口达 2000 万人，到汉初，只有 1000 万人左右，减少了一半。

在生存都没有保障的情况下，中国人民在反抗秦朝暴政中迸发出来的巨大的革命热情，迅速地消失了。革命没有给他们带来任何好处，带来的只是杀戮和极度贫穷。对一个快要被饿死或者快要被杀死的人来说，他需要的不是民主和自由，而是食物和安全。所以他们在对生存和社会安定的强烈渴求中，对秦末农民革命极度厌恶，产生了强烈的反对情绪。

他们意识到，一个强盗来抢劫，总比许多强盗来抢劫要好。宁为太平犬，不当动乱人，虽然没有个人的自由，但总还是有一口饭吃，能够活命。长期的军阀战争，搞得他们流离失所，家破人亡，不堪忍受，不如接受皇帝一个人统治好。而春秋战国时的六国贵族此时也没有能力反抗了。还有那些儒家的知识分子，此时也开始依附强权，谋取个人的前途，不想反抗了。因此皇帝专制制度在西汉初年的巩固，是在社会各个阶层人士的共同妥协下实现的。人民群众这种强烈的反革命情绪，是刘邦能够建立皇帝专制制度的社会基础，起码刘邦让社会安定了，不再打仗了，人民可以安心生产了。可见，人民中的反革命思潮使刘邦改朝换代、皇权专制得以实现。

第二，项羽的错误导致了社会的动乱，让刘邦阴谋得逞。

项羽不是一个具有皇帝专制思想的人。他领导秦末农民战争推翻秦朝之后，就顺应民心，实行了分封自治制度，从而废除了皇权，改变了中央集权的社会结构。当然项羽也可以不消灭秦朝，而是在保留子婴皇位的前提下，弱化皇帝的权力，然后建立联邦式的国家。但是由于秦朝的罪恶实在太大，难以得到民众的谅解，所以当时消灭秦朝是大势所趋。

但是，项羽在分封诸侯的同时，却发生了严重的错误，这就是他没有取消诸侯的军权，没有改变诸侯军政合一的宗法世袭制度，没有建立地方政权的执政官由百姓选举和权力制衡的机制。也就是说，他只是单纯的复古，没有对国家的政治进行新的制度设计，没有建立起公平的政治竞争和市场竞争的机制。历史的悲剧因此产生。

当时，中国的文明发展，正处在十字路口。它既可以向民主制度转变，也可以向专制制度转变。因为那时中国人还没有被皇权奴化，还具有蓬勃向上的精神和独立思考的能力，还关心国家政治，还有反抗的意志。所以，皇权在当时还没有社会基础和思想基础，还不能为人民所接受。当时的人们普遍还是相信，只有分封制度才符合人心。因为分封制度是一种地方自治制度，是一种比较符合人性的制度，是中国人当时比较能够接受的一种制度。在分封自治制度下面，有人才、贸易和学术的竞争，有言论、思想、迁徙的自由，有私有财产的权利，人们还有机会来选择自己居住的国家，有机会发挥自己的才能，自己的命运还可以由自己来掌握。如果项羽是一个杰出的政治家，具有超越时代的政治眼光，他就可以在分封制的基础上进行改革，而代之以新的政治模式，从而扭转中国走向皇帝集权专制的历史车轮，而带给中华民族一个崭新的社会。

可惜项羽不是政治家，他没有现成的民主、共和政治的设计可以模仿，在秦朝灭亡、除旧布新的历史关头，为了顺应民意，尽快让国家恢复秩序，他只能按照西周社会的政治模式来设计他的国家。但他没有剥夺掉这些诸侯王的军权，反而容忍这些诸侯王发展军事势力，这就对社会的稳定造成致命的威胁。加上他本人在用人上的错误，使很多有才能的人投向了刘邦，使他对诸侯王控制的能力越来越弱。结果，不但文明没有进步，社会没有稳定，经济没有发展，反而诸侯坐大，军阀混战，战火再度燃起，天下再次大乱。项羽的政治实践失败了，并因此而背上了千古骂名。历史证明，在中国这个迷信"一山不能藏二虎"和"天无二日、民无二主"思想的国家，暴力革命，特别是农民革命，根本没有产生民主、共和制度的可能性，而只能导致专制的产生或者让社会陷于动乱。

第三，冷水煮青蛙现象。

　　皇权之所以能够最终在中国巩固下来，是经历了一个漫长的过程。就像你把一只青蛙放到滚烫的开水里，这只青蛙就会迅速跳出水面，逃出险境。但如果你把一只青蛙放到冷水里，这只青蛙就会没有警惕，而在锅里嬉戏。然后你慢慢将水加温，这只青蛙也会慢慢适应水温的上升，不会意识到面临的危险。等到水温上升到青蛙受不了的时候，它开始意识到自己面临的危险，可是这时候它已经没有跳出铁锅的力量了。这只青蛙就这样被煮死了。

　　秦朝废除封建制度而实行皇帝专制的中央集权的郡县制度，是以雷厉风行的手段进行的，十分残忍，就像把一只青蛙丢到开水滚烫的铁锅里，人民迅速意识到它的危险而将其推翻。可是刘邦却是把人民丢到装着冷水的铁锅慢慢煮，慢慢加热，人民没有意识到它的危险，慢慢适应了水温的上升。等到人民意识到它的危险时，却已经没有能力跳出这个专制的铁锅了。专制的开水终于把人民煮死了。

　　刘邦比秦始皇聪明之处，就在于他实行的是"郡国并行"制。也就是一个国家，两种制度，一部分地方实行了中央集权的郡县制，而另一部分地方实行分封制。对他自己能够直接控制的地方，就实行郡县制，派官管理。对那些在战争中有功的大臣，如韩信、彭越、英布等人，就封他们为诸侯王，以消除对立情绪，稳定社会。可是等到自己的地位稳固后，刘邦又迅速地诛杀了这些诸侯王，然后再封自己的刘姓子弟为诸侯王。

　　刘邦就是用这样稳步推进的措施，逐步实现自己专制的目的，又不至于违反民意，造成社会动乱。后来，到了景帝、武帝时期，又慢慢削去同姓诸侯王的封地，逐步实现了中央集权的目的。到了这时，已经过去了几代人，人民对分封制度已经逐渐淡忘了，没有什么印象了，已经逐步适应了中央集权的郡县制度下的生活方式了。加上汉武帝的刑法非常严厉，军权高度集中，人民虽然有很多不满，但是也没有到无法生存的地步，还没有发展到对这个社会进行拼命反抗的程度，使得这个专制制度能够巩固下来。

汉唐皇权强化的主要措施

　　皇帝专制的中央集权制度在汉、唐时期，得到巩固和强化，成为此后中国历朝历代的政治制度，是有其深刻的历史原因的。其中除了人民的心理逐步接受了这种政治制度之外，统治者有意加强这种制度是主要原因。归纳起来，统治者加强皇权统治的措施有以下几种：

第一，为皇权专制寻找合法性。

皇权就是强权，它适应皇帝无限扩张权力和征服他人的欲望，所以历代的皇帝一上台，第一件事就是强化皇权。但是按照现代文明的观点，执政的合法性来自公民的授权。这种授权是通过公民选举的方式来实现。但皇权的强化和继承不是通过选举，而是血缘世袭。所以这种权力转移的方式不具备合法性。为了让自己的皇权取得合法性，统治者必须制造一种理论，来说明自己的皇权是合法的、神圣不可侵犯的。汉武帝"罢黜百家，独尊儒术"的政治措施，就是为强化皇权提供理论根据。

在汉武帝之前，西汉的政治理念是"无为而治"的黄老思想，并不是儒家思想。这种思想在西汉文帝、景帝期间，给社会带来繁荣，但却弱化了皇帝的权力。当时的社会现实是，在中央政府，实行的是君相分权和君相互制的政治体制，丞相权力对皇帝的权力有一定的制约，皇权与相权之间，有尖锐的矛盾。因此，强化皇权，削弱相权，成为当时皇帝的头等大事。而在地方，则实行中央集权的郡县制度，各级官吏由中央直接委派，为了得到朝廷的信任和"提拔"，各级官员相互倾轧，大批的功臣和有独立人格的知识分子被杀戮；特别是刘邦死后，吕后专权，大开杀戒，诸吕纷纷当权，朝廷一片腐败。因此，当时大批的人才，就纷纷跑到诸侯国去为诸侯国王效力，使诸侯王国的力量迅速壮大。所以，无论是君相分权和互制的中央政治体制，还是分封的地方政治体制，都对皇权具有极大的威胁。特别是分封的地方体制，对皇权威胁更大。

由于诸侯国之间的激烈竞争和政治相对开明，使大批的人才能够发挥自己的作用，所以，在与中央政权的竞争中日益显示出自己的优势。当时的吴王刘濞，大力延揽人才，积极鼓励民间发展煮盐、冶铁等工商业，国力强盛，发展下去，皇帝专制的中央集权制度就可能名存而实亡。为了强化自身的皇权，于是中央政权开始进行"削藩"。经过汉景帝、汉武帝两代皇帝的努力，诸侯王国的势力被彻底铲除，使整个西汉王朝的社会竞争完全消失，蓬勃的生机被扼杀。

　　关于削藩，长期以来史家都给予肯定和赞扬。但今天我们重新反思历史，用现代文明的观点看，削藩是不对的。其理由是：

　　一、西汉统治者不敢面对地方的竞争。

　　在中央王国与诸侯国之间以及诸侯国与诸侯国之间，有人才、贸易、文化等方面的竞争，对推动社会政治、经济、文化的发展，有积极的作用。有竞争就必然有矛盾，这是很正常的事情。中央王国要在竞争中取胜，就必须要改善自己的政治、经济环境，改善自己的形象，不然，人才、资本就会流走。而诸侯国也一样。据《汉书》记载，当时各地诸侯延揽的文学之士有数万人。这些文学之士受到各诸侯王的优待和重用。为了制止人才流失，西汉中央政府制定了"左官律"和"附益法"。左官律规定，凡擅自脱离皇室而投奔诸侯做官者，即为左官，要处以死刑。附益法规定，凡增加诸侯国财富或者收入、损害国家利益就是犯罪，要严惩。但这两条法律的制定，都没有充分的理由。如人才问题。一个社会应该允许人才自由流动。如果认为人才跑到地方上去了，就要杀别人，就要削藩，而不反思自己的毛病，那就等于说，一个人生了病，不但不去治病，反而要砍医生的头。这显然是用强权压制竞争。《汉书》记载，淮南王刘安和衡山王刘赐被告谋反，汉武帝进行严厉镇压，被牵连杀头的文学之士达几万人，使这么多无辜的知识分子死于非命。而所谓的"谋反"，是一切专制暴君镇压臣下的最好理由。因为在严刑拷打之下，任何谋反的证据都可以找到，要多少就可以有多少。

　　二、西汉统治者不遵守游戏规则。

　　刘邦有流氓、无赖习气，他开始分封韩信、彭越、英布等功臣为异姓诸侯。别人屁股还没有坐热，刘邦就把别人捉来砍头，还诬告别人谋反。像韩信这样的人，统帅百万大军时不反，怎么会在交了军队后造反？杀了韩信等人后，刘邦又分封同姓诸侯，还杀白马盟誓说："非刘氏而王者，天下共诛之。"既然实行郡国并行制，那么，就是国家的基本政治制度，就应该坚持实行，而不应该出尔反尔，随便改变国家基本的政治制度。如果这个制度不完善，可以完善，如把诸侯国分小，不至于对中央造成武力威胁，但不能随意取消。所以说西汉统治者不遵守游戏规则和国家的基本法律。"七国之乱"的发生是被逼出来的。吴王刘濞是在晁错削了楚王东海郡、赵王常山郡、胶西王6县后即将祸及自身时，被迫起兵反抗的。因为西汉统治者违反法律在先，而刘濞反抗在后，所以刘濞的反抗是维护国家法制，而不是造反。至于刘濞后来要当皇帝，那是他被胜利冲昏了头脑、野心膨胀的结果，没有证据证明他在削藩前就要篡夺皇位。

三、削藩强化了皇帝专制，取消了对皇权的制约。

刘邦分封诸侯，是吸取了"秦孤立而亡"的教训，所以分封自己的子弟为王，用以藩屏汉室，并不是为了建立一个皇帝与诸侯互相制约的体制。但是在客观上，起到了制约皇权的作用。西汉诸侯国没有兵权，但在人事、财政等方面有自治之权，使皇帝与诸侯之间，有某种制衡的关系，使皇权不能无限扩张。所以吕后专权，不敢改刘氏天下为吕氏天下，就是因为有诸侯王的存在。同时，文帝、景帝时期，国家政治还比较正常。自从诸侯国被消灭以后，西汉政治迅速败坏，汉武帝权力日益膨胀，社会日益黑暗。他穷兵黩武，滥杀无辜，奢侈腐败，滥用酷刑，以至于奸臣当道，一主昏暴而天下同祸，国家经济几近于崩溃。特别是几次巫蛊大案，牵连了大量无辜的人，每次杀人都在数万以上，对人权是严重的侵犯。汉武帝以言治罪，甚至还发明腹非罪。《汉书》记载，武帝因常年征战财力匮乏，要改革币制。大司农颜异对此有异议，但他的意见不被采纳。回到家中，有客人询问此事，颜异虽然未用言语回答，但有"微反唇"的反映。事后，御史大夫张汤以其身为"九卿，见令不便，不入言而腹非，论死。自是后有腹非之法比"。以言治罪还不够，没有言语只有表情也算犯罪。西汉在汉武帝后很快走向腐败，与地方自治制度的取消有很大关系。

诸侯国被铲除之后，汉武帝逐步对相权进行控制。为了达到这个目的，汉武帝就必须从思想上树立皇帝的权威，也就是要解决皇权专制的合法性问题。于是，董仲舒"罢黜百家，独尊儒术"的主张应运而生，并为汉武帝所采纳。儒家思想从此成为中国古代社会的唯一的正统。但是，儒家思想中并没有皇权"受命于天"的理论。不管是孔子，还是孟子的思想中，都找不到"天人合一"的理论和"君权神授"的思想，来证明皇帝是上天之子，是奉上天的命令来管理万民的。相反，儒家主张"民贵君轻"，孟子说："民为贵，社稷次之，君为轻。"显然，董仲舒的"皇权受命于天"的思想，并不是儒家的思想，"罢黜百家，独尊儒术"实际上是挂羊头卖狗肉的骗人把戏，被尊为正统的儒家学说已经被阉割。事实上，董仲舒的这一套，来自当时巫师、方士的"受命说"和"天人感应"的谶纬神说和迷信思想，他甚至还提出了"天不变，道亦不变"的理论，以此来证明皇权专制的合法性，愚弄人民。

皇权受命于天的思想虽然对皇帝的无法无天的行为有所警示，如地震、洪水等等灾害的发生，往往被认为是皇帝无道的结果，是上天的惩罚，皇帝因此就会反省自己的行为，多施仁政。但是，这种理论的确立，却开创了皇权专制与谶纬迷信学说相互结合的思想格局，它给皇帝专制提供了合理合法的神灵光环，使人民拜倒在皇权的脚下，从根本上巩固皇帝专制制度。从那时起，皇帝专制思想就这样在中国生根了。从此以后，中国人的学术自由、思想自由和独立人格，被扼杀殆尽，百家争鸣变成了一家独尊，被阉割了反抗精神的儒家思想，从此成为统治者愚弄人民、奴役人民、压迫人民的最有力的思想武器。

这一事件，对强化和稳定皇帝专制制度和严格的等级秩序，是具有决定性意义的。因为这样一来，皇帝专制的、宗法世袭的中央集权制度和大一统的社会形态，就不仅仅是用强权来维持，更重要的得到了思想上和舆论上的支持，变成合理合法的了。而谁要是提出地方自治和民主政治的要求，对皇权提出批评，不但要被人认为是有违天理，甚至认为是大逆不道的谋反行为。中国人从此以后就被奴化了。愚忠愚孝成为了一种高尚行为，成为通行于社会之中的道德伦理规范，甚至成为了国家的法令和普遍的行为准则。

第二，科举制度的实行。

皇帝专制的中央集权制度的最大弊端，就是官僚系统的腐败。一方面，各级官吏是皇帝统治的基础；没有各级官吏，皇帝的命令无法得到实施。但另一方面，各级官吏的腐败，却严重地动摇着皇帝统治的基础，制造着社会动乱的因素，使皇帝的统治随时可能瓦解。为了建立一套廉洁高效的官僚体系，各个朝代一方面加强对各级官员的监察，另一方面不断改革吏制，以便巩固自己的统治基础。其中科举选官制度的建立是重要的措施。

中国的选官制度，在春秋之前，是"世卿世禄"制度。这个制度在战国时遭到废除，取而代之的是以农耕和战争的功劳或者以知识、才能来授予官职。其中秦朝官吏，多出于军功。西汉建立后，实行察举和征辟两种选官制度。察举就是从下往上推荐人才做官的制度；征辟就是皇帝自上而下选拔人才做官。到了魏晋南北朝时期，朝廷选拔官吏是采取九品中正制度。这个制度以忠孝为标准，由地方官员和地方有名望的人对知识分子进行考察，然后把那些品德优秀者推荐到朝廷做官，也就是所谓的"举孝廉"。这种荐官制度在开始实行的时候，是有一定效果的，也选拔了一些优秀的人才。如写《陈情表》的李密，就是被选拔的对象之一。但是由于这种荐官制度，采取的不是公开由民众选举的形式，而是由地方长官和贵族来推荐，没有公平的竞争，发展到后来，由于各个利益集团的相互勾结和争夺，造成了魏晋南北朝"上品无寒门，下品无世族"的世族门阀垄断权力的局面，使那些不学无术的花花公子、欺世盗名的伪君子以及狼心狗肺之徒，依靠家庭门第和各种关系，纷纷进入官场。就像诸葛亮当年痛骂王朗时说的那样："庙堂之上，朽木为官，殿陛之间，禽兽食禄；狼心狗肺之辈滚滚当道，奴颜婢膝之徒纷纷秉政。"他们贪污腐化，欺压人民，使国家的政治变得一团漆黑。

但世族门阀却对皇权也有一定的制约作用，不利于皇权的绝对统治。在这些贵族统治的地方，皇帝的命令很难得到实施，形成了所谓的"国中之国"。这些门阀世家，从来不关心国家的命运，也不把皇帝放在眼里，他们只关心自己的门第，这是他们世代享受尊荣的本钱。这是一个极为腐朽的寄生集团。所以唐朝皇帝李世民后来坚决地废除了这种制度，而实行了由隋朝开创的科举考试的制度，使那些社会底层的知识分子，能够通过考试，有机会成为国家的执政者，发挥自己的才能，把国家政权向普通人民开放。

科举考试是一种较为公平的政治制度设计。这种设计是社会的一大进步，也是世界上最为奇妙、最为特殊的一种选拔官吏的制度。它的优越性就在于，任何人都有竞争的机会，机会是均等的，只要你有才华，就可以通过科举考试，而走向国家权力的高峰。而国家可以通过考试和考察，选拔出德才兼备的优秀人才，然后再派他们到地方上去做官，皇帝通过他们来管理国家。

由于很多来自民间的知识分子进入中央和地方政权，使唐朝社会出现了新的气象。从那以后，在中国的农村，就开始形成了耕读传家的历史传统。而且，从唐朝科举制度实行以后，中国世袭门阀贵族就失去了存在的社会基础。因为进入官场不再依靠门第，而是通过考试，没有才能的贵族子弟就逐步被排斥在官场之外。当然其中仍有一部分权贵子弟可以通过恩荫和捐钱得到贵族的地位，但毕竟已不是社会的主流，而且要世代相传，也并不容易。唐朝刘禹锡曾写诗感叹道："朱雀桥边野草花，乌衣巷口夕阳斜。旧时王谢堂前燕，飞入寻常百姓家"。在唐朝，门阀世族并没有产生。李林甫为相多年，一旦下台，他的子孙也不能继承他的地位。杨国忠依靠杨贵妃得到宰相的高位，一时权倾朝野，但杨贵妃死后，杨家就彻底衰落了。

　　门阀世族的衰落，对社会的进步是有益的，但也因此丧失了一支对皇权进行制约的强大力量。从长远的影响看，科举制度带来的严重后果也是不容低估的。在政治上，它是皇帝专制制度日趋成熟的标志。因为知识分子可以通过读书、考试达到做官的目的，找到政治上的出路，实现飞黄腾达的梦想，既无需通过造反获得政治地位，也无须依靠家庭门第的荫蔽登上政坛，更无需巨大的财产才可以做官，而且一旦考上进士、便为天子门生。所以，他们对皇帝充满感激之情，其对皇帝的崇拜和忠诚，对专制的官僚制度的维护，就达到了神圣不可侵犯的地步，"忠君保民"就成为了古代知识分子的最高道德标准。这些知识分子出身的官员，一方面执行着皇帝的命令，维持着大一统的社会局面，一方面严格地管理着地方，对老百姓进行控制。

　　科举制度为皇帝笼络和控制知识分子创造了最重要的前提。而皇帝则依靠这些通过科举考试选拔出来的官员，来实现对人民的统治，维持国家机器的正常运转。于是，皇帝与知识分子之间，就以科举制度为纽带，而紧紧地联系起来，结成了利益共同体，以皇帝为最高统治者的官僚制度就因此完全的稳固了。从此，知识分子就不再反对皇帝专制，不再对皇权产生怀疑。他们忠心耿耿地把皇帝的命令贯彻到社会的最底层，并把一盘散沙似的小农经济组成一个联系紧密的社会，使大一统的目标得到完全的实现。

　　应该说，唐朝实行的科举制度，从程序上来说，是一种先进的选拔官吏的制度，因为它是公平竞争的行为。现代西方的文官制度就是采取考试的方式来进行选拔的。但是，它又是一种落后的东西，它落后就落后在考试的内容上，完全以儒家学说为考试内容。在唐朝的时候，考中进士的人，都是一些儒家文人，诗写得好，文章写得好，字写得好，可是他们不懂法律，没有现代司法程序的常识，没有宪政知识，不懂得司法公正对于限制国家权力、保护人民生命财产神圣不可侵犯的重要性，判案的随意性和酷刑的滥用，使国家的权力无限扩大。而且，他们也不懂经济，不懂科学技术，不懂得发展工商业对于国家文明进步的决定意义，没有自由和人权意识，所以，他们就成了皇帝绝对专制的中央集权制度的稳固基础。

中国的皇帝专制制度之所以后来一直没有出现根本的革新，科举制度的实行是其最重要的原因之一。

"两耳不闻窗外事，一心只读圣贤书"。知识分子是一个社会最具有自由思想的人，当这批人都不再对皇权专制制度产生怀疑时，社会的前途就可想而知了。科举制度统治中国一千三百年。通过这样的制度，皇帝严格地控制了知识分子，从而强化了皇帝专制的中央集权制度。

第三，各种典章礼仪制度强化了等级秩序。

在刘邦之前的历代君王，包括秦始皇在内，都没有大臣向君主跪拜之礼，君臣相见时的礼仪，只是打躬作揖，君臣说话时，都是坐着说话，有时候还围坐在一起喝酒聊天，争论问题，形式上是平等的。

刘邦当了皇帝以后，开始也是这样的礼仪。他是农民出身，开始对儒家繁琐的礼仪也是很讨厌的。儒生郦食其去拜见他，他态度很冷淡，他还把儒生的古怪的帽子摘下来，当众往里面撒尿。他当了皇帝以后，开始君臣之间也是比较随便的，有时候大家一起喝酒喝醉了，有的大臣和将军还当着刘邦的面骂娘打架，甚至还对着皇宫的柱子撒尿。这当然是很粗野的，刘邦起先还可以容忍，可是时间长了，刘邦就觉得这简直不成体统。为了显示自已有超越秦始皇的威严，刘邦在儒家文人叔孙通等人的唆使下，一改过去蔑视儒家繁琐礼仪和与大臣、将军们平等相处的态度，而导演了一场君臣朝仪的闹剧。

那天早晨，经过叔孙通等一百多位儒生精心策划的闹剧开场了：在新落成的长乐宫中，大臣和将军们按照自己的官职大小，一排排跪在地上，脑袋朝下沾地，屁股朝天，大气也不敢出，宫殿上沉静肃穆。随着"皇帝驾到"的一声声传令传来，只见刘邦坐在特制的"辇车"里，由宦官拉动，缓缓出现在金銮宝殿之上，两厢禁军森严，顿时，"皇帝万岁、万岁、万万岁"的喊声震动屋宇，其庄严肃杀令人人惊恐。人人都只能屁股朝天，从地面上仰视尊贵的皇帝，这是一种世界上最为丑陋猥琐的姿势。刘邦在龙椅上坐定之后，才慢慢喊道："众卿平身"，大臣和将军们这时才能在"谢皇上"的答声中站起来。

　　刘邦和儒家就是要用这种朝仪来显示皇帝的尊贵和臣下的卑贱，以此来对中国人进行精神奴役。如果哪位臣下动作不合要求，就有可能犯了"失仪"之罪，轻则可能被罢官，重则可能被杀头。从此以后，满朝文武都战战兢兢，再也没有人敢与皇帝平等相处了。一场宴会下来，刘邦喜笑颜开，说道："天哪！我今天终于体会到了当皇帝的威严！"他立即提拔叔孙通担任九卿之一的奉常（祭祀部长），赏黄金五百斤，叔孙通的门徒们也都一一升官。

　　一度对前途绝望了的儒家信徒们，终于迎来了"山穷水尽疑无路，柳暗花明又一村"的命运转折点，从这时起，儒家改变了长期被冷落的处境，开始真正走上了中国的政治舞台。在孔孟时代一度对君主暴政具有某些批判精神的儒家学说，到此时，已经完全堕落成为皇帝的御用工具，儒家信徒也开始堕落成为皇帝的奴才。

　　从刘邦开始，不仅皇帝的话成了圣旨，而且，人们见皇帝的面还要下跪，三叩九拜，甚至连接圣旨也要下跪。皇帝此时已完全成为了至高无上的圣物，不仅跟他的人民，就是跟他最尊贵的大臣，也隔开了很远的距离。春秋战国时代那种君与臣甚至与百姓之间的亲密相处的景象，再也看不到了。皇权从此日益膨胀，可以无法无天。中国的帝王政体，遂走进了一个永远看不到光明的黑洞，坠落于无底的深渊。

　　强化各种礼仪和等级秩序，对中国人思想上的奴役，在唐朝之前是多方面的。例如建筑，朝廷规定了严格的高度和规模，如果谁的房子在高度和规模上超过了皇宫的建筑，将有谋反的嫌疑。在衣服的穿着上，颜色和花纹也有严格的规定，不得违反。文人在写文章时，对皇帝的名字必须避讳，如果是同一个字，就必须要用另外一个字代替。皇帝的话就是圣旨，皇帝的身体就是龙体，甚至连皇帝死了，也成为殡天。所有这些严格的规定，都神化了皇帝的权威，使中国人在潜移默化中崇拜皇权。

　　由于大一统的皇帝专制制度的确立，各种等级秩序的强化，使人和人之间的关系发生了根本的改变。在春秋战国时代，人和人之间的关系是比较正常的，也是比较平等的。如曹刿论战的故事，就体现当时社会的平等精神。特别是知识分子与君主之间的关系，基本上是一种平等合作的关系，而不是后来的统治与被统治的关系。当时的知识分子游说国君，基本上取一种合则留、不合则去的态度。孔子周游列国，宣传他的仁政主张，希望有君主采纳他的治国的政策，可是他的主张并不为各国国君采纳，于是他回到乡里创办学校，向学生讲述自己的学说，也没有哪个国君因此而怪罪孔子。后来孟子等人也是这样。

当时的大臣们对国君也是采取合则留、不合则去的态度。当国君处理问题发生错误或者自身出现腐败时，大臣们也会提出批评。如果国君虚心听取他们的意见，他们就会继续与国君合作，努力治理国家。而如果国君不听取他们的意见，他们就会离开这个国君，而到别的国家去发挥自己的才能，国君也不能加罪于大臣。所以，春秋战国时代很少有以言治罪的事情发生。大臣也没有忠于国君的义务和责任。在整个春秋战国时代，真正因为批评国君遭到杀头的人，只有伍子胥等为数很少的几个人。而吴王夫差之所以要杀伍子胥，也并不完全是因为伍子胥提了一些不同意见，而是因为夫差怀疑伍子胥有谋反的动机。

孟子、韩非子等人都认为，对国君提出批评，也就是臣子进谏是出于一种社会的责任感，而不是一种必须尽忠的责任和义务。他们认为，国君能够接受自己的批评，那么就留下，如果国君不接受自己的意见，那么就离开，这就是"道不同，不相为谋"的政治立场。孟子非常明白地说道："君有过则谏，反复之而不听，则去，"即使是对国君非常忠心，也应该"三谏而不听则去，不去则身亡，身亡者仁人所不为也"。可见，在春秋战国时代，知识分子和大臣与国君的关系只是一种朋友的关系，是平等的，合得来就在一起，合不来就分开。没有谁要对谁尽忠的责任和义务。

自从秦始皇建立大一统的君主专制制度之后，特别是汉朝建立了严格的等级秩序之后，这种君臣在人格上的平等关系也不再存在了。由于臣下失去了选择君主的自由，失去了"合则留，不合则去"的现实基础，失去了人格独立的基本条件，所以，臣下不得不屈从于皇权专制的威力。君臣关系也就由朋友和合作的关系，变成了统治与被统治的关系，变成了人身依附的关系。皇帝对臣子的人格尊严也不再尊重，对人民的言论自由也不再采取保护态度。

虽然从汉朝开始，国家建立了谏议制度，鼓励臣子对君主提出不同的意见。但在君权神授的君主专制的思想禁锢之下，这种进谏已经不再是出于一种社会的责任感，而成为了"纳诚"，即献忠心的义务，对臣下提出了"励志忘生，为君不避丧身"的政治愚忠要求。为了尽忠，臣下必然冒着被杀头的危险，来向皇帝提出自己的意见。就是被砍了头，也要心甘情愿，并视为自己的一种光荣。批评已经不再是一种舆论监督的方式，不再是制约权力的武器，而成为了一种向皇帝表忠心的手段。特别是唐太宗李世民虚心纳谏和魏徵勇于直谏的事迹，成了后来历代君臣关系的典范，所以，君臣之间的关系也就再也不可能具有平等的意义了。皇权也就在无形之中更加强化了。

君相分权互制政治设计的严重缺陷

从秦始皇建立大一统的中央集权制度到唐朝灭亡，是中国皇帝专制制度逐步强化、完善的时期。强化皇权的措施，前面我们作了分析，在这里，我们着重要来分析对皇权的监督和制约。

秦始皇在设计皇帝至高无上的权力的同时，也进行了对皇权监督和制约的政治设计，这就是三公九卿的政治制度，即君相分权和君相互制的政治设计。三公，就是丞相、太尉和御史大夫。丞相是最高行政长官，太尉管军事，御史大夫管监察，既协助丞相监察全国官吏，也对皇帝提出批评。而皇帝则是国家元首，是国家的象征。

从表面上来看，三公九卿制度很像今天西方的君主立宪制度。皇室与政府是分开的，皇帝只是国家的象征，实际的政权在政府而不在皇室，皇室的财政与政府的财政也是分开的。皇帝只是国家统一的象征，除了决定国家大政方针、任命宰相及九卿以上的官员和掌控军队外，并不具体管理国家事务。国家事务由宰相处理。政府决定了的事情，由皇帝盖上大印，由政府颁布实施。如果皇帝不同意政府的决定，可以驳回由政府重新研究决定。而丞相是政府的领袖，在政治上实际负责，如任命或者罢免九卿以下官员，处理国家事务，决定国家的政策等等，很像今天君主立宪制度下的内阁首相。皇帝的命令必须由丞相同意，由丞相副署才能有效，政府才可以实施。如果丞相不同意皇帝的决定，可以驳回皇帝的命令，不进行副署。这就是皇权制度下的君相分权和君相互制制度的政治设计。这就是中央集权的政治制度，并不是皇帝专制独裁的极权统治。

这样的一种政治设计，也很像现代的一个有限责任公司，皇帝是董事长、法人代表，是公司财产的所有者，主要负责召开股东会议和董事会议，作出重大投资决策，任命总经理，等等，而具体经营则由总经理负责。董事长并不直接经营，他的决策必须由总经理来进行实施。而总经理负责经营，负责处理公司的一切具体事务，一般的财务开支和人事任免总经理可以决定，重大的问题则要呈报董事长批准。董事长还要对总经理进行监督和制约。

这种君相分权和君相互制的政治体制，对于限制皇权的滥用，防止专制独裁行为的发生，是有其积极作用的。但秦朝两代皇帝都没有认真实行这个制度，而是实行皇帝极端专制独裁的君主专制制度，这是导致秦朝迅速灭亡的主要原因。这个制度真正得以有效地实行，是从汉文帝开始的。由于汉文帝能够继承皇帝位，是由大臣们共同推选的，本人没有什么势力，所以他受到了大臣们较多的制约，因而使君相分权制度得到推行。

据《汉书》等史书的记载，汉代丞相有独立于天子朝廷之外的机关，称之为"相国府"，丞相负责处理一切日常行政事务，无需上闻天子。国家遇到大事，皇帝要亲自到丞相府，与丞相商议后再作决定。从丞相方面来说，每遇重大决策，丞相则先与诸大臣商议，然后再由丞相领衔奏请天子定夺。而天子所定之事如果丞相坚决反对，天子也只能收回成命。

有一个故事说，汉文帝的心爱的弄臣邓通，有一次在朝廷上对丞相申屠嘉无礼。申屠嘉就要加罪于邓通，并以"大不敬"之罪斩其首级。而汉文帝对丞相的要求无法拒绝，只好首先要求私下处分，遭到申屠嘉拒绝后，不得不同意邓通到丞相府请罪，邓通向申屠嘉磕头请求原谅，头都磕出血了，也没有得到申屠嘉的原谅。汉文帝最后派使臣持以代表皇权信物的符节去招邓通，并以"此吾弄臣，君释之"的借口向申屠嘉求情，申屠嘉才罢休。可见皇权在汉文帝时期，并没有到达为所欲为的地步。

在西汉早期，丞相拥有较大的人事任免权。汉制规定，俸禄在四百石以下的官员，由丞相自主任用。四百石以上的官员，丞相的意见也受到充分的尊重。如汉景帝时期，窦太后欲封王皇后之兄王信为侯，汉景帝对此也不能单独做主，必须与丞相商议。丞相周亚夫认为王信不符合汉高祖刘邦制定的"非刘姓不得王，非有功不得侯"的规定而加以拒绝，汉景帝也没有办法，只能"默然而沮"。像这样的事情，西汉早期，还有不少。

君相分权和互制的制度，发展到唐朝，有了一些变化。如果说汉朝的宰相是领袖制的话，那么，唐朝的宰相就是委员制。也就是说，汉朝的宰相是一个人，而唐朝的宰相是几个人。唐朝的中书、门下两省的长官都是宰相。他们各司其职。每逢遇到国家大事，这些宰相就事先进行研究讨论，然后把讨论的结果呈报皇帝批准施行。

正是因为有了君相分权和君相互制的政治设计，所以能够比较好地发挥了丞相在治国中的作用，防止了皇帝的过分专制独裁，使西汉和唐朝早期的政治较为清明，经济、文化等都发展很快。但是这种统治者内部的权力制衡机制，也有着难以克服的缺陷，这就是人治的因素不可能得到完全的消除。当皇帝比较开明的时候，可能比较尊重宰相的权力，如汉文帝和唐太宗李世民就是这样。但如果皇帝不开明，那么，就可能与宰相产生尖锐的矛盾，而想办法削弱宰相的权力。所以，后来到了汉武帝时期，宰相的权力就大大削弱了。汉武帝直接向宰相以下的九卿发出命令，把丞相晾在一边。汉武帝临死时，派霍光做大司马大将军辅政，把丞相置于无权的地位。这就破坏了君相分权制度。后来王莽也是以大司马大将军的身份来辅政的，而政府的最高领袖宰相却退居次要的地位。君相分权制度的破坏，使君相互制的政治体制名存实亡。由此可以看到，在皇帝专制的政体之下，君相分权和互制的政治体制的基础是极其脆弱的，因为这完全取决于皇帝个人的道德行为。

汉武帝之所以要破坏君相分权的体制，是因为丞相的权力已经妨碍到了皇权无限扩张的需要。这与皇权的本质是违背的。皇权制度的本质就在于：皇帝是世袭的，君权是神授的，是至高无上、神圣不可动摇的，而丞相是由皇帝来任命的。皇帝不仅可以决定丞相政治上的升降荣辱，而且可以决定丞相的生死。皇帝不仅可以罢免丞相，而且可以杀掉丞相的脑袋。所以，丞相必须无条件地服从皇帝的命令，不可能对皇帝进行有效的制约。这是君相分权和君相互制的前提。

所以在皇权专制制度之下，君相分权和君相互制的制度与皇权的强化产生了尖锐的不可克服的矛盾。其结果必然是限制相权甚至是取消相权。在中国古代，没有任何一条法律，规定皇帝如果侵犯了相权，将要受到罢免而下台；也没有任何法律来保障丞相的权力不受皇帝的侵犯。一个比较开明的皇帝，可能比较虚心听取丞相的意见，尊重丞相的权力。但如果皇帝不开明，那么，就可以完全不尊重丞相的权力，让丞相成为一个办事员。由于丞相的权力不能得到法律的保障，所以他们最大的反抗，除了以死抗争之外，就是请求辞职，不可能罢免皇帝。

而且在实际的施政过程中，皇帝是自始至终参与的。皇帝每天上朝，每天批阅大量的奏折，事无巨细，都要亲自处理，所以皇帝并不仅仅是国家的象征，而是实际上的国家管理者和政府的首脑，用现代汉语来说，就是董事长兼任总经理。而宰相一般也只是向皇帝提出意见，供皇帝选择和参考，最后的决定还是由皇帝拍板。在这样的情况下，宰相只是起到一个参谋长和办事员的作用，不可能成为政府的领袖。宰相与皇帝之间，并没有处在一个平等的地位。宰相见了皇帝还需要下跪称臣。所以，皇帝与宰相以及御史大夫之间的关系，并不是互相制约的关系，而是领导与被领导、统治与被统治的关系。宰相不服从皇帝的命令，往往要付出生命的代价，而且即使这样，也不可能阻止皇帝命令的执行。

君相分权和互制的制度与君主立宪制度相比，有着本质的区别。在君主立宪制度之下，代表政府的首相，是由民众选举产生的。皇帝没有权力任命或者罢免首相。首相的权力得到宪法的有力保护。而在中国古代的皇帝专制制度之下，宰相是由皇帝任免的，宰相的权力没有得到法律的保护。当宰相的权力受到侵害时，宰相不可能用法律来保护自己的权力不受到侵犯。而且，在君主立宪制度之下，首相的权力并不是无限的，而是有限的，除了首相行使行政权之外，还有国会、法院行使立法权和司法权，加上新闻、出版自由以及独立检察官制度和陪审团制度等等，整个社会对权力的制约是非常有力的。任何人要想实行独裁和专制是做不到的。

"文景之治"和"贞观之治"社会的特点，是专制制度与仁政的结合。这与秦始皇的专制制度与暴政结合的社会是不一样的。但是，专制制度与暴政有逻辑上的联系，而专制制度与仁政没有逻辑上的联系。实行仁政的皇帝需要高尚的道德，但皇权世袭和专制制度不能保证皇帝具有高尚的道德。因为没有受到制约的权力就会导致腐败，绝对的权力就会导致绝对的腐败。因此，中国古代的君相分权和君相互制的政治设计是不科学的，是一种有严重缺陷的政治结构的设计。它最大的缺陷就在于没有对皇权进行有效制约的制度设计。所以，这种君相分权和君相互制的政治设计，不是法治的设计，而是人治的设计。它不能保证中国的政治始终沿着健康有序的轨道运行。这是汉朝和唐朝后来黑暗政治和官场腐败得以发生的根本原因之一。后来到了明清两个朝代，就干脆取消了宰相制度，由皇帝独掌大权，使皇权专制达到顶峰，也从而导致了中国社会的腐朽和黑暗。

　　在这里要指出的是，我们要反对的是皇帝专制制度，而不是反对皇帝本身，就像我们要赞同民主制度下的总统制度，而不是赞同专制制度下的总统制度一样。是皇帝还是总统，这本身并不重要，重要的是，是不是实行民主、共和政治，对权力进行监督和制约。例如萨达姆也是选举出来的总统，可是这样的总统与专制独裁的皇帝有什么区别呢？日本天皇也是世袭皇帝，但日本天皇却不可能实行专制统治。从这个意义上说，中国古代的皇权制度是有严重缺陷的。

地方官吏制度设计的弊端

　　秦始皇在中央建立三公九卿的政治制度的同时，也设计了地方政治制度，这就是中央集权的郡县制度。这两套制度，构成了中国古代社会大一统的专制政治制度。特别是中央集权的郡县制度，是皇帝专制统治的基础，但其政治设计却有严重的弊端。

　　郡县制的基本运作程序是，全国在中央政府之下，设立郡、县两级政府，郡的长官是太守，县的长官是县令。太守和县令由皇帝任命，代表国家管理地方事务，执行皇帝的命令、为国家征税、维持地方治安、救济地方难民、开展地方建设、审理地方案件、为皇帝选美、征集劳役，等等。为了有效地监督地方的官员，中央政府还不断派人前往各地考察各级官员，奖励优秀的官员，惩治不法的官员。

　　郡县制度的实行，有其客观的原因。因为秦始皇统一中国之后，全国的面积很大，在当时交通、通讯、信息等等都不发达的情况下，要有效地维护国家的大一统和皇帝的专制统治，使皇帝的命令能够得到有效的执行，必须要有一整套的官僚制度。没有这些地方官员，皇帝的统治就没有基础。所以，郡县制的建立，是皇帝专制统治的需要，是和皇帝高度集权相一致的。有了这些地方的官员，才能把一盘散沙似的小农经济，组成一个紧密的国家，进行有效的管理，维持社会的稳定。

秦朝灭亡之后，汉朝和唐朝继承了秦朝的这套制度，并逐步发展成为一套完整而又严密的组织系统，如同一座金字塔一样，自上而下，层层控制，高度集权，形成了一张严密的统治网络，运用宗法、政治、伦理、法律的手段，将土地辽阔、情况千差万别的国家，汇集、黏合成为一个大一统的板块，从而形成了中华民族的巨大群体，并在历史上创造出了领先世界的文明，国力强盛数度成为世界之最。中国大一统的国家之所以能够存在两千多年，虽然中间曾经有过几次分裂，但最终归于统一，郡县制度的实行是发挥了历史作用的。

但是，郡县制度有其严重的弊端。过分的集权和控制，必然导致专制。正如梁启超先生在《中国专制政治进行史论》中所说："专制政治之进化，其精巧完满，举天下万国，未有吾中国若者也。万事不进而惟专制政治进焉。"从汉唐以来，中国的皇帝很大的精力就是用于完善郡县制度。从西汉选官开始，到唐朝以后的科举制度，都是围绕着完善郡县制度来进行的。特别是明清两代的八股取士，更是把对地方官吏的选拔和控制的艺术发挥到了极至。按理说，有了这么严密的选官和考察官员的制度，中国的地方官吏应该是不会发生问题的。然而，不幸的是，中国的问题恰恰就发生在地方官吏的身上。中国黑暗的政治恰恰就从郡县制度发生。不管皇帝采取什么措施，都改变不了官场腐败的局面。因此，地方政治制度的设计，就成为中国政治的核心问题。中国两千多年也没有很好地解决这个问题。

按照现代文明的要求，地方长官要由地方的民众选举产生，并不由中央政府来任命。地方的一般官员要由考试选用。地方也一样实行立法、行政、司法三权分离的原则，有新闻独立、陪审团制度等等。地方也有自己的财政。地方除了没有外交、军事等少量的权力之外，其他与中央政府没有多大区别。正是因为有了这些制度设计，才使现代民主制度实现了权力的和平转移和对腐败的有力制约，保证社会的长期稳定发展。可是中央集权的郡县制度却恰恰与此相反，地方长官由皇帝任命，并执行中央政府的一切命令。问题正好就出在这里。在这样的体制之下，地方官吏便具有了对上对下的双重身份，也决定了他们具有双重的人格，具有两副面孔：对君主他们是奴才，对百姓他们是高高在上的主子。所以，他们的为人处世就出现了不同的方式。

为了谋取个人的利益，他们对上级的命令和国家的法律政策，对自己有利的，就会认真加以执行；对自己不利的，就会采取各种不同的办法，加以抵制或者拖延，不认真执行，也就是常说的"上有政策而下有对策"。对上级官员，他们就会通过行贿、逢迎、弄虚作假、揽功诿过、吹牛拍马等等手段，取悦上司，得到上司的信任，然后通过这样的人身依附关系，在君主面前得到提拔。这样一来，官场上就出现了拉帮结派的腐败集团，一损俱损，一荣俱荣。皇帝也不可能认识和了解每一个官员，对这样的局面也无能为力。

随着各级官僚机构的日益膨胀，这种局面就会越来越严重。而这些官员，对下级，对百姓，就会不择手段，敲诈勒索，贪污受贿，无恶不作，最终造成官逼民反的结局，整个国家土崩瓦解。而真正有高尚道德、"忠君保民"的官员，数量很少，在官场的潜规则面前，他们的结局，要不就被淘汰出局，要不就是同流合污。而一旦体制内的改革不能改变这种状况时，体制外的革命就会爆发。所以，皇帝越集权，专制就越严重，腐败就越难以防止，社会就越处于危险状态。

毫无疑问，中央集权的郡县制度设计有着严重的弊端。要解决这些弊端，必须要加强对地方官吏的监督和制约。从汉朝以后，中央政府虽然采取了很多措施，但都收效甚微。这是制度设计上的缺陷，不是一个实践的问题。

尽管很多人至今仍然坚持大一统的观点，认为只有中央集权的大一统，才能维护国家的统一和长治久安，但历史事实证明，大一统的中央集权无助于中国的统一，也不可能使国家长治久安。在 1920 年至 1923 年间出版的一份刊物《太平洋》上，杨端六认为，在中国三千多年的历史中，以中央集权式统治的时间其实还不到一千年，大部分时间中国都处于分裂状态。而统治者高唱"维护统一"的高调，不过是利用中央集权的大一统思想以欺蒙愚昧的百姓，使他们产生一种虚妄的安全感。然而，每个朝代的大一统一旦登峰造极，接踵而来的便是国家的分裂。而中国的大一统王朝每每走到极致，分裂便在所难免。所以，在历史上的中国，大一统屡屡成为分裂的祸首，直到今天也依然是中国实现长治久安、和平稳定的最大隐患。

因此，要解决中国长期难以解决的分裂和动乱的问题，其核心就是要解决好中央和地方分权的问题，必须要建立在民主选举基础上的地方自治制度。在这个问题上，自秦始皇建立中央集权的郡县制度以后，两千多年都没有得到很好的解决，所以也就始终解决不了贪污腐化的问题。地方官吏没有受到有效的制约，最终使社会腐烂，走向崩溃。

汉唐的盛衰是人治的结果

在中国的历史上，西汉的"文景之治"、唐朝的"贞观之治"和"开元盛世"，是中国文明辉煌的时代。为什么在皇帝专制的中央集权制度之下，会出现这样先进、这样发达的社会呢？是必然的还是偶然的历史现象呢？

应该说，汉唐的繁荣有必然的原因，也有偶然的原因。

必然的原因主要是汉唐抛弃了秦朝的暴政，而实行了宽松的政治、经济、文化政策，即实行仁政。例如西汉建立后，就实行了"无为而治"的治国方针，改变了秦朝对人民压迫和剥夺的暴政，如减轻了人民的赋税徭役，为人民重新分配土地等等，使人民得到休养生息的机会，促进了经济、文化的发展。在政治上，皇帝比较尊重宰相的权力，同时将国家政权向全国老百姓开放。如汉朝实行地方选举制度，由全国各地的地方长官，将那些孝子和廉吏推选到中央政府，然后由中央任命这些人到各地做官。这种政策能够让普通人也有参与政权的机会。这些人当时被称为贤良。举贤良的政策，使很多有知识、品德良好的青年人充实到各级政府，这样就打破了过去贵族世袭政权和军人执政的传统，从而使国家政治能够走上健康发展的轨道。

但是汉朝选举制度也有弊端，因为负责选举的不是民众，而是地方官员和士绅，这样就使那些在地方上有权有势的人把持了选举，他们并没有为国家真正选拔人才，而是把自己的亲信好友选拔出来，这就形成了一种新的门阀士族。所以这种选举制度不是一种民主的制度，而是集权制度。由于这种制度后来暴露出太多的弊端，到了隋朝和唐朝，就建立了科举考试制度，通过考试来公平竞争。这是一种更为平等、开放的人才选拔制度，对推动政治革新发挥了巨大的作用。正是有了这样先进的制度，才使汉唐社会的各级政府能够比较好地行政，这是汉唐能够走向繁荣的重要保证。在经济方面，汉唐社会也采取了一系列宽松的政策，如重新分配土地、鼓励人民发展生产、轻徭薄赋，等等。在文化上建立太学、培养人才，等等。特别是唐朝非常开放，允许各种思想并存，从而推动了汉唐经济文化的迅速发展。应该说，汉唐社会的繁荣是与统治者开明的政策分不开的。

但是，从现代文明的角度看，汉唐的强盛又是一种偶然的现象。这是因为它没有得到社会制度的保证。皇权世袭，不能保证每一代君王都是英明的领导者，整个历史的发展，完全是靠碰运气。运气好，就可能出现一个明君，把国家治理好；运气不好，就可能出现一个昏君或者暴君，给国家带来灾难。这就是汉唐社会繁荣的偶然性。

西汉初年的繁荣，是与汉文帝的出现分不开的。但汉文帝并不是按照正常的"传长不传贤，传嫡不传庶"的皇帝世袭原则承袭皇位的。如果按照正常的皇位继承的传统，汉文帝不可能接班。当时吕后已经去世，诸吕被陈平、周勃合谋除掉了。在商议立君大事时，大臣们采取了推选的办法，通过激烈的争论，选举"以仁孝闻于天下"的代王刘恒继皇帝位。刘恒不是嫡子，他的母亲薄姬不得宠，他不可能按正常的情况登上皇帝位。但他品德高尚，加上母亲家没有势力，无力干涉朝政，所以被众大臣推选为皇帝。这一推选的成功和正确，在中国的历史上是罕见的现象。

刘恒当上皇帝之后，继续推行"无为而治"的治国方针，为了鼓励人民发展生产，他实行"轻徭薄赋"的政策，将田租由十五税一，减为三十税一，后来还免收农民 12 年的田租。徭役由成年男子一年服一次，改为三年服一次。为了减轻人民的负担，汉文帝厉行节约，反对奢侈浪费，文帝自己穿粗布衣服，皇后的衣服下摆不能拖地，以节约布料。宫中的帏帐全都不刺绣。同时减轻刑法，废除连坐法，废除肉刑，废除"诽谤妖言法"，鼓励人民对朝政进行批评。正是因为汉文帝的英明领导，才使西汉初年迅速摆脱了战争的创伤，促进了社会经济文化的迅速发展。

皇帝的选举是一项非常先进的制度。西汉如果继续坚持这种制度，并用法律将这项制度固定下来，那么，皇权的转移就能够进入民主和共和的程序。遗憾的是，汉文帝死后，西汉王朝就不再坚持这项制度，而是恢复了皇位世袭的制度，由汉文帝指定太子来继承皇位，使皇帝选举制度中断了。而且，西汉初年的大臣们，虽然实行了君相分权和君相互制的政治制度，但是却没有建立起监督皇权的制度，当皇权侵害相权时，没有任何力量来制裁皇帝。这种不完善的政治设计，导致后来汉武帝对相权的破坏。事实上，在汉文帝即位之初，势单力薄，大臣们是有能力建立一些制度来惩罚皇帝的。但由于没有建立起保护宰相、监督皇帝的制度，才使君相分权和互制的共和体制遭到破坏。

文帝和景帝去世后，汉武帝改变了他们的政策，不仅严刑苛法，而且实行沉重的赋税和徭役，个人的生活也穷奢极欲，特别是连年发动战争，穷兵黩武，不仅耗尽了文帝和景帝时期的积蓄，而且加倍对人民进行盘剥，使国民经济到了崩溃的边缘。虽然汉武帝死前下了罪己诏，承认了自己的错误，也改变了穷兵黩武的政策，但为时已晚。此后，西汉开始走向衰落。可见皇帝世袭制度不能保证社会的长期繁荣。

从汉武帝到隋唐王朝的建立，中国历经王莽新朝、东汉、三国、西晋、南北朝，都没有出现过一位英明的君王。例如西汉灭亡后，刘秀建立了东汉王朝。他不但不反思皇权世袭的严重弊端，从而向民主共和政治转变，反而极力强化皇帝的权力。在中央政府，他采取了"虽置三公，事归台阁"的政治措施，将司徒、司空和太尉的权力架空，仅给予虚名，而没有实权，另外设立尚书台，作为皇帝的办事机构和议事机构，直接听命于皇帝。刘秀想通过这种方式，来削弱宰相的权力，实现皇帝大权独揽的目的。此外，刘秀还建立了宦官制度，通过宦官来传达皇帝的命令。他认为宦官地位卑微，不可能对皇权构成威胁，所以有利于加强皇帝的集权统治。但他万万没有想到的是，正是这些地位卑微的宦官，在东汉的后期，控制了皇帝，把持了朝政，导演了一场又一场阉党专权之祸，最终使东汉王朝的巨轮触礁沉没。

特别是晋朝统一中国之后，政治更加腐败，经济加倍凋敝，贫富分化严重，社会极为黑暗，出现了"八王之乱"和南北朝的动乱局面，不但没有使政治出现一丝一毫的革新，相反，为争夺皇权，军阀混战，杀人无数，血流成河。虽然东晋由于永嘉南渡，大量移民迁徙于南方，促进了南方的开发和经济的发展，但在黑暗的皇帝专制的官僚政治统治之下，东晋也没有出现任何新的思想、新的经济和新的文化的萌芽，反而使皇权思想、门阀士族观念达到顶峰，政治迫害空前惨烈。

直到唐朝统一中国之后，中国的政治才出现了一段相对开明的时期。这主要归功于李世民的雄才大略和开阔的胸襟。李世民不是按照"传长不传幼，传嫡不传庶"的世袭原则登上皇位的，而是依靠自己的智慧和文治武功当上皇帝的。他具有中国人所具有的一切最崇高的美

德，具有无与伦比的杰出智慧，他是中国历史上最英明的君王，是中国
历史上少有的被人民衷心赞美的伟大的领导者。他的出现，是中国的历
史上的一个奇迹，也是当时中国人的幸运。

在皇帝高度集权专制的政治体制下，能产生李世民这样开明的皇
帝，是一个不可思议的独特现象。他的虚心纳谏的开明作风，他言行一
致的政治信用，他不重门第、只重德才的用人标准，他的廉洁自律，他
对法律的尊重，他对民生的关注，对文化和教育的高度重视，等等，使
他的政府出现了很高的工作效率。当时，管理辽阔国土的唐朝中央政
府，它的官员仅 800 多人，这是一个高度精简的政权，使中国在短短的
时间里，就出现了繁荣富强、欣欣向荣的局面，使隋末民不聊生的社会
现实迅速地成为遥远的故事。

可以说，李世民的成功，是他的开明作风的结果。因为他非常清楚
地意识到个人独裁的弊端。据《贞观政要》一书记载，公元 630 年，
也就是贞观四年，一次，李世民问大臣萧瑀，隋文帝杨坚这个人怎么
样？萧瑀回答说，隋文帝勤于政事，不论大小事务，都亲自处理，有时
忙得连饭都顾不上吃，应该说是一个好皇帝。但李世民认为，隋文帝不
是一个好皇帝。

他说："什么事情都由皇帝一人专断，这是不信任百官的表现。天
下这么大，举国之内人口这么多，每天发生的事情千头万绪，必须要不
拘一法，灵活处理，凡事应先交文武百官商议，宰相认真筹划，做到稳
妥便利，才可以呈奏实行。怎么可以把一天中的那么多事情，由一个人
去思考决断呢？处理对了当然好，处理不对的怎么办呢？如此以日继
月，乃至连年，老错误得不到纠正，新错误又不断发生，国家怎么不灭
亡呢？"

李世民认识到，老百姓是水，君王是舟，水可以载舟，也可以覆
舟。为了改变皇帝专制独裁的局面，防止社会动乱，实现国家的长治久
安，可以说，李世民耗尽了他一身的心血。他不仅自己虚心纳谏，依法
办事，选拔贤才，推行正确的政策，而且更重要的是，他想建立一种比
较完善的制衡机制，来防止个人的独裁专制，他为此进行了长期的
努力。

在中央，李世民建立了一套比较完善的民主集中制度，建立了一套
比较科学的决策机制，建立了一个具有相互制约作用的政治体制。其基

本的内容，就是皇帝是最终的决策者，但皇帝不能越过有关部门和宰相随意决策，必须要让有关部门先提出意见，再由宰相重新加以讨论和审查，取得一致的意见之后，才呈报皇帝最后考虑决定，颁布诏令执行。但皇帝的诏令，也必须同时盖有宰相的大印，也就是说，没有宰相的同意和副署，皇帝的诏令是不能颁布的。这就对皇帝的权力进行了制约。

为了防止决策中的失误，李世民在中央政府设立了中书、门下省左右两个丞相，互相制约。此外，还规定中书省起草的文件要由门下省讨论通过，而门下省对中书省起草的文件有权力驳回，直到中书省的意见在门下省讨论通过之后，才能上交宰相审核，然后交皇帝批准，待皇帝和宰相共同副署之后，再交尚书省执行。这样就使中书省、门下省、宰相和皇帝之间，具有相互监督的作用。在一千多年以前，李世民就能够建立这样一个相互制约的政治体制，说明他是一个具有共和思想的君主，在中国的历史上，这是非常了不起的。

为了建立一个有效的政治制度，防止腐败和动乱，防止隋朝的历史悲剧重演，李世民确实考虑的非常深远。据《贞观政要》一书的记载，李世民为此常常彻夜不眠。他认为，要想国家不出现问题，光选拔一些好官是不行的，必须要防止因皇帝个人专制独裁，或因皇帝懦弱无能和昏庸残暴所导致的国破家亡的后果，就像要防止隋炀帝迅速搞垮隋朝一样。这就必须要建立一个有效的制度来保证。

他经过对历史的研究认为，西周社会保持了几百年的统治而不发生动乱，而且大部分时间国家都是繁荣的，这绝非偶然，而是建立了分封自治制度的结果。在西周社会，由于分封了许多的王国，这些王国采取的是自治的形式，中央王国的国君即使昏庸腐败，但他的影响只局限于王畿，不至于祸及各诸侯国的百姓，不至于导致天下崩溃。而且，各诸侯国的国君，对中央的皇帝，也可以起到一种制约作用。如果中央王国有了危险，如受到外族的入侵，诸侯国也可以前来救援。

李世民认为，这些都是比较有效的措施，可以防止国君一人专权，防止由于皇帝昏庸腐败导致国破家亡的严重后果。根据这样的认识，李世民决定要恢复西周社会的分封自治制度，把他的子弟和有功的大臣，封为世袭的州郡刺史，实际上就是世袭的诸侯。他想通过中央和地方分权的形式，让这些诸侯来帮助或者监督皇帝的行为，把皇帝专制所造成的损失限制在一个较小的范围，以实现社会的长远的稳定。

　　但是，李世民提不出更好的制度设计，来有效地防止因诸侯王因国力强大和军事力量的膨胀而威胁中央政权、导致国家分裂的后果出现。为了有效地解决这个问题，李世民曾命大臣魏徵等人制订一套政治体制改革的方案，设计一个有效的制度，来制约诸侯国国君的权力，防止这些诸侯国的国君独断专行，消除其对中央王国的威胁。

　　遗憾的是，魏徵等人缺乏李世民那样的政治上的远见卓识，也不愿承担政治改革的风险，更重要的是，魏徵等人想的只是强化皇帝的权力，他们只相信明君贤相，而没有认真深入地考虑从制度上去防止皇帝个人独裁的问题，没有建立共和政治的思想，所以，魏徵等人不是去帮助李世民完善中央和地方分权的制度，使社会朝民主的方向前进，促进文明的进步，而是以大量的历史事实证明分封自治必导致天下大乱的结局，坚决反对李世民的决定。虽然李世民一直到死都没有放弃他实行中央和地方分权的想法，但由于魏徵等众大臣的反对，这一想法始终没有能够付诸实践。对是分封还是中央集权这个问题的争论，一直持续了十多年，直到李世民去世，这一争论都没有停止过。随着李世民的去世，这一想法自然随风而逝，结果使中国再一次失去了走向共和的机缘。

　　继李世民之后主宰天下的武则天，是中国历史上空前绝后的唯一一位女皇帝。她是一个女人，在男尊女卑的古代中国社会，根本没有当皇帝的资格。但是她依靠自己的智慧和雄才大略，终于登上了皇帝的宝座，这在中国的历史上，是一件不可思议的事情。她不仅像李世民一样，虚心纳谏，关注民生，大力选拔贤才，而且，在对各级官员的监督方面，她比李世民走得更远，措施也更为激进和有效。其中一个最大胆的举动，就是设置铜匦，也就是在全国设立举报箱，接受告密文书，以此来鼓励天下百姓告密，鼓励社会监督，任何人都可以投诉官员的不法行为。凡是告密者，任何官吏都不得过问，一律要用驿马送至京城，按五品官标准供给食宿，告密失实者不加追究。对有的告密者，她还亲自接见。这样一来，全国的老百姓都起来投诉那些贪官污吏。一时间，全国各地检举贪官的人群络绎不绝，有的地方竟像赶集一样热闹，可见老百姓对贪官污吏的痛恨和冤假错案之多。

　　武则天对那些被告发的贪官污吏进行了毫不留情的镇压。史载，从684年到697年，武则天14年间诛杀的贪官污吏至少在5000人以上，让许多想乘当官之机大捞一把的贪官和浅薄之徒，还没有弄清是怎么回事就掉了脑袋。在中国的历史上，能够发动百姓起来检举各级贪官污吏不法行为的皇帝，只有武则天一人。当然，武则天在大量诛杀贪官污吏的同时，也选拔了狄仁杰、魏元忠、姚崇、宋璟、张柬之、张九龄等一批杰出的人才，表明武则天鼓励社会监督，就是为了惩恶扬善。武则天的这一措施，虽然谈不上是让人民来治理国家，但是，她确实是主动发扬了民主，使她更广泛地接受了人民的意见，让人民最大限度地起来监督各级官员。这是一个伟大的创举，是一个惊天动地的行为。

当然，武则天实行这样的民主，其中有一个重要的想法，就是要镇压李唐王室的成员和政治上的反对派，甚至任用周兴、来俊臣这样的酷吏，对疑犯刑讯逼供，严刑拷打，严重侵犯人权，制造了大量的冤假错案，其目的都是为了稳定她的皇位。所以，她不可能建立一个制度，来制约皇帝专权，防止皇权的膨胀，不可能实现文明的创新。而且，武则天随意性太大，不是依照法律程序来办事，还是个人说了算。

但尽管这样，也不能因此而否定武则天鼓励人民监督各级官员的措施的伟大，不能否定这一措施对于刷新吏治、激发人民干预和关心政治的热情、加强社会的监督、促进中国政治经济与文化的发展所发挥的积极作用。

武则天死后，唐玄宗李隆基也是一位具有开明作风的、励精图治的皇帝。虽然李隆基当过太子，但他也并不是按照"传长不传贤，传嫡不传庶"的世袭原则登上皇位的，在诛杀韦后的政治斗争中，他发挥了关键的作用。他在继位的前期，任用姚崇、宋璟、张九龄等一大批贤臣良相治理国家，他本人也虚心纳谏，廉洁自律，关注民生。

在他统治的前期，社会开放，文化繁荣，科技进步，经济发达，人民富裕，史称"开元盛世"。当时的中国，地域空前辽阔，民族空前团结，国力空前强盛，中国人的创新精神、进取精神和彬彬有礼，为世界各国人民所称道。仅以当时中国的疆域为例，东临大海，西同泥婆罗（尼泊尔）、天竺王国（今印度、巴基斯坦）接壤，南到南沙群岛，北达贝加尔湖，西北到巴尔喀什湖畔，与东罗马帝国相接。中国广阔的国土，显示了中国作为世界超级大国的风范。

有道明君治理国家就能安定兴盛，无道昏君统治天下则必然动乱危亡。国家治乱，系于一人之身，这是非常危险的。在专制制度之下，皇权转移的制度设计是神秘和落后的。从"文景之治"、"贞观之治"和

"开元盛世"的出现我们可以看到，传长传嫡的帝王权力转移原则很难出现英明的君王，很难带来社会长期的繁荣和稳定。只有打破这一传统，才会有英明的君王出现，才会有国家的长治久安。问题是在大多数时间，中国皇帝权力转移都是按照传长、传嫡的原则进行，所以很难摆脱动乱的阴影，正如《三国演义》上所说："话说天下大事，分久必合，合久必分。"

兴盛是人为，衰败也是人为。大唐王朝蓬勃发展的历史事实证明，华夏民族是一个优秀的民族，只要有一个英明的领导者，实行开明的政治，就可以激发整个民族的活力，使中国蓬勃发展，欣欣向荣。遗憾的是，在中国几千年的历史上，很少有像李世民这样开明的君主。所以，大唐王朝在走向鼎盛的同时，也就走向了衰落。一场安史之乱，使唐王朝的繁荣强大很快就化为乌有。

这是为什么？其中的根本原因，就在于李世民、武则天和李隆基的开明作风和他们建立的社会的监督机制，没有能够从根本上突破皇帝专制的一元化文明的束缚。他们的虚心纳谏、选拔贤才、依法办事，等等，都是他们自身的一种主动性的要求，是他们的伟大智慧的表现，并没有一种强制性的制度来保证，没有一种相互制约的政治结构来规范帝王的行为。这就是人治。所以，这种建立在个人良好品质基础上的开明作风，这种皇帝主动建立的监督机制，就如同蒙鸠筑巢在芦苇之上，也如同大厦建立在沙滩之上，其基础是非常脆弱的，是非常不可靠的。一旦皇帝个人的品质和想法出现了变化，这一切就将迅速地消失。

由此可以说，中国文明的失败不是一个实践的问题，而是文明结构设计思想的失败。

汉唐经济的崩溃是人治的必然

秦灭六国，建立了皇帝专制的中央集权制度。这种制度带来的一个严重的后果，就是消灭了春秋战国时期繁荣的市场经济。秦始皇把商人都驱赶到边远地区去服役，或者到荒凉的地区去屯垦。秦朝征发的对象首先是商人，其次是以前做过商人的人，最后是征发爷爷奶奶或者父母做过商人的人。

秦朝灭亡之后，刘邦重新统一了全国，他在政治上继承了秦始皇的皇帝专制制度，在经济上，他虽然改变了秦始皇的暴政，采取了"与民休养生息"的政策，重新分配土地，减轻赋税，鼓励农业生产，也不再把商人赶去戍边，但是，他却继承了秦朝重农抑商的落后政策，对商人进行打击，从而扼杀了市场竞争和商品流通，扼杀了资本流动和自由贸易，扼杀了多元化文明产生的土壤。可以说，西汉初年采取的政策是一种节制资本的政策，国家不让人们变富，但对下层人民如何摆脱贫穷也并不关心。

刘邦打击商人的措施主要是：商贾及其子孙一律不准从政，不准做官为吏；商贾一律不得拥有私有的土地；商人不得穿锦、绣等名贵的丝、葛、毛制品，不得乘车、骑马等；商贾不得购买饥民为奴婢；商贾要比常人加倍缴纳丁税，即人头税。可见刘邦在政治上对商人的控制是十分严厉的。

但是，随着西汉经济的发展，文帝和景帝逐步放开了对商人的限制。如"开山泽之禁"，允许商人开矿、冶铁、煮盐、酿酒等等，发展商业和手工业，使西汉初年的商品经济一度十分繁荣。

更可贵的是，随着经济的发展，西汉出现了自由市场经济的理论，其代表人物就是以《史记》一书闻名于世的司马迁，主张放任市场来调节经济，实行市场的自由竞争。

司马迁在《史记》中认为，自私是人的本能，追求财富是人的最原始的动机。为了获得财富和利益，每一个人都会发挥自己最大的智慧和能力，来从事经济活动，从而使社会经济的整个运作机制得以正常运转。比如，某种商品由于供不应求，价格昂贵，人们就会纷纷来生产和销售这种产品，一旦市场达到饱和，供大于求，价格就会下降，而使经营者无利可图，于是就不再生产和经营这种产品，从而使生产和消费，即市场的供求关系达到均衡。

根据这一思想认识，司马迁把自己重要的宏观经济思路概括为一句名言："善者因之，其次利导之，其次教诲之，其次整齐之，最下者与之争。"

司马迁认为，根据市场经济的原理，国家最好的、最正确的经济政策，是放任私人进行经济活动，并顺应由此形成的经济发展形势而不加以干预和抑制。最不好的政策，就是"与民争利"，也就是国家直接经营工商业并借以获利。因为从事赢利的生产贸易活动是私人的事情，而国家的任务只是保护这种私人经济活动的顺利进行，照章纳税就行了，而如果国家政府及其官吏参与经济活动，就等于把本应属于私人的赢利夺取到国家的手中。这样做，必然会压制私人的经济贸易活动，造成国家和权力垄断行为的发生，破坏市场的自由竞争。

司马迁的经济主张，与18世纪英国经济学家亚当·斯密的经济主张是完全一致的。亚当·斯密在著名的《国富论》中提出了放任市场来协调经济发展的主张，他把市场称为是一只"看不见得手"，它引导每个追求私利的个人去促进公共利益，因此政府不应干预经济生活，政府的职能是充当"守夜人"的角色——对外抵抗侵略，对内维持法律秩序，保护市场的自由和公平的竞争。

司马迁的经济思想，体现了市场竞争和自由贸易的现代经济基本原则，是产生现代多元化文明的思想基础。可惜他先进的经济主张不为当时的汉武帝所采纳，结果使皇帝专制的中央集权制度不断强化，而英国采纳了亚当·斯密的主张，结果使英国迅速地完成了工业革命，实现了立宪政治，成为近代世界上最强大的国家。

汉武帝好大喜功，频繁地发动对外战争，结果搞得全国民不聊生。但即使这样，国家财政仍不能保证对外战争的物资需要。于是，汉武帝接受了桑弘羊的建议，改变了鼓励私人发展经济的政策，利用皇权，强制收回盐、铁、酒的经营权，由官府垄断经营。他在全国都设置了盐官、铁官等官吏，负责盐、铁和酒的专卖，并规定，私人不得经营盐铁，"敢于铸铁器煮盐者，砍掉左趾，没收其器物"，如有严重者，将腰斩诛族。这一严酷的刑罚，将民间贸易和民间的手工业扼杀了。

除了禁止民间贸易之外，汉武帝还采纳桑弘羊的意见，在全国实行土贡制度和官工业制度。土贡制度就是强迫各级地方政府向中央朝廷无偿进奉产品的制度，而勿需经过市场的交换。官工业制度就是由政府直接建立作坊或者工场（国有企业），把不能由土贡的方式得到的物品，特别是高贵的、精美的奢侈品，以及军需品等制造出来，而不必要通过商业途径。此外，汉武帝还采纳桑弘羊的建议，实行"均输平准法"，以垄断商业贸易，控制物价，从中牟利。

官府对经济的垄断，是自由贸易和市场竞争的沉重枷锁，它使中国现代文明产生的根基被铲除。

为了彻底搜括民间的财富，扩大财政的收入来源，汉武帝实行残酷的算缗和告缗政策，以剥夺商人的财产。所谓算缗，就是征收巨额的财产税。所谓告缗，就是揭发那些偷税逃税者。从表面看起来，这是加强税收征管，增加国家财政收入，而实际上，这是对民间资本的残酷掠夺。汉武帝任用大量的酷吏，对商人进行严刑逼供，互相告密，以至于一个案子可以牵连数百位商人。据《史记》的记载，当时全国的监狱，关满了被抓的商人和富豪，国家没收的财物数以亿计，商人纷纷破产，使这一时期的商人总数加起来不到一万人。这种利用国家政权赤裸裸地剥夺私有财产的野蛮行为，造成了商人和手工业主资本积累的中断，从而把文帝和景帝时期发展起来的自由经济和私人贸易摧残殆尽。

从汉武帝开始，官府垄断经济的制度都没有发生根本性的变化，重农抑商的政策也没有任何改变。对民间商人的打击，一直也没有停止过。

西汉末年，王莽篡政，立即在全国进行大规模地"空想社会主义"式的改革，将一切社会资源统统收归国有。他要恢复西周社会的井田制，实行土地国有；他要完全实行计划经济，由政府控制商品和物价；他要实行官府垄断经济，把盐、铁、酒等商品全部实行专卖制度，矿产资源全部由国家开采，等等。这种看似伟大的改革，其实是一种社会的大倒退，它剥夺了人民的私有财产和生活资料，无视市场的供求关系和价值规律，完全扭曲了市场发出的信号，使社会的物资供应迅速枯竭，物价飞涨，通货膨胀，社会的矛盾迅速激化，战乱四起，国家顿时土崩瓦解，王莽本人也落得一个身首异处的下场。

从西汉灭亡到隋朝建立，国家对经济的垄断没有变化，经济都没有出现过真正的繁荣。

隋文帝杨坚是一个思想开明的具有开创性的伟大皇帝。他建立隋朝后，立即解除了国家对经济的垄断。他宣布，（一）免除入市税，为商品经济发展创造条件；（二）废除官府对盐、酒的专卖制度，停止征收盐税和酒税。隋文帝的这一开明的政策，有力地促进了民间贸易和手工业的发展，刺激了经济的增长，使隋朝初年出现了欣欣向荣的景象。

但是，他的儿子隋炀帝杨广好大喜功，荒淫无道，为了满足个人穷奢极欲的生活和对外战争的需要，他完全废除了隋文帝发展商品经济的政策，不仅恢复了官府对经济的垄断，而且像汉武帝一样，以沉重的徭役赋税盘剥人民，使隋朝在人民的反抗中迅速灭亡。

　　唐朝初年，李世民吸取了隋朝灭亡的教训，一方面在全国重新分配土地，减轻赋税，一方面继承隋朝初年的政策，大力促进民间商业的发展。

　　第一是免除盐税，允许民间自由采盐和自由销售食盐。这个政策一直实行了120年，直到唐玄宗开元年间，才对食盐征税。到唐肃宗时，才实行食盐专卖制度。

　　第二是唐朝初年不征茶税，直到唐肃宗时才对茶征税，并实行茶叶专卖制度。

　　第三是唐朝初年不征酒税。直到唐代宗时才开征酒税，并实行酒的专卖制度。

　　第四是不征矿税，允许民间开矿。贞观十年（636年），侍御史权万纪向李世民建议开发宣、饶二州的银矿，遭到李世民的严厉斥责。他说，他要的是人才，而不是"财利"。直到唐玄宗开元年间，才开征矿税。到唐德宗时，才实行采矿由官府垄断的制度。

　　第五是唐朝初年不征关税。李世民时期，海外贸易额不大，为了促进国际贸易的发展，鼓励外国商人前来中国经商，就对海外贸易一律实行免征关税的政策。到了武则天时期，海外贸易十分兴隆，有关部门建议开征关税，但武则天认为，开征关税，不利于海外贸易的发展，坚决不允许开征关税。直到唐德宗时，才对外国商船开征关税。

　　由此我们可以看出，唐朝初年，李世民、武则天采取的经济政策，是鼓励民间商业的发展，鼓励资本的流动、自由贸易和市场竞争。官府垄断行为在唐朝初年是不存在的。藏富于民，市场调节经济，是这一时期最重要的特征。所以唐代没有节制资本的政策，而是鼓励大资本的出现。虽然，国家财政收入相对较少，但是，由于李世民、武则天实行的是精兵简政的政策，以隋亡为鉴，讲求节俭，紧缩开支，因而没有加重对人民的剥削。随着经济的蓬勃发展，唐朝的财政收入迅速增加，国力日益强大，从而形成四方来朝的盛况。

　　唐朝初年不仅大力推动工商业的发展，而且在农业方面也积极推行富民政策。其中最重要的措施，就是实行租庸调制。租庸调制的核心是租。租就是配给农民以耕种的田地。在授田期间，农民要负担一定的租额。这是一种均田制度。均田制度承继北魏而来，这不是一种土地私有制度，因为土地是属于国家的，但农民可以终生耕种，而且租额很低，仅为四十税一，比西汉初年三十税一还要低。这显然是一种为民制产、平均地权的政策。农民有了土地，就有了生活的保障。

但租庸调制也有其缺陷，主要是均田制是以人口为标准来分配土地，所以政府就按人口来收租税。这就是所谓的人头税，也叫丁税。这是一种落后的税收政策。最早是由商鞅在秦国变法时实行的。秦国统一后，依然实行这一落后的税收政策没有改变。秦以后各个朝代，也基本上仿效秦朝的税收制度。但是人头税是按人头来收税，也就是说，一个家庭不管你的土地是多少，收入是多少，政府一律按人口多少来收税。这样土地多、收入多的家庭就可以少缴税，而没有土地、没有多少收入的家庭，则被迫多缴税。这种政策，导致很多贫民因无法缴税而破产。所以到了北魏孝文帝期间，就按照人口数量来重新平均分配土地，所以叫均田制。均田制度使人头税趋于公平。但是后来随着人口的变动和土地兼并，又使人头税变得不公平。所以唐朝建国后又重新按照人口数量平均分配土地，并且还规定，分配的土地分口分田和永业田。其中永业田后人可以继承，口分田则不能继承，由国家收回，另外分配。这一政策使唐朝初年租税趋于公平，促进了生产，增加了农民的收入。可是随着人口的变动，土地的买卖和兼并，加上政府已无田可授，于是按照人头征税的政策又成为加速农民破产的弊政，失去土地的农民无力承担国家沉重的赋税，只好纷纷逃亡。安史之乱以后，情况更加严重，因此，到了唐德宗年间，宰相杨炎奏请实行"两税法"，改变以人口多少为征税标准的政策，而按照土地及财产多少为标准来征税。这个政策使税负趋于合理。当然，均田制的破坏是贞观以后的事情。在唐朝初年，均田制对于促进唐朝经济的发展是起了积极作用的。

从唐朝初年的经济政策我们可以看到，国家不仅鼓励人民富有，让上层的富人能够自由发展，扩大资本，同时也不让下层人民过于贫穷。这是一种共同富裕的政策，在唐朝初年是真正地做到了。

为什么唐朝初年的经济如此繁荣？为什么唐朝能够成为中国历史上辉煌的时代？看看李世民、武则天的经济政策，应该就一清二楚了。

李世民、武则天是中国历史上最伟大的开明的政治家，他们采取了在一元化文明框架下所能够采取的开放政策。正是有了他们的开放的政策，才有了中国历史上的大唐盛世，才有了当时世界上最伟大的最先进的文明。

　　当然，我们在肯定唐朝初年经济政策的同时，也要指出，唐朝初年经济政策的核心，还是以农为本和重农抑商。

　　为了把人民都控制在土地上，从事农业生产，唐朝编制了户籍制度，对人的外出，都要进行审批。特别是唐朝规定，任何人不准自由出入国境，违反者将受到严厉的处置。以前往西方取经的伟业而闻名于世的唐玄奘，虽然名垂青史，但是，在当时，他却是违反了国家不允许私自出国的禁令。他回国后，李世民鉴于他"西天取经"的功绩，才没有追究他"偷渡"的违法行为。由此可以看出唐朝对人的控制依然是很严格的。

　　正因为如此，唐朝时的中国人都没有机会出国经商，唐朝的对外贸易实际上是单边贸易，也就是说，全部是波斯人、阿拉伯人和犹太人前来中国经商，他们把中国的丝绸、茶叶、瓷器等等商品运往西方，然后又把西方的商品运到中国贩卖。西方人从中获取了暴利，当时的扬州、广州等城市，都是外国商人的集中居住之地。由于把中国人排斥在国际贸易之外，因而严重地扼杀了中国人的商业精神，抑制了中国社会商品经济的发展。

　　唐朝不仅限制中国人自由出入境，而且，在国内的各大城市，也对中国的商人有严格的限制。当时唐朝的交易市场均为政府所建，交易的时间有严格的限制。在一个城市中，居民居住的地方叫坊，经商的地方叫市。坊和市严格分开，周围有围墙，四边设门，定时启闭，居民的行动受到严格的限制，商人经商也不是那么自由的。

　　今天我们之所以说唐朝经济的崩溃是人治的结果，是因为从唐玄宗晚年开始，国家政策就因为唐玄宗的腐败而出现了严重的问题。晚年的唐玄宗荒淫无道，生活奢侈。他为了讨好杨贵妃，就重用杨国忠，结果贪污腐化横行，政治腐败，仅中央政府的官员就膨胀到一万多人，是李世民时期的十多倍，加上不断对外用兵，开疆拓土，使财政不堪重负。在当时的政治体制下，缺少制约皇权的机制，没有任何力量能够制约唐玄宗的腐败，连敢于直谏的宰相张九龄都被唐玄宗罢官。

　　后来，面对着财政危机，在杨国忠的蛊惑下，唐玄宗开始对食盐、矿业征税。安史之乱后，国家破败，经济衰退，财政破产，于是，从唐肃宗起，唐朝开始实行了食盐、茶叶等商品实行官府专卖制度，开始了国家对经济的垄断。也就是说，国家对民间财富实行了残酷的掠夺，加上唐朝初年实行的租庸调制的崩溃，而实行了两税法，政府不再授田，民间自由兼并，使为民制产、平均地权的政策被废弃，使农村土地兼并成为不可遏制的现象，大量的农民破产，加上沉重的赋税徭役，使人民日益贫困化，以至于到了民不聊生的地步。伟大诗人杜甫对当时的社会都做了详细的描写，"朱门酒肉臭，路有冻死骨"成为不朽的名句。柳宗元在《捕蛇者说》中的真实描写让人读后无限辛酸，并对当时社会产生强烈的愤慨情绪。

当然，应该肯定的是，两税法的实施，取消了按人头征税的落后政策，打破了土地国有制度，使土地私有化成为现实，民间可以自由买卖土地。这应该说是历史的进步，使中国自春秋战国开始的土地私有化政策得以回归。但问题是，大量的农民因失去土地，却没有大工业的出现来容纳这些失地的农民，使这些农民没有别的谋生之道，而陷于了无法生存的地步。后来黄巢起义与此是有很大关系的。

与此同时，专卖制度的实行，官府对经济的垄断，破坏了唐朝社会蓬勃发展的商品经济，消灭了自由贸易和自由竞争，造成了大商人资本积累的中断，打击了商人投资的热情，使社会很难产生世代延续的大商人；而没有大商人、大资本家的出现，就很难导致现代大工业的出现，来接纳农村大量破产的农民，同时也难以产生监督和制约皇权的力量。这样，就铲除了现代经济和多元文明产生的土壤，使中国社会不但没有实现从农业文明到工业文明的跨越，没有改变以农为本和重农抑商的落后政策，相反，还使唐朝社会后期出现了严重倒退的局面，使农业小生产经济又占据了绝对的统治地位。结果，官府的权力被日益强化，专制文明愈来愈根深蒂固，社会不断走向腐败，最终导致农民暴动，而使社会崩溃。

经济的繁荣，文化的发达，国力的强盛，并不是一个国家长治久安的根本。要想国家实现持久的繁荣和稳定，就必须从根本上对一元化文明进行革新，建立一个和平化解社会矛盾的有效机制，这就是人民对政治的参与机制、监督机制和纠错的民主机制，建立上层权力相互制衡的共和制度，彻底改变一人治的局面；否则，任何的强大与繁荣都是暂时的。

这就是荀子所说的："巢非不完也，所系者然也"。

古代中国文明的顶峰

——宋朝文明的伟大与消亡

辉煌的大宋文明不应否定

1279 年，南宋朝廷被张弘范率领的元军团团包围于崖山（位于今广东），少帝赵昺和将军陆秀夫陷于重围。陆秀夫对少帝说："国事至此，陛下当为国而死！"说罢将少帝背在自己的背上，蹈海身亡。许多忠臣将士追随其后，事后漂浮在大海上的尸首达 10 万多具，令人扼腕叹息。南宋的历史就这样悲壮地结束了，古典意义上的中国也随之灭亡。

提到宋朝，如今大多数人都认为这是一个腐败、积弱的朝代。这是不奇怪的。因为北宋被金人灭亡，两个皇帝当了金人的俘虏，还有皇后成了金人的慰安妇，受尽金人的侮辱；而南宋，最后灭亡于蒙古人之手，汉人成了地地道道的亡国奴。

正是因为这个屈辱的原因，所以宋朝辉煌的文明成就被人抹煞了。人们只看到宋朝的不堪，而没有看到宋朝文明的伟大，更没有人去研究其伟大的原因。这对宋代是非常不公平的。今天，当我们不仅仅关注帝王个人的"千秋伟业"，而且也从经济发展和民生状态出发，重新反思中国文明的时候，就必须以公正、客观的态度，来评价我们国家的历史，恢复历史的本来面目。否则，我们就对不起自己的祖先。

事实上，西方学者对中国的大宋王朝非常赞扬，对大宋文明充满了敬意。英国著名的历史学家汤因比就曾经说过："宋朝是最适宜人类生活的朝代，如果让我选择，我愿意生活在中国的宋朝"。汤因比为什么对中国的宋朝情有独钟？其中定有原因。还有日本学者宫崎市定在《从部曲到佃户》一书中认为，宋代是"近世"社会的开端，而美国学者伊尔文在《历代中国的模式》一书中，甚至把宋代视为人类"现代社会的开端。"

事实上，宋朝创造出了繁花似锦的先进文明，其文明的先进性主要体现在四个方面：（一）宋代以文立国，以仁义治国，构建了中央集权加仁政的政治模式，实行和平发展和自由开放的政策，保护人权，具备了现代文明的许多特征；（二）宋朝保护私有财产，突破了重农抑商的传统，积极发展工商业，大力对外开放，加速城市化进程，使宋朝的商品经济出现了空前的繁荣，成为当时世界上的第一大国，宋朝已经处于现代大工业文明的前夜；（三）自由开放的宋朝带来了多元化的社会，激发了中国人伟大的创造精神和积极进取的人生态度，从而在思想、文化、科技、宗教、教育等各个方面，取得了空前伟大的成就。宋朝是中国人对世界作出贡献最大的朝代。中国历史上的重要发明有一半以上都出现在宋朝，如火药、指南针、印刷术、纸币、垂线纺织、瓷器工艺的重要改革，还有航海、造船、医药、农业等领域的科技水平也达到了前所未有、后难比及的高度；（四）宋朝繁荣昌盛，人民生活自由、富裕，讲礼仪，有尊严，保持着活泼率直的天性和正义感。所以我认为到目前为止，中国文明的顶峰不是唐朝而是宋朝。

最保守的估计，大宋朝创造的文明，至少要比同时代的西方文明领先100年。也就是说，大宋王朝不仅是中国文明的顶峰，也是同时代世界文明的顶峰。今天，我们有什么理由对如此光辉灿烂的文明不屑一顾呢？

在西方，没有哪个欧洲人不为自己祖先创造的古希腊、罗马的民主、共和政治这一伟大的文明感到骄傲和自豪，没有哪个欧洲人会因为古希腊、罗马的灭亡，而对自己祖先的辉煌成就采取鄙视的态度。唯独在中国，人们因为宋朝的灭亡而对自己祖先创造的伟大文明感到是耻辱，反而去赞扬那些毁灭这些伟大文明的文化落后的民族。

今天我们很难想像，一个文明社会经过蒙古军队大屠杀的浩劫之后，会带来多大的冲击和影响。错过的大好时机已无可挽回了，辉煌的中华文明被中断，儒家思想成了铁木真的替罪羊而被背上历史的罪名。人们开始怀疑代表先进的中华文明的儒家思想，知识分子虽然在明朝以后从被压迫的位子上爬起来，但在八股取士的愚弄下，他们成了人们批判和嘲笑的对象。人们更乐于崇尚强权、暴力和利益，程朱理学、流氓政治和汉奸文化开始流行，中华文明遭到玷污。由于蒙元杀尽了敢于抵抗的大宋男儿志士，从此我们这个残存下来的民族少了仁爱、宽容、勇敢、正直、正义、崇尚公平的民族性格，多了屈服、献媚、怀疑、崇尚强权的奴才性格，从而使我们这个民族中少了有气节的志士，多了苟且的奴才、献媚的汉奸以及横行不法的流氓与权贵。到了明朝后期，汉奸文化尤其是江湖习气和流氓政治得以蔓延，这是明朝实行野蛮专制政治的结果。蒙古人是自己征服中原的，而清朝的建立多是明朝汉奸们的功劳，这是民族中最悲哀的情景。这些汉奸、流氓和政治骗子，为了一点个人的利益，引外族来迫害自己的同胞，这也是遭到其他民族鄙视的重要原因。所以满族人在中原站稳脚跟后，像吴三桂这样的大汉奸也最终遭到报应。蒙古人发动的这次战祸，不同于历史上任何一个时代，因为即使是大辽、西夏以及后来的金国，同宋朝的鼎立也不仅仅是依靠武力，他们都曾竭尽全力试图创造和发展属于他们自己的文明。儒家的仁义和和平价值观念也最终认同了这种局面。而且，事实上已造成了如同近代欧洲那样诸国文化相互竞争和融合发展的形势。遗憾的是，这些都被铁木真野蛮的铁蹄和屠刀断送了。

今天，当我们来重新认识中国历史的时候，首先对宋朝文明的伟大之处是必须要给予充分肯定的，同时对有些问题也要进行深刻的反思。这些问题是：为什么宋朝能够创造出这么先进的文明？为什么这么先进的文明会被落后的民族所消灭？宋朝文明的消亡给后人留下了什么教训？

以文立国与中央集权加仁政的制度设计

今天，我们之所以说宋朝有先进的文明，是因为宋朝以文立国，以仁义治国，构建了中央集权加仁政的政治模式，这是中国从野蛮社会走向文明社会的标志，同时也是按照儒家"仁政爱民"思想进行治国的政治实践。

唐朝安史之乱之后，藩镇割据造成唐朝皇帝对军人和官员极度的不信任，所以任用大批宦官来监视军人以及治国。但宦官胡作非为，敲诈勒索，朝廷政治腐败黑暗，导致黄巢农民起义。一直到宋朝建国，社会动乱的局面都没有真正改变，军人干政、武将造反的现象十分普遍。中国还没有真正进入以文立国的时代。

宋太祖赵匡胤发动陈桥兵变，从后周孤儿寡母手中篡夺了江山，这种政权转移方式是不正常的。赵匡胤在夺得政权之后，不可能不想到他自己的子孙也有面临这种军事政变的可能性。所以必须从制度和方法上采取坚决的手段来巩固自己的皇权，防止历史重演。按照中国自秦朝以来的传统，那么，首先要做的，就是对后周皇室成员进行斩草除根式的大屠杀，将所有的反对派以及对自己皇权有威胁的人斩尽杀绝。此后就是任用大量的皇亲国戚以及自己的心腹亲信，来充实各级官僚机构，改朝换代，并用严酷的刑法和一系列措施对中国人的思想和行为进行全面的控制。一有风吹草动，立即进行大规模镇压。这就是中国自秦朝以来改朝换代的历史传统。

然而，宋太祖赵匡胤的过人之处，就在于他成功地跳出了中国这个野蛮的传统。他没有对后周的皇帝、文武大臣采取镇压杀戮的手段，而是采取尊重的态度，他封后周皇帝柴宗训为郑王，对后周皇室成员给予优厚的待遇。对后周的大臣全部启用，连宋朝的宰相也仍然由后周的宰相王傅、范质、魏仁浦担任，后周的地方官员和将领也基本上没有变动。甚至对图谋造反的杨承信、郭威妃子的弟弟杨庭璋等人，也不予追究，所以没有给人多少改朝换代的感觉。特别值得称赞的是，赵匡胤开创历史新纪元的政治设计，是用杯酒释兵权的方式，和平地解除了一批悍将的兵权，并用文人治军，消除了藩镇割据、军阀乱国的根源。赵匡胤是职业军人出身，面对着五代以来军人乱政的局面，他深知要保证国家和平稳定，必须要防止武将造反。

在削弱武将权力的过程中，赵匡胤高明之处就在于他坚决抛弃东汉和唐朝皇帝重用宦官和外戚来治国的错误做法，而实行以文治国、以仁义治国的制度创新，设计了中央集权加仁政的政治模式，起用知识分子来担任治理国家的重任。这一模式虽然谈不上是现代民主、共和政治，但却是中国政治由野蛮走向文明的重要标志。所以，他对武将的处理非常宽容，只是让他们主动交出兵权，并给予他们较高的地位和丰厚的待遇。之后，由文官出任中央及各地最高行政长官，连国防部长（枢密院）也由文官担任。文官地位居于武官之上。赵匡胤说过："作宰相要用读书人。"当时的宰相赵普也说他自己是"半部论语治天下"。宋朝的皇帝严守"与士大夫治天下"的基本政治原则，所以宋朝的政府不是贵族政府，不是军人政府，而是文人政府。以文立国是宋朝的基本政治特征。

　　为了让"以文立国"的政治模式得到连续不断的实行,赵匡胤在太庙里立下了祖训,也就是为自己的王朝立下了一个宪法。后世皇帝本人在祭祀太庙时,由一个不识字的太监引导到太祖立下的"誓碑"前背诵其内容:"柴氏子孙有罪不得加刑,纵犯谋逆,止于狱中赐尽,不得市曹行戮,亦不得连坐支属;不得杀士大夫,及上书言事人;子孙有渝此誓者,天必殛之!"后世皇帝都必须在这里发誓遵从这一誓言,不得违背。也就是说,从他开始,以后历代皇帝都必须实行以文立国、以仁义治国的政治模式,坚持与文人共治天下的法律制度,不得改变,不准杀害知识分子,不准株连无辜,以此来保证中央集权加仁政这一政治制度的长期延续。

　　难能可贵的是,宋代历朝皇帝都切实地遵守和执行了太祖的这几条中国迄今最为开明的法规,达300年之久,可以说这是有宋一朝300多年的大宪章,也是同时代世界各国中最开明的大宪章,它从法律上确保了宋朝达到中国文明的顶峰。可以说,正是这一政治制度的创新,奠定了宋朝300多年开明政治的基础。

　　为了实现"以文立国"的目的,赵匡胤及其他之后的历代皇帝,大量增加科举取士的进士名额,让大量的社会下层的知识分子能够进入国家的最高立法、司法、监察和行政机构,担负起治理国家的重任。所以宋朝以文立国,得到科举制度的有力保证。唐朝时期,每届科举考试只录取几十名进士。赵匡胤时增加到100多名。到了宋太宗时,录取名额一下子增加到300多名,宋真宗一次录取进士达1638名,后来宋仁宗将录取名额限制在400名之内,同时增加了殿试的程序,使这些举子们一下子成了"天子门生",闻名天下,十分荣耀。状元郎成了无数女子心仪的对象。

　　通过科举考试,国家选拔了大批杰出的人才。在宋代133名宰相中,科举出身的达123名,占92%,如著名的贤相范仲淹、吕蒙正、王安石等人,无不是科举出身。科举考试带给中国人的是尊重知识、尊重人才的社会风气。它让全中国所有的人都有公平竞争、参与政治的机会。如北宋的欧阳修、范仲淹都是单亲的贫困家庭出身,是通过科举考试登上政坛的。范仲淹两岁丧父,家境贫寒,母亲带他改嫁于一个姓朱的人。在这样的逆境中,范仲淹在一个破庙里发奋读书,后来终于考上进士，成为北宋著名的政治家。如果没有科举考试，范仲淹这样一个穷小子怎么可能登上政治舞台？这些来自下层的知识分子，有较高的道德修养，了解民生疾苦，所以大多数人能够关注民生，正直无私，办事公正，忠于国家。

当然，科举制度有一个重要作用，就是强化了皇权，巩固了皇帝专制的中央集权的官僚制度，使皇帝通过科举这条纽带，把知识分子与自己紧紧地联系在一起，从而维系了大一统的中央集权制度，组成上至皇帝、下至基层的庞大的官僚网络。这是科举制度的副作用，因为皇帝和官员不是通过人民的选举，权力的转移没有民众的参与，就很难防止官员的腐败，使中国的文明难以革新。但是在中央集权的制度之下，科举制度又是最科学的选拔人才的制度了。通过科举制度，使国家政治向民间开放。皇帝通过科举制度选拔民间的人才，然后将他们派到各地做官，从而把一盘散沙似的中国黏合成大一统的板块，消除社会的动乱因素，维护社会的稳定，推动经济的发展。这又是科举制度先进和伟大之处。其中的关键，就在于国家有没有能力对这些官员进行有效的监督，以防止腐败的发生。

宋朝鉴于安史之乱后藩镇割据的沉重教训，因此不实行西周和西汉初期的分封诸侯的地方自治的政治制度，而是实行中央集权的政治制度，由文人担任地方官员。但地方既没有军权、财权，也没有人事权。地方官员的主要责任是牧民，守土之责由中央任命专职的军事长官去处理，二者互不统属。这样做，虽然彻底革除了唐朝以来军阀割据的政治传统和五代朝代频繁更替的政治基础，但这种制度在地方和中央之间，缺乏互相制衡的政治体制，对于限制权力自发扩张的趋势、防止腐败的官僚政治的出现，是不利的。为了防止官僚腐败的发生，宋朝在中央集权的体制中，设计了一系列制约权力的措施。

第一，实行高薪养廉的政策，给予官员很高的待遇。史载宋代的宰相，每月领白银 300 两，粮食 100 石，每年还可以领绫 40 匹，绢 60 匹，绵 100 匹，罗 1 匹，此外皇帝还有很多赏赐，待遇之丰厚，实为历代罕见。其他的如参知政事、枢密院、门下尚书等官员，每月都可以领到 200 两白银，100 石粮食以及绫、绢，等等。甚至一个七品官员的薪俸，也足以让一个 10 口之家过上富裕的生活。官员只要不贪得无厌，一般都不会收受贿赂。而明清社会的官员薪俸低得可怜，一个七品县令的月俸，买不起一件官服，只够买几斤肉。明朝时清官海瑞，平常买不起肉，一年到头吃青菜，只有母亲过生日时才能买二斤肉。如此低的待遇，官员如何不贪污受贿？

第二，建立君相互制的政治体制。在中央政府，虽然皇帝握有最高的决策权和用人权，但具体执政的是宰相而不是皇帝，在宋朝，宰相的权力很大，不仅有议政权、施政权，还有代行决策权，甚至可以管皇家的事。宰相的权力比唐朝李世民时代还要大。如宋太宗驾崩时，李皇后伙同内侍王继恩与参知政事李昌龄，想立长子为皇帝而废太子。但废立的大事必须经过宰相的同意，李皇后绕不过宰相这一关，只好与宰相商议，遭到宰相吕端的断然拒绝。李皇后没有办法，只好让太子即位，这就是真宗。即使这样，吕端还不放心，在真宗垂帘召见群臣时，吕端立殿不拜。直到转帘，见到真正是真宗升殿，方才率领群臣拜呼万岁。可见宋朝宰相权力之大，连皇后都无可奈何。后来英宗即位，慈寿太后有一天送密信给韩琦，信中有皇帝与皇后不奉事，要为孀妇作主等言辞。此乃皇帝的家务事，却由大臣来做调解人，这在宋朝之前和宋朝之后各代均罕见。这种君相互制的政治体制，比较有效地防止了君主专制现象的发生。当然，宋朝同时也采取一系列的措施，防止宰相专权。赵匡胤在宰相一职之外，又设立了一个重要职位，叫"参知政事"，与宰相轮流执政，以分宰相的行政之权；设"枢密院"（副宰相），以分宰相的兵权；设"计相"，以分宰相财权，也就是盐铁、度支、户部三司的长官三司使，来主持三司政务，因其地位仅次于宰相，所以叫"计相"，使宰相不能完全行使统帅百官的权力。

为了制约各级官员，宋太祖赵匡胤在地方设置了通判和知州两套官职，规定没有通判和知州联名签署的命令，不能执行，使二者互相牵制，互相制约，听命于中央。同时规定州县官员和中央一些部门的官员，一律只能任期三年，一旦任期届满，立即调任，不得连任。特别是对那些执掌司法大权的刑部、大理寺官员，任期要求更严，"期满日便与转官"，以防止各级官员结党营私，贪污受贿。

第三，建立严格的监察制度，对各级官员进行全面的监督。宋朝建立了两套监察机构，一是"御史台"，一是"谏院"。在一套监察机构失灵时，另一套仍然能够发挥监督的作用。当时言官不仅对各级官员，甚至对宰相和皇帝都敢于进行严格的监督。由于宋朝实行"不杀士大夫及上书言事人”的政治纲领，所以宋朝有发达的清议政治，言官都敢于说话，没有后顾之忧。而且言官都是通过科举取士进入朝廷的，由皇帝亲自任命，不是某种政治势力的代表，他们的前途并不取决于宰相或者某种政治势力，所以他们无私无畏。还有宋朝的各级官员是相互监督的，下级官员可以告上级官员，就是“一人之下，万人之上”的宰相也难幸免。例如包拯就把他的顶头上司和几位比他职位高的官员弹劾倒了。有谁看见过，在其他朝代产生了包拯这样的人物？宋朝社会是一个比较透明的社会，国家的税率以及其他许多法律法规都是采取公示的形式公开告知于民，如果有地方官员徇私枉法，民告官也是很正常的事情，宋朝老百姓遇到冤屈，朝廷鼓励他们告官，与官吏对簿公堂。各级衙门门口都贴有反腐规训，人民可以上诉、告官，直至胜诉。

　　第四，执行“不杀士大夫及上书言事人”的政治原则，加大庭辩的力度，鼓励官员独立思考，发表不同意见。赵匡胤用法律的形式保护人权，规定以后皇帝不能在朝堂之上鞭打大臣，不准对公卿辱骂。继赵匡胤之后的宋太宗赵匡义，也是非常宽厚的人，不随便加罪于他人。他的后代真宗、仁宗、神宗等也都是宽厚的仁君。所以大臣们都敢于坚持自己的不同意见。一个典型的例子是包拯在朝堂之上，与仁宗皇帝当面争吵，唾沫横飞，以致唾液都溅到了仁宗皇帝的脸上，仁宗皇帝不得不以绢拭脸，而老包却只当不见，仍然在慷慨陈词。仁宗皇帝即使这样也没有对包拯产生什么不好的印象，包拯照样勇于直谏，照样升官。

　　第五，建立舆论监督环境。舆论监督对一个社会防止腐败，是非常重要的。有严格的舆论监督，对官员的权力是有力的制约。压制舆论批评，是专制政治的主要特点。而鼓励舆论批评，是一个国家政治开明的表现，也是现代文明的重要特征。在宋朝，清廉的官员受到社会的广泛赞誉，而贪官是要受到朝野的批评和惩处的。加上宋朝鼓励民告官，司法比较公正，所以官员受到的监督和制约比较严厉。一个官员如果滥用职权，贪污受贿，在宋朝难以立足。例如宋朝就发生过这样一件轰动一时的案件：宰相陈执中的爱妾阿张，捶打女佣迎儿致死，顿时在朝廷掀起一场风波。当时朝廷上下，开封府内外，“道路喧腾”，成千上万的市民责骂陈执中家滥用私刑。欧阳修、赵忭等人纷纷上书指责陈执中“违朝廷之法立私门之威”，要求将凶手阿张“擒付所司，以正典刑”。甚至有人说，陈执中也该杀。在强大的舆论批评之下，凶手受到惩处。

而陈执中本人一直到死，礼官都指责他前事不正。宋朝舆论批评监督的力度之大，可见一斑。

　　第六，允许党派的相互监督和竞争。在北宋的后期，产生了和平的党派竞争，这是当时政治开放的表现，改变了中国社会一言堂的专制传统，有力地防止了腐败的发生。当时有改革派、保守派、主战派、主和派，等等。这些党派互相监督，互相批评，互相制约，轮流执政。虽然有尖锐的政治斗争，但这些政治斗争都是为了国家，只是政见不同，并不是为了图谋私利。虽然党同伐异，但都是为了推行自己的政治主张，斗争的手段是文明的，没有将政治对手从肉体上加以消灭的事情发生。胜利这一方执政之后，对失败的一方，顶多也不过是贬官或者流放的处罚。而且即使政见不同，也没有妨碍个人之间的友谊。如王安石、司马光、苏轼等人，他们虽然政见上有不同，但私谊却还不错。王安石死后，要求朝廷给予王安石以褒奖的人，也不是王安石党内的同志，而是司马光。特别是王安石改革失败被贬官之后，司马光执政，尽废新法，却又遭到王安石政敌苏轼的反对。可见那是一个君子时代。中国历史上有那么多的名人都出现在仁宗朝和神宗朝，绝非偶然，这是适宜的政治环境孕育的果实。以王安石为偶像的改革党和以司马光为偶像的保守党轮流执政近百年，这在中国古代历史上是一个奇迹，说明宋朝社会的高度开放。

　　需要指出的是，宋朝的党派竞争，与现代意义上的民主、共和政治还相差很远。现代文明的政党轮替政治，是通过民主选举来实现其执政的目的，而且实行立法、行政、司法的三权分立。显然宋朝的党派没有民主选举作为基础，也没有三权分立的共和政体，没有达到现代政治文明的水平，不是建立在民主、法治基础上的民主、共和政治。其执政资格不是来自人民的授权。但是，宋朝的党派政治还是有共和的因素。因为共和政治有一个重要特点，就是权力之间的互相制衡，有保护少数人、失败者和反对派的机制。当时以王安石为首的改革党与司马光为首的保守党，互相批评、监督和制约，失败的一方在野时的人身和财产安全是有保障的，不会因为政治上的失败而遭到杀戮，而且在野时可以对胜利的一方进行监督，同时随时可以在政治上东山再起，重新按照自己的政治主张执政。两党轮流执政和相互监督，这是社会上层人物之间的共存和竞争。这种政治虽然不是民主的，但是有共和的因素。所以，它不仅仅是历史上人们常常批评的朋党之争。

中国历史有很多朝代，都存在大臣之间拉帮结伙、互相倾轧、为祸国家社稷的情况。欧阳修对此有过论述："君子同道，小人同利，"历史上和现实社会的朋党，往往纯粹为了个人利益而相互勾结，互为依托，是一个没有任何政治理想和高尚道德的阴谋集团。如唐朝后期的牛党和李党的倾轧，纯粹是为了争权夺利，没有政治意义。而北宋的党派竞争，是有政治诉求的，虽然还没有达到现代民主、共和政治的高度，最后也未能挽救北宋的败亡，但对促进宋朝政治的开放、防止专制的发生和腐败的蔓延，是发挥了重要作用的，对此不能忽视，更不能抹煞。

以上就是宋朝监督皇帝及各级官员、防止腐败发生的主要措施。但更加重要的，是宋朝皇帝本身思想开明，这是宋朝能够有效地制约腐败和专制的根本保证。因为在皇权社会，权力监督体系不是民主的产物，而是皇帝意志的体现。所以皇帝开明与否，是决定的因素。

宋朝大多数皇帝严于律己，生活节俭，不搞腐败，是宋朝能够维持开明、廉洁的政治环境的保证。史载宋太祖赵匡胤生活极为简朴，平常身着粗布衣服，脚上穿麻鞋，宫中用青布做帷幕，没有文采装饰，睡觉的寝宫，用青布和芦苇秆做门帘。有一次，皇后和永庆公主一起劝他说："官家做天子日久，岂不用黄金装肩舆，乘以出入？"赵匡胤笑着说："我以四海之富，宫殿悉饰金，力亦可办。但念我为百姓守财，岂可妄用？古称以一人治天下，不以天下奉一人，苟以自奉养为意，百姓何仰哉？"他坚决拒绝了妻子和女儿的劝告。

赵匡胤不仅自己很朴素，对子女要求也很严格。他的女儿永庆公主曾穿着一件以翠羽为装饰的衣服进入宫中，赵匡胤看见后要她今后不要再穿这件衣服，并不许她以羽毛为装饰。永庆公主开始认为父亲小题大作，说："一件衣服能用几根羽毛？"赵匡胤严肃地说："你这样穿，别人都会仿效，使京城翠羽价格猛涨，商人逐利，导致奢侈之风。你生长富贵之家，当念惜福，岂可造此恶业之端？"永庆公主听后，惭愧地向父亲谢罪。除了赵匡胤之外，太宗赵匡义以及后来的几代皇帝都非常简朴。宋朝的皇宫规模是历朝历代最小的，而且很少大规模扩建和修缮，宋代的后宫规模也是很小的。赵匡胤的妃子限制在 50 名之内，太监不到 50 名。后来太宗、仁宗等皇帝，妃子和太监也没有超过 100 名。可见，宋朝的大多数皇帝对自己要求都是比较严格的。正是因为宋朝皇帝在反腐败上面严于律己，以身作则，所以能够有效地控制臣下的腐败和贪婪之风。

从宋太祖开始，历经太宗、真宗、仁宗、英宗、神宗、哲宗几代，都比较尊重君相互制的游戏规则，遵守"虚己纳谏"的祖宗家法，接受监督，约束自己的权力。例如，宋太祖赵匡胤建德二年，恰逢三个宰相相继去职，赵匡胤想派赵普为宰相，可是按照制度，皇帝的诏敕一定要经过宰相的副署才能有效，然而此刻旧宰相既已全部去职，一时找不到副署人，该项诏敕便无法行下。赵匡胤于是召集群臣会商办法，当时有人提议说："唐代皇帝曾有一次下敕令未经宰相副署，此在甘露事变时，当时前宰相已死，皇帝临时封派宰相，即由尚书仆射参知政事者盖印，今可仿此方式办理。"但很多人反对说："唐代甘露事变，虽曾用此方式，但为乱时变通权宜办法。今大宋升平，不应采此方式。"于是再次会商，最后决定由当时开封府尹副署盖印行下。开封是北宋的首都，开封府尹即等于首都城市的市长，恰好开封府尹当时是赵匡义，是赵匡胤的亲弟弟，即后来的宋太宗，这才算完备了这一诏敕的法定手续。

还有一件事也很能说明赵匡胤对君相分权制度的尊重。有一次，有一个官位出缺，赵匡胤叫宰相赵普拟名。赵普拟好后交给赵匡胤，恰好这个人赵匡胤平常很讨厌，就不高兴地说："这个人怎么能用？"说罢就把写有名字的纸撕了，丢在地上。赵普没有作声，把丢在地上的废纸捡起来藏了。过了几天，赵匡胤又要赵普拟名，赵普早把几天前捡起来的破纸用糨糊粘贴了带在身上，此时又把这纸送上。赵匡胤很奇怪，问："怎么又是此人？"赵普回答道："据我的了解，目前只有这个人最合适。"赵匡胤此时也清醒了，就点点头说："既如此，那就按照你的意见办吧。"由此可见，赵匡胤对法律制度的遵守，没有专制的作风。后来宋真宗也曾说："军国之事，无巨细，必与卿等议之，朕未曾专断。"正因为这样，所以宋朝在没有实行地方自治、三权分立和民主选举的情况下，也能够对权力进行有效的制约。

宋朝皇帝大多数有较高的道德、文化修养，有与人为善的品质，坚持儒家以仁爱之心待人的原则，政治上比较宽容，所以才有了开明的政治环境，这是宋朝以文立国、以仁义治国精神和中央集权加仁政的政治制度得以坚持下来的保证。

　　宋太祖赵匡胤曾读了《尚书》中的《尧典》和《舜典》，叹息说："尧、舜处罚四个凶人，也仅仅是流放，为什么近代法网如此严密啊！"他还对宰相说："五代时期诸侯骄横，有违法的人，朝廷也置之不问。人命至关重要，姑息藩镇，应当是这样的吗？从此以后各州判处犯人死刑的，要记录好案情上奏朝廷，交给刑部重新审查复核。"并立为法令，同时制定"折杖法"，"以递减流、徒、杖、笞之刑。"在犯大辟罪的犯人中，除情节特别严重的外，一般人都被免去死罪。从开宝二年到开宝八年这6年间，有4108人被免去死罪。王彦升擅自杀死韩通，虽然辅佐宋太祖建立宋朝，但终身没有被封为大将，甚至被贬官。王全斌进入四川，贪婪放纵屠杀降兵，虽然立有大功，也立即被贬官黜责。

　　查宋朝的刑律，与唐朝以前的历代刑律都有很大的不同。宋朝主要罪名只有谋反、贪墨、强盗、窃盗、杀人放火等，其中除了谋反属于政治犯罪之外，其余均为刑事犯罪。而唐朝以及唐朝以前各朝代的法律中，政治犯罪的罪名很多，特别是有很多言论、思想犯罪的罪名。这些在宋朝的法律中是没有的。

　　在仁宗时期，四川有个士子，献诗给成都太守："把断剑门烧栈阁，成都别是一乾坤。"这是明目张胆地鼓动地方官造反。成都太守于是将这个士子绑送京城，交给皇上严加惩治。可是仁宗皇帝却说："这是老秀才急于要做官，写诗泄泄愤，怎能治罪呢？不如给他个官做吧。"于是授这个士子为司户参军。从这件事我们可以看到仁宗皇帝的宽容。如果我们把这件事与清朝雍正皇帝对曾静一案的处理方式相对比，其宽容度相差何止十万八千里！同是鼓动地方官造反，一个不但不获罪，反而做了官，一个被掘墓鞭尸，株连九族，血流成河，让人感慨万千。仁宗皇帝在位42年，死时讣告送到辽国，"燕境之人无不远近皆哭"。连辽国皇帝耶律洪基也握着宋朝使者的手号啕痛哭道："四十二年不识兵革矣。"

　　还有神宗皇帝也是这样。有一次，苏轼写了一首《塔前古桧》的诗："凛然相对敢相欺？直干凌云未要奇。根到九泉无曲处，世间惟有蛰龙知"。宰相王珪看了这首诗后，向神宗挑拨说："陛下飞龙在天，苏轼埋怨不被陛下知遇，所以求地下的蛰龙，这是大逆不道。"这种事情如果发生在别的朝代，苏轼的脑袋肯定是保不住的。皇帝肯定会龙颜大怒，可神宗皇帝不但不加罪于苏轼，反而驳斥宰相王珪说："文人诗句怎么能这样推论？苏轼吟桧和我有什么相干？"宰相章惇也说："龙未必专称天子，做臣子的也可以称龙。"神宗赞同这个看法，说："自古臣子称龙的并不少，东汉有荀氏八龙，孔明自称卧龙，难道都是天子吗？"说的王珪哑口无言。神宗对人的宽容态度，在古代中国也是很少见的。

宋代不推行愚民政策，没有文字狱，没有连坐法，不像很多朝代那样，士大夫因为说错话就要遭到杀头，甚至全家抄斩，株连九族。宋代对文人士大夫的处罚，一般只是降级，最重的也不过是流放。宋代政治开明，还在于这个朝代 300 年也没有出现过后宫、外戚干政乱国现象，没有出现过特务统治。

宋朝政治设计的成就和局限性

由于宋朝有先进的政治设计，加上皇帝的开明统治，使宋朝在政治上取得相当大的成功。其主要的表现，就是使当时真正成为知识分子、官员士大夫以及广大民众的黄金时代，使他们敢于毫无顾忌地抨击时政，发表自己的政治见解和政治主张，涌现了大批正直不阿、敢想敢说、有独立意志的官员，如寇准、范仲淹、包拯、王安石、苏轼等。这就是宋朝政治上比唐朝更加开明、更加具有包容性的地方。这种开明的政治气氛，使得宋代的大臣人格独立，在国家的政治生活中担当十分重要的角色，有些时候甚至是主角，这是中国其他朝代所没有的，即使现代也是不多见的。

有一个典型的事例，说明宋朝的文人士大夫是具有独立的人格而不趋炎附势，不巴结权贵。宋真宗的德妃刘娥出身贫寒，十多岁时嫁给银匠龚美为妻，后来夫妻俩离开四川来到开封打工。龚美由于生意不好，欠了一屁股的债，只好把老婆刘娥卖了。恰好被当时身为襄王的真宗要进了襄王府。后来襄王即位为真宗，刘娥也一路被升为德妃。襄王还有意要立她为皇后。但德妃感到自己出身太寒酸了，就到处找姓刘的高官，拉关系，套近乎，想攀门高亲，认个高贵的祖先。她先找到开封知府刘综攀亲，后来又找继任的开封府刘烨，对他们说："我想看看你们的家谱，说不定咱们是亲戚。"这事要是搁到别的朝代，或者是搁到今天，那还不是天上掉下来的馅饼？国母娘娘主动拉关系，那不是天大的福气吗？平常做梦想巴结还巴结不上呢，哪有不答应的道理？可那是在宋朝，宋朝的文人士大夫是中国历史上最高傲、最有骨气的一群知识分子，对这种事，不但没有兴趣，而且觉得很无聊，所以刘综和刘烨直接就把刘德妃给拒绝了。刘综回答说："我家从来没有人在宫里。"而刘烨则根本不把家谱给刘德妃看。刘德妃没有办法，只好认前夫龚美为大哥，龚美改姓刘。她的出身也改为出身于太原的一个没落的刘姓将门之后。刘德妃当了皇后之后，特别是真宗死后由她处理军国大事，主政达11年之久，也没有看到她对刘综和刘烨进行打击报复，也没有提拔前夫做高官。如果不是在宋朝而是在任何别的朝代，这件事都绝不是这样的结果。

由此可以看到，宋朝是中国知识分子政治上有理想，文化上有创新，道德上有追求，人身上有保障的社会。宋代的知识分子的地位空前提高，确实活得很有尊严，思想独立自由，人格高贵。可以说，"先天下之忧而忧，后天下之乐而乐"，就是宋代大多数知识分子高尚情操的写照。更加使人感动的是，崖山之战，陆秀夫背着少帝蹈海身亡之后，还有十多万南宋官兵和文人士大夫也跟随着蹈海殉国，浮尸大海波涛之上，这在中国历史上是罕见的现象，其情景非常悲壮。还有南宋将领张世杰面对元军的多次劝降，回答说："我知道投降就可以不死，而且可以得到富贵。但我是为国家而死，这种决心是不可以改变的！"张世杰一直战斗到最后一刻，才跳海身亡。南宋宰相文天祥被蒙古人俘虏之后始终没有投降，直到南宋灭亡四年之后，蒙古人才将宁死不屈的文天祥杀害，文天祥写下了"人生自古谁无死，留取丹心照汗青"的诗句，慷慨赴死，表现了宋人宁死不屈的民族精神。这与明朝灭亡之后满朝文武先是投降李自成，后是投降满人当汉奸奴才的局面，该是多么鲜明的对比！就像《桃花扇》剧本所写，当时没有当汉奸的只有李香君这个妓女。文人无骨是社会压抑、腐蚀和迫害的结果，社会沉沦的最大特征就是文人的堕落，明朝文人士大夫的人格还不如一名妓女高贵，这本身就是对明朝黑暗政治的彻底否定。

严格地讲，宋朝并没有形成所谓的官场和官场文化。宋代的官员士大夫并没有什么潜规则需要遵守。宋朝的皇帝和官员在宋徽宗之前，腐败现象并不严重。贪污受贿、官官相护、吹牛拍马、阿谀奉承、见风使舵等等官场游戏规则，在宋代是没有市场的。就是皇帝、后宫也没有贪恋皇权的欲望。宋太祖并没有传位给自己的儿子，而是传位给自己的弟弟。宋代皇帝有好几位都是在世时就传位给后人了。宋朝不像其他朝代那样，为了争夺皇位，父子、兄弟、夫妻等亲人之间相互谋害，相互屠杀。宋代曾多次出现太后临朝听政的事情，这都是因为皇帝年幼没有能力处理军国大事才迫不得已采取的临时措施，一旦皇帝成熟，太后就立即还政于皇帝。所以宋朝的政治是清明的，不像清朝的慈禧太后垂帘听政达 48 年之久，把国家政治搅得一团漆黑。可以说，宋朝以文立国、以仁义治国、实行中央集权加仁政的政治设计是取得了很大成功的。

但是也要指出，这种政治设计，与现代民主、共和、自由和法治的现代文明，还是有很远的距离。它还是人治而不是法治。这就是宋朝政治设计的局限性。

在宋朝，皇帝依然是国家的所有者，而家天下则必然实行血缘世袭制度。最高权力的转移方式，缺乏科学的民意的基础。而且皇帝还是最高的执政者，其权力是至高无上的。宰相是由皇帝任命的，不是人民投票选举出来的，皇帝还掌握着宰相生杀大权，在这种情况下，宰相不可能制约皇帝。同时，宋朝没有地方自治制度和立法、行政、司法三权分立的体制，没有权力制衡机制。没有任何力量能够制约皇帝，罢免皇帝。皇帝如果腐败，任人唯亲或者胡乱决策，就会给国家带来灾难，"一主昏暴而天下同祸"，这是没有人可以阻止的。就是有再多的监督机构，也无能为力。这与君主立宪制度下的虚君共和制度是有本质区别的。

在君主立宪制度之下，君主只是国家的象征，并没有实际的权力。实际的权力掌握在首相的手中。而首相又是通过人民投票的方式竞选出来的，同时对首相的权力有多方面的制约，所以首相要胡乱决策、以权谋私和腐败很难。而君主由于没有掌握实权，虽然是世袭制，可能生活很腐败，但也不可能对国家政治造成多大的危害。地方实行的是自治制度，地方长官是民选而不是任命的，中央与地方可以互相制衡。这就是现代民主、共和制度的先进之处。显然，宋朝的文明程度离此还有很大的距离。所以宋朝的开明政治的基础是脆弱的。因为这其中的偶然性的因素很大。只要某个皇帝改变了开明的统治措施，这一切都将改变。所以后来宋朝就出现了宋徽宗的腐败和专制的统治，并直接导致了北宋的灭亡。

　　公元1100年，宋哲宗去世，没有儿子，他的母亲向太后主张由亲王赵佶继任。但是宰相章惇却坚决反对，他大声说："赵佶轻佻！"章惇认为赵佶这个人虽然多才多艺，但人品不高贵，不适宜担当一国之君的大任。他主张由另一位亲王赵似继任。他们都是宋哲宗的弟弟。可是章惇的意见却没有得到向太后的响应。向太后认为赵佶这个人长得有福相，聪明，而且多才多艺，却不喜欢那位诚实敦厚、不会说甜言蜜语的赵似亲王。结果还是由赵佶继任皇帝位。北宋的悲剧由此而酿成了。

　　如果当时皇帝的继承人不是由向太后一人钦定，而是由大臣们共同推荐选择，那么，北宋不可能出现政治腐败的局面。当年西汉之所以出现繁荣的局面，就是因为汉文帝是在吕后去世后，由大臣们共同推选的，不是由吕后生前钦定的。如果由吕后随意钦定人选，西汉当时就会遭到毁灭的命运，哪里还会有"文景之治"的出现？但是北宋没有这么幸运，偏偏碰上一个反对王安石改革、思想保守古板而又自以为是、喜欢别人吹捧的向太后，结果皇帝的继承人不是由大臣们共同推选，而是由她一个人说了算，导致了北宋惨剧的发生。可见，在世袭的宗法社会里，要长期实现国家最高权力的成功转移，是很难做到的。因为这其中的偶然性实在太大了。谁能保证皇帝生出来的儿子个个都是健康、英明的统治者呢？

　　历史证明，宋徽宗当上皇帝是中国社会最大的不幸，也是宋徽宗个人跟他赵氏家族的不幸。他当上皇帝时只有19岁，由向太后临朝主政，但她当权不到7个月，就去世了，由宋徽宗完全主政。宋徽宗完全抛弃了"虚己纳谏"的祖宗家法，在他的手中，结束了一百多年政党轮流执政的历史。他一上台就把反对他继承皇位的宰相章惇贬到离都城开封八百多公里外的睦州（浙江德江）。显然这是打击报复以泄私愤。随后，他放纵皇权，任用宦官、奸臣，排斥敢于批评朝政的大臣，堵塞言路，使原来政党之间互相监督、互相制约的监督机制和权力制约体系形同虚设，使中国回到了历史上的皇帝专制时代，朝野上下邪气上升，正气下降，国家政治越来越黑暗。当时社会再没有出现像王安石、司马光这样著名的政治家，相反，却出现了像蔡京、童贯这样的奸臣和宦官把持朝政的局面，还出现了"六贼"和"十恶"。在这些人中，就有童贯、梁师成、李彦、谭稹、梁方平、李毅等十多名宦官。他们为宋徽宗制造的最大腐败工程和暴政就是"花石纲"，弄得浙江一带老百姓怨声载道，直接导致方腊暴动，反抗官府。虽然这次暴动规模不大，而且很快被平息下去，但确实反映了宋徽宗时期的腐败给人民带来的痛苦。

宋徽宗生活奢侈，后宫人数急剧增加，最多时超过万人，以致宦官的人数也急剧增加到数千人。宦官的权力越来越大，甚至可以指挥军队，参与国家机密。宦官权力的膨胀，是政治腐败的典型表现。

"御笔行事"，是宋徽宗破坏国家法治和权力监督制约体系的恶劣手段。所谓"御笔行事"，就是皇帝用手诏的形式，直接交付有关机关执行，中间没有经过中书省商议，不由中书舍人起草，不交门下省审议，不经宰相盖印副署，就由皇帝在宫中决断。宋徽宗如此独断专行，造成严重的决策失误和腐败行为，以致"号令日紊，纲纪日坏"，北宋王朝晚期的权力制约体系面临崩溃。结果导致政府的决策失误，政治腐败，军队战斗力不强，军事指挥几乎近于儿戏。

例如靖难之役的发生，本来是完全可以避免的，当时开封军民正殊死保卫首都的安全，可是兵部尚书孙傅却迷信方士郭京的道法，居然深信郭京"能六甲法，可以生擒金二帅"的鬼话。在孙傅的蛊惑之下，徽、钦二帝也居然相信了这种谎言，令郭京带领一批"神兵"出战。郭京命令守军撤离，不准偷看，不然道术不灵，然后大开城门，命令"神兵"与金兵作战，结果大败。金兵乘势攻城，铜墙铁壁般的开封城霎时陷落。金兵将徽、钦二帝及几千皇族成员押往荒凉、寒冷的北方，北宋灭亡。可见，北宋的灭亡并不是大宋王朝军事力量被消灭，也不是整个国家被占领，而只是荒唐的军事指挥所导致的悲剧，带有很大的偶然性。如果不是昏庸的徽、钦二帝迷信方术，如果他们任命的国防部长（兵部尚书）不是孙傅这样的草包，而是优秀的军事人才，开封不可能会被攻陷，北宋不可能这么快就灭亡。

南宋的灭亡也有制度上的原因，主要是北宋时期的台谏制度在南宋时期已名存实亡，对皇帝和宰相缺乏应有的监督。言官在南宋后期基本上不起作用，因此导致贾似道等奸臣的猖獗，最后造成了南宋的灭亡。事实上，南宋初年，已经改变了北宋末年宋徽宗专制和腐败的局面，实行更加自由、开放的政策，使经济的繁荣超过北宋时期，而且军事力量也迅速强大起来。著名的将军岳飞率军收复了大片国土，金军受到强有力的攻击，节节败退。但是，由于宋高宗以"莫须有"的罪名将岳飞杀害，自毁长城，南宋的国防力量从此衰落。南宋在杀害了岳飞的同时，还先后任用了秦桧、贾似道等奸臣，误国误民。由于监督力量的消失，后来让贾似道等人通过欺上瞒下的手段而为非作歹。面对蒙古军队的强大进攻，贾似道一方面蒙蔽皇帝，一方面欺骗舆论，排斥、打击一大批优秀的将领，使得军心涣散，被蒙古人一一攻克。可以说，南宋是亡在贾似道的手里。

宋朝虽然灭亡了，但不可否认的是，宋朝以文立国、以仁义治国、实行中央集权加仁政的政治模式，曾经为中国创造了自由、开放的社会环境，把中国带进了高度文明和繁荣的社会，至今依然是中国人引以为自豪的成就，其成功的经验在今天仍然有不可忽视的价值。

宋朝和平发展基本国策的得失

长期以来，人们批评宋朝的理由，主要是这个朝代不像西汉前期和唐朝前期那样，建立一个疆域辽阔的大一统帝国。宋朝的版图不大，特别是南宋以后，偏安一隅，最终被蒙古军队消灭。所以，很多史家都批评宋朝苟且偷安，积贫积弱，认为宋朝是一个政治腐败、保守和无所作为的朝代。

不能说这些批评完全不对。但是我们今天依据当时的国家形势，用现代文明的观点来进行客观地分析，就会发现这些批评是有些武断和片面的。其实宋朝在确立以文立国、以仁义治国、实行中央集权加仁政的政治模式的同时，实行了和平发展的基本国策。这个基本国策是宋朝根据当时的实际情况制定的。这个国策为大宋王朝经济的迅速发展和文化、科技、教育的迅速繁荣创造了重要的条件，但最后没有战胜外族的入侵，而导致了国家的灭亡，这有其客观的原因，也有国策失误的因素。所以我们今天应全面地了解宋朝，正确地吸取经验教训。

第一，宋朝制定和平发展基本国策的历史原因。

一项基本国策的制定，都是国家的统治者根据当时国情决定的。宋朝之所以会制定这样一个基本的政策，是因为严重的藩镇割据、军人乱政导致国家分裂以及外族日益强大的威胁，而不得已的选择。

宋朝时国家的疆域的确不大，根本不能跟西汉前期和唐朝前期国家的疆域相比，这是事实。但人们不能忽略的是，西汉和唐朝的疆域的奠定，并不是本朝的功劳。西汉是建立在秦朝疆域的基础上，而秦灭六国，建立了一个版图空前辽阔的大一统帝国。唐朝是建立在隋朝的基础上，隋朝也给唐朝留下了一个地域广阔的大一统国家。所以西汉和唐朝的疆域很大。特别是秦朝和隋朝为西汉和唐朝解决了边患问题。即使这样，西汉和唐朝初年，还是在与北方游牧民族的战争中，屡遭失败，开始不得不采取和亲政策。

　　但宋朝没有西汉和唐朝那么幸运。安史之乱发生，唐朝从此一蹶不振，并面临着藩镇割据、宦官专权、外族入侵、朋党之争等一系列社会危机，直接导致了黄巢暴动，攻陷长安，之后出现了五代十国的混战局面。从安史之乱发生到北宋统一，时间长达 225 年之久。这种局面的出现，是安史之乱后军人造反乱政、藩镇割据造成的。宋朝开国后，北面有契丹（后改为辽）国，东南西边还有后蜀、南唐、南汉、吴越、闽等很多国家。其中最可怕的事情，就是安史之乱引起严重外患，导致西域、河西走廊等地丧失。由于安禄山叛变，中央将陇右（青海）、河西（甘肃）等战区的军队调到中原参战，结果国门洞开，吐蕃王国乘机沿着一千多公里的边境发动总攻，一直攻进长安。皇帝李豫仓皇逃到陕州（河南三门峡）。后来吐蕃军队虽然撤离长安，但依然屯兵于泾州（甘肃泾川），将河西走廊与中原的交通拦腰斩断，西域（新疆及中亚东部）遂像断了线的风筝，全部沦入回纥和吐蕃之手。

　　后来回纥和吐蕃王国虽然衰落下去，但北方的契丹（后改称辽）国开始崛起。辽国先后征服松花江流域的渤海王国，向西又陆续拓展到阴山以西，统治力直达新疆。由于唐朝内部忙于内战，无法对辽国的崛起作有效的反击，结果辽国节节进逼。这时候的辽国，国力日益强盛。他们对汉人很尊重，专门成立了北面政府和南面政府，其中南面政府主要就是管理汉人的政府，完全效法唐朝政府的结构，以便汉人能够适应。大量的汉人进入辽国，带去了先进的文化和技术，使辽国迅速地脱离游牧落后状态，农业经济和文化都发展很快。唐朝隔着长城，与辽国对峙。

　　到了五代十国时期，更严重的事情发生了。后唐帝国的河东战区节度使石敬瑭发动兵变，推翻后唐皇帝李从珂，建立后晋。可是石敬瑭发动兵变并不是依靠自己的力量，而是依靠契丹帝国的援助，石敬瑭向契丹皇帝耶律德光表示，愿意割让长城以南燕云十六州的土地给契丹国作为报酬。此外，石敬瑭还尊称耶律德光为"父亲"，自称为"儿子"。

于是耶律德光出兵帮助石敬瑭做了儿皇帝。当时石敬瑭47岁，而耶律德光才37岁。37岁的人收养一个47岁的儿子，石敬瑭认贼作父的可耻行为给中国历史留下了最难堪的一页。

燕云十六州包括今天的北京、天津、河北、山西等许多地方的重要城镇，东西约600公里，南北约200公里。这十六个州的丧失，使辽国军队越过长城深入到中国的内地，长城天险已经不复存在，没有一个险要的关隘可以阻挡辽国的铁骑。后来后周皇帝柴荣虽然带兵攻下了十六州中两州，即瀛州（河北河间）和莫州（河北任丘），正准备攻打最重要的幽州（北京）时，柴荣病倒后去世，年仅39岁。柴荣是中国历史上英明的皇帝，他的去世给后人留下无限的遗憾。英雄的夭折使收复失地的伟业也半途而废。

赵匡胤在柴荣死后发动陈桥兵变，篡夺了后周政权，建立宋朝。但他面临的形势却非常严峻。一个是后周许多将领对他"黄袍加身"非常不满，意图叛乱，还有一些骄兵悍将也蠢蠢欲动，想步他的后尘，取他而代之；二是还有很多王国没有统一，对宋朝有很大的威胁；三是辽国军队虎视眈眈，想趁机侵入中原。在这些矛盾中，国内的不稳定是主要的危险，随时都会出现改朝换代的兵变。

在这种情况下，赵匡胤必须放弃柴荣首先夺取燕云各州、统一北方的计划，而自己首先要做的是稳定自己的政权。因此才有了"杯酒释兵权"的事件发生和以文立国的政治转变。然而，有一得必有一失，解除了骄兵悍将的兵权固然稳定了赵匡胤的政权，但是一大批优秀将领的去职，却使他的军队的战斗力大大减弱了。要战胜北方强大的辽国，夺回燕云各州，已经不太现实。这一点，赵匡胤心里应该很清楚，所以他不再把北方当作战略重点，而是全力统一南方。在平定南方各国的同时，赵匡胤已经决定实行和平发展的战略，不再把战争作为国家的首要战略选择了。在北方，他只在瀛州、常山、易州等重要军事据点配置重兵，从事防御。对燕云各州，赵匡胤不打算用武力攻取。他专门设置了一个"封桩库"，积蓄金帛，准备作为赎回燕云各州的费用。如果辽国不同意赎取，就把这些金帛作为攻取燕云的军费。赵匡胤曾经明确地对大臣们谈到这个打算。但南方各国还没有完全平定，赵匡胤就在斧声烛影中去世了。

赵匡胤准备用经济仗打赢政治仗，用赎取的方式来换回领土，这种和平发展的思维是一种创新。但他去世之后，他的弟弟、宋太宗赵光义开始没有坚持他的这个计划。979 年，宋太宗赵光义灭掉北汉后，就乘胜移师河北，用武力攻取燕云。开始节节胜利，然而在幽州（北京）战役中遭到顽强的抵抗，久攻不下。其后辽国增援的大军赶到，用骑兵于高粱河边将宋军拦腰截成几段，宋军大败。赵光义负伤逃回。后来，赵光义还发动了三次夺取燕云的战争，开始都是长驱直入，节节胜利，可是后来进入平原开阔地带，被敌方袭击了补给线，切断了粮草和退路，用骑兵将宋军切为几段而各个击破。宋军是步兵，机动性不高，西北军队的骑兵优势在于机动性，聚则呼啸而至，散则倏忽而去，寻其决战而不得其门，不期而至则防不胜防。几次北伐，均以惨败告终。但宋军要组建骑兵很困难，因为只有河套地区是军马的养殖地，可是安史之乱后，河套地区已经丧失，辽国不允许军马进入中原。这就制约了宋军的战斗力。

赵光义在这种情况下，也意识到要武力夺回燕云各州已经不再可能，于是接受了赵匡胤和平发展的思想。在这种思想的指导下，宋朝开始实行"强干弱枝、重文轻武和守内虚外"的政策，把主要的注意力放在发展国内的经济、文化和教育事业。这是当时的国际形势决定的战略选择。

对于这一点，赵光义后来就老子《道德经》发表感想说："朕每读至'兵者，不祥之器，圣人不得已而用之'，未尝不三思以为规戒。王者虽以武功克受，终须文德致治。"所以宋朝后来的立国方针是和平、仁义、发展工商业和教育文化事业、强国富民，而不是穷兵黩武、滥施暴力和严酷的专制。正是因为这个对外和平、对内仁义的基本政策，才使得当时的国家出现了欣欣向荣的景象，使人民过上了 300 年自由、富裕、文明而有尊严的生活。

在这里，我们有必要特别提到被许多人批评为屈辱的"澶渊之盟"。公元 1004 年（景德元年），宋真宗御驾亲征渡过黄河，率宋军与屡犯边境的辽军大战十多天。辽国大将萧挞览中箭身亡，辽军士气大挫。最后辽军抵挡不住，请盟议和。虽然寇准不同意议和，主张乘胜追击，但宋真宗却渴望和平，不喜战争，决定在胜利的情况下与辽国签订了"澶渊之盟"，每年给辽国绢 20 万匹和 10 万两白银。公元 1021 年宋朝的国家财政收入总数为 2653 万贯。一两白银当时约等于 1 贯铜钱。

10 万贯对宋朝每年的巨额的财政收入来说是不值一提的。

澶渊之盟是胜利者平息战争的盟约，绝不是失败者进贡赔款的盟约。"澶渊之盟"使中国的北方恢复安定，促进了汉、契丹两族的经济文化交流，使宋的商业、经济、科技、技术等都得到了长足的进步。这是宋真宗继续坚持和平发展的基本政策的结果。

第二，和平发展基本国策的利弊。

宋朝和平发展的基本国策的主要内容是，在国与国的关系方面，坚持和平外交，促进经济、文化交流和竞争，而不诉诸武力。与辽国以及后来的西夏、金等国家的关系，是每年给了这些国家一定的经济补偿，维持和平局面。在与日本、中亚、南亚、西亚、南洋诸国以及欧洲、非洲各国之间，主要是以贸易为主。

在国内，宋朝坚持重文轻武、强干弱枝和守内虚外的方针，对军队和地方控制很严，但在政治、经济、文化、教育、思想方面放得很开。文人的地位很高，而武人的地位很低。文官领导武官。在宋朝，从事政治、文化、教育、工商业等，都很有前途，当兵却没有前途。这个情况与当年英国差不多。英国由于英伦海峡的阻隔，没有国外的军事威胁，所以没有常备军，军人没有前途。而从事政治、文化、教育、工商业等都有前途。所以政治、文化、教育、工商业都很发达，而军事不发达，军事力量不强。

在军事方面，宋朝为了消除藩镇割据、武将造反的隐患，除了用文官统帅军队外，还把重兵、精兵集中布防在京师周围，由皇帝严加控制，这就是"强干"，从而削弱地方兵力，使地方军队无力同京师兵力抗衡，而不敢有异心，这就是"弱枝"。守内虚外，就是军队主要用来防止国内出现动乱，而对辽国以及后来的西夏、金国等取守势，不主动进攻这些国家。所以说边防比较空虚，一旦与这些国家发生矛盾，一般都是采取谈判的方法解决，而不诉诸武力。

为了达到和平发展的目的，宋朝的统治者都把主要精力放在发展国内经济、文化、教育之上，关注民生。翻开宋史，这方面的记载比比皆是。仅以宋朝经济立法为例，宋朝的经济法律已经非常完备。著名的王安石变法，其主要内容就是改变一些旧的法律而立新法。如方田均税法、均输法、农田水利法、青苗法、募役法、市易法、将兵法、保甲法、保马法等。这些新法主要都是有关经济方面的，涉及军事的很少。

　　宋朝实行和平发展的基本国策，推动了国家经济、文化、教育等的发展，取得的成就是非常巨大的，这方面的内容我们将在后面专门加以叙述。这里我们主要来看看这一国策的不利影响，主要是过分吸取了藩镇割据、武人造反的教训，对军人防范过度，没有培养军事人才，以致严重削弱了国防力量。加之军队管理混乱，互不统属，又长期没有训练，战斗力不强。和平安逸的生活使宋人不习惯打仗，不是西北那些从腥风血雨中奔突出来的原始凶猛的铁骑的对手。特别是武器装备没有及时更新，延缓了军队现代化的进程，没有实现军事工业革命，错失了走向热兵器时代的大好时机，造成了冷兵器时代的文明悲剧。这方面的教训尤其深刻。

　　人类战争主要分冷兵器作战时代和热兵器作战时代。冷兵器主要是刀剑弓箭等。热兵器是现代的枪炮等。在人类的文明史上，大多数时间都是用冷兵器作战。一直到西方工业革命之后，热兵器时代才真正来临。利用热兵器作战是不需要战士相互接触便可以大量的杀伤敌人。因此，西方工业革命是人类战争历史发生根本变化的重要标志。在热兵器时代，装备有先进火器的军队，在与冷兵器文明作战时，基本上占有战场上的绝对优势，所以，热兵器作战时代是要以先进的经济和技术为基础的。

　　宋朝是当时世界上最先进的国家，甚至发明了火药（热兵器的基本物质）和开始试制大炮和火枪，在开封等地已经建立了兵工厂。但由于统治者对军事科学技术不重视，没有及时加大投入，扩大规模，改进技术，将经济和技术上的优势转化为军事上的优势，尽快制造出威力巨大的火器并迅速普及到军队之中，运用到实战上。结果，还是以刀剑作为战争的主要武器，没有实现从冷兵器到热兵器的历史转变，没有取得战争的优势。令人感叹的是，宋朝离此已经不远了，也可以说是仅差一步之遥，然而就是这一步之遥，使它先亡于金人，后亡于蒙古人。

　　宋朝开国之初，面对着军人乱政、军阀混战的局面以及国家具有强大的军事力量的形势，实行强干弱枝、重文轻武和守内虚外的政策是有其充分的理由的。但到了后来，藩镇割据、军人乱政的危机已经消除，特别是在金、蒙古等强敌压境的情况下，仍然不及时调整这样的国策，就是很大的失误。王安石变法曾经改变了这一政策，他积极加强国防，起用杰出的军事将领王韶，训练军队，更新武器，收复了河湟地区

（青海省东北部），取得很大的成绩，可是王安石的政策后来被废止，王韶也被撤职。特别是南宋皇帝高宗对武将抱着很深的防范心理，生怕岳飞军事力量的强大会导致武人造反的结局，所以将岳飞杀害，自毁长城，使岳飞收复北方的战争功亏一篑。如果要吸取宋朝的教训的话，这些教训是必须要吸取的。

宋朝改变了重农抑商的传统经济政策

宋朝以文立国、以仁义治国、实行中央集权加仁政的政治模式和和平发展的基本国策，虽然在国防上处于被动，但却在经济、文化、教育等方面取得了辉煌的成就。首先就是实现了经济发展模式的历史性转变。

按照亚当·斯密的观点，分工的发生将使生产活动的专业化水平得以上升；而专业化水平的上升，则创造了供给与需求；于是，贸易随之出现。供给与需求的增加，则意味着市场容量的扩大，而市场的扩大，又进一步促进专业化与分工的发展。这种分工与市场贸易互为因果的良性循环，正是亚当·斯密在《国富论》中提出的最重要的思想，也是亚当·斯密所认为的经济发展的起源。经济社会就是不断地从这种分工与市场扩大的良性循环中获得成长的。后来英国工业革命的发生，正是大西洋贸易触发了上述经济成长的良性循环过程而带来的结果（参看杨小凯《为什么工业革命在英国而不在西班牙发生？》）。

用亚当·斯密的经济思想来观察中国古代的经济模式，我们可以发现，在中国春秋战国以后的历史上，以农为本、重农抑商都是历朝历代的基本国策，这个政策使中国社会长期陷于小生产的汪洋大海。而小生产的自给自足经济不能促进分工和专业化水平的提升，不能创造更多的供给与市场需求，商业和贸易很难发展起来；而没有分工和专业化水平的提升，则无法促进劳动生产率的提高和经济效益的成长；特别是没有商业和贸易的发达，没有市场的需求，则无法推动新兴产业的诞生，无法开启工业化的过程。虽然唐朝时有了较为发达的手工业和海外贸易，但是在重农抑商的政策束缚下，分工和专业化水平始终没有得到很好的提升，市场需求和贸易始终不能成为推进工业化的动力，不能为经济模式的变革做出贡献，社会的经济结构和产业结构因此不能有所变化。

　　而宋朝之所以实现了经济发展模式的历史性转变，导致"商业革命"，是因为只有宋朝是我国历史上唯一不实行"抑商"政策的王朝。宋朝大力推行"通商惠工"政策，推进工商业的发展，加快城市化的进程，从而促进了分工和专业化水平的提升，不断创造供给与需求；而供给与需求的不断扩大，又不断促进分工和专业化水平的提升，带动了与产业和贸易相关的制造业、服务业等新兴产业的出现，这种贸易与分工相互促进的循环过程，推动经济社会不断朝着市场化和工业化的方向发展，大大提高了劳动生产率和经济效益，从而推动了社会经济结构和产业结构的转变，创造了国家经济空前的繁荣。特别是随着分工和专业化水平的不断提升，新型能源的使用，科技和制造业的发展，国内自由竞争的区域性市场的形成，金融业的迅速发达和商业信用手段的广泛使用，私营经济的崛起，土地私有权的确立，国有垄断的逐步打破，农业的逐步商品化以及海外贸易的繁荣，大商人大资本的涌现等，都已经为现代大工业文明的产生奠定了良好的基础。事实上，宋朝的初期工业化进程，已经孕育了现代大工业革命的胚胎。正如赵德馨主编的《中国经济通史》所分析的那样："宋代社会的确与汉唐社会迥然不同，已经跨入了一个崭新的发展阶段，这个新阶段的本质特征就是工商业文明在传统社会的躯壳内的急速成长！"可以说，中国历史上经济最繁荣、人民生活最富裕的朝代是宋朝。人们只要拿起一幅《清明上河图》细细揣摩，就不得不惊叹宋朝城市的繁荣和商业的发达，人民生活在清平的花花世界。

　　为了说明宋朝商品经济的繁荣，我们首先来看看宋朝商税的急剧增长。我们在这里采纳的是赵德馨主编的《中国经济通史》所提供的数据：在北宋太宗至道年间（995—998 年），全国货币总收入是 2224 万贯，商税是 400 万贯，占货币总收入的 18%，到了真宗天禧末年（1021 年），国家货币总收入是 2653 万贯，商税则上升到 1204 万贯，占货币总收入的 45.4%，到仁宗嘉祐年间（1041—1048 年），国家货币总收入是 10300 万贯，商税是 1975 万贯，占货币总收入的 20%，此后，北宋国家货币总收入基本维持在 4000—5000 万贯左右，商税收入维持在 800 万贯左右。

　　对于商税与商品交易额的比例，这部《中国经济通史》是这样分析的："大致而言，北宋政府的商税收入占其货币总收入的 1/5 左右。

按照宋代抽2%的过税（流通税）、3%的住税（销售税）、总税率为5%计算，则进入流通领域的商品总价格当为税额的20倍。据此，北宋初年收取400万贯商税时的商品交易额即达8000万贯。庆历年间因宋夏战争爆发而大肆征商，所以1975万贯之商税不能视为常数。姑以英宗治平年间一年收取846万贯计，则商品总价格即近1.7亿贯铜钱。当时宋区人口1418万户，7090万人，则平均一户一年消费商品合铜钱12贯，一人合2.4贯。这在汉唐是绝对不可想像的事。由此可见宋代商业规模的巨大和城乡居民卷入商品经济旋涡之普遍。"

日本学者左藤圭四郎曾经对宋朝农村商品经济的情况进行了认真的研究，1995年在《关于宋代江南的农家经济》一文中指出，宋代江南农村中有水田50亩以下、年收米百石的下等户，其支出为每年90石米，其中约有30%左右换成铜钱作为支付手段。这个水平高于同时代的西欧、西亚社会的货币经济比重。说明商品经济已经深深地卷入宋代的农村之中，农业的商品化、货币化趋势有力地打破了农村绵延千年的自给自足经济。正是这种发达的商品货币经济，奠定了城市兴起及其不断扩张的基础，使宋代的市场经济不断走向繁荣。

宋朝工商业的繁荣，得力于国家的推动。宋朝立国之后，宋太祖赵匡胤在"杯酒释兵权"时，就公开号召石守信等拥兵诸将"多积金、市田宅以遗子孙，歌儿舞女以终天年"。这一导向推动了宋朝商业大潮的兴起。后来宋朝政府还制定了一系列的政策和法规，如仁宗时制定的《天圣法》、商税条例以及神宗时的"二八抽分制"等，都鼓励民间"通工惠商"，支持和鼓励各地开采矿山，组织茶盐开发，发展冶炼、纺织、瓷器、造船、酿酒等手工业。北宋时期就大量开采金、银、铜、铁、煤等矿藏，全国各地的制造工厂和加工工厂，如雨后春笋般涌现，如煤矿、钢铁冶炼厂、金银铜器制造厂、纺织厂、造船厂、火器厂、造纸厂、印刷厂、陶瓷厂，等等。厂里的工人都是按时拿工资的。其中信州铅山场（今江西上饶境内）的一个铜铅矿，就常年雇佣工人十多万人，日夜开采，是宋朝冶铜、铸钱的重要基地。据洪迈记载，这里"得铜铅数千万觔（斤），置四监鼓铸，一岁得钱百余万贯"。这个产量相当于北宋晚期年铸铜钱最高额500万贯的1/5，规模之大可以想见。还有岭南韶州（今广东韶关）岑水场，神宗元丰元年（1078年），该场产铜1281万斤，占当年宋朝政府全部"铜课"的80%以上，工人也超过 10 万人，规模惊人。

工商业的发展，分工和专业化水平的提升，必须得到能源、交通等基础产业的支持。宋朝工商业文明的迅速生长，与当时"煤铁革命"的发生是分不开的。煤的工业开采和灌钢法的推广运用，被美国学者罗伯特·哈特威尔在《北宋时期中国煤铁工业的革命》一文中，称之为"煤铁革命"。正是在煤铁革命的推动下，宋朝的手工业取得了突飞猛进的发展，其中矿冶、陶瓷、纺织、造船、印刷和井盐等行业的成就尤其显著。

煤炭作为当时的新型能源，宋时被称为"石炭"和"矿炭"（西方人称之为会燃烧的石头），开始被广泛应用于冶炼和人们的日常生活。据《宋会要》的记载，北宋仁宗时期，朝廷"许令民间任便收买贩易"煤炭，使煤炭的市场交易和消费迅猛增加。开封是拥有百万人口的大城市，不论是老百姓还是达官贵人，都靠煤炭取火。南宋初年，庄季裕回忆北宋汴京盛况，说："昔汴都数百万家，尽仰石炭，无一家燃薪者。"这话也许有点绝对，但开封绝大多数家庭都以煤为燃料，应该符合实际。还有河东境内和全国各主要城市的居民也基本用煤作燃料。当时西方都是用木头劈柴生火做饭取暖。中国一直到 20 世纪 70 年代各大城市都没有达到城市全部用煤的水平。冶炼和生活的广泛需要，促使宋朝的煤炭采掘业突飞猛进，煤矿星罗棋布。如河南鹤壁发现一座北宋时期的大型煤矿，有 4 条巷道，长 500 多米，竖井深 46 米，通向 8 个采煤区。按照这个规模估计当时有上千名矿工，其通风、运输、采掘等等设备，都是很先进的，其余在山西、河北、陕西、江西、淮北以及河南东北部，都广泛分布着许多煤田。

煤炭这一新型能源的利用，有力地推动了冶铁业的发展和生铁产量的激增。不少学者从消费角度估计北宋年产生铁在 15 万吨至 18 万吨。美国学者哈特威尔早在 1962 年就算过北宋消费生铁的数量，他说，到 1078 年，北宋每年生产生铁约 7 万吨到 15 万吨。这个数字是 1640 年英格兰和威尔士产量（3 万吨）的 2 倍到 5 倍，并且可以和 18 世纪整个欧洲（包括俄罗斯）的总产量相比，其冶铁工业的发达由此可见一斑。对哈特威尔提出的生铁数量，在学术界有不同的看法，有人认为宋朝的生铁产量没有这么多。这里我们采纳赵德馨主编的《中国经济通史》提供的数据。该书从农具用铁、兵器用铁、造船用铁、冶铜用铁、铸铁钱用铁以及其他项目用铁等方面进行计算,认为宋朝每年用铁产量在16万—17万吨左右。特别是用煤炭进行冶炼,其高温氧化使灌钢法得以出现和推广,大大提高了铁坚韧锋利的程度,西方学者誉为"后世平炉方法的先声"。

除能源、铸造和冶金工业之外,宋朝的纺织、陶瓷、造船、造纸、印刷等工业也远远走在当时世界的前列。北宋的军工企业叫南北作坊,南坊有兵校和工匠 3741 人,北坊则有 4190 人,再加上弓弩院和造箭院,超过万人。南宋的军器所工匠也达 7000 人到 8000 人之多,造会子局有徒工 1200 多人,设在汴京开封的绫锦院早在太宗端拱元年(988年)就有织工 1034 人,规模之庞大,就是在今天看来,也是一个大中型纺织企业。此外还有哥窑、定窑、钧窑等瓷器官窑,规模十分庞大。

由于商业发达,货物的流通需要交通的便利,所以宋朝积极整修河道,特别是重新开通了南北大运河,形成了以开封为中心的南北漕运网络,加上对外贸易的繁忙,造船业因此十分发达。史载宋朝的海船长100 米,可载 500 吨货物和 500 人,而内河船的载重量一般也达到 50 吨以上。其先进的造船技术至少比西方领先 300 年。据赵德馨主编的《中国经济通史》的统计,当时全国有船 17 万艘,仅沿海 24 个州就有船 113000 艘。而且,不包括民间造船,仅朝廷官营造船工场每年就要造船 3337 艘,这个庞大的数字令人吃惊。

在新型能源和交通运输业的支持下,宋朝的工商业以前所未有的速度和规模向前发展。其中特别值得一提的是民营企业的崛起,在许多行业,私营经济已经远远超过国有经济而占据主导地位,从而打破了官方的垄断行为,开创了自由竞争的市场格局,使宋朝社会的经济结构发生了重大变化,使工商业的发展能够直接惠及于民众,为大商人大资本的出现创造了必要的前提。如纺织业中,北宋各路有 10 万机户,少数大机户有数百张织机,官营纺织织机只占民间的 2% 至 3%。纺织品广泛销往各地市场,基本上是按照市场的需求来进行生产,由市场来进行调节,具备了市场经济的基本特征。还有陶瓷业,除了几处著名的官窑外,其余成千上万座皆为民间生产日用品的民窑。南宋景德镇已是当时最大的陶瓷生产基地,当地有窑 300 多座,全部都是民营企业。这些企业以市场为导向,其产品畅销各地,吸引大量的商人慕名而来。这些产品被商人大量销往海外市场。可见陶瓷业在宋朝已经完全具备了商品生产的性质。

　　除了纺织、陶瓷之外，民营资本还大量投资于其他与民生日用相关的多数行业中，在造船、造纸、印刷等行业中，民间资本也有投资。就是由官府实行专卖垄断经营的行业，如盐业、茶业、酒业等，到后来也都逐渐向民间开放，由民间资本经营。赵德馨主编的《中国经济通史》以翔实的史料证明了这一现象。如历来官营的井盐业中，自北宋中叶卓筒井出现之后，民营私井无论在数量上还是在产量上都把官井远远地抛在后面。如西川地区在北宋中叶有井 640 口，基本上是官井，但到了南宋初年，这里有井 4900 口，绝大多数变成了民井。还有制茶业，过去由官府经营，后来 99% 以上也都由民间经营。在这些私人企业里，已经出现了雇佣劳动关系、行会制度等。种种迹象显示，在多数部门中，北宋的私人手工业在比重上已经开始超过了官营手工业，并且逐渐树立了自己的主导地位。这是一个具有重大历史意义的转变，标志着宋朝手工业专业化的达成，与农业相分离的工商业资本的增长，以及资本主义生产关系的萌芽和生长，已经开始朝近代大工业革命迈进。

　　在手工业蓬勃发展的同时，宋朝的商业大潮汹涌澎湃。越来越多的官僚、地主、士大夫和从土地上解放的农民投入到经商活动之中，市场空前繁荣。而繁荣的商业，首先就要有交易的市场。在宋朝之前，中国并没有真正意义上的商品市场。汉、唐两代像长安和洛阳这样的首都级大城市，其商业活动也只能局限在"市"这个特定的区域中进行。而且，交易的时间是有严格规定的，一个月交易几天，早上什么时候开市，晚上什么时间闭市，都有规定。各地州县城镇也对商业有严格的管制。那时的商业交易的场所在"市"里进行，而居民的住宅区则称之为"坊"，市和坊在空间上是分离的。居民居住的坊不允许开设店铺，官府对坊的管理非常严格，这种情况到了北宋就完全改变了。由于北宋对人的解放和对人权的尊重，所以，"坊"和"市"的隔离取消了，商人只要交税，就可以在城中任何地点开设店铺，经营的时间完全不受限制，这使得北宋出现了非常繁华的气象。坊、市分离制度的崩溃，导致了沿街开设店铺这种近现代城市风格在北宋时已经基本上奠定了它的格局。

　　宋代的商业不像汉唐那样规定交易的时间，而是"买卖昼夜不绝"。新兴市民阶层的出现和富裕的生活，使宋人的消费意识空前的强烈，极大地刺激了茶坊酒市、娱乐业等第三产业的繁荣兴旺。宋朝跟汉唐不同，汉唐为了控制人民，晚上要进行宵禁，人民不得随意走动，所以唐朝的城市一到晚上就漆黑一片。而宋朝却非常尊重人的自由，对人的活动不加干涉，所以宋人有夜生活，宋朝的城市一到晚上就是光明灿烂，到处都挂满了灯笼，城市整个晚上都是灯火通明，叫卖声一直要延续到天亮。在"瓦子"、"勾栏"等固定娱乐场所，整夜都有技艺表演，市民观看直到太阳升起。宋人的生活富足而又丰富多彩。

繁华的宋朝商业，在国内形成了一个庞大的商业网络，像开封、杭州这样的大都市大市场，与全国5000到6000个墟集市镇进行着频繁的商品交流，并出现了市场的激烈竞争。为了打开销路，防止假冒和维护制造者的声誉，当时不少产品出现了商标，这是商品经济日益发达的重要标志。以多数家庭都要使用的铜镜为例，宋代的铜镜最为显著的变化是出现了文字，其内容包括产地、制造者、质地、价格等项内容，具有了商标的性质。为了推销产品，在商标的基础上出现了广告。宋朝的广告是用铜板印刷的，比西方印刷的广告要早300多年。大学者苏东坡曾给一位做油食的老妇人做过一首广告诗，使其生意大振。

在国际上，以广州、泉州为中心的20多个沿海港口，与日本、高丽等60多个国家进行着频繁的对外贸易，形成了繁盛一时的海上丝绸之路。宋朝大力推行对外开放的政策，不遗余力地推进海外贸易。为此，宋朝在沿海港口设立市舶司或市舶务作为海外贸易的管理机构。从北宋初年开始，中央政府就不断派遣使节远赴海外招商，将大量的"空名诏书"，也就是空白通商准许证，散发于海外诸国，鼓励外商前来中国贸易。外商来中国之后，宋朝政府在礼遇外商和保护外商合法权益方面，也做得十分周到。如市舶司设宴招待，在泉州等地举行"祈风"、"祭海"等仪式，祝外商一路平安。宋朝政府严禁市舶司的官员刁难、滋扰甚至勒索外商，若有违反要受到"处名"、"决死"等严肃处分。

为了保护外商的财产权，宋朝政府还规定，外商若在中国居住已经五代，就可以把家财运回本国。甚至向外商开放仕途，经商有成绩的外商，可以由宋朝政府授予官职。如大食商人蒲罗辛，就因贩运乳香至泉州，市舶司抽解达30万贯，而被朝廷授予"承信郎"的官职。特别值得一提的是，宋朝还建立海难拯救制度，规定在中国海域，外国商船如发生沉没等事故，由中国官方予以拯救；如外商遇难，其所打捞的货物可以由其亲属招保认还。

可以说，宋朝的开放程度是我国历史上任何一个朝代都不可比拟的，其海外贸易的兴旺繁荣也是其他朝代和当时其他国家所无法比拟的。当时的广州是世界上最大的港口之一，史称"万国衣冠，络绎不绝"。还有泉州港后来居上，闻名世界。当时的进口商品有香料、珍珠、象牙、药材等300多种，而出口则主要以纺织品、金属及其制品、陶瓷品、茶叶等商品为主。其中尤其以纺织品、瓷器、茶叶和香料为大宗产品，所以海上运输又成为"香料之路"、"丝绸之路"和"陶瓷器之路"。

海外贸易又以民间贸易为主体，官营购销只是民营外贸的延伸，所以民营外贸的兴旺衰败决定了官营购销的繁荣枯竭，决定着国家税收的多少。于是宋朝竭力鼓励民间海外贸易，为此制定了一系列的法律法规。正是在国家的鼓励和保护之下，宋朝的海外贸易越来越兴旺，南宋绍兴末年（1162年），仅广州、泉州和两浙三个市舶司的关税收入就达到了200多万贯，而宋朝只仅仅对进口商品征收7%至10%的低关税，可见当时国际贸易的兴旺发达。同时产生了巨大的民间商业资本。因为海外贸易的巨额利润，吸引着那些资本雄厚的大商人。因此在宋人的文章里，就出现了不少舶商的身影。如洪迈在《夷坚支志》中就写道："临安人王彦太，家甚富，有华室。忽议航南海，营舶货。温州巨商张愿，世为海贾。泉州杨客，为海贾十余年，致货二万万……度今有四十万缗。健康（今南京）舶商杨二郎，往来（海上）十有余年，累资千万"。南宋绍兴年间，泉州商人一次竟"夜以小舟载铜钱十万缗入洋"。

由此可见，宋朝海外贸易的民间资本非常雄厚，已经达到了一个前所未有的高度。可以说，不但是中国的，也是世界的最早的资本主义萌芽，诞生在大宋强盛的商业浪潮中。应该肯定地讲，如果大宋王朝没有对私有财产切实加以保护的政策，这么巨大的民间资本是无法产生的。这就为资本主义经济的产生，奠定了基础。

工商业的蓬勃兴起，必然推动着金融业的快速发展。我国古代自西汉铸五铢铜钱以来，一直实行铜本位币制。唐朝通宝钱的轻重大小，仍以五铢钱为标准。这种低值贱金属货币，是交换行为不多、交换规模较小的自然经济社会的产物，反映了唐朝商品经济的不发达。宋朝建立后，随着商品经济的日益繁荣，对货币需求越来越大，于是促进了宋朝铸币业的发达。宋朝铸币量非常大，如宋神宗时（1080年）全国铸币600多万贯，而唐朝鼎盛时期的玄宗朝，最多时铸币才32.7万贯，可见宋朝商品经济的发达远非唐朝可以相比。我国著名货币史家彭信威在《中国货币史》中认为，仅北宋流通的钱币就在两亿五六千万贯。铜钱、银锭是宋朝的本位货币。在铸造的质量上，宋代钱币是中国历史上最好的。宋币上还铭刻着精美的文字书法，很多都是出自名家和皇帝的手笔，具有很高的艺术价值。宋钱成为南海诸国的镇国之宝，流通于世界各国，就像今天的美元一样，是世界各国的通用货币。在今天的日本乃至欧洲、非洲都有出土，足见宋朝的繁荣与强盛。

为了交易的方便，北宋产生了纸币"交子"，仁宗皇帝天圣元年（1023年），政府开设了世界上第一个负责纸币发行的官方机构"益州交子务"。第二年，世界上第一张纸币正式面世，分界发行。交子的面值为从一贯至十贯的固定面值，以铁钱为本，备有发行准备金，已经基本上具备了近代本位货币的特征要素。纸币到南宋就逐渐代替了铜钱成为了主要的交换货币，具有信用货币的品质，有力地促进商品的流通和市场的交换。在商业高速发展的推动之下，宋朝的银行业非常发达，到处都是存钱和取钱的钱庄。这些银行、钱庄开展存取款业务，随着金融业的发展，逐渐开展了金融汇兑业务，就像现代银行汇款和异地取款一样。这表明，中国古代汇票制度最早产生于宋朝。宋朝中央政府还建立了专门办理金融汇兑业务的专门机构"便钱务"，后来又改为"榷货务"，专门办理汇兑业务以及承担兑付各种信用证券和向地方政府拨款的任务，还承担货币兑换和货币回笼的任务。此外银行还可以贷款。多种金融业务的展开，无疑大大便利了资本（主要是商业资本）的跨地区流动，有力地促进了市场经济的迅速发展。

工商业的蓬勃兴起，使大量的人群流入城市，大大加快了城市化的进程。宋朝10万户50万人以上的城市由唐代的十多个增加到40多个，而南宋末年西方最大最繁华的城市威尼斯，还不到10万人。宋朝还首次出现了主要以商业而不是以行政为中心的大城市。宋朝四京是东京开封府，西京洛阳府，北京大名府，南京应天府，而北宋首都汴梁和南宋首都临安都是超过百万人口的大城市。此外还有5000多个集市镇，都是新兴工商业的据点，当时称之为"草市"。在城市中，大量城市市民的出现，使不少城市呈现了消费城市和商业城市的特色。宋朝的城市化水平已经很高，是中国社会市民阶级正式产生的年代，大批的手工业者、商人、小业主构成了宋朝的中产阶级。他们经济富足，生活富裕。北宋京都汴梁（今河南开封）"比汉唐京邑，民庶十倍"。宋朝没有出现像杜甫所写的"朱门酒肉臭，路有冻死骨"那样悲惨绝望的诗句，而只有"三秋桂子，十里荷花"、"市列珠玑，户盈罗绮竞豪奢"的繁华，展现在人们眼前的宋朝城市就是这样的美丽、富足和安逸。人们不仅丰衣足食，而且四处旅游，吃喝玩乐，在中国的历史上，还有哪个朝代能够出现这样的情景？

　　大宋王朝工商业之所以能够如此繁荣，这与宋朝政府采取的经济政策是密不可分的。宋朝打破了历史上的"重农抑商"的传统，采取了农、工、商并重的经济政策。为了促进工商业的发展，宋朝采取了"不抑制兼并"的土地政策，任凭土地自由买卖。这意味着国家承认土地私有权的法律地位，体现出国家将更多的土地交给私家地主直接经营的坚定意向，至此由国家按血缘（皇亲国戚）、地位（官爵品级）来分赐土地的等级世袭制度走到尽头。而土田买卖和转移限制的取消，则疏通了各类土地所有权之间的流转渠道，从而导致土地私有权的经济权威急剧增长，国家已不能随意取缔和剥夺人们的土地所有权。这是一个重大的战略决策，也是一个巨大的历史进步。它打破了历朝历代"抑制兼并"的土地政策，鼓励自耕农、小土地所有者出卖自己的土地，鼓励大资本所有者大量买卖和兼并土地，使土地集中于少数人之手，有利于推动农业的产业化和农业的工业化，也有利于农民卖掉土地而积累资本，离开土地之后纷纷进城投资，或者成为采矿、冶炼、陶瓷、纺织、造船等等行业的工人和从事第三产业，城市为他们提供了广阔的就业机会，让他们能够安居乐业。

　　数千年来，中国传统上一向将土地兼并视作国家大害，千方百计加以抑制。以至于形成了这样一个循环：朝代开国时重新分配土地，造就出数百万个小自耕农；经过上百年日积月累，土地向少数人手中集中，国家丧失税源，一些失去土地的农民无以为生，铤而走险，于是大规模农民起义爆发，政府崩溃，新王朝建立，重新分配土地。这种做法完全是一种自然经济的产物，它固然可以保证大多数农民都能有一些土地耕种，但另一方面，这种做法也限制了分工，限制了集约经济的发展，限制了工商业的兴起，将中国社会牢牢的捆在自然经济之中。而且，这并不能完全阻止土地集中的趋势，必须每隔一段时间就重新分配一次土地，而每一次对土地的重新分配几乎都要伴随着大规模的战争与破坏。

"不抑兼并"的土地政策，使宋朝社会得以成功地跳出了这一恶性循环。一方面不抑兼并，使土地能够集约化地经营，为工业的发展提供了大量的剩余劳动力和雇佣劳动者。据估算，宋朝每年进入流通市场的土地占全国总面积的 20% 左右；另一方面成功地发展了工商业，不仅仅吸收了大量农村劳动力，更重要的是把农民从土地上解放出来，减少了农业人口。据毕钟游的《耀州理会赈济奏状》统计，北宋耀州 7 个县，共有 11.3 万多户，28.48 万多人，其中非农业人口达到 17.95 万多人，占到人口总数的 60% 左右。可见在宋朝很多地方，城市人口已经超过了农村人口。所谓"三百六十行，行行出状元"的说法，就是出自于宋朝。大量的农民进城，提高了人的素质，促进了社会经济，生产力的飞速提高，为中国大工业革命的出现创造了重要的前提和奠定了重要的基础。

应该指出的是，在古代国家无法从国外进口粮食的情况下，如果没有足够的粮食销售到城市，来满足城市居民的消费，那么，城市化和工业化是无从谈起的。从这个意义上说，商品化的农业是国民经济的基础，制约着古代城市化和工业化的进程。宋朝之所以能够加速城市化的进程，让更多的农民进城从事工商业，就在于宋朝有高度发达的农业，能够生产出足够的粮食作为支持。宋朝保护人们的土地私有权，在采取"不抑兼并"、放弃土地买卖的干预政策的同时，加强了对契约租佃领域的国家干预。具体来说，就是对契约租佃关系限定租率，也就是限定私家地主的地租，来调节契约租佃下的主佃关系。简单地讲，就是国家利用法律的手段，强制地主减租减息，让租种地主土地的农民得到较多的收入，调动农民生产的积极性。这是一个非常重要的经济调控的措施，有力地促进了农业经济的发展。宋朝还兴修了大量的农田水利基本设施，大规模地改进农业生产工具，提高农业技术水平，其中耕作制度从一年一熟制向二熟制的过渡。另外，粮食单位面积产量和农业生产率的提高，标志着宋代农业提高到了一个新的水平，美籍华裔学者何炳棣在《中国历史上早熟稻米》一文中将此称为"农业革命"。宋朝的农业经济出现了高度的繁荣，而且农业的商品化程度越来越高。

据赵德馨主编的《中国经济通史》的统计，宋朝时平均每个农民每年生产粮食为 4158 斤，而在两浙、江东、成都平原和福建沿海等发达地区，每个农民平均每年生产粮食为 6930 斤。这是一个什么概念呢？根据该书提供的数据，我们来比较一下就知道了。汉朝时，每个劳力年产粮食为 2000 斤，唐朝时每个劳力年产粮食为 3204 斤，相差之大，一目了然。再拿当代农业生产率来比较，1980 年我国粮食总产为 6363 亿斤，每个劳力平均生产粮食为 3421 斤，依然远远低于宋朝的农业生产率。可见宋代农业之发达。虽然目前还找不到确实的数据来证明宋代粮食生产完全实现了商品化经营，但是绝大多数粮食已进入了流通领域，这应该是没有多大争议的。而且，宋朝的蚕桑、茶叶、甘蔗、水果、蔬菜等经济作物，基本上都是以市场为导向来组织生产，在生产、加工等环节，有专业化的分工，是一种商品经济，与自给自足的小农经济具有本质的不同。正是在这样的措施之下，不仅宋朝推进城市化和工业化有了强大的基础，而且宋朝的农民也生活地轻松、悠闲和富裕，我们只要看看唐朝和宋朝诗人描写农民的诗歌就知道了。

唐代李白、杜甫、白居易、元结、元稹等许许多多的诗人，写下了大量的诗歌，描写的却是农民的苦难史。而宋朝的诗歌里，记录的却是农民的欢歌笑语声。王安石写道："麦行千里不见土，连山没云皆种黍……吴儿踏歌女起舞，但道快乐无所苦。"

苏轼写道："西崦人家应最乐，煮葵烧笋饷春耕。"张耒写道："社南村酒白如荇，邻翁宰牛邻媪烹。插花野妇抱儿至，曳杖老翁扶背行。淋漓醉饱不知夜，裸股掔肘时欢争。去年百金易斗粟，丰岁一饮君无轻。"

陆游写道："莫笑农家腊酒浑，丰年留客足鸡豚。"辛弃疾写道："稻花香里说丰年。""东家娶妇，西家归女，灯火门前笑语。酿成千顷稻花香，夜夜费一天风露。"范成大写道："新筑场泥镜面平，家家打稻趁霜晴。笑歌声里轻雷动，一夜连枷响到明。"（连枷是打稻脱粒的农具。）宋朝政府还经常组织兴建大规模的水利设施，常常是几万人一起劳动。杨万里写的圩丁词（圩丁：筑防水堤岸的工人）就歌颂记录了如此浩大的劳动场面："年年圩长集圩丁，不要招呼自要行。万杵一鸣千畚土，大呼高唱总齐声。"

农民生产劳动里处处有笑声、歌声，可能有粉饰之辞，但也从一个侧面说明宋朝农民比以往的朝代生活得开心和幸福。在中国的历史上，像宋朝的农民那样自由、快乐地生活的朝代是绝无仅有的，没有任何一个社会、任何一个朝代留下这么多描写农民自由、幸福的诗歌。

当然，学术界对宋代农民的生活状况问题，还有争论。有学者认为，宋代农民由于受到官府苛捐杂税的盘剥，所以生活是贫困的。他们的根据是，宋朝用田赋和名目繁多的田赋附加来加重对农民的剥削。

应该说，这些事实是存在的。但是，即使如此，也不能认定宋朝特别是北宋时期的农民的生活就特别贫困，我们只要具体分析一下就知道了。如田赋，北宋朝的田赋征收，是沿袭唐朝的两税法，是以田亩的多少为标准来征收的，并不是以人口的多少来征收。其田亩总数，根据《文献通考》的记载，在宋神宗元丰八年（1085年），约为461万顷，其中民田455万顷，官田6万顷。当时把田亩分为中、下两个等级来收税。中田一亩夏税是征收税钱四文四分，秋税是征收米八升。下田每亩夏税是征收税钱三文三分，秋税是征收米七升四合。从这个征收标准来看，税率是很低的，甚至不到每亩田产量的1/10。而且，征收的对象主要是占有土地的地主，而不是农民。其中也有人口税，当时叫"丁口之赋"，数量很少。两税的多少与田地少或者无地的农民关系不大。也许是地主大量隐瞒土地的数量，政府田赋收入太少，所以王安石变法时，搞了一个方田均税法，重新丈量土地。但是有土地的官员和地主不愿意多纳税，就极力进行阻挠，所以后来这个改革流产了。

宋朝不合理的税收是"杂变之赋"，名目比较多，被纳入两税征收，占到了秋税的30%和夏税的40%，比重很大，加重了农户的负担，当时就受到许多士大夫的批评。此外还有一些别的税费，也加重了农民的负担。但总的来说，随着摊丁入亩农业税收制度的实施、契约租佃经济的形成，少地或者无地的农民负担大为减轻，释放出很大的生产潜能，加上农村人口大量流入城市、农业生产技术的迅速进步和劳动生产率的极大提高，农业经济走向繁荣，宋朝农民的收入不断增加，生活相对富裕，这应该是基本的事实。今天之所以有人认为宋代老百姓苦不堪言，恐怕很大程度上是受《水浒传》的影响。姑且不提《水浒传》这本小说里面的虚构成分，其实就是从《水浒传》里来看，那些被逼上梁山的好汉落草的主要原因或者是受人迫害，或者犯了罪，或者是被擒被骗上梁山的，没有一个是真正没有饭吃、活不下去的农民。

当然，宋朝的经济也不是没有问题。主要的问题，是当时国家还没有建立起有力的宏观经济的调控手段。这些经济手段包括财税、金融和价格三个主要方面。由于宋朝还处在向现代经济的过渡阶段，因此经济调控的手段缺乏。表现在经济活动中，主要是税收不合理；货币流通和信贷制度不健全；商品价格为少数人所操纵；一些重要的产业，如交通、能源、纺织、火药的工业应用、农业基础设施等，没有得到国家金融、财政的支持。投融资体系不完善导致这些产业发展滞后。所以后来王安石变法，想通过银行贷款来解决农民在水利建设和粮食生产上资金不足以及商人在经营中资本金缺乏的问题，由此王安石制定了青苗法、市易法、农田水利法等。王安石还通过建立方田均税法，来解决农业税收不公平的问题；还建立市易务，由政府拨款180万贯，用来作为平抑市场物价的手段。也就是说，某种商品价格低廉时，由政府买进，价格昂贵时，由政府低价卖出，以稳定物价，为此王安石建立了粮食储备制度，控制粮食价格。

王安石的这些宏观经济调控手段的建立，在当时的时代是很先进的，特别是把金融作为经济发展和经济调控的重要手段，这是具有现代经济意义的。可惜他的改革后来被否定了，没有得到很好的推行。此外，宋朝在经济发展过程中，政府没有建立起科技发明的专利技术推广制度，使宋朝在机械制造、采矿、纺织、车辆运输、造船、火药、指南针、造纸、印刷、瓷器、钢铁、农业等许多领域的发明，没有应用于生产，没有转变成为大规模的商品化生产，没有成为产业。例如毕昇发明的胶泥活字印刷术，是世界文明演化史上的一次飞跃，也是一项难以估量其价值的专利技术。如果当时能够通过企业来进行专利技术的购买，然后作为一项大的产业来加以发展，不仅能够产生巨大的市场经济效益，而且能够使宋朝的印刷工业进入一个新的历史阶段。可是，由于宋朝没有专利技术推广制度，结果这项伟大的发明没有在当时得到使用，后来传到欧洲，才为谷腾堡等印工所采用，为人类历史开创了新纪元。正是因为宋朝没有专利技术的推广制度，政府也没有建立起投融资体系来支持这些专利技术的产业化发展，使得宋朝许多具有巨大的经济和社会价值的发明没有得到工业上的推广，这些都延缓了中国工业化的进程。

此外，宋朝的国有经济虽然没有占据主导地位，但是对盐、茶、酒、矾、香药等多种商品实行专卖制度，当时叫做"禁榷"，也就是国家运用行政权力来与民争利。这是一种官方垄断的国家机会主义行为。政府既是游戏规则的制定者，又是游戏规则的执行者，还是当事人，既当裁判员，又当运动员，必然造成市场竞争的不公平。在专卖制度之下，价格由政府制定，商品由政府经营，无论生产还是流通，都是一种强制行为，无视市场的供求信号和价值规律，这就遏制了民间资本的发展，与市场经济的要求是背道而弛的。因为市场经济需要私有财产权的充分发展和自由贸易环境的确有保障，而专卖制度却剥夺了个人的私有财产权或产品支配权，其结果必然造成商人官僚化和官僚商人化，官商一体必导致官府的贪污腐败和商业资本的独立性丧失。同时，宋朝还在开矿、冶炼、铸造、军工等行业大办国有企业，垄断市场，导致贪污腐败现象，也遏制了私人资本的成长，阻碍了宋朝商品经济的健康发展。

自由开放和积极健康的多元化社会

宋朝以文立国、以仁义治国、实行中央集权加仁政的政治模式和和平发展的基本国策，对外和平，对内宽容，建立起了一个自由开放和积极健康的多元化社会。

宋朝实行人道的、文明的统治方式，官府对人民不是采取控制、压迫和剥削的政策，相反，官府对人民采取了尊重、保护、帮助和开放的政策。在这个社会中，没有愚民政策，没有文字狱，没有特务横行，人民无忧无虑，具有安全感，所以充满了宁静、祥和、自然而又健康的气氛。生活在大宋王朝的人民真正是幸运的、幸福的。

宋朝的自由开放，首先是宗教信仰自由。大宋政权不是政教合一的政权，国家没有强制推行一种单一的宗教信仰，没有强制人民信奉哪一种宗教。没有把任何一种宗教作为人民的行为准则和国家的"指导思想"，没有强制推行的官方意识形态。人们的宗教信仰完全自由。在宋朝，人们可以信仰儒教，可以信仰道教，可以信仰佛教，也可以信仰犹太教、基督教和伊斯兰教。信仰什么宗教完全取决于个人的自由。在宋朝开国之初，宋太祖就改变了后周皇帝柴荣禁止佛教的政策，招令300人前往天竺国求取经书与舍利。宋太宗曾亲自接见古印度婆罗门僧人和伊斯兰教徒。在北宋的首都汴梁和南宋的首都临安以及中国的沿海城市，有大量基督教徒、犹太教徒、穆斯林等，他们拥有自己的房舍、教堂，至于佛教和道教，则在全国各地的名山大川建有许多寺庙和道观，使得中国的宗教繁荣昌盛，由此成为多种宗教并存的开放的国度。不拒绝任何一种外来的文化，不禁止任何一种异端的思想，这就是大宋王朝的立国精神。

宋朝的自由开放，还体现在它是一个国际化的社会。有点像今天的美国社会一样，宋朝是一个容多种民族、各种肤色人种的社会。由于经济迅速发展，商业空前繁荣，各种宗教的迅速传播，前来中国的外国人日益增多，远远超过唐朝的水平。早在马可波罗到达中国之前，意大利的商人兼学者雅各·德安科纳就于1271年来到了中国的泉州，并记下了自己的见闻。当时的泉州就生活着几十万日本人、高丽人、威尼斯人、犹太人、英国人、法兰克人、锡兰人、印度人、小爪哇人、比萨人以及黑人，还有来自亚历山大里亚等地的人。这些定居或者经商的欧洲人以及亚洲人，与中国人自由来往，甚至杂居在一起，相互通婚，所以当时就有很多的混血儿。这些外国人学习中国的语言、文字，穿着宋人的服饰，其生活方式、礼仪已经与宋人没有多大的差别。除了泉州之外，还有临安、广州等城市也都居住着大量的外国移民。

特别值得一提的是，宋朝还同化了大批的犹太人，这在人类历史上还是"前无古人、后无来者"的事情。在人类的历史上，除了中国的大宋王朝同化过犹太人之外，还没有任何一个民族、任何一种文化可以同化犹太人。史载北宋首都开封，就有犹太人的17个大家族，在接受"归我中夏、遵守祖风、留遗汴梁"的约法三章之后，定居于中国。同化犹太人显示了大宋王朝各个方面的强盛和繁荣，足见中国文明对世界的影响。

宋朝的自由开放，还表现在学术自由方面，它是继春秋战国以来的第二个学术自由的时期，可称之为中国的文艺复兴时期。由于宋太祖制定了"不杀士大夫及上书言事人"的政治纲领，切实保障人民的言论自由、思想自由的权力，实行包容和鼓励各种思想自由发表的政策，所以在宋朝，没有思想的禁区，没有新闻出版的检查制度，任何书籍都可以自由出版销售，普通的市民也可以对朝廷官员乃至于政府提出意见批评，甚至上诉至法院，这种政策使整个社会出现了思想空前解放的欣欣向荣的景象。其中一个突出的表现，就是学术思想的繁荣。

北宋前期，学者李觏就公开反对官府历来的禁榷政策，在《富国策》的文章中主张："今日之宜，亦莫如一切通商。"北宋中期，吕陶肯定仁宗在位时期行之于东南地区的茶叶通商政策，批评神宗在四川地区实行的榷茶政策。此前司马光在给仁宗皇帝的奏折中，也充分肯定工商业的合理性，批评汉唐以来的"重农抑商"政策和传统的"农本商末"思想，认为手工业、商业与农业一样，都是财富的重要来源，没有本末之分。而南宋学者郑至道更是认为士、农、工、商都是百姓的本业。这些都显示了宋朝思想家经济学思想的突破。特别值得一提的，是宋朝不少学者开始探讨有关宇宙形成及其自然界与人类社会起源和构成的原理，导致各种哲学流派的产生。如周敦颐结合道家"无极说"和儒家的"太极说"，首创探讨宇宙本原、万物演化及人性、道德的综合理论学说。邵雍上承汉代以来的象数学，阐发《周易》经义，构建了成数的图式，形成新的象数学。张载在《易传》的基础上提出了宇宙发生论，特别强调"气"的观念，是一种唯物论观点。后来，程颢、程颐形成了理学体系，将"理"作为哲学的最高范畴，于理气说、人性论、格物致知说等方面提出了相对系统的理论学说。而朱熹集北宋以来的理学之大成，最终建立起系统而完整的理论体系。此外，还有陆九渊创立了"心学"。宋代著名的思想家、理论家还有王安石、苏轼、沈括、陈亮、叶适、吕祖谦，等等。程朱理学虽然在社会道德伦理方面提出了"三纲五常"的道德标准和在人性论方面提出了"存天理、灭人欲"的主张，为皇帝维护专制制度提供了理论依据，扼杀人性和人权，但它把中国的哲学系统推向了空前未有的高度，并深刻地探索了宇宙系统的本体和深层内在联系，把宇宙的发生演化学和横向结构说融为一体。宋朝的思想家和哲学家还对发展辩证逻辑作出了卓越的贡献。但让人不解的是，自由、开放的宋朝，却没有任何思想家提出民主、共和、法治、自由和人权的思想，没有这方面的政治设计和理论创新，也没有思想家批判皇帝专制制度。与春秋战国时代后期儒家提出的"天下为公"和"民选贤能"以及"群龙无首吉"等初步的民主思想相比，程朱理学显然在政治思想上是一个巨大的倒退。也许是宋朝很自由、开放，皇帝开明，所以反皇帝专制的必要性并没有那么迫切，因此宋朝的思想家都没有提出这方面的问题，不像后来明朝黄宗羲所处的专制环境。

当然，说宋朝是一个言论自由、思想开放的时代，并不是说宋朝没有发生过文祸的事件。谢苍霖在《三千年文祸》一书中，记录了宋朝欧阳修《与高司谏书》事件、苏轼的乌台诗案等 30 多次文字祸。但是，仔细研究这些文字案件，就可以发现这些文字案件的发生，其原因除了党派斗争之外，就是官场倾轧，或者是奸臣当道对正直人士的迫害。真正由于皇帝对意识形态的控制而采取镇压手段，一件也没有，这与后来明清社会皇帝对思想的禁锢和对舆论的控制，是根本不同的。例如北宋时苏轼遭到诗文祸，并不是因为朝廷要控制学术思想，而是因为党争而遭到报复。还例如南宋时对朱熹理学的打压和禁锢，就是当时朝廷的一些政治人物排斥异己的政治斗争手段，是政治斗争，并不是对舆论的控制。这种文字祸的结果，一般也是贬官或者流放，受害者不久又东山再起，案件也随之平反昭雪，个人的思想和言论自然也就重新受到肯定。

宋朝自由开放的社会环境，有力地推动了出版业和教育的发达。宋代是学者出版著作最多的朝代。例如司马光著的《资治通鉴》、李焘著的《续资治通鉴长编》、沈括的《梦溪笔谈》等，都是伟人的著作。宋朝的教育事业更是兴旺发达。当时的中国，在京师设有国子学、太学，另外有专业性很强的武学、律学、算学、画学、书学、医学。宋仁宗以后，鼓励各州县兴办学校，至宋徽宗时期，全国由官府负担学费和生活费用的州县学生人数达到 15 万—16 万人，这种情况在当时世界上是绝无仅有的。

特别值得一提的是，宋朝除了官府兴学之外，还导致了世界上最早的私立大学的产生，私人讲学授徒亦蔚然成风。闻名全国的私立大学，有石鼓、岳麓、白鹿洞、应天四大书院，此外在很多州都建有书院，如绍兴、嵩阳、徽州、苏州、桂州、合州等地的书院。这些私立大学与官办的州县学不同，通常是由士大夫所建，因而学校环境更加宽松，除了正统的儒家学说而外，其他各种学术均可以讲授，不同的思想可以相互交流、切磋、辩难。如朱熹、陆九渊的"鹅湖之会"，朱熹、陈亮之间的"王霸义利之辩"等等，活跃了师生的思想，推动了学术的繁荣和进步。教育的普及既是宋代文化高度发展的重要标志，也是宋代文化之所以取得重大成就的重要原因。为了鼓励人们自由发表对国家政治的看法，国家在科举考试中有一项重要的内容就是考试策论，让应试的举子发表自己对政治、经济等社会问题的看法，提出自己政治上的见解，这种由官方鼓励的言论自由，直接导致了整个社会思想的空前开放。这在中国历史上是罕见的。

宋朝自由、开放，有着良好的社会风气，还有一个重要的原因，就是宋朝有一个公平竞争的透明的选拔人才的制度，这就是科举制度。这一制度被西方人称之为中国的第五大发明，是迄今为止中国最科学的选拔人才的制度。西方国家的文官考试制度就是模仿中国的科举制度建立的。在宋代，国家建有国立大学，用以培养人才，但更多的是民间的教育，国家只负责选拔民间培养的人才。也就是说，宋朝国家政权是完全向人民开放的。

在"以文为贵"、科举选士这一政治导向的鼓舞下，整个社会形成了发奋读书的良好风气。宋朝广为流传的《神童诗》写道："天子重英豪，文章教尔曹，万般皆下品，唯有读书高。"宋真宗为了让人民读书，他写诗鼓励人民说："书中自有黄金屋，书中自有颜如玉，书中自有千钟黍。"不管你是农民，还是富家子弟，还是官僚的后代，一律要凭着自己的真才实学参与考试，才能进入政坛。这就迫使人们必须勤奋读书，独立思考，做一个有知识、有道德修养的人。

科举取士所产生的社会导向，就是一定要努力读书，一个人才会有前途。正因为如此，宋朝人的读书风气，比任何朝代都浓厚。《容斋随笔》描绘当时的情景说："为父兄者，以其子与弟不文为咎；为母妻者，以其子与夫不学为辱。"北宋晁冲之在《夜行》诗中说："孤村到晓犹灯火，知有人家夜读书。"宋人读书风气之盛可见一斑。而历年参加贡举的人不断增加，太宗即位第一次贡举（977 年），已有 5300 人参加考试，到真宗即位第一次贡举时（998 年），参加贡举人数达到了 2 万人。宋朝人不仅物质生活丰富，更重要的是具有丰富的精神世界，具有很高的文明素养。

宋朝的自由开放，还表现在对人身自由的尊重方面。从秦国商鞅变法之后，中国历朝历代的统治者都建立了严格的户籍制度，通过这种方式，一是为了税收，也就是方便官府按人头来征税，对老百姓进行残酷的掠夺；二是方便统治者对人民进行严密的控制。这种严密统治限制了人员的流动，把老百姓死死地束缚在土地上，导致了人的愚昧和素质退化、城乡的巨大差别和商业的衰落，使整个社会经济落后，思想禁锢，死气沉沉。

　　宋朝则在某种程度上废除了这种相对落后和野蛮的制度。宋朝也有户籍制度，但只是具有统计学上的意义，只是了解国家人口的数量。宋朝人可以自由迁徙、自由流动。宋朝政府鼓励人们外出经商、务工，鼓励人们移居城市，既不要官府的证明，也不要别人担保。宋朝是不按人头征税的，税收是按土地和财产来征收。宋朝没有连坐的制度，一人犯罪一人当。所以，不需要对老百姓的人身自由进行限制。此外，宋朝没有刑讯逼供的严酷刑法，对犯人的死刑判决必须经过最高法院的审核，所以，宋朝的死刑很少。对犯人的审讯必须以证据为准，不得屈打成招。如果犯人不服从判决，可以上诉至最高法院。"终仁宗之世，疑狱一从于轻"。宋仁宗对疑难案件都是从轻发落，不许刑讯逼供，以保护犯人的人身自由权利。正是有了这样的法律保障，宋人才生活得自由自在，无忧无虑。

　　宋朝的自由开放，还表现在对待妇女的尊重方面，充满着人性化的现代文明气息。现在人们有一种误解，认为宋朝出现了理学，什么"三从四德"、"男尊女卑"、"夫为妻纲"，还有什么贞节牌坊、裹脚布、男女授受不亲，等等，以为宋朝妇女是受到压迫和残害的。其实这完全是误解。

　　宋朝对妇女是一个非常尊重的社会，宋朝的妇女活得非常独立而有尊严。现在流行的"杨门女将"的英雄故事就发生在宋朝。还有梁红玉亲自在战场上擂鼓给浴血奋战的军人们打气助威，表现了何等的气派。宋朝还涌现了大量的杰出的优秀的女性，如李清照、朱淑真等有名的才女。李清照的诗中既有"才下眉头，又上心头"、"人比黄花瘦"的小女人的细腻感情，也有"生当作人杰，死亦为鬼雄。至今思项羽，不肯过江东"的令男人汗颜的豪迈气概，表现了受过良好教育既柔美又刚强的大宋女人的风范。

　　如果说这只是少数女中豪杰的话，那么，我们就来看看宋朝普通女人的生活。有一篇小说叫《杜十娘怒沉百宝箱》，说的就是宋朝的故事。一个妓女为了追求爱情舍弃一切，最后因为所爱的人成为负心郎，一怒之下将万千财宝抛弃江中，自己也跳江自尽，这是何等的刚烈而痴情！宋朝名妓聂胜琼爱上了一个叫李之问的官员，二人离别之时，她给李之问写下了一首《鹧鸪天》："玉惨花愁出凤城，莲花楼下柳青青。尊前一唱阳关后，别个人人第五程。寻好梦，梦难成，况谁知我此时情。枕前泪共帘前雨，隔个窗儿滴到明。"李之问回到家中，这首诗被他妻子读到，他的妻子深深地被聂胜琼对自己丈夫的真情所感动，也对聂胜琼的处境和才华产生了深深的同情和怜爱的感情，竟拿出自己的嫁妆私房钱，让其夫将聂胜琼娶回家来。

我们再看看苏轼为了纪念他的妻子而写的一首《江城子》："十年生死两茫茫，不思量，自难忘。千里孤坟，无处话凄凉。纵使相逢应不识，尘满面，鬓如霜。夜来幽梦忽还乡，小轩窗，正梳妆，相顾无言，惟有泪千行。料得年年肠断处，明月夜，短松岗。"这首词之所以成为千古名篇，今人读来也回肠荡气，感动万分，是因为其中饱含着苏轼对妻子无限的深情，这就是一个优秀男人对宋朝女人的刻骨铭心的怀念，可见宋朝的女人的持久魅力与高贵。做宋朝的女人是相当幸福的。还有"衣带渐宽终不悔，为伊消得人憔悴，千种风情，更与何人说"、"两情若是久长时，又岂在朝朝暮暮"等诗句，都表现了宋朝优秀男人对宋朝女人的一往深情。

如果说这是大宋王朝的知识分子的情感，那么，我们来看看宋朝普通女人的生活。吴自牧在《梦粱录》中写道："在五间楼前大街做瓦铺瓦前，有带三花点茶婆婆，敲响盏灯掇头儿拍板，大街游人看了无不哂笑。"老婆婆头上戴着花，这表明宋朝的老婆婆也十分爱美，开放，思想活跃敢出风头。宋朝的老太太还会经商："插花野妇抱儿至，曳杖老翁扶背行。淋漓醉饱不知夜，裸股掣肘时欢争"。农村妇女有了孩子后也戴花爱美，也和男人们吃喝玩乐。哪有那么多的礼教束缚？"大妇腰镰出，小妇具筐逐"。农村妇女也像农村男人一样下地干农活。农村女人也是半边天。

"岸边两两三三，浣沙游女，避行客，含羞笑相语。"年青女人们也出门，也欢笑并漏齿。"郎意浓，妾意浓。油壁车轻郎马骢，相逢九里松。"女人们大胆约会，勇于追求爱情。"月上柳梢头，人约黄昏后"。宋朝女人与男人自由恋爱，感情纯真，追求幸福的生活。可见，宋朝是一个充满着人性化的社会，残酷的礼教在宋朝是不存在的。

妇女的社会地位最能反映一个社会的文明状况，从宋朝妇女的生活方式我们可以看到宋朝社会具有很高的文明水准。这是一个自由、开放的社会，有着积极健康的人生，人们的生活是乐观而向上的。宋朝社会与后来明清社会对妇女的压迫和残害，形成了鲜明的对比。

　　宋朝以仁义治国，对人民的生活非常关心。每当遇到天灾，政府就会拨出大量的钱粮来救济灾民。与此同时，政府还采取一个重要而有效的措施，那就是大量募兵。宋朝是中国历史上唯一一个长期坚持募兵制的王朝。世界上第一支雇佣军是宋朝建立的。宋朝之前和之后，直到现在，实行的都是强制性的征兵政策。募兵制就是国家不强制你当兵，当兵靠自愿，但你当兵国家要发给你薪金。宋朝士兵都是招募来的雇佣军，有较优厚的薪金，以至于在其他朝代常常成为农民起义导火索的当兵和抓壮丁，竟成了缓和社会矛盾的重要措施。每当一个地方出现自然灾害，百姓难以生存的时候，政府就在那里大量募兵，"每募一人，朝廷即多一兵，而山野则少一贼"，通过这种方法改善人民的生活，稳定社会，这也是宋朝农民起义较少的重要原因之一。可见，募兵制的实行，其实并不完全是"军费开支"，在很大程度上属于财政转移支付或者社会保障的性质，是政府在为国家由农业社会转向工商业社会所付出的代价。有人以此批评宋代"冗兵"、"积贫"，导致国家财政出现赤字，然而这种以赤字经济的手段来保障社会稳定和经济发展的方法，也与现代宏观调控手段十分相似，可以起到拉动消费、促进生产和市场流通的作用。所以说，宋朝的"冗兵"、"积贫"不是外敌的压力造成的，而是宋朝政府制定的开明政策的结果，是政府关心民生、改善人民生活、促进经济发展所采取的积极措施。

　　正是在国家这一系列开明政策的推动之下，宋朝出现了自由开放和积极健康的社会局面，人的素质不断提高。不仅宋朝人的生活水平远远高于历史上的任何一个朝代，而且文化和医疗普及率也远远高于中国历史上的任何一个朝代。不仅知识分子可以写诗做文章，就是一般的人也可以写出很好的诗歌和文章，琴棋书画是一般宋朝人都非常喜爱的。当时宋朝人看病很方便，城里到处是药铺和医院，宋朝的医疗技术也是历史上水平最高的朝代。宋朝还经常把皇宫药品低价在市场销售，以调控药品的价格不致上涨。人和人之间亲密相处，讲究诚信，乐于助人。不像后来的明清社会，人格被扭曲，性格被异化，生活在谎言的环境里。宋朝人不仅知识分子士大夫活得有尊严，有自豪感，就是一般的人，也都活得很有尊严，有很强的民族自豪感。他们受到世界上其他国家的人的尊敬，他们是当时世界上最先进的文明代表者。

　　宋朝的确是一个充满人性化的社会，是一个适合人类居住的社会。

对中国和人类文明的巨大贡献

　　宋朝实行了 300 年自由、开放的政策，创造了一个自由、开放的社会，从而大大激发了中国人的创造精神和进取精神，使中国人敢想敢说，敢于打破旧的思维方式和传统。在政治、经济、思想、文化、教育、科技、生活方式等方面，都创造了许多新的东西，使中国的文明出现了飞跃的进步。所以，宋朝成为中国对人类文明作出巨大贡献的时代，在中国历史上，没有任何一个朝代任何一个社会在对人类的贡献方面能够超过宋朝。其中首先要提到的，就是赵匡胤"不杀士大夫及上书言事人"的政治纲领，从保障人权这个意义上讲，这一纲领是人类社会最早的成文宪法，直接导致中国社会出现了自由、开放的局面，出现了党派互相监督、互相制约的政治格局。这一点，也是今天的中国人不应该忽略的。

　　宋朝对人类文明的伟大贡献中，最突出的是火药、指南针和活字印刷术的发明。中国古代的四大发明，宋朝占了三项。其中早在北宋时中国就建立了用火药制造武器的兵工厂，宋朝是世界上最早制造热兵器的国家，指南针在北宋时就开始装备远洋船舶。正是这三项伟大的发明后来传到欧洲，推动了欧洲的社会变革、地理大发现和知识爆炸，使人类社会迅速迈进了现代文明社会。对这三项伟大发明所产生的划时代的作用，怎么评价都不会过分。

　　除了这三项伟大的发明外，宋朝还在人类的历史上创造了许多先进的技术和文化。例如，宋朝是世界上第一个流通纸币（交子）的国家，比欧洲早七百多年。早在北宋时期，沈括就提出了货币流通速率论，而这一货币流通理论，欧洲到 17 世纪才由英国人洛克提出。宋朝也是最早建立银行信用制度的朝代，北宋时期就建立了国家银行（交子务）。

　　宋朝的数学、物理学、化学都发展到了一个很高的程度。宋朝沈括写的《梦溪笔谈》第一次把工匠传统与哲学传统合流，在西方，这种合流曾经是近代科学大发展的先声。沈括记载了大量的科技成果和科学发现，如地磁角的发现、摩擦生电现象等。沈括还提出了冲击成陆的观点，这一观点西方直到 19 世纪以后才出现。北宋苏颂等人发明的我国古代第一架自动天文钟（水运仪象台），成功地把计时器与天文仪器结合在一起。计时机械是古代发明中最为复杂的科学机械，是古代机械发明最伟大的成就，比西方发明的第一架钟机早七百多年。北宋时中国就拥有了当时人类历史上最庞大的帆船舰队和商船队，开始了人类社会最早的远洋航行，大宋的船队早在明朝郑和几百年前，就频繁远航至东非、阿拉伯、印度、东南亚和日本与朝鲜。宋朝是最早建立现代兵役制度（募兵制）的国家，世界上第一支雇佣军是由宋朝建立的。宋朝也是世界上最早把新型能源（煤炭）运用于人类生产生活的国家。宋代用焦炭冶炼，早于西方五百多年。宋朝商业和城市的繁荣，远远超过世界上任何一个国家和地区，宋朝是近代工业化最早启动的国家。

在农业方面，宋朝是中国历史上最早种植双季稻的朝代。宋朝大规模开展农田水利基本建设，大大改善了中国古代的农业生产条件，它的建设成就在世界上是遥遥领先的。宋朝的农业生态系统物质循环观点，与今天人类正在建设的现代化生态大农业的观点，基本上是一致的。宋朝农业是中国也是世界上最早走向商品化的时期，大量的茶叶、水果和蔬菜等，销往城市甚至国外。

宋朝改进了造纸技术。两浙地区率先研究成功的以竹茎为原料的造纸新工艺，标志着人类造纸史上新纪元的到来。随着纸张的激增和雕版印刷术的推广，使宋朝出版印刷业出现了空前繁荣的局面，宋太祖开宝四年（971年）雕印全部的《大藏经》共5048卷，雕版13万块。还有宋太宗太平兴国年间（976—983年）印刷的我国最早的小说总集《太平广记》，共500卷。还有宋太宗时期印刷的我国类书之冠《太平御览》，共1000卷。这些书籍印刷工程之浩大，印刷质量之精美，毫无疑问是世界第一。出版业商品化程度非常之高。宋朝的医学水平比以前有了大幅度的提高，宋代还创造了法医学，《洗冤集录》是中国也是世界上第一部系统的法医学著作，比西方同类著作早三百多年。

宋瓷是当时中国的国家标志。宋时的五大名窑是汝窑、官窑、钧窑、哥窑、定窑。可以说人类世界上第一个商业化的工业是宋朝的瓷器工业。宋瓷是最精美艺术与精确工艺完美的结合，宋瓷许多的工艺水平即使现代都难达到。宋朝的瓷器是如此的精美，遗留下的名窑瓷器在今天几乎都是价值连城。

在宋代，中国的大众丝绸工艺从实用化走向细腻化、精密化。宋朝的丝绸在技术上有着超乎寻常的先进性，非常尖端的织机包含 1800 个活动的构件。各种绣法让中国的丝绸更艺术化、更美学化，外国富人穿的是粗布麻衣，中国平民穿的是柔丝绸缎，农民也穿上了丝绸，"走卒类士服，农夫蹑丝履"。有人说，西方君主的生活水平，还没有宋朝守城门的士兵高。宋朝人生活方式的文明程度之高，是当时的西方人难以想像的。宋朝的纺织业也是人类世界上最早商品化的工业。

在文化教育方面，大宋王朝也取得了辉煌的成就。宋朝建立了当时历史上最多也是最大的国立大学，在全国各州县建起了众多的学校，免费普及教育，实行义务教育制度，宋朝还出现了世界上最早的也是规模最大的私立大学。宋朝建有国家图书馆，如昭文馆、集贤殿、史馆、崇文馆等等，还有各地州府也都建有图书馆，向人民开放。印刷、出版和书籍发行业的突飞猛进，使宋朝成为当时世界上文化普及程度最高、人民文化水准最高的国家。

宋词成为中国文学艺术的又一个高峰，开创了能够为人民歌唱的歌词艺术，使宋朝成为一个歌声遍地的国度。不论是在城市还是在乡村，人们都可以听到唱歌的声音。宋代涌现了苏轼、陆游、柳永、辛弃疾等一大批伟大的词人，宛如夜空灿烂的繁星，使宋代的歌词艺术达到了中国的顶峰。此外，宋朝的绘画艺术、工艺美术、舞蹈艺术等，也都达到了前所未有、后难企及的高峰。

皇权登天　人权落地

——专制文明与元明清的黑暗政治

首先要肯定的是，元明清三个朝代，为后来的中国开拓了辽阔的疆土，对此，后人是不应该忘记的。但是，国土的辽阔与文明的进步以及人民的幸福，并没有直接的联系。所以本书的重点，不是谈论这三个朝代的疆域问题，而是反思这三个朝代的文明状况。

中国历史上的皇帝专制的中央集权制度，从汉朝开始巩固之后，到唐朝就完全强化了。宋朝曾经一度对这种一元化文明有所突破，并给中国带来了辉煌的成就，但由于蒙古人的野蛮屠杀政策和文化灭绝政策，使中国社会通向现代文明的车轮戛然而止。明清两朝完全抛弃了宋朝自由、开放的政策，而实行了消灭人权的反动政策，闭关自守，大开历史的倒车，并发明了庭杖、文字狱、八股取士和特务统治，运用行政权力全面推行在南宋不为人欢迎的程朱理学，压抑人性，摧残青年和妇女儿童，使得皇权登天，人权落地，与世界文明背道而驰。结果，在西方文明突飞猛进的同时，中国的文明却一步步从世界文明的顶峰跌落下来，坠落到野蛮人的水平。这是中国人的极大的不幸。

英国《自由大宪章》与蒙古人野蛮的大屠杀

1215 年，人类世界发生了一件具有特殊意义的事情，这就是英国国王约翰颁布了《自由大宪章》。它标志着西方立宪政治的开始和古希腊、罗马多元文明的复活。

说来也很奇怪，这是一部贵族和教会为限制王权而与国王约翰签订的法典，却由国王来颁布，这其中自然隐藏着深刻的背景。

13 世纪初，英国国王约翰频频发动战争，结果导致国库空虚。为了应付庞大的战争开支，约翰便大量征税，如对贵族的每块封地加征兵役免除税 2.5 马克，各港口加征商品税 1.5 马克等等。同时，约翰还大肆掠夺教会的财产。这样一来，约翰与贵族和教会的矛盾日益尖锐。

1214 年，约翰决定进攻法国。但由于骑士们厌战，7 月战争终于失败。浩大的军费开支，加剧了国家的财政危机，并导致了英国严重的通货膨胀。但荒唐的约翰不但不采取缓和矛盾的措施，反而下令对所有的骑士加征 3 马克兵役免除金。这种倒行逆施的政策，终于激化了社会的矛盾。于是，贵族和骑士们联合起来，发动暴动，反对国王。1215 年 5 月，起义部队攻进了伦敦城。约翰眼看大势已去，只好接受教皇的决定，与贵族和教会谈判。6 月 15 日，国王约翰和 25 名男爵签订协议，这就是著名的《自由大宪章》。

《自由大宪章》是国王向贵族、骑士们妥协、让步的结果，也是革命的势力对国王宽容、让步的结果。当时，如果革命的势力不肯让步，而是冲进王宫后，把国王捉起来杀头，另由别人来当国王的话，那么，就不可能有《自由大宪章》的诞生。同样，如果国王也不肯让步、妥协，而是采取坚决镇压的手段，把革命势力消灭掉，那么，国王的专制统治就将更加强化，那就更不可能有《自由大宪章》的诞生了。

这件事情深刻地告诉人们，立宪政治和民主、共和的诞生，是统治者和被统治者双方妥协、让步的结果。这就需要宽容、谅解的精神。没有妥协、让步、宽容、谅解的精神，就不可能有现代文明的诞生，人类就永远也不可能走出专制政治的魔影。

《自由大宪章》规定，贵族特权不得受到侵害；除非经合法审判，国王不得随意侵害人身自由；非经"贵族大会"同意，国王不得随意征收额外税金；保护市民的商业自由，统一度量衡等等。它始终贯穿着"王权有限"的精神，对君主的权力进行了多方面的限制和监督，为贵族、教会和市民反对王权专制奠定了法律和政治基础。

《自由大宪章》是英国国王亨利二世 1166 年颁布的《克拉林敦条例》的继续。在这个条例中，亨利二世宣布在英国废除《神命裁判法》，建立司法陪审员制度，以实现司法的公正，使人权获得了法律的具体保障，这是英国对人类社会的一个伟大贡献。

在《自由大宪章》诞生之前的二百多年，中国宋朝皇帝赵匡胤就立下了"不杀士大夫及上书言事人"的政治纲领，可以说这是人类社会最早的自由宪章。但赵匡胤定下的宪法与英国的《自由大宪章》不同，赵匡胤定下的宪章，是他个人意志的体现，是统治者开明的反映，虽然也体现了"皇权有限"的精神，但由于缺乏反对势力的制约，所以它是不可靠的，会因人而异，随时可能改变。而《自由大宪章》则不同，是统治者与被统治者在冲突中通过谈判达成的，是不会因人而异的，不管是谁当国王，都必须遵守。由于反对势力的存在，所以，如果哪个国王不遵守，就必将导致严重的社会冲突甚至战争。所以《自由大宪章》是英国最早的成文宪法，也是人类社会最早的真正意义上的成文宪法，它至今依然是英国宪法的组成部分。它的签订，其最重要的意义，就在于宣告了欧洲社会开始挣脱了中世纪君主专制的枷锁，而走上共和、立宪政治的道路。这是人类迈向现代文明的具有决定意义的一步也是英国对人类文明的最伟大的贡献之一。

约翰国王死后，亨利三世继位。由于亨利三世屡次违反《自由大宪章》的规定，于是，蒙福尔伯爵于 1265 年把亨利三世囚禁，并召集教士、贵族、武士、平民代表成立议会，这就是英国的首届国会。人类社会建立国会自此开始，这是英国对人类文明的又一巨大贡献。

1295 年，英国国王爱德华一世为筹集战争经费，再次召开国会。这次国会史称"模范国会"。此后国会经常召开。1297 年，国会获得批准赋税的权力。此后又获得了立法权。1343 年，英国国会分为上、下两院。上院由教士和贵族组成，俗称为"贵族院"。下院由武士、平民组成，俗称为"平民院"。至此，国会成为了英国最高的立法机关，西方文明从此像一轮红日，在欧洲的天空上冉冉升起。于是《自由大宪章》就具有了划时代的意义。

但是，英国先进的共和政治在当时并没有强大的军事力量做后盾。就像当年古希腊、罗马民主共和政治一样，面临着被野蛮民族消灭的危险。英国先进的宪政制度之所以没有遭到古希腊、罗马民主、共和政治一样的厄运，是因为英国人比古希腊、罗马人要幸运，这就是英伦海峡阻隔了野蛮民族军事的进攻。自然屏障保护了英国民主、共和、宪政制度能够生存下来，最终成为人类文明的主流。这是西方人的幸运之处。如果英国地处东欧或者中亚，那么，这一先进的文明，也有可能如同大宋文明一样，完全消失在野蛮的蒙古军队的铁蹄之下。谁敢说英国宪政文明的历史发展不是出于一种偶然性呢？

　　比较英国与中国宋朝的文明水准，我们可以看到，当时宋朝的经济、文化、教育、科技以及人民的生活等都远远高于英国的水平，但是在政治制度的设计方面，中国宋朝却没有英国完善，特别是在最高权力的转移和对权力的制约方面，中国宋朝不能与英国相比。宋朝虽然有种种自由、开放的政策，但在制约皇权这个最根本的问题上，宋朝社会制度显然没有英国完善。

　　但是，宋朝与英国有一点是相同的，这就是两国都没有强大的军事力量，来保卫自己先进的文明不受外敌的侵犯，不被外敌消灭。也就是说，人类文明的成果能不能完整地保存下来并得到发扬光大，完全取决于这两个文明的幸运程度。这种历史的偶然性完全要靠碰运气。后来的历史发展证明，代表西方文明发展方向的英国共和、宪政制度是幸运的，因为它没有受到蒙古铁蹄的践踏而灭亡，后来成为世界文明的潮流而席卷全世界；而代表东方文明发展方向的大宋文明是不幸的，因为它没有得到大海的保护，所以受到蒙古铁蹄的践踏而被消灭，后来没有在中国得以发扬光大，丧失了在世界多种文明中的竞争能力和应有的地位。中国人没有英国人那样的好运气。

　　如果大宋文明没有被蒙古人所消灭，如果它按照自己的趋势继续发展下去，也许在不远的将来，英国的文明就会与大宋文明相对接。当这两大文明互相融合互相弥补之后，人类社会又会是什么样子呢？人类文明又会呈现出什么形态呢？没有人能够预料这个结果，而且历史也是不能假设的。但可以肯定的是，中国绝对不会走到明清社会那样的落后状态，中国的文明肯定要比后来先进无数倍。

　　对于这一点，我们是有历史事实加以证明的。这个事实就是日本文明的崛起。从唐朝开始，日本民族就开始实行全盘中国化的政策，到了宋朝，日本的文化基本上已经中国化。可以说，日本文明是中国文明的一个分支。然而正是这个分支，在近代与西方文明的对接中，以其自由、开放和顽强的精神，迅速完成了明治维新而创造了人类文明的奇迹。这是什么原因呢？就是因为日本比中国要幸运，因为日本没有遭到蒙古人的大屠杀和种族灭绝。1281年，蒙古人曾经出动20万大军、4000多艘战舰，漫天遍海，在日本平壶岛（长崎北）登陆，企图一举灭掉日本。可是此时是阴历七月，西太平洋的台风以雷霆万钧之力猛烈地横扫了对马海峡，将蒙古人的4000多艘战舰打得粉碎，近20万大军被巨浪吞没。日本人感谢上苍之余，将这股台风称之为"神风"。二战时日本的"神风敢死队"的名字就由此而来。台风拯救了日本人民，也拯救了这个中华文明的分支。在近代与西方文明的碰撞之后，日本人迅速地接受了西方文明，而彻底地实行了西方文明化的改造。日本由此走上了现代化的道路，国力蒸蒸日上。

试想一下，一个小小的日本岛国，一支不起眼的大宋文明的分支，尚且能够创造出如此惊天动地的奇迹，以中国的国力、以宋文明的母体、以中国人民的众多、勤奋、伟大和聪明，会创造出怎样的奇迹？这是没有人可以预料的。

遗憾的是，中国没有日本这样幸运，没有太平洋的神风来拯救中国的人民和中国的文明。在英国颁布《自由大宪章》的1215年，中国南宋已经面临着蒙古军队的野蛮进攻，到英国成立国会的1265年，大宋王朝在蒙古人的野蛮进攻和屠杀之下，已经奄奄一息。到英国国会获得立法权的1297年，大宋王朝已经在世界上消失18年了。

蒙古人的野蛮屠杀政策，使处在世界前列的大宋文明遭到毁灭性的打击，使中国走向现代资本主义文明的进程被打断。

蒙古民族是古代匈奴人的后裔，他们居住在以不儿罕山（肯特山）为中心的荒漠地带，是一个游牧民族。由于地处荒漠，自然环境恶劣，常常没有温饱。为了争夺水草和食物，不但部落之间不断攻杀和劫掠，而且父子、兄弟之间也互相残杀，老幼病残遭到遗弃也成为家常便饭。所以这些草原上的游牧民族当时不具备文明社会的尊严意识，没有其他的生存方式可供选择。由于草原社会持续不断地大规模地自相屠杀，使人口的成活率很低。于是这些部落不但抢水草和食物，还抢妇女和儿童。铁木真的母亲就是被铁木真的父亲抢来的。铁木真的妻子也曾被人抢去又抢回。

显然，蒙古民族在宋朝时期，还处于原始文明状态的野蛮阶段，部落之间的相互屠杀，使他们往往结下了血海深仇。为了不被别的部落消灭，他们把动物世界的弱肉强食的生存法则作为自己生活的准则。在他们那里，很少有人类常有的同情心。成吉思汗在西征归来教育后代时，说了一段非常著名的话："人生最大的乐趣，就是把敌人斩尽杀绝，抢夺他们所有的财产，看着他们亲属痛哭流涕，骑他们的马，强奸他们的妻子和女儿。"世界上所有不愿被他们屠杀、掠夺和奴役的人群，都是他们的敌人。他们就是这样一群人。

如今，从《元史》、《金史》、《元文类》以及元好问等许多宋元时代的知识分子和国外古人的记载中，我们看到了很多有关蒙古军队当年实行屠杀政策的证据，记载这些史实的有些是现场的目击者，有很多本身就是蒙古人。从他们的记载看，蒙古军队的崛起，是古代人类社会的巨大灾难。成吉思汗制定的军法规定："凡城邑以兵得者，悉坑之。"（姚燧《牧庵集》）凡是对蒙古军队进行过抵抗的地方，城破之日，凡男女老幼，一律杀尽，谓之"屠城"。让我们先来看看成吉思汗指挥洗劫花剌子模的战争。蒙军利用野战的优势，用了约3年的时间，征服了花剌子模全境。在此过程中，蒙军遭到惨烈的抵抗，于是他们在多个地区进行了系统的种族灭绝。蒙古兵士对男子进行集体屠杀，甚至把孕妇的肚子刨开，杀死里面的婴儿。他们烧毁所有的房屋，用腐烂的死尸污染水源，企图使侥幸逃脱的幸存者冻死饿死，或者被瘟疫杀害。在奥可斯城，有一个妇女在被杀前，叫喊她可以给蒙古人珠宝，用以饶她性命不死。结果蒙古人听到珠宝被她吞到肚子里以后，就立即把她的肚子刨开，取出珠宝。

成吉思汗听到这个消息，立即命令以后把所有的人肚子都刨开，检查里面是否有珠宝。他们当着丈夫和父亲的面强奸他们的妻子和女儿，然后再把被强奸的妇女和他们的男性亲属杀掉。在他们的残酷屠杀之下，花剌子模的民族整体灭绝。

被蒙古人整体灭绝的民族并不仅仅是花剌子模，还有西夏、波斯等国家的民族，在蒙古人的屠刀下无声无息地消失。如从1205年到1207年，成吉思汗率领军队先后三次发动对西夏的进攻。西夏军队奋起抵抗失败。蒙古人把西夏人从国王到当地百姓全部屠杀，此后党项人基本被灭绝。党项作为一个民族不复存在。由于当时没有人给西夏修史，所以西夏被屠杀的人数今天无法确定，估计是几百万人。

在整体灭绝西夏的同时，蒙古大军对金国也发动了猛烈的进攻，遭到金军的顽强抵抗。但是后来金国发生内乱，首都北京城由于偶然的原因没有关闭城门，被蒙军杀入城内，用了一个月的时间烧杀抢掠，北京城被夷为平地，成为瓦砾场。史料记载，北京城平时常住人口为100万左右，加上战时进城避难的农村人口，估计被蒙军屠杀的无辜百姓在100万至200万之间。至于在东北、中原农村和城镇被屠杀的人口，更是不可计算，几乎每个城市都有屠城的记录。如蒙古军攻保州（河北保定）时，先下令杀老者，军士以杀人为游戏，后来再次下令，无论男女老幼，一律杀尽。结果，保定尸体达数十万具，把死人被砍下来的头颅垛起来，比城墙还高。当时有人到中原看到，中原地区千里无人烟，白骨累累，井里堆满了死尸而水不可饮。保定经过这次屠城，到元朝建国 15 年后，这里依然荒无人烟。在刘因的《静修文集》和郝经的《陵川文集》中，对此有清楚的记载。

据《元史》记载，蒙古灭金后，整理户籍，燕京、顺天等 36 路，得户 87.37 万多户，人口 475.49 万多人，与泰和七年（1207 年）的 768 万多户相比，几乎减少了十分之九。陕西居民百万，几乎被屠杀殆尽。河南一带"兵荒之后，黎民无几"。就忽必烈自己的估计，蒙古大军在中国北方直接屠杀的人口有 1800 多万人，至于焚烧房屋所造成的冻死、饿死、病死以及水井污染造成的疾病，没有人能够统计，西方国家的估计为 3000 万人。

蒙古军队在攻占西夏、金、中业、阿拉伯、欧洲（包括俄罗斯）和印度等数十个国家，进行大规模的屠杀和种族灭绝，造成几千万乃至上亿人的死亡之后，开始对当时世界上最强大的国家南宋发动进攻。他们出动上百万军队，仅窝阔台指挥进攻四川的军队就号称 80 万大军。他们在四川进行了大规模的屠杀，把老百姓按照十、百等单位分出来，分给军队一个一个杀死。他们烧毁房屋，强奸妇女，绑架儿童。至于在长江中下游地区屠杀了多少人口，更是不可计数。像兴化（福建莆田）不过一个小城，被蒙军攻陷之后，全城男女遭到屠杀，血流有声，全城几乎找不到一个收尸的人，情景之悲惨让目睹者无不痛哭失声。

《剑桥中国史》引用中国人口研究结果，发现宋朝至少有一亿人口，可是到元代初年只有 5000 多万人口。还有 5000 多万人口到哪里去了呢？剑桥中国百思不得其解。是天灾和瘟疫引起大量的人口死亡吗？可是在所有的历史书上，都没有大规模的天灾和瘟疫记载。这不是很奇怪的事吗？如果不是蒙古军队大规模的屠杀造成了人口锐减，很难有别的解释。蒙古军队造成了人类有史以来最大的人道灾难。这是人类历史上最黑暗的时期。

从以上的事实我们可以看到，在蒙古人强大的军事进攻和野蛮的屠杀之下，大宋王朝很难避免灭亡的命运。没有人能够预料到，在荒沙大漠之中，会崛起如此凶残的战争巨兽。这是冷兵器时代最大的也是最悲惨的文明悲剧。但蒙古军队的屠杀和种族灭绝政策，也遭到了南宋军民的殊死反抗。他们遇到了最强劲的对手。在这种情况下，蒙古军队才开始接受契丹人耶律楚材的建议，对南宋不再实行野蛮屠杀和种族灭绝的政策，改为分化、奴役的政策。耶律楚材的理由很简单：你把汉人杀光了，谁给你们种地？谁给你们交税？因此在南宋灭亡之后，还保存了约一半的汉族人口。马可·波罗到中国南方看到的元代初年的繁华景象，就是南宋遗留下来的还没有被蒙古人消灭干净的文明成果。虽然元代还保存了一点宋代的物质成就，但是大宋王朝最根本的多元文明的精神，却在元朝的野蛮统治下，遭到了毁灭。

但现在有一些专家认为，元朝取代宋朝不是历史的倒退，也不是中国经济濒临毁灭，而是历史的进步。真不知道这些学者专家是怎么研究历史的。难道一半的中国人被杀害了，对中国的经济、文化没有丝毫的影响？难道一座座繁荣的城市变成废墟，反而促进了文明的进步？难道蒙古军队的野蛮屠杀政策和文化灭绝政策，能够推动历史前进？

不错，今天的蒙古民族很多成为了中华民族的成员，对蒙古民族应该给予尊重。但这不能成为否定历史的理由，不能成为否定古代蒙古统治者在历史上犯下滔天大罪的理由，就像今天的德国人和日本人不能因为自己的文明发达，而否定在二次大战中德国法西斯和日本军国主义者所犯下的弥天大罪一样。

蒙古统治者不仅以野蛮的屠杀和灭绝政策，使中国的政治、经济、文化等等遭到了空前的浩劫，而且其野蛮、残暴的统治，更是倒转了中国走向资本主义现代文明的历史车轮。这更是导致了中国更大的历史悲剧。

蒙古统治者在中国建立了元朝政府，但是却拒绝接受先进的汉族文化，他们把人分为四等，实行种族歧视和民族压迫政策，第一等是蒙古人，第二等是中亚人，第三等是汉人，即金帝国统治下的汉人，第四等是南人，即南宋的汉人。汉人是被压迫和奴役的对象。蒙古统治者实行残酷的军事专制制度，将汉人的人权剥夺得一干二净。元朝政府规定，禁止汉人打猎，禁止汉人学习拳击武术，禁止汉人持有兵器，10户人家共用一把菜刀，禁止汉人集会拜神，禁止汉人赶集赶场做买卖，禁止汉人夜间走路，等等，违者格杀勿论。

　　蒙古统治者还从基层起，就对汉人实行严密而彻底的管制。每20家编为一"甲"，首长称"甲主"，由官府委派蒙古人担任。这个蒙古人就是这20家汉人的总管，而汉人就是这个总管的奴隶。衣服饮食，总管可以随意向这20户汉人索取，女子可以随意占有。汉人外出需要请假报告等等。如有违反，要受到严厉惩处，甚至这20户汉人还要承担连带责任。

　　"甲长"以上的各级政府官员都由蒙古人担任。官职全部由蒙古人世袭。蒙古婴儿和幼童，往往很早就继承了县长或者州长的官职。蒙古统治者不学汉语，不识汉字，地方官员和中央官员都不学汉语。蒙古统治者把人分为10级，其中第八级是娼妓，第九级是儒家，第十级是乞丐。在蒙古统治者的眼里，知识分子不如娼妓，地位仅仅高过乞丐。因此蒙古统治者实行文化灭绝政策，任何兴办学校、从事教育和研究学问的人，都要受到政府的处罚，一律罚做苦役。

　　更为野蛮的是，元朝实行赐田制度。蒙古朝廷随意把汉人视为生命的农田，连同农田上的汉人，赏赐给皇亲国戚，少的赏赐10户数百人，多的竟赏赐10万户。每户若以5口计算，一次就会有50万人成为农奴。汉人忽然间失去了祖宗传下来的土地，而且自己也一夜之间就由自由人而沦为农奴，没有地方可以讲理，没有地方可以申诉。

　　蒙古人凭借其惊人的军事力量，建立了一个横跨欧、亚大陆的庞大帝国。但是他们的落后和野蛮却不能对这个庞大的国家进行有效地管理。他们向外扩张的目的，不是出于正义的理想，如儒家的吊民伐罪，基督教传播上帝的福音等等。他们向外扩张，纯粹是为了掠夺财富，为了满足杀人、抢劫和征服他人的欲望。在未建国之前，他们所到之处，烧杀抢掠，无恶不作。建国之后，就是对人民进行残酷的剥削和压迫，贪污腐化惊人。更为离奇的是，元朝政府竟把政府的赋税，以一年220万两白银的上缴额，承包给一位叫奥都喇合蛮的维吾尔族巨商，任凭这位商人用种种残酷的手段，盘剥全国的老百姓，并用榨取来的巨额财产，来贿赂各级政府的官员。他们不知道如何发展经济，创造财富，只知道盲目而凶恶地剥削。有数据表明，元朝时期人民所承担的赋税比南宋时期增加了100多倍，人民为此付出了倾家荡产的巨大代价，这就是蒙古统治者加在整个中国人民头上的暴政。

　　在元朝社会，中国人民没有起码的私有财产权，没有起码的人身自由权，没有起码的言论自由权，没有起码的生存权。大宋王朝时期所实行的自由、开放的政策，被彻底消灭，中国人民在大宋王朝中所获得的人权被剥夺得干干净净，中国人在大宋王朝中所焕发出来的伟大的创造精神和积极进取的人生态度，整体消失。中国社会通往现代大工业文明的历史车轮被倒转。中国人民创造的世界上最先进的文明遭到了空前的浩劫。在西方民主、宪政、共和政治文明迅速发展的历史紧要关头，中国的伟大文明却在蒙古人残酷屠杀之下，彻底地被毁灭了。

元朝是中国人民所创造的伟大文明走向衰落的开始。

明清社会黑暗的专制政治

元朝的暴政激起了中国人民的猛烈反抗。起义的烈火烧遍了中国的大地。这个十恶不赦的政权终于被中国人民彻底消灭。蒙古人为自己的野蛮暴行付出了代价。几乎所有居住在中国的蒙古人，凡是来不及逃走的，都被愤怒的汉人杀死，连怀中的婴儿都没有被放过。一向以宽容、文明、礼貌而著称的汉人也变得十分凶残。后人每当想起这样的历史悲剧，无不为中国人的命运多灾多难而扼腕叹息。

从1271年忽必烈建立元朝开始，到1341年元朝灭亡，蒙古人统治中国虽然只有短短的70年，但是，它对社会的危害，特别是对人类心灵的毒害，却并没有随着这个政权的灭亡而消失。其中最突出的一点，就是很多的汉人丧失了大宋王朝时期所具有的人文精神和宽容的态度，变得残忍好杀，野蛮自私，使社会丧失了高尚的道德情操和追求正义和平的理想。这可以说是蒙古人统治中国所导致的最大悲剧，是大宋文明难以再现的最大、最根本的原因，也是明朝社会实行专制和特务统治的最大、最根本的原因。而朱元璋就是这些汉人的典型代表。

如果说元代统治者没有文化、没有教养，所以不能够继承大宋王朝自由、开放的基本国策，不能够把大宋文明保留下来并加以发展，那还是可以理解的。但朱元璋建立的明朝是一个汉人政权，却不但不继承和发展大宋王朝的文明传统，反而背道而驰，如果仅仅只从巩固皇权的角度去理解，恐怕是不够的。如果仅仅是为了巩固皇权，那他完全可以仿效赵匡胤的办法，用"杯酒释兵权"的方式去消除一些将军的兵权，而用不着采取野蛮的屠杀政策和实行残酷的特务统治。唯一可以解释的，只能是朱元璋这个人是一个本性残暴和阴险的人，丧失了起码的人性。历史走到这里，不但没有使中国出现光明，反而真正进入了大黑暗、大恐怖时代。

朱元璋，这个游方和尚和乞丐出身的皇帝，对人具有天生的仇恨心理，喜欢看人流血，看人痛苦。虽然他出身贫寒，但天生就不具备普通劳动人民起码的宽容、同情、善良的品质，并由此产生一种变态的压制、杀戮的暴虐意念。这是人类中最阴暗、最卑鄙、最可怕的一种品质，无论谁具有这种品质，都会对他人和社会产生严重的危害，何况作为皇帝，对人群和社会的危害，将更是毁灭性的。

朱元璋完全抛弃了大宋王朝所倡导的自由、开放的政策，完全抛弃了大宋王朝以文治国，以仁义立国的基本国策，抛弃了赵匡胤所制定的"不杀士大夫及上书言事人"的政治纲领，抛弃了大宋王朝鼓励工商业发展的经济政策，而走上了一条与人类文明发展方向完全背道而驰的道路，把中国历史前进的车轮完全倒转。

朱元璋是一个公开宣布不实行仁政的皇帝。他对中华民族犯下的弥天大罪，对中华文明的大规模毁灭的暴行，在中国的历史上，比秦始皇、隋炀帝都要厉害百倍。这种罪恶，不仅仅表现在大肆杀戮上，而且，主要表现在他对中国人的专制和奴化之上。明朝建立于1368年，当时中国的国力和物质文明，还依然领先于欧洲，但朱元璋却使中国文明进步的脚步彻底停止，以至到了19世纪鸦片战争前夕，中国已经堕落成为一个白痴般的国度，至少落后欧洲400年，中国人已彻底沦落成为脑后留着辫子、嘴上叼着鸦片枪的怪物。

朱元璋强化皇权的首要措施，就是废除了丞相制度。

宋朝为了防止皇帝和宰相专权，长期实行两个宰相同领朝政的制度，以便互相能够制约。历史证明这个制度是行之有效的。明朝之初，还保留了行使宰相职权的中书省，设立了左、右丞相，并赋予丞相较大的实权。可是，朱元璋认为这不利于皇帝集权，于是后来以"擅权枉法"的罪名杀了丞相李善长、胡惟庸，废除了丞相一职，而改由皇帝亲自掌管六部，直接管理政务，开创了皇帝集权专制的新纪元。

朱元璋规定，今后如有人敢于奏请设立丞相，将以叛逆论罪，凌迟处死。这个严厉的规定后来没有一个帝王敢违背。从此，丞相在中国就成为了历史名词。皇帝把大小权力集于一身，一切都唯皇帝之命是从。

　　宋太祖赵匡胤规定，宰相要用读书人，不得杀士大夫及上书言事人，如有违背，天必殛之。这一政治纲领使宋朝自由、开明的社会制度得以保护。可是朱元璋完全背道而驰。他废除丞相制度。而且不允许后代皇帝恢复丞相制度。他的这一政治纲领，不仅使君相互相制约的政治体制被消除，使皇权达到了无人制约、无法无天的地步，而且，还带来了一系列严重的恶果。由于大大小小的政务完全集于皇帝一身，这就使皇帝变得异常繁忙。朱元璋连吃饭的时候都在处理政务。史载他于1384年的9月份，从14日至21日的8天时间，亲自处理的政务就达3391件，平均每天处理424件之多，就是24个小时都工作，每个小时也要处理35件，不到两分钟就要处理一件政务。这样一来，就没有一分钟思考的时间，怎么能够保证处理的问题全部正确？

　　正如托克维尔在《论美国的民主》一书中指出的那样："一个中央政府，不管它如何精明强干，也不能明察秋毫，不能依靠自己去了解一个大国生活的一切细节。它办不到这一点，因为这样的工作超过了人力所能及。"

　　他指出："不错，中央集权容易促使人们在表面上保持一定的一致。这种一致虽然出于爱戴中央集权，但人们却不知这种集权的目的何在，犹如信神的人膜拜神像而忘记了神像所代表的神是谁一样。结果，中央集权可以不费吹灰之力就赋予国家的日常以秩序严明的外貌，详细地定出全国公安条例的细则，及时镇压小规模的叛乱和惩治轻微的犯罪行为，使社会保持既无真正进步又无实质落后的状态，使整个社会永远处于被官员们惯于称之为良好秩序和社会安宁的那种昏昏欲睡的循规蹈矩的状态。"

　　正是根据这一点，托克维尔认定，在高度中央集权的中国，"中国人有安宁而无幸福，有百业而无进步，有稳劲而无闯劲，有严格的制度而无公共的道德"。托克维尔的批评，真是一语中的。

　　事实正是这样，在皇帝乾纲独断的明朝，繁重的政务，哪怕就是铁打的人，也无法承受这种劳累。虽然朱元璋出身贫民，吃苦耐劳，尚能应付这些政务。但到了他的子孙，就完全不一样了。他的子孙都是在深宫里长大的花花公子，整天在太监、宫女的怀抱里嬉戏，哪里能适应如此繁重的政务？所以，明朝后来的皇帝都把上朝处理政务视为畏途，千方百计不理政事。这就使中国出现了从未有过的皇帝不上朝的怪事。

在中国历史上，无论皇帝如何昏庸和荒唐，都要每天上朝，听取大臣们的意见，处理国事。唐玄宗晚年风流，得杨贵妃后，纵情欢娱，常常不上早朝。所以，白居易用"春宵苦短日高起，从此君王不早朝"的诗句来讽刺他。但唐玄宗还是坚持上朝的。然而，明朝从宪宗皇帝朱见深开始，就开始不理朝政。朱见深龟缩在深宫24年，没有见过大臣，大臣们不认识他，他也不认识大臣。皇帝与大臣之间视为路人，他们之间的信息交流，全靠宦官来维持。

朱见深死后，他的儿子朱祐樘继位，照样躲在深宫，直到10年之后，才在文华殿与大臣们见上一面，也不过是喝了一杯茶，谈上几句家常话而已。

嘉靖皇帝朱厚熜就更是离谱。他迷信道教，幻想成为神仙，长生不老。1540年，他为了修炼成仙，就躲起来不再上朝。一直到1566年，27年间只出来了4次，平均7年才上朝一次。平常都躲在深宫里修炼。

万历皇帝朱翊钧更是变本加厉。他创下连续26年不上朝的纪录，就像被皇宫吞没了似的，无声无息。全国行政完全陷入了停顿。中央政府的六个部，有10年时间没有部长。全国地方政府的官员，缺少一半以上。对于全国雪片一样飞来的奏章，他像没有看见一样，使得这些奏章如同泥牛入海，全无消息。首辅大臣李廷机有病，连续上了120道辞呈，却毫无信息，最后他不辞而别，朱翊钧也不追问。辽东经略杨镐，在萨尔浒被后金军击败，死了45000人，后金军挥师南下，北京震动，全体大臣跪在宫门之外，请求皇帝批示增援那些在冰天雪地和饥饿中杀敌的将士，可是朱翊钧却无动于衷。整个皇宫，大门紧闭，悄无声息，就如同一座死人的坟墓。

那时候的欧洲，正以强大的活力，在全世界开辟新大陆，进行大规模地殖民掠夺和市场开拓，船坚炮利的隆隆声震动了全世界。可是，只有中国人无动于衷，毫不知情，明朝政府如同死了一样。

有谁见过这样的政府和朝廷？有谁见过这样荒唐的皇帝？更使人莫名其妙的是，对待这样的皇帝，人们还要三呼万岁，拿他无可奈何。这就是明朝专制政治带来的极为可怕的后果。由于皇帝与大臣之间的信息交流全靠宦官来传递，这就为后来明朝空前绝后的宦官政治之祸埋下了隐患。而且，皇帝还由此将大臣与宦官同等看待，视群臣为家奴，而大臣们也以是否顺从皇帝作为人臣之道和是否"贤德"的标准，使真正的君臣之道荡然无存，法制被破坏殆尽，刘瑾、魏忠贤等一大批宦官乘机乱政，朝政一片混乱，一团漆黑，伸手不见五指。

朱元璋强化皇权又一个措施，就是在中国历史上，第一次开创了特务统治的先河。

他建立了由心腹宦官领导的"锦衣卫"。这是一个组织非常严密的特务系统，在国家司法机关之外，锦衣卫还建立了另外一套专门的法庭、监狱，具有随时侦察、逮捕、审讯等等特权，并称之为"诏狱"。大大小小的特务，遍布全国街巷路途，渗透到全国各地各个部门，严密地监视着全国的大小官员和老百姓的一举一动。任何的蛛丝马迹，都会迅速地传到皇帝的耳朵里。

例如，博士钱宰被征调到南京编纂《孟子节文》，回到家中，随口吟诗道："四鼓鼕鼕起着衣，午门朝见尚嫌迟，何时得遂田园乐，睡到人间饭熟时？"第二天早朝时，朱元璋就对他说："昨天做的好诗！不过我没有嫌迟，还是把嫌字改为忧字吧。"钱宰一听，吓得浑身发抖，连忙叩头谢罪。

大学士宋濂在家请客，第二天，朱元璋问他："昨天喝酒了吗？请的那些客？吃的什么菜？"宋濂如实回答，朱元璋这才说，"你没有骗我"。吓得宋濂汗流浃背。这种严密的特务统治，使群臣整天都生活在恐惧中。

后来的明朝皇帝，还在锦衣卫的基础上，建立了东厂、西厂和内厂等特务机构，使全国的特务系统密如蛛网。皇帝就是依靠这些秘密警察，来对全国进行专制统治。皇权的威严由此得到了无限的扩张。皇权的毒牙随时可以咬噬全国任何地方的任何一个人。凡是被锦衣卫和"三厂"逮捕的人，除非他用巨额金钱贿赂这些宦官，否则，没有一个能够活着出来。

在一个多元文明的国家，主权是属于民众的，是民治而不是治民。在英国逐步走向民主宪政的时候，中国的明朝皇帝朱元璋，却不顾一切手段甚至采取特务统治，来镇压他的人民。

明朝灭亡，满族人建立了清朝。满清皇帝以欺压和奴役人民为最高目标，将一切进步的因素全部排除，而将一切腐朽的专制的东西加以扩张强化。最厉害的一招，就是继承了明朝不设丞相的制度，内阁和军机处帮助皇帝处理政务。一切政治措施的取舍，都以强化皇权为标准。皇帝"乾纲独断"成为世代必须严格遵守的"祖宗家法"。大臣必须自称奴才跪而奏事。整个中央政府，都不过是皇帝发号施令的传达室。

　　清朝是由满族这个少数民族建立的，当时的满族社会，还处于原始社会阶段，是一个没有完全开化的奴隶部落。一旦入主中原，便把管理奴隶的那一套办法，来管理全国的人民。不仅汉人是奴隶，就连满族官员和满族人民也是皇帝的奴隶，对皇帝只能俯首帖耳，像狗一样摇尾乞怜。稍稍有一点不同的意见，便会认为是大逆不道，而招来杀身之祸。乾隆皇帝弘历六下江南，搞得民不聊生，怨声载道。因主编《四库全书》而被人尊敬的大学士纪晓岚实在看不下去，就向乾隆皇帝反映了江南人民财力已经枯竭的情况，希望乾隆皇帝不要再下江南。谁知乾隆皇帝听后大发雷霆，指着纪晓岚的鼻子说："你是什么东西？我看你文学上有点根基，赏你一个官做，其实不过是像养一条狗罢了，你怎么敢谈论国家大事？"

　　在高度专制的皇权压迫下，满清的官员也都把自己当作奴才看待，言必称奴才，面见皇帝，必三叩九拜。而且，满清还有 条最无聊的规定，那就是，汉族官员在朝廷里，不仅要向皇帝下跪，而且，还要向满族官员下跪。汉人部长见了满人部长，必须下跪。必须等到满人部长开恩，叫他们起来，汉人部长才敢站起来。有时满人部长谈话高兴，忘记了开恩，汉人部长就得一直跪着，有的汉人部长年纪大了，跪的时间一长，就昏倒在地上。满清皇帝就是要用这种强权，压迫汉人，让他们在这样的政治气氛里，培育起汉人对满人的驯服的奴性，几百年下来，中国人还怎么敢对皇权进行监督呢？

　　由此我们可以看到，中国皇帝绝对专制的中央集权制度，自秦始皇建立之后，历经两汉、两晋、隋唐以及元明清的历代强化，至此，已达到了顶峰。其中西汉文帝、唐朝李世民时期，中国政治相对开明，特别是大宋王朝时期，一度突破了专制的传统，但明朝和清朝，又将这种严厉的皇帝专制制度恢复和强化，使中国社会在政治文明上没有丝毫进步，反而不断地倒退。

皇权强化与愚民政策

　　中国皇帝在强化皇权的同时，都加强推行愚民政策，以巩固皇帝家天下的统治。

秦始皇的理论是五德终始说，西汉武帝独尊儒术，把董仲舒的君权神授的理论，作为强化皇权的有力武器。这些理论的出现，就是要让人民相信，皇帝是受命于天，是真龙天子，是代表上天来统治人民的。并认为这是天道，天不变，则道亦不变，所以，皇权统治是合理合法的，人民必须无条件地服从，永远不能有非分之想。因为天道是不会改变的。

君权神授、天人合一的理论，为皇权专制的中央集权制度，打下了最重要的思想基础。而且，君权还与神权、族权、父权、夫权结合在一起，使皇权与宗法世袭制度紧密结合，构成了皇权的思想和道德伦理基础，使皇权思想深深地渗透到中国人的骨髓里，成为了中国人的思维方式和行为准则。谁要是对此提出怀疑，谁就会被认为是大逆不道的乱臣贼子。

到了宋代，实行自由、开放的政策，愚民政策被打破。宋朝人言论自由，思想自由、信仰自由、法制健全，社会出现了欣欣向荣、人才辈出的景象。这是中国人敢想敢说的时代。但是到了明朝，这一局面被朱元璋的专制统治彻底结束。朱元璋不继承宋朝自由、开放的政策，却把南宋出现的道学加以推行和发扬，大规模地毁灭人性的时代于是来临。

道学，历史也叫理学。创立于周敦颐，经程颐的发展，最后完成于朱熹。

朱熹的哲学思想，从二程学说发展为完整的理论体系，认为"理在先，气在后"。他的宇宙形成学说，接受了古代的科学成果，主张阴阳二气的宇宙演化论；在人性论上，他提出了"存天理，灭人欲"的思想，反对人们追求个人自由、财富和爱情；在社会历史观上，他主张恢复礼教，提出了"三纲五常"的道德伦理体系。他的学说，被明清社会统治者视为理学正宗。朱熹提出的这些思想，是针对南宋开放社会中出现的一些现象，如男女之间私订终身、寡妇再嫁、商人对财富的追求不择手段等。他看不惯，认为这些是道德堕落的表现，他想制止，所以提出批评。当然，人和人之间，需要一定的礼仪和道德规范，从这点来看，朱熹的想法并没有错。问题是他的这些理论过于严厉，走到了极端，使人感到僵化得难以理喻。特别是他提出的"君为臣纲、父为子纲、夫为妻纲"的伦理规范，要求人们愚忠愚孝，这对人的自由和权力是一种扼杀。

在北宋时期，寡妇再嫁也是很自然的事。范仲淹的父亲去世后，他的母亲再嫁，也没有人指责她。可是程朱理学认为寡妇再嫁必须加以严禁。他们认为，寡妇就是被迫活活饿死，也不许再嫁，因为"饿死事小，失节事大"。而为死了的丈夫守节的女子，则封为烈女，哪怕就是从十多岁开始守寡，也不得有任何再嫁的念头。老了，死了，就可以得到一块贞节牌坊。一个女子如果偶尔被一个男人摸了一下手，最好的办法，就是将那只被摸过的手一刀砍掉。丈夫死了，最高尚的行为，就是自杀殉情。儿女婚姻，必须要有父母之命，媒妁之言，儿女没有婚姻自主的权力。三纲五常这种极端落后的意识形态，在程朱理学中基本形成。朱熹将儒家经典合并为《四书》，并为之作序注释，定名为《四书集注》，这部书后来被官方钦定为中国知识分子的唯一经典。自西汉"罢黜百家、独尊儒术"开始，到道学系统的形成，对中国人思想的禁锢，终于在南宋朱熹手中完成。

但是，宋朝是一个自由、开放的社会，程朱理学在当时并没有什么影响。这种违背人性的思想理论，在宋朝是没有市场的。宋朝人生活自由，没有谁把程朱理学当一回事。朱熹在当时也不过是一个在私立大学教书的先生，在当时信息传播有限的时代，他的理论能够有什么影响力呢？当时社会的主流意识是自由、开放，人性得到充分的张扬。所以朱熹在当时是不得志的。他对当时人们自由、开放的生活看不惯，发表批评意见，在当时言论自由的社会，没有人会阻拦他，也没有人把他的理论当成什么经典。朱熹在当时还被人们痛斥为伪君子，道学成为人们谈话的笑料，被称之为"伪道学"，之后才改称为理学。

理学真正与皇权结合，成为国家的法律意志，是从明朝朱元璋开始的。朱元璋把在宋朝被人们当作笑料的理学，当成强化皇权的法宝。他以法律的形式，把理学抬到至高无上的地位。在宋朝，是没有官方意识形态的。可是中国从明朝开始，官方的意识形态又重新确立。中国人的思想自由、言论自由、信仰自由的权力再次被剥夺了。这才是历史真正的倒退。

在宋朝，科举考试是考试策论，也就是要考生发表对国家政策的看法，提出治国的见解。在宋朝言论自由、信仰自由、尊重知识、尊重人才的大环境里，考生往往对国家政治提出尖锐的批评。而宋朝皇帝对此是加以鼓励的。可是到了明朝洪武初年，朱元璋与刘基商定，在科举考试中，必须以八股取士。"其文略仿宋经义，然代古人语气为之，体用排偶"。考试专用《五经》、《四书》命题，并且要以朱熹的注解为依据。由于八股取士涉及知识分子的前途和命运，所以，就把知识分子的思想牢牢地限死在程朱理学的框框之内。这样就使程朱理学成为了官方的意识形态。任何人均不得违反，也没有人会去违反：要想做官，就必须熟悉程朱理学，就必须把《四书集注》捧为圣经。这一考试的内容完全抛弃了宋朝鼓励独立思考的精神，理学思想因此牢牢地占据了知识分子的头脑，并在整个社会传播开去，像瘟疫一样蔓延，毒害着人们的心灵。

首先，程朱理学培养的士大夫，都是一群人格分离的怪物，有着常人难以理喻的奇怪思维。在这里，我们只要看看发生在 1521 年的大礼仪事件，就足以了解明朝的士大夫是一群什么样的人物了。

1521 年，也就是英国人颁布《自由大宪章》以限制皇权、保护人权的 300 年之后，可是在中国的朝廷，却出现了如此不可思议的事情：

这一年，明武宗皇帝朱厚照去世，他没有儿子，由他的堂弟朱厚熜继位。按照礼教的规定，这是小宗入继大宗，应以大宗为主。也就是说，朱厚熜应该按照朱厚照的辈分，叫朱厚照的老爹朱祐樘为父亲，叫朱厚照的老妈为母亲，然后大宗才算不绝。可这样一来，朱厚熜就得叫自己的亲生父亲为叔父，叫自己的亲生母亲为叔母。

这是一个十分离奇的逻辑，连朱厚熜这个刚刚只有 15 岁的小皇帝都感觉不对头。他说："父母怎么可以如此颠倒？"他的父亲去世很早，是母亲把他抚养成人。他不能接受改称母亲为叔母的现实。他的母亲蒋氏也坚决反对。

事情奇怪就奇怪在这里：明朝政府几百名大臣一致认为，父亲和叔父、母亲和叔母的称谓是必须颠倒的。如果朱厚熜不改变称谓，那就是违反了礼教纲常。于是，几百名大臣一起向皇帝上书，坚决要求世宗皇帝朱厚熜改变称谓，认为只有改变称谓，才符合天理和纲常。

结果自然是让他们失望，世宗皇帝朱厚熜还是按照原有的称谓，父亲仍称父亲，母亲仍称母亲。几百名大臣对此痛心疾首，仿佛到了世界末日，一个个像丧家之犬一样疯狂乱窜。其中尤以首辅大臣杨廷和的儿子杨慎反应激烈，他大声疾呼：为了促使皇帝改变称谓，维护纲常礼教，必须要以死进谏，仗节死义，正在今日。这种奴性十足、恬不知耻而又颠倒是非的语言，居然得到了几百名大臣的一致赞同和响应，他们认为："万世瞻仰，在此一举。"

于是，包括各部部长在内的几百名大臣，一起来到宫门之外，匍匐跪地，一边高喊着朱元璋和朱祐樘的帝王称号，一面放声大哭，哭声震天动地，有的大臣用头撞地，鲜血直流。他们认为，世宗皇帝仍叫亲生父亲为父亲、亲生母亲为母亲，使国家千古伦理纲常和国家命脉都处于被毁灭的边缘，他们必须要用生命来加以捍卫。虽然世宗皇帝多次派宦官前来劝解，可是他们宣称，皇帝若不改变称谓，他们绝不离开。

世宗皇帝忍无可忍，下令把其中哭声最大的二百多名官员全部逮捕，实行廷杖之刑，有十六名官员当场毙命，其余的流放到边远的蛮荒之地。虽然承受了如此严酷的刑罚，遭受如此的奇耻大辱，但这批大臣竟没有一个人后悔，甚至还引以为荣。因为他们牢记着圣人的教训：皇帝即君父，哪怕这个皇帝只有 15 岁，也一样是君父。而"君要臣死，臣不得不死"。有了这种神圣的奴才哲学，于是刹那间耻辱化为荣耀，并以此来立身扬名。这不能不使人强烈地感到，由程朱理学所驯化的这些士大夫们，已经完全丧失了大宋王朝时期士大夫具有的人格尊严，人性被彻底地扭曲，已经完全变成了不可理喻的怪胎。

这就是轰动一时的明朝大礼仪事件。

此时，人类已进入 16 世纪，欧洲的文艺复兴运动已进入高峰，地理大发现的伟大航行，也差不多到了尾声，民主政治运动方兴未艾，西方人加快了进入现代文明的脚步。

可是在中国，却还在为皇帝该叫谁为父亲这样无聊的事情争执不休，甚至还把这种可笑的事情作为维护国家命运的大事来加以捍卫，由此可见程朱理学对中国知识分子的毒害和麻醉到了何等可怕的地步。

朱元璋推行程朱理学，实行八股取士的严重后果，不仅仅是将士大夫变成了小丑一样的人物，而且，还将整个的中国民众的灵魂彻底扭曲，将整个中国都变成了白痴一般的国度。

吴敬梓的小说《儒林外史》描写了一个范进中举的故事。范进考了多年的科举，屡考不中。家中一贫如洗。妻子看不起他，岳父视他为现世宝，是一个废物。说他尖嘴猴腮，人穷命薄。邻居也鄙视他。那年乡试过后，家中断炊，范进无计可施，只好把家中仅有的一只老母鸡抱到街上去卖，换些米粮来度日。范进此时的贫困潦倒已到极致。

可是就在此时，当当的锣声传来，向他家报喜。"范老爷高中举人了"！范进闻讯，顿时痰迷心窍，竟至疯了，披头散发，满街乱跑。多亏他岳父胡屠夫一巴掌将他打醒。事情到此发生了奇迹般的变化。原来鄙视他的街坊邻居纷纷给他送钱送东西，原来骂他是废物的岳父，此时诚惶诚恐地伺候他，说他是天上文曲星下凡，连洗脸都会洗出一盆猪油来。有身份、有地位的乡绅和地方官随后也纷纷来访，送东西的送东西，送钱的送钱，送房子的送房子，范进的命运迅速地改变了。

这篇小说以极其辛辣的笔触，揭露了明朝八股取士对中国人的毒害。在一个只有通过八股取士才有前途的国家，在一个官本位的国家，一个人一旦金榜题名，便意味着身价百倍，意味着拥有了地位、名誉、权力和金钱，可以光宗耀祖，出人头地。人们对他的态度立即发生根本的变化，既妒忌他，也想巴结他。在这种升官发财的思想诱惑下，人们除了对八股趋之若鹜之外，还会有什么别的吗？一旦全中国的人民都认为只有写八股文是最高尚的行为时，那么，这个国家的前途就可想而知了。

八股文是一种从内容到形式都极端腐朽的东西。因为作八股文，不能发挥自己的看法，不能对国家的政治、经济、法律、文化等各方面的问题，提出自己的批评意见，也不考自然科学、文学、法律、历史等方面的内容，而且严禁独立思考，其中最严格的规定，就是要把经过朱熹注释过的圣人之言，以固定的模式恰当地写进八股文中，就是一篇好文章了。而在形式方面，八股文规定，每一股为两句或四句完整的句子，不能改变，文中还有起、承、转、合的严格规定。要写好八股文，并不需要什么学问，也不需要对社会问题有什么见解，它之所以难以写好，就在于要极为巧妙地将所谓的圣人之言，代进八股文的方程式中。这就是中国知识分子，从朱元璋开始，到20世纪初期近七百年间所面临的最大难题和最深奥的学问。

从朱元璋开始，中国知识分子最重要的也是唯一的研究工作，就是从《四书集注》这一经典中，选出全部可以作为考试的题目，请八股专家写出一批八股文章，加以背诵，然后在考试时，依样画葫芦地照抄上去。有幸被主考官看中的，便金榜题名，从此可以升官发财；没有被看中的，便名落孙山，下次再考。有的学子，一直考到须发斑白。他们不需要追求什么学问，如果有人去研究什么《史记》之类的著作，或者去探讨什么自然科学知识，那就会被人看成是神经病和疯子，而遭到人们的唾弃。

　　在这样一种文化的氛围里，知识分子完全变成了一群没有思想、没有灵魂、没有人的情感、没有人的尊严、没有个性追求的书蛀虫。他们不知道世界上还有别的知识和别的事情存在。在没有考中之前，他们是八股文的奴隶；考中之后，他们就成为了皇权的奴隶。他们整天想的，就是如何作八股文和如何升官发财。在这样一种价值观念的驱使下，他们可以出卖灵魂，可以认贼作父，可以忍受廷杖的耻辱，可以为残酷的虚伪的道德礼教殉葬。一旦达到做官的目的，他们便把贪污受贿当作天经地义的事情，"三年清知府，十万雪花银"，就成为顺理成章的事情。他们十载寒窗，为的就是这个目的。即使有少部分人，抱有"忠君爱民"的思想，但在这样一个混浊的世道里，他们的结局不是退隐山水，不为五斗米折腰，就是同流合污，向权贵献媚，不可能还有别的结局。一部《儒林外史》，写尽了当时知识分子的丑恶嘴脸和肮脏的灵魂。文人的堕落典型地反映了当时社会的黑暗。

　　由于明朝时期的中国人，心目中只有靠八股文做官的追求，所以，对任何的新思想和科学精神都嗤之以鼻。

　　李时珍抛弃科举，专心行医，写出了伟大的医学著作《本草纲目》，后来为全世界人民所尊敬。可是，在当时，李时珍却屡受挫折，生活艰难。

　　明朝的科学家万户，为了实现飞天的梦想，他把自己坐着的椅子绑上火箭，想通过火箭的推力，将他送上天空，结果火箭点燃后发生爆炸，把他炸得粉碎。万户成了人类历史上第一个为飞天事业而献身的科学家。后来，世界上将天上的一颗行星以他的名字命名，来纪念这位伟大的开拓者。可是，万户在当时，却被人们看作是疯子和精神病患者，说他被魔鬼附身。他的伟大的科学探索精神和冒险精神，完全不被当时的人们所理解和尊重。

　　意大利鼎鼎大名的传教士利玛窦，在中国传教期间，为了推动中国明朝数学的进步，与当时的大学士徐光启合作，翻译西方的《几何原本》，由利玛窦口译，徐光启笔录。但利玛窦翻译了前六卷之后，说什么也不肯再翻译后面的九卷了。因为他看到，中国的士大夫们对这部书完全没有任何兴趣。他们的全部兴趣和精力都用在写八股文章之上，用在官场的拉帮结派、升官发财和吹牛拍马上了。利玛窦对此非常痛心。

当时，富有远见的徐光启急于传播西方的科学知识，也深知翻译的中断就很难再进行了。他感慨地说："续成大业，未知何日，未知何人。"事情的发展果如徐光启所预料的那样，明朝一灭亡，翻译整整中断了200年，直到清末数学家李善兰，才将后九卷翻译完成。但就在这200年间，利玛窦和徐光启合作翻译的《几何原本》传到日本，引起了日本数学的革命性的发展。可是，在中国，这部重要的科学著作却被丢弃在书库里，积满了灰尘，没有人去重视它。

火药、印刷术、指南针是大宋王朝的三项伟大发明，其对人类的伟大贡献是无与伦比的，特别是火药传到西方后，引起了石破天惊般地变化，为摧毁西方的封建制度发挥了伟大的作用。可是这些伟大的发明，在它的故乡却是命运不济，正如鲁迅先生所说，西洋人用火药做武器，而中国人却用火药做鞭炮；西洋人用罗盘来航海，而中国人却用它来看风水。

早在宋代，中国人就用火药来做武器，开封还建立了兵工厂。到了明朝初期，火药也依然是重要的战争武器。可是，由于明朝完全漠视军事科学的发展，以至于火药在军事上的应用逐步被抛弃。当时的国防部长于谦曾在《建置五团营疏》里，建议皇帝批准平时就将"枪炮"发给士兵，使火器能够真正发挥它的长技。可是明英宗皇帝朱祁镇不但不支持这一建议，反而以此为罪名，将于谦砍了头。

在一个愚民政策统治的国家，需要的根本不是什么科学技术，而是阿谀奉承，是对皇帝的献媚以邀功请赏。由于军事科学技术的衰落，以至于到了后来洋人用洋枪洋炮攻击中国的时候，中国人只能以大刀长矛来应战，沦落成为一个野蛮的部落。

在西方人权、自由、科学、平等、民主、法制观念成为时代主旋律的时候，中国却被皇帝专制的集权政治糟蹋到这般田地，中国人的命运何其可怜可悲。

清朝建立以后，全盘接受了明朝的愚民政策，有些方面比明朝走得更远。

在清朝，程朱理学依然是国家官方的意识形态，八股取士没有任何改变，三纲五常更加强化。祖先崇拜和为死去的父母服丧三年的规矩不变，反对任何改革的情节不变。谁要是提出任何一点改革的想法，均会被卫道士们攻击为"无父无君之言"。

更为可怕的是，清朝的人，脑后要留一条又粗又长的辫子，活像戏台上的丑角。汉人成为了满人的奴才；而不管汉人还是满人，却都是皇帝的奴才；奴才见主子，一律都得下跪。这种奴才哲学，是与程朱理学紧密联系在一起的，程朱理学此时已成为维护满清种族歧视和皇权专制的精神武器。谁要是对这种腐朽的文化有任何一点异议，都会招来祸患。例如雍正皇帝统治时期，当时监察御史谢济世，在注释四书之一的《大学》时，没有采用朱熹的见解，雍正皇帝闻讯大怒，要将谢济世凌迟处死。后来虽然没有处死，但仍罚做苦工。

为了防止人民产生异端的思想，清朝皇帝对文化实行了严密的控制。最典型的一例，就是乾隆皇帝以编《四库全书》为名，在全国收集和查缴各种书籍，然后，将收集和查缴来的书籍，进行删改，甚至大量销毁那些他们认为"有问题"的书籍，使中国的文化典籍和具有新思想的书籍遭到空前的毁灭。

史载，《四库全书》共收录书籍 3400 种，计 7.5 万多部。可是，被销毁的书籍有多少呢？不完全统计，达到 15 万多部，是收录进《四库全书》中的书籍的一倍多！另外还销毁书版 8 万多块，至于民间被销毁的书籍，更是难以数计。此外，被随意删改的书籍也有数万卷之多。这还是不完全的统计。

满清朝廷为了钳制中国人的思想，还大肆禁书。凡是鄙视清王朝及其统治者的、可能触发汉民族感情的、违反程朱理学的以及被皇帝讨厌的书籍，统统都宣布为禁书，必须严厉查缴。《大清律》甚至规定：凡造妖书妖言的，判斩监候；收藏妖书妖言的，杖一百，徒三年。江苏布政使彭家屏、河南夏邑生员段昌绪、河南罗山县知县查世柱、礼部侍郎钱谦益等一大批人，都因家中藏有禁书而被癫狂的乾隆皇帝残酷地杀害。

在这种强权的压迫下，任何离经叛道的思想均无法产生。人们无法去追求真善美，无法表达人的正常的感情，清朝皇权对人的思想的禁锢到了登峰造极的地步。清朝社会完全变成了一个死亡的社会。

如果不是洋人用大炮轰开中国的大门，打碎了天朝皇帝的好梦，中国人和中国社会，不知要退化到什么程度，这个死亡的国度不知要延续到何年何月。

明清社会没有发扬大宋王朝的人文精神，没有发扬大宋王朝的自由、开放精神，其根本的原因，就是明清皇帝绝对专制的制度所实行的愚民政策，扼杀了一切新的思想，整个社会被程朱理学彻底僵化，将庞大的中华帝国变成了一座暗无天日的坟墓。

专制皇权对人权的摧残

人权是天赋的，尊重人权是文明的标志，而摧残人权则是野蛮的行为。

在远古的中国，虽然有野蛮的奴隶殉葬制度，但对多数的中国人来说，还是有一定的自由度的。当然，这种自由比起古希腊的民主政治来，相差很远，但毕竟还是有一定的人权保障。

例如，西周社会为了保障人民的言论自由，就建立了谏鼓、采风和谤木制度，以接受社会的监督，国人还有参政议政的权利。到了春秋战国时代，郑国人对子产的改革有意见，便纷纷聚于乡校，对子产的改革提出批评。但子产虚心接受群众的批评，保护人民的言论自由。这就是著名的子产不毁乡校的故事。

正是因为春秋战国时代的人民有言论的自由，所以才有了百花齐放、百家争鸣的局面，有了蓬勃向上的民族精神，有了中国的第一个黄金时代。

在春秋战国时代，中国人是有人身自由的，人们可以自由迁徙、居住，私有财产也是受到保护的。虽然当时有"刑不上大夫，礼不下庶民"的儒家学说和法家的严刑酷法，但是，这些还没有普遍实行，人民的人身权利不会轻易受到侵害。国家的权力还有一定的限度。

中国人权真正受到侵犯，是从商鞅变法开始的。商鞅用户籍制度和连坐法，剥夺了人民的人身自由和人身权利，用严刑酷法来对待人民的不满言论和不同意见，用残酷的杀戮来剥夺人民的生命财产安全。在商鞅变法后的秦国，人民不能自由迁徙，没有言论自由，人身安全没有保障。秦国变成了一架战争的机器，整个秦国变成了一座杀人场，变成了一个恐怖的社会。

秦国统一六国之后，为强化皇帝专制统治，秦始皇加倍对人权进行侵犯。他用焚书坑儒来剥夺人民的言论自由，赤裸裸地剥夺人民的生命财产，用严刑酷法来对待人民。

　　秦朝以后的两千年的皇权社会，只有少数时期的统治比较开明，民众的思想比较活跃，人权受到一定的保护，但在绝大多数情况下，中国人都生活在皇权的高压之下，生命财产没有丝毫的安全保障。无数的冤狱冤魂，罄竹难书。

　　中国最早为人权呐喊的，是西汉时期的路舒温。

　　路舒温是河北巨鹿人，当时不过是司法部（廷尉）一名小小的廷尉史，位卑而言轻。无论在当时还是在后世，都默默无闻。但是，正是这位小人物，最早为争取中国人的人权而奋起，也最早起来揭发司法的黑暗。

　　西汉武帝时期，中国冤狱遍地。著名史学家司马迁为李陵投降匈奴一事辩护，触怒了汉武帝，于是以言治罪，被投入监狱，判处腐刑——割掉了生殖器。曾平定七国之乱、拯救西汉王朝的周亚夫，也被判死罪，罪名是谋反。可是，谋反的事实，却是他的儿子买了一些纸糊的刀枪，预备在周亚夫死后焚化。在狱中，周亚夫为自己辩护，可是审案的司法人员的任务，不是查清事实的真相，而是执行皇帝的命令。他们认为，周亚夫不在人世间叛乱，也将在阴间叛乱，于是周亚夫只有死亡。著有《淮南子》一书的亲王刘安，也以谋反的罪名被判死罪，此案还牵涉数万人被杀。但真实的事实，却是刘安不愿把一部介绍制造仙丹技术的书献给汉武帝，使汉武帝大为愤怒。还有江充向汉武帝告发的巫蛊案，也有数万人被牵连遭到杀害。当时全国人口总数才有1000多万人，而因谋反案被杀的人数就达十多万人，每100人中就有一人被杀，这个比例令人震惊。而这些冤案的产生，牵连之广，罪名的成立，都是通过刑讯逼供、严刑拷打制造出来的，所谓的罪犯根本没有经过正当的司法程序加以审讯，就被处死。

　　面对汉武帝对人权的严重侵犯，路舒温十分愤怒。所以，汉武帝死后，他就向汉宣帝上书，要求改革司法制度，取消酷刑，要按司法程序公正办案，而不能以皇帝个人的喜怒随意判决一个人的生死。他认为，在严刑拷打之下，任何人都难以忍受，要什么口供就会有什么口供，所以，一个人的罪名很容易成立。这种先定罪，后审判的做法，很容易造成冤假错案。每次杀人达数万之众，血流成河，实在叫人悲哀。

　　路舒温的奏章，揭露了中国古代人权被严重侵犯的事实，是中国最早争取人权的呼声，虽然这种呼声十分微弱，也没有取得任何效果，但是，路舒温为保护中国人的人权免遭蹂躏所作的努力，他的精神和勇气，是值得人们尊敬的。

　　在宋朝，法律是宽松的。百姓告官也是非常自然的事情。宋代办案水平也很高，出了许多像包拯一样的著名司法人员。所以，宋代的人权受到保护，冤假错案很少。可是，从元明清三朝开始，严刑酷法又重新降临到中国人的头上。其中对人权侵犯最为严重的朝代，是明朝。

　　明朝皇帝朱元璋侵犯人权，首先是利用锦衣卫的特务机构，制造冤狱，然后在刑事诉讼中，采用"瓜蔓抄"的办法，顺藤摸瓜，严刑逼供，罗织罪名，进行大规模的株连和屠杀。

　　胡惟庸是朱元璋的宰相，非常有才干，可是朱元璋对有才干的人极不放心。于是，后来就有人出来揭发胡惟庸，说他与日本人合谋，企图"谋害"朱元璋。于是，朱元璋将胡惟庸车裂分尸，并夷灭三族。后来，又追查胡惟庸的同党，在锦衣卫特务们的严刑拷打之下，"人犯"纷纷招供，连同77岁的老宰相李善长在内，共有两万多人牵连其中，全部遭到屠杀。

　　大将蓝玉有卓越的军事才能，为朱元璋建立明朝南征北战，立下汗马功劳。但越有军事才能，朱元璋就越是不放心。终于有一天，蓝玉被人告发"谋反"，于是被锦衣卫逮捕下狱，在严刑拷打之下，不久蓝玉在供词中承认自己意欲叛乱，于是被车裂分尸，灭族，被牵连而遭到灭族的共达15000多人。

　　刘基是朱元璋最杰出的智囊人物，他运筹帷幄之中、决胜千里之外的谋略，使朱元璋日夜不安，于是将刘基毒死。为了掩盖自己的罪行，朱元璋宣布，刘基是被胡惟庸毒害的。此外，被朱元璋称为"圣人"的大学者宋濂、大将傅友德父子、大将朱亮祖父子、大将徐达、大臣汪广洋、李仕鲁等上百位将军大臣，均在朱元璋制造的冤狱中惨死。事实上，在协助朱元璋打江山的所有的谋士和将军中，只有两个人得到善终，一个是早死的常遇春，一个是汤和。据统计，被冤案牵连被杀的人数有十多万人，朱元璋的暴行真是令人发指。

　　对人权具有摧毁性功能的，是朱元璋发明的廷杖。廷杖是一种刑罚，就是打人犯的屁股。行刑前，把人全身用绳索捆住，按在地上，由四个大汉按住两条腿，使人不能动弹，然后，扒开裤子，露出屁股和大腿，接受廷杖。施刑时，几个壮汉挥舞大棒，轮番打在受刑人的屁股和大腿上，受刑人非常痛苦，不停地哀号，用头拼命地撞地，满嘴都是尘土。任何强健的人，都难以承受这种酷刑。不到一百下，这个人就由大声喊叫，到有气无力，再到奄奄一息，然后毙命。浑身鲜血淋漓，血肉横飞，肌肉溃散，这是一副惨不忍睹的残酷画面，是对人身的极大摧残。无论是高官，还是平民百姓，在这种酷刑面前，没有人能够保持自己的人格尊严。朱元璋却用这样的酷刑来对付他的人民。

为了剥夺人民的言论自由的权力，明朝就利用密如蛛网的特务组织，四处侦察，一旦发现异常，立即处以极刑。明朝人夏允彝写了一本书，叫《幸存录》。书中说了一个故事：一天晚上，五个人一起在旅馆喝酒。其中有一人喝醉了，乘着酒兴骂了大宦官魏忠贤几句。另外四个人劝他不要乱说，免得惹祸，但这个人心想自己的话反正不会被特务们听见，就说："魏忠贤再凶，也剥不了我的皮，我怕什么！"谁知骂声未绝，东厂的特务就冲进来抓住这五个人。魏忠贤后来果然将骂他的那个人剥了皮。

在明朝，没有任何的言论自由，一句话没说好，就可能掉脑袋。法律根本不允许几个人一起聚会。一旦发现，就会被抓起来。轻则罚款，重则施以廷杖之刑。

为了彻底消灭人们说话的权利，朱元璋还发明了文字狱。

文字狱是一种离奇而又残酷的冤狱。任何人，只要皇帝认为你的文章或者诗词，有影射皇权的嫌疑，那么，你就死定了。这种冤狱，不需要任何的证据，只凭皇帝的判断，皇帝老儿认为你犯罪你就犯罪。于是，中国就兴起了文字的灾难。

汉字是一种特殊的文字，一个字、一句话可以作多种多样的解释，这就为中国文学的发展创造了条件，但却为统治者抓文人的辫子提供了方便。所以，中国古代就传说，仓颉创造汉字时，连鬼神都感到恐惧，吓得日夜哭泣。恐怕就是出于汉字容易被人制造冤狱的原因。

在明代以前，虽然大部分朝代都有以言治罪的传统，但就一篇文章或者一首诗而被皇帝杀头的案例，并不是太多。如秦始皇的焚书坑儒，也不是针对哪一篇文章或者哪一首诗来的。东汉时，陈琳为袁绍起兵讨伐曹操，写了一篇讨曹檄文，文中甚至辱骂了曹操的祖先。袁绍兵败后，曹操也没有斩杀陈琳，反而留用了陈琳。唐朝武则天时，徐敬业发动叛乱，由骆宾王起草了一篇讨武檄文，其中历数了武则天的所谓罪状。武则天读后不但没有追查，反而对骆宾王的才华大加称赞，责备宰相没有发现这样的人才。唐玄宗时，李白奉诏作《清平调》三首，其中第二首写道："一枝红艳露疑香，云雨巫山枉断肠。借问汉宫谁得似，可怜飞燕倚红妆。"篇中"飞燕"指汉成帝的宠妃赵飞燕。成帝暴死，赵飞燕自杀。于是高力士在杨贵妃面前挑拨说："李白把你比作赵飞燕，太无礼了。"杨贵妃向玄宗哭诉，玄宗于是冷落了李白，但没有对李白采取任何处罚措施。在整个宋朝，更是自由、开放，以言治罪完全被抛弃，言论自由是宋朝社会很普通的事情。

可是到了明朝，事情发生了急剧的变化。由于朱元璋是一个最不尊重知识和人才的人，是一个心理极为阴暗的人，所以，他对文人的杀戮十分残酷。

明朝法律制定了以思想言辞论罪的条款。《大明律》规定："凡造妖书妖言及传用惑众者，皆斩。若私有妖书隐藏不送官者，杖一百，流三年"。所谓妖书妖言，也就是那些不利于皇帝的言论。而且有些完全是牵强附会。

让我们举一些案例加以说明。

浙江某府学教授林元亮，作《谢增附表》，内有"作则垂宪"一句，被杀。

北平府学训导赵伯宁，作《万寿贺表》，内有"垂子孙而作则"一句，被杀。

福州府学训导林伯璟，作《贺冬节表》，内有"仪则天下"一句，被杀。

这些吹牛拍马的词句怎么会招来杀身之祸呢？原来这些文中都有一个"则"字，而"则"恰与"贼"同音。朱元璋认为这些人讽刺他是"贼"，于是全部处斩。

像这样对奏章内容牵强附会而杀人的事件，在朱元璋手中有纪录的就有13件。没有记录的还不知有多少。

当然，文字狱不限于奏章，更为残酷的是诗文祸。

朱元璋崇信佛教，对印度高僧释来复特别尊敬。释来复那年回国，行前给朱元璋写了一首谢恩诗，其中有这样两句："殊域及自惭，无德颂陶唐"。诗的意思是说：我生在异邦（殊域），自惭不生在中国，觉得自己还没有资格来歌颂大皇帝。但是，朱元璋却认为，"殊"，就是说我朱姓是"歹""朱"；无德，就是说我朱元璋没有品德。于是，释来复瞬间从座上宾变为阶下囚，被杀头问罪。

在明初文坛，高启是一位与宋濂、刘基一样有成就的人物。他的朋友魏观出任苏州知府，建了一座府衙。府衙的位置，建在与朱元璋争天下的人物——张士诚的王府旧址。魏观请高启为他的府衙写了一篇文章，文章里有"虎踞龙盘"等套话。此事被朱元璋知道后，认为魏观有做第二个张士诚的野心，于是，魏观被杀，高启被腰斩，尸体大卸八块。高启当时仅有 39 岁。

监察御史张尚礼写了一首《宫怨》诗："庭院沉沉昼露清，闭门春草共愁生。梦中正得君王宠，却被黄鹂叫一声。"宫体诗在唐朝是十分兴盛的，没有任何一个诗人因此获罪，何况张尚礼的这首诗并没有任何讽刺的意思。但是，朱元璋却不是唐朝的皇帝，他认为张尚礼的诗触犯了皇帝的私人生活，有"大不敬之罪"。因此，张尚礼被残酷窒息而死。

明初大臣陈养浩，有感于元末明初战乱四起，人民流离失所的现实，写诗凭吊，诗中有"城南有嫠妇，夜夜哭征夫"的句子。朱元璋得知后，下令把陈养浩投入水中淹死。陈养浩同情人民的不幸遭遇，关心民生疾苦，写作现实主义的诗篇，忧国忧民，品德高贵，朱元璋是应该加以表彰和鼓励的。可是，朱元璋却认为他讽刺现实，遂将他加以杀害。

朱元璋曾做过和尚，按理说应对和尚有较多的同情。但是，朱元璋绝没有这样的故旧之情，在他酿成的诗文祸中，很多的受害者就是和尚。如僧人德祥案就是典型的例子。

德祥本是应朱元璋之命来到京城的。闲中写了一首山水诗："新筑西园小草堂，热时无处可乘凉。池塘六月由来浅，林木三年未得长。欲净身心频扫地，爱开窗户不烧香。晚风只有西南柳，又畏蝉声闹夕阳。"

朱元璋读了这首诗后，大发雷霆。他把德祥传来，责问道："你说热时无处乘凉，是什么意思？是讽刺我刑法太严吗？又说池塘水浅，不长草木，这不是讽刺我心胸狭窄不能兴礼乐吗？还有什么频扫地、不烧香，不就是说我为了不让别人说话，所以杀人像扫地一样，而不修善吗?"于是杀了德祥。

　　还有一次，朱元璋到一家寺院游玩，见墙壁上写有一首以布袋和尚为题的诗："大千世界浩茫茫，收拾都将一袋装。毕竟有收还有散，放宽些子也何妨。"这是一首劝人宽恕的诗，似乎是劝告朱元璋对和尚要宽大一些。朱元璋读后勃然大怒，下令把全寺的僧人全部杀光，不原谅任何一个僧人。

　　在朱元璋时代，不仅有奏章之祸，有诗文之祸，还有疏谏之祸、科场之祸、史祸，等等。凡是向朱元璋提意见的大臣，一句话没有说好，就可能招来杀身之祸。被杀的人数之多，难以数计。

　　朱元璋之后的历代明朝皇帝，都大量制造文字狱。冤狱之多，杀戮之惨烈，举世罕见。其中的方孝儒一案，牵连方孝儒十族被诛杀。历史上最多也是诛灭九族，可是方孝儒被明成祖用"瓜蔓抄"的方法，层层株连，最后诛灭十族，也就是把他弟子也牵连了。

　　心理极为阴暗的朱姓皇帝，对有异端思想的人，采取了毫不留情的屠杀政策，不仅要消灭他们的肉体，而且要彻底消灭他们的思想，以此来强化皇权统治。

　　这是一个人类历史上最为残忍野蛮的朝代。是中国历史上最黑暗最恐怖的社会。它把社会的舆论完全扼杀了，它使人类的新思想完全没有生存的土壤。

　　明朝灭亡之后，继之而起的清王朝，在大兴文字狱方面，比起明朝来更加心狠手辣。据记载，顺治王朝制造的文字狱达到7件，康熙王朝制造的文字狱达到12件，雍正王朝制造的文字狱达到17件，乾隆皇帝制造的文字狱最多，达到130多件。

　　清朝杀人最多的一桩文字狱，是康熙年间的庄廷珑史案。此案被杀害的人数达到220多人，被牵连入狱、被流放的人数达到3000多人。

　　庄廷珑是浙江乌程县（今吴兴县）南浔镇人。家中富有，但他本人却双目失明。于是有心像古代盲人左丘明著有《国语》那样，著一部史书。后来，他花钱购买了一部《皇明史概》的史书，又请了一些文人来加工润色、补充史料，编成了一本《明史辑略》，并请人作序，刊印发行。

　　但是，这部书有不少地方违反了清朝的禁令，触及到了清朝最忌讳的地方。例如，书中直接写了清太祖努尔哈赤的名字和官衔（明建州都督）；直写清帝国的前身——后金的国名；实录了明将李成梁杀死努尔哈赤的父祖、收养努尔哈赤等史实。书中还用明朝的年号来记载明朝的历史，言辞中对清朝统治者不够尊重。

书籍出版后，遭到清政府的严厉镇压。其中庄廷珑和他的父亲庄允城，以及参与此书修订的董二酉，此时已死，但被开棺戮尸，也就是将尸体的人头割掉，将尸骨捣碎，抛弃荒野。知府陈永明，闻讯自杀，尸体被运到杭州后被剁为 36 块。被凌迟处死（零刀碎剐而死）的，有资助出书的朱佑明、庄廷珑之弟庄廷钺等 21 人。其他的 200 多人均被杀头或者被处以绞刑。他们的家属有的被流放，有的被卖身为奴。

这一桩文字狱的结局是非常悲惨的，它表明了满清统治者的狭窄心胸所导致的野蛮和残酷。当然，应当指出的是，案件发生在康熙皇帝刚刚继位的时候，那时，康熙皇帝才有 8 岁，所以，他不应该对此案负责。制造这起冤狱的是当时的辅政大臣鳌拜等人。而且，康熙在位期间发生的文字狱，大多数都在他未亲政之前。他亲政之后，统治较为开明。他亲手制造的文字狱，最大的就是方孝标《南山集》一案。虽然此案后来康熙皇帝予以宽大处理，没有大规模地杀人，但毕竟是康熙历史上的一个污点。

康熙死后，从雍正皇帝开始，大规模的文字狱重新开始。特别是乾隆皇帝即位以后，文字狱频繁发生，超过历朝历代。乾隆皇帝把康熙皇帝开创的开明政治完全断送，使明朝的黑暗政治重新出现，甚至有过之而无不及，使中国完全陷于了大黑暗时代，使中国人完全堕入了地狱般的恐怖世界，人人自危。

乾隆皇帝制造的文字狱，毫无道理，有的案件，完全到了荒唐和不可理喻的地步。例如，曾担任过大理寺卿的尹嘉铨，晚年退休在家，著了一部书，书中称自己是"古稀老人"。这本来是很正常的称谓，杜甫曾有诗句说："人生七十古来稀，"意思是说能活到七十岁的人，世上是很少的。可是，乾隆皇帝认为尹嘉铨不应该自称"古稀老人"。因为乾隆皇帝在一年前已经称自己是"古稀老人"了，并已布告天下，尹嘉铨为什么还要自称"古稀老人"？由此乾隆皇帝认定，尹嘉铨对他大不敬，属于狂悖荒唐，于是，将尹嘉铨绞死。又例如，内阁大学士胡中藻著有一部诗集，诗中有一句写道："一把心肠论浊清。"浊清二字，本来在诗的格律中是对应的，由于押韵的需要，所以把浊字摆在清字的前面。可是，乾隆皇帝不是这样认为，他认为胡中藻把浊字摆在清字的前面，是居心不良，是对清朝的不敬，因此大逆不道，于是将胡中藻斩首示众。

乾隆皇帝制造的文字狱，杀人最多的一案是伪造孙嘉淦疏稿案。

由于乾隆皇帝多次下江南游山玩水，每次都是数万人跟随，所到之处，骄奢淫逸，搜刮民财，搞得沿途百姓怨声载道，苦不堪言。于是，有人伪造当朝的工部尚书孙嘉淦的疏稿。疏中批评乾隆皇帝下江南增加了百姓的负担，不关心百姓的疾苦，是失德的行为。这篇疏稿说出了百姓的心声，于是在大江南北到处流传，人们纷纷传抄。

乾隆皇帝接到举报后，不仅不反思自己的荒唐行为，反而龙颜大怒，下令严查。结果，有1000多人受到牵连，上至巡抚、提督，下至百姓、和尚，全部遭到诛杀、流放和撤职。工部尚书孙嘉淦虽然没有受到追究，但还是在恐怖的气氛中忧郁而死。

清朝文字狱的审判，使皇权达到了登峰造极的地步，使中国历史性的司法黑暗——对人权的残酷践踏，也达到了顶峰。

残酷的文字狱，造成的后果是极其严重的。

它使全体的中国人，不论你是大臣还是草木百姓，都一律以虚伪的语言，阿谀奉承皇帝，哪怕这个国家到了天怒人怨、民不聊生的地步，也必须歌颂皇帝无比英明，无比正确，无比伟大，无比光荣，到处莺歌燕舞、国泰民安，取得了辉煌的成就。皇帝就是光着屁股，也必须以最美丽的语言，赞扬他穿着世界上最华丽的衣服。只要吹牛拍马、说假话就可以升官发财，不需要任何能力，不需要有任何独立的思想和见解。这样一来，就逼得中国人养成虚伪、说假话、说奉承话的习惯，而不去独立思考，没有独立的人格，说假话、说大话、说空话成为时尚，彻底扭曲了中国人的灵魂。于是，社会监督完全消失，对权力的制约机制完全瓦解。满清帝国由此成为了一个谎言遍地的国度。

文字狱的残酷，政治迫害的惨烈，使中国人从此远离政治，缄口不言，全国人民鸦雀无声，在沉默中保全自身，不关心国家的兴亡，不关心国计民生，不关心科学文化的进步。官吏只关心自己如何升官发财，行贿受贿，不会去关心人民的疾苦，不会去关心地方的繁荣。知识分子都躲进了书斋，从事文字的考据，不研究新的思想、新的文化、科学、技术，不关心资本、商品和市场。当西方社会的人文主义思想、立宪政治、民主、法治思想在世界上广泛传播的时候，当西方人在研究人体、化学、物理和天体物理学的时候，当西方人利用中国的活字印刷技术引起知识爆炸的时候，当西方人用中国发明的火药、指南针建起了庞大的海上军事力量的时候，中国的知识分子，却一个个钻进了故纸堆，穷毕生精力，去考据一个字音或者一个字义。没有一个人知道世界发生了什么变化，没有一个人起来呼唤文明的变革，他们将宝贵的时间和精力，用在研究八股文的写作，以此来博取一个功名和前途，却因此变得愚昧无知，人格怪异。

文字狱的残酷，还从此强化了中国人的奴隶性格。大臣阿谀皇帝，小官阿谀大官，百姓阿谀一切的官吏，从此成为时尚。皇帝和官僚从此成为骑在人民头上作威作福的老爷。在这样的社会里，百姓必须向官吏下跪，小官必须向大官下跪，而官吏又必须向皇帝下跪。这样一层一层跪下来，使中国成为了一个下跪之国。就像《红楼梦》中的贾桂，别人要他站起来说话，他说跪惯了，站着反而不习惯。下跪文化，从此成为了中国的国粹。中国人也变得越来越愚昧，越来越奴化。整个的民族素质日益的退化。

在这样的国度里，皇权失去制约，官吏没有监督，人民的意志无处表达。只许州官放火，不许百姓点灯，人民受到冤屈，只有向苍天呼喊，希望有青天出现。于是人命成为草芥，民众沦为蝼蚁，权贵横行，冤狱成山，人权受到践踏，民意遭到强奸。这是发生在中国的血淋淋的事实。什么仁义道德，什么礼仪廉耻，什么为民做主，什么圣人之道，统统都不过是统治者欺骗人民的鬼话。

明清两代的文字狱，将曾经充满伟大创造精神和进取心的中国人，彻底地沦为贱民；使曾经一度辉煌的中华文明，完全陨落。

皇权强化与闭关锁国

从 14 世纪开始，欧洲开始挣脱了中世纪黑暗的枷锁，开始了文艺复兴和地理大发现的伟大历史过程。为了寻求财富和向全世界传播基督教，西方人驾着多桅的船只，开始了世界范围内的伟大航行。

伟大的地理发现，使世界开始出现统一的市场，使世界贸易和自由竞争蓬勃发展，促进了现代航海业、现代大工业、现代交通业、现代通信业和现代金融证券业的迅速发展，促进了全球经济的一体化，仿佛一夜之间就涌出了无数的财富，人类的文明从此开创了一个新的纪元。

可是此时的中国，却开始了闭关锁国的大黑暗时代。

元朝实行"保甲"制度，以强化对汉人的统治。这还是可以理解的，因为蒙古人害怕汉人造反。可是明朝是汉人政权，却建立了比元朝更严厉的管制制度。明朝建国是在 1368 年。建国后不久，朱元璋就宣布了"禁海"、"闭关"的命令，不允许一块船板下海。

为什么朱元璋这个游方和尚出身的皇帝，会下这么一道荒唐的命令？说到底，还是出于强化皇权对人民的控制的需要。朱元璋这个具有蛇蝎一般心肠的人，好像天生就对人类具有仇恨的心理。他要把全中国人民的自由和权力彻底剥夺，将他们压迫在土地上，老老实实地日出而作，日落而息，不对他的家天下构成任何威胁。

为了剥夺人民自由迁徙的权利，朱元璋首先下令，在全国开展人口普查，登记老百姓的籍贯、姓名、年龄、田宅、资产等等。这种登记册的封面是黄色的，所以叫做黄册。之后，又编制了专门记载老百姓土地情况的鱼鳞册。

在土地和人口普查的基础上，朱元璋在全国农村建立了严格的徭役赋税制度和严密的里、甲制度，以加强对农民的盘剥和控制。里、甲是农村的基础政权，里设里长，甲设甲长。里、甲内的人民都要互相担保，一旦出事，要承担连坐的责任。所以，平常农民外出，必须向里、甲长请假，并领取政府颁发的路引（即通行证），还要告知里甲内的其他人，才能外出。不经过请假而外出的人，一律视为逃户。《大明律》规定，国家有权逮捕逃户，并将逃户凌迟处死，并牵连到里、甲内的其他人。

在里、甲制的基础上，朱元璋还建立了关津制度，也就是在全国所有的重要路口，设立巡检司以盘查行人。没有政府颁发的路引，一律视为逃户加以逮捕。

里、甲制度和关津制度，把人民牢牢地控制在土地上，强制他们屈从于地主和官府的统治，不得离开乡土半步。人民的迁徙自由完全被剥夺了。自由的贸易被禁止了，资本的流动也完全停止了，中国的市场经济遭到了空前的破坏。

在禁止人民在国内自由迁徙的同时，朱元璋下令禁海。因为他发现，虽然国内的老百姓被控制住了，但东南沿海的老百姓却通过大海，纷纷迁移到南洋去谋生。而南洋各国的商船前来中国经商也很频繁，与中国交往太多，这也不利于他统治的稳定。于是，朱元璋下令，严格控制各国使节、商人来华的数量、日期和船数，并且要验证"金叶表文"等等证件才能入境，否则一律驱逐。就是与外国商人通商，也是由官府来垄断，不允许私人来经营。同时下令，禁止东南沿海人民下海，并把出国的人视为"无父无君之辈"，一旦发现出海之人，立即加以逮捕并治罪，重者杀头，轻者廷杖。

为了控制人民出海，朱元璋下令，禁止沿海渔民下海捕鱼，渔船一律就地销毁，渔民和船户一律编入军籍，改为兵士。

在朱元璋的严令之下，东南沿海像死了一般的沉寂。

此时，大海已经向人类发出了谋求财富的邀请，可是，冥顽不化的中国统治者，却坚决地拒绝了这种邀请。

朱元璋死后，明朝发生了一场流血政治。燕王朱棣打败了建文皇帝，自已登上了皇帝的宝座，是为明成祖。而建文皇帝却悄悄出逃，不知所终。

建文皇帝的失踪，是朱棣的一块心病。他害怕建文皇帝有朝一日卷土重来，于是，在全国大规模地追查建文皇帝的下落，但一无所获。建文皇帝到哪里去了呢？民间传说，建文皇帝坐船出海了。朱棣相信民间的这个传说，认定建文皇帝确实是逃到海外去了。

为了去海外追查建文皇帝的下落，朱棣于是派遣郑和带着庞大的船队，下西洋到海外探听消息。同时，向海外诸国炫耀他的文治武功。随着郑和七次出海，东南沿海的海禁也随之开放。

郑和下西洋的时间，第一次是在1405年，最后一次出发的时间是在1430年，出发的地点都是在浏河（今江苏太仓浏河镇）。最初航行仅限于亚洲，从第四次开始，航行已到达非洲海岸，今肯尼亚及索马里一带。

郑和七下西洋，并没有找到建文皇帝的下落，这使朱棣感到失望。但郑和浩浩荡荡的海外航行，却取得了很大的政治上的成功。因为郑和的航行，比欧洲人的地理大发现，早了100多年，而且，郑和的船队出动军舰最多时，达到60多艘，战士达到3万多人，很多军舰长达120米，宽40米，可以容纳1000多人。这在当时的外国人看来，简直是庞然大物，工程之巨大，令外国人感到不可思议。这些无敌舰队，向海外诸国显示了中国国力的强大，使这些国家受到了从未有过的震动与冲击。

郑和七下西洋，还有力地推动了沿海人民向海外的迁徙。特别是广州、泉州、潮州、漳州等地的居民，大批地涌向海外。他们就是居住在各国的最早的华人。

郑和七下西洋，与西汉张骞通西域一样，为中国人打开了一个新的天地。但是，这些伟大的活动，却没有丝毫的商业利益。它与后来欧洲的地理大发现完全不同，后者是为了开拓世界市场和掠夺财富，而中国人来到大海上，不是为了开拓市场和谋取财富，而是进行一场纯粹的政治游行。这说明，被皇权奴化了的中国人，就是到了大海上，也无法摆脱小农经济的思想束缚，也不懂得贸易和竞争，不懂得市场和资本，不懂得正常的外交是与国家利益连为一体的。大海邀请来的中国人，不过是一些满肚子纲常伦理的谦谦君子。

由于郑和下西洋没有带来任何经济利益，所以，在朱棣死后，下西洋就被一些理学大师当成一项暴政而加以取缔。所有的重要档案全部被销毁，以防后来的人效法。这时候的明朝，正在向死亡的道路加速前进，任何具有进取精神的行为都没有存在的可能。所以，很快就恢复了朱元璋时代闭关的政策，东南沿海又陷于了一片沉寂之中。

一直到明朝灭亡，中国都没有再次打开国门。闭关锁国给明朝带来严重的恶果，使整个国家陷于愚昧无知的状态，完全游离于国际社会之外。当时庞大的中华帝国，居然连一个处理外交的官方机构都没有建立。对世界的隔膜，已经到了难以置信的程度。例如，1580 年，意大利传教士利马窦到达澳门，1599 年抵达北京，并求见当时的明朝皇帝朱翊钧。可是，满朝文武竟没有一个人知道意大利国在什么地方，在记载典章制度的《会典》上，也查不出有意大利这个地方，于是他们就坚决否认有意大利国的存在，幸好《会典》记载了一个大西洋国，于是就认为利马窦是大西洋国的人氏，利马窦本人也只好承认他就是大西洋国人。

1592 年，日本大将丰田秀吉，统率海陆军 15 万人，渡过对马海峡，发动对朝鲜的战争。朝鲜不能抵挡，派人向中国求援。明朝政府派出大将李如松率兵赴朝参战。战争的结果，日本军队被击退，但中国军队也损失惨重。于是双方进行谈判。中国要求日本承认朝鲜是一个领土

完整、主权独立的国家，同时，中国也允诺加封丰田秀吉为日本国国
王。1596 年，明朝政府还郑重其事地派出一个代表团，前往丰田秀吉
居住的大阪，举行册封典礼。但丰田秀吉根本就不可能接受国王的封
号。显然，这是一个荒唐的闹剧，因为日本还有一个万世一系的天皇。
可是中国朝野居然不知道日本还有一个高高在上的天皇。其对国际形势
的无知已经到了令人震惊的地步。

　　明朝灭亡之后，清朝政府建立了。但闭关锁国的政策，并没有因为
朝代的更替而有丝毫的改变，相反，清朝政府对人民的迁徙自由和贸易
自由，有了更加严格的限制。

　　为了强化皇帝专制的集权制度，满清政府加强了对人民的控制。
《大清律》规定，人民的自由迁徙、结社、集会，等等，都是大罪，一
律处以极刑。同时，清政府制定了保甲法，规定不论城乡，每十户为一
牌，每十牌为一甲，每十甲为一保。这是清朝社会最基层的政权组织。
然后，由保长、甲长和牌长出面，监视百姓，规定每户都要在自家的大
门上，悬挂一牌，上面写着户主姓名和全家的人口，以便随时检查。

　　清政府还规定，所有的客店、寺院都要登记簿，纪录所有往来的客
商的姓名和行踪。规定所有的地主、窑主等等，一律要管好自己的雇
工，一旦发现雇工逃亡现象，或有反抗事件发生，主人将受到连坐。所
有汉人不准与其他民族的人来往，所有的少数民族均不准"窝藏"汉
人；一旦发现，将视为大罪，格杀勿论。

　　在这样严厉的管束下，人民的思想自由和迁徙的权利可以说完全被
剥夺了。

　　在国内强化对人民控制的同时，清朝政府继承了明朝的禁海政策。
虽然在康熙皇帝收复台湾之后，曾一度开放海禁，允许沿海一带的居民
出海打鱼，也开放广州作为商埠，允许外国商人前来通商。但康熙同时
设立了"公行"这样的官方机构，垄断对外贸易，民间商人不得参与。
也不允许中国商人与外国商人有任何往来，否则就是大罪。

　　到了乾隆皇帝统治时期，满清政府决定重新闭关禁海，对与西方各
国的贸易进行了极为严格的限制，国际贸易几乎中断。乾隆皇帝认为，
中国是天朝大国，所有物产样样俱全，不需要向外国购买任何东西，之
所以同意将中国的茶叶、丝绸卖给外国人，完全是一种恩赐。

　　在狂妄而又无知的乾隆皇帝看来，西洋人与犬羊无异。喝的都是牛

奶，吃的是带血的肉和生菜，皮肤像死人的皮肤一样苍白，长着猫一样的蓝色眼睛，鼻子奇大，浑身发出一种奇臭。这纯粹就是一个没有进化完全的野蛮民族，不知礼仪廉耻道德为何物。所以，乾隆皇帝把西洋人称为"夷商"。可见，乾隆皇帝对西方世界的了解，完全处于盲目状态。

一种对野蛮民族的轻视态度和对皇权的一种本能的强化意识，使乾隆皇帝对西方人格外反感和警惕，他绝不允许这样的野蛮民族来破坏他的统治，来影响他的人民。于是，1757年，乾隆皇帝发布了一道荒唐而又可笑的命令，规定：夷商每年五到十月，才可到广州贸易，过期就要回国或回澳门；夷商在贸易期间，必须住在商馆之内，不准携带武器，不准雇用中国仆妇，不准坐轿，不准上街购买东西，不准探听物价，不准购买中国书籍，不准见中国官员，有事要先写好公文请洋行代转，夷妇不准进入广州，等等，这些荒唐条款，都反映了乾隆皇帝的无知和对洋人的防范，他害怕洋人与中国官员和百姓的接触，会影响皇权的专制统治。

然而，此时的西方文明，已经有了飞跃的进步。工业革命的发生，民主政治的兴起，使西方的生产力日益发达，社会创造的物质财富，如喷泉一般地涌流。从来没有外交经历和习惯于窝里斗的中国皇帝和各级官僚，他们做梦都没有想到，中国此时已经卷入了世界经济和政治斗争的大潮。为了开拓世界商品市场和向世界传播基督的福音，用充满活力的基督教和现代文明武装起来的西方人，正以不可阻挡之势，向世界的任何一个角落发起攻击。顺之则昌，逆之则亡。所以他们根本不把中国皇帝的禁令放在眼里。

1793年，英国派遣马嘎尔尼率领一个600多人的庞大的代表团，携带价值高达13000英镑的礼物，来到北京，向中国皇帝呈上了英国女王的一封国书，要求中国允许英国向中国派遣使节，允许英国在舟山、天津贸易，并仿效澳门先例，在舟山附近，指定一个小岛，居留商人和存放货物；允许住在澳门的英国商人，居住广州；对英国商品在内河运送时，免税或减税。

在现代社会看来，英国的这个要求，对发展中英两国的经济是很正常的要求，对两个国家都是有利的。可是，清朝的乾隆皇帝却不是这么看，他认为大清天朝的恩德和威武普及天下，万国来朝，任何贵

重的东西，应有尽有，不需要外国的货物，而且，两国通商与天朝的
体制不合，因此断不能允许。特别无聊的是，中国要求马嘎尔尼在晋
见乾隆皇帝时，要双膝跪地，行三拜九叩大礼。遭到马嘎尔尼的拒
绝，结果只行单膝跪地的礼节。

1816 年，英国派出亚墨尔斯率领代表团，来到中国，再次要求中
国开放市场，与英国贸易通商。但依然遭到嘉庆皇帝的坚决拒绝。在觐
见嘉庆皇帝时，中国要求亚墨尔斯双膝跪地，遭到亚墨尔斯的拒绝。嘉
庆皇帝又召见代表团的副使，但副使也拒绝双膝跪地。嘉庆皇帝无计可
施，觉得很没有面子，于是下令将亚墨尔斯及其所有的随员以及礼品，
全部驱逐。

冥顽不化的满清皇帝和满清官僚，始终以天朝大国自居，将英国人
视为不屑一顾的英夷。马嘎尔尼在中国时，曾参观了中国军队的操练，
之后，马嘎尔尼邀请大将军福康安，观看他的卫队演习欧洲新式的火器
操法，意思是想让中国看看西方先进的军事工业，可是，福康安却冷淡
地说："看亦可，不看亦可，这火器操法，谅也没有什么稀罕！"

虽然乾隆皇帝对英国的要求完全拒绝，但对马嘎尔尼一行却给予了
隆重的招待。马嘎尔尼回国时，乾隆皇帝特地要他从中国的陆路南下，
以便让英夷见识一下中国的富庶和强大，以遏制洋人的邪念。

可是，事情恰恰与乾隆皇帝的希望完全相反，马嘎尔尼沿途看到的
却不是什么富庶和强大，而是贪污、腐败、贫弱和愚昧，军队如同一群
叫花子，不堪一击。他在回国后向英国政府的报告中断言，满清王朝贪
污腐化，将继续压制和剥削人民，中国将发生变乱。

马嘎尔尼的报告，后来成为英国对中国发动战争的重要情报依据。

冥顽不灵的满清皇帝，把庞大的中国引入了绝路，面对着世界日新
月异的变化，中国像一个死人一样毫无知觉。从皇帝开始，到大大小小
的官僚，没有一个人想到，应该到西方国家去看看别人是怎么生活的。
整个国家，贪污腐败依旧，盘剥人民依旧，不思进取依旧，挥霍浪费依
旧。人民在苦难中挣扎，社会在黑暗中生存，这样的国家，其前途只有
一个，那就是：遭人蹂躏。

历史把一次又一次的机遇给予中国人，可是，明清的统治者却一次
又一次地拒绝这样的机遇。在这种顽固的背后，是整个民族和文明的
衰落。

畸形社会与畸形人生

—— 专制制度与中国人的生存方式

万恶的宫廷制度

在秦始皇统一中国之前，各国的国君有的是一夫一妻，有的也有成群的妻妾。但是，像秦始皇那样，建立豪华的宫殿，收罗天下美女达1.2万多人供他一人淫欲，还是史无前例的。这1.2万多美女，都是嫔妃和宫女。幸亏秦始皇当皇帝11年就一命呜呼了，不然的话，还不知道他会搜罗多少无辜的女孩进宫，干出多少荒唐的事来。秦朝不亡，实在天理难容。

从秦始皇以后，绝大多数皇帝至少都有三宫六院七十二嫔妃，这些都是经过正式册封的皇后和妃子，至于那些没有正式册封、只给予了一点小小的名分的嫔妃，就不知道有多少了。当然，也有一些皇帝并不是这样，如西汉文帝刘恒、隋文帝杨坚、后周皇帝柴荣、宋朝皇帝赵匡胤等等，生活是极其严谨的，后宫嫔妃都限制在50名之内。但是绝大多数皇帝都放纵自己的私欲，皇宫嫔妃动则成千上万。而且，每隔两三年就要在全国选秀，对全国13岁以上的未婚姑娘进行严格的选择，凡是选上的良家女子，就会送到宫中由皇帝挑选。皇帝选上的就可能封为妃子，选不上的就会成为宫女。当然，皇帝会用各种各样的名义，来安排这些女孩子。这些女孩子从此就会在皇宫这个暗无天日的地方苟且偷生。

汉朝宫廷的秽乱一点也不亚于秦朝，其中尤以汉武帝为最。此人不仅好大喜功，而且风流放荡，荒淫无道。史载他宫中有13岁以上18岁以下的嫔妃宫女1.8万多人。汉武帝曾说："能三日不食，不可一日无妇人。"每次出巡，汉武帝都带着大批美女，与他同车的就有16名之多，在车上乱交。汉武帝之后，历代汉朝皇帝都十分荒淫。汉元帝因嫔妃宫女太多，就令画师将这些宫女画下来，以便他挑选睡觉。著名的王昭君的故事就因此而来。汉成帝实际上就是死于纵欲。他宠爱飞燕、合德姐妹俩，在宫中淫乱。后来访求奇药，得到一种叫慎恤胶的春药，吃一丸可性交一次。有个晚上被封为昭仪的合德吃醉了酒，一次就给成帝吃了7丸，成帝纵欲，一夜下来竟驾崩了。

东汉皇帝比起西汉皇帝来，一点也不逊色。其中以汉末的灵帝最为荒淫。他每次洗澡，都要几百名13岁以上18岁以下的宫女与他裸游。为了追求刺激，他经常别出心裁地与宫女们群交。他为之感叹地说："使万岁如此，真上仙也！"

西晋皇帝司马炎，嫔妃宫女有1.5万多人，还下令：选美之事尚未完毕，禁止天下嫁娶。他每天都发愁，不知道自己每晚到谁那里睡觉为好。于是，他就乘坐羊车，到处走动，任凭羊停在何处，就在何处睡觉。后来，有些聪明的嫔妃发现了这个秘密，就用盐水撒到竹叶上，放置在门前，引羊驻足，于是能够得到皇帝的宠幸。

西晋八王之乱后的汉赵帝国皇帝刘聪，不仅嫔妃多达一万多人，而且，仅皇后就册封了五位。后赵帝国皇帝石虎，在宫中已有嫔妃上万的情况下，还不断选美，有一次一下子就征集了美女三万多人，各级官员像搜查强盗一样地挨家挨户搜查，美女的父亲或者丈夫如果拒绝献出他们的女儿或者妻子，就会遭到屠杀。公元345年，石虎为此就一次杀人达3000多人。为了安置这些美女，石虎分别在长安、洛阳、邺城三大都市，兴建宫殿，动用劳力40多万人，日夜不停地施工。后来因为发生战争，邺城等地被围困之后遇到饥荒，石虎搜罗来的几万美女，不是饿死，就是被饥饿的士兵烹食了。

在南方，东晋及南朝宋、齐、梁、陈的历代帝王都纵情声色，后宫美女都超过万人。其中陈后主叔宝，大修宫廷，大选美女，著名的《玉树后庭花》的亡国之音，就是他喜爱的音乐。还有南齐皇帝萧宝卷更是无聊。他酷爱女色，特别喜欢缠了足的女人，说缠了足的女人走路"步步生莲花"。

在中国历代皇帝中，只有隋文帝杨坚一个人实行的是一夫一妻制，他与独孤皇后白头到老，没有纳妃。直到独孤皇后死去，才纳妃。可是他的儿子隋炀帝杨广却创造后宫嫔妃宫女数量之最。史载他的嫔妃宫女超过10万人，仅江都一处行宫，就有嫔妃宫女三万多人，而且这样的行宫有好几处。这真是人类历史上的奇观。

在中国的历史上，不仅残暴的皇帝广选美女，供自己淫欲，就是开明的皇帝，也一样广选美女，没有节制。后来选美成为定制，后宫佳丽多少，有了一定的比例，但人数至少也在 3000 以上。这么多的女人，面对的却只有一个男人，要想得到正常的夫妻生活，那真是比登天还难。其中能够得到皇帝宠幸的，只能是很少很少一部分人。大多数嫔妃和宫女，都是在无望中等待，有的老死都不曾见过皇帝一面。清朝皇帝更是别出心裁，每晚由哪个嫔妃侍寝，要用翻牌子的形式来决定。牌子的反面写着女人的名字，翻到谁谁就陪皇帝睡觉。

元朝和明朝的皇帝大多数十分荒唐，有些甚至是性变态的皇帝。如元朝的顺帝特别迷信喇嘛教，而那些喇嘛、僧侣就对元顺帝宣扬一种"大喜乐"，也就是"群交"。几百个宫女脱光衣服，和脱光衣服的皇帝以及僧侣，在宫中追逐，随便性交，偌大的宫殿成为了一个性交的大观园。在中国甚至在世界各国的历史上，有谁见过如此大规模的性交场面？

明朝的不少皇帝迷信道家采阴补阳的学说，于是对宫女嫔妃进行变态的残酷的性虐待，以致遭到宫女们的猛烈反抗。最悲惨的就是嘉靖皇帝朱厚熜的宫女杨金英等人。这些不到 20 岁的美丽少女，怀着刻骨的仇恨，乘嘉靖皇帝睡熟之后，把绳索套在嘉靖皇帝的脖子上，企图将他勒死。可是由于心里太过紧张，竟然打了一个活结，以致把嘉靖皇帝勒昏之后，误认为死了，就急忙逃走，没有料到绳子一松，嘉靖皇帝慢慢地又苏醒过来了。杨金英等人受到了残酷的处决，遭到磔刑，就是活活地被分解身体，然后剁成肉泥。杨金英事件，最典型地反映了明朝宫廷的黑暗、肮脏、恐怖和神秘。

生活在宫廷里的嫔妃宫女的命运是悲惨的，但更悲惨的是，一旦老皇帝驾崩，这些没有被皇帝宠幸过的和没有生育过孩子的嫔妃和宫女，命运就更加悲惨。秦始皇死去之后，这些嫔妃和宫女大部分被迫为秦始皇殉葬，活生生地被埋入骊山大墓。到了汉代之后，虽然没有生育孩子的嫔妃和宫女大部分不再为死去的皇帝殉葬，但是，她们中的很多人都要被关在暗无天日的地方，永远与世隔绝，还有很多的人，则要被削发为尼，终身与青灯古佛为伴。她们没有希望，没有人间的亲情和温暖，只能孤苦伶仃地默默死去。一旦死去，她们就会被送到"净乐堂"火化，连骨灰都不能留下。

　　汉赵皇帝刘聪病死以后，他的儿子刘粲将他五个年龄都不到 20 岁的皇后（也是皇太后）全部占有，每天强迫这五个皇太后陪他睡觉。如有不从，立即绞死。嫔妃宫女们的生命贱如枯草，连一只蚂蚁都不如。所以，后人留下了许多以宫怨为题材的诗歌，哀婉而凄凉，如"银烛秋光冷画屏，轻罗小扇扑流萤，天街夜色凉如水，卧看牵牛织女星"等等，表现了宫女精神上和感情上的痛苦和寂寞。

　　还有那些有幸受到皇帝宠幸的嫔妃和宫女，虽然得到一丝安慰，但是，在那"一年三百六十日，风刀霜剑严相逼"的宫廷生活中，也是终日担惊受怕。为了得到皇帝的宠幸，她们每日挖空心思，去讨皇帝的欢心。可是，伴君如伴虎，皇帝的脾气阴晴不定，说不准什么时候皇帝就翻脸不认人了呢？一旦失宠，轻则挨打受罚受冷落，被打入冷宫，重则性命都不能保。

　　朱元璋建立明朝后，又恢复了"生殉"陪葬的野蛮制度。朱元璋死前下令"伺寝宫人尽数殉葬"，为他伺寝的 46 名嫔妃全部陪葬于孝陵。其后，明成祖朱棣的长陵也有 30 多名嫔妃为其殉葬。朱棣还因怀疑宫女与宦官私通，一次就处死宫女 2800 多人。明仁宗的献陵有 7 名嫔妃陪葬，宣宗的景陵有 10 名嫔妃陪葬，其中有一人叫郭爱，进宫不到一个月，就被迫殉葬。直到明英宗临死前，才废除了陪葬制度。明朝的野蛮和残暴，由此可见一斑。

　　宫廷的残酷，不仅仅表现为嫔妃宫女们的悲惨命运，而且，更为可怕的是，在至高无上的皇权统治下的中国宫廷，是一个黑暗的、人性沦丧的毒蛇穴窟，充满了阴谋诡计和自相残杀，一代比一代更加穷凶极恶。

　　早在商朝时期，就存在着宫廷斗争，如商纣王宠信妲己，对王后实行炮烙之刑，并将另外两个妃子让毒蛇活活咬死，惨无人道。但是，在秦始皇统一中国、建立秦王朝之前，由于当时的诸侯国很小，国王的宫殿包括政务，都是开放的，所以，宫廷斗争不是那么神秘和大规模地进行。自从秦始皇统一中国之后，皇宫特别是皇帝的后宫，就成了禁地。从那时起，神秘的、残酷的和大规模的宫廷斗争就开始了。

　　那些深居后宫的嫔妃和宫女们，为了得到皇帝的宠幸，纷纷进行明争暗斗，相互陷害，以打击对手，其手段之残忍，用心之狠毒，让人触目惊心。如汉武帝就创立了立子杀母的野蛮而残酷的制度。其中最骇人听闻的是武则天的故事。

武则天 14 岁时被唐太宗李世民召进宫，封为才人。由于她有非凡的美貌和聪明才智，很受李世民的喜欢。可是，由于后来有"唐三代后，女主武王"的谶语，李世民非常担心，所以就疏远了武则天，不再宠幸武则天了。所以，武则天没有为李世民生育子女。李世民死后，武则天被送到感业寺削发为尼，那时 26 岁。这对武则天来说，如果没有奇迹发生，她将在这里终老一生。

然而，5 年后，即公元 654 年，奇迹终于发生了。继任皇帝、唐高宗李治带着他的妻子王皇后前来感业寺进香。李治在当太子的时候，就被武则天的美貌搞得神魂颠倒。如今再次见到，又是在这样特殊的场合，两人都百感交集，流下了眼泪。这一切都被王皇后看在眼里，王皇后当时正与李治的另一位嫔妃萧淑妃争宠，由于王皇后没有生下子女，所以深感自己王后的位置可能不保，于是就悄悄地把武则天接回宫里，想利用武则天来打击萧淑妃。王皇后很快就被武则天的甜言蜜语所哄骗，她把武则天当成姐妹看待，极力推荐给李治。李治很快就掉进武则天温柔美丽的陷阱而无力自拔。

武则天很快就开始实施自己的阴谋。她要实现的第一个目标就是夺取皇后的宝座。公元 655 年，武则天生下第一个孩子，是个女儿。她利用皇后前来探望小孩的机会，亲手将这个可怜的女孩掐死，然后嫁祸于王皇后，诬陷是王皇后下的毒手。王皇后有口莫辩，难以洗刷不白之冤。不久，王皇后又被卷入一件巫蛊案。这件案子最后发展到有王皇后家人及萧淑妃也参加的、图谋对高宗不利的谋反案件，于是兴起宫廷大狱。结果王皇后和萧淑妃被打入冷宫。对此，武则天还不满意，后来又以两人继续迷惑皇帝的罪名，将两人各打 100 大棍，然后砍断手足，再投进酒缸，任她们哀号而死。武则天被李治正式册封为皇后，据她离开感业寺，仅一年七个月。其手段之残忍、进攻之迅猛，世所罕见。

为了保住自己皇后的宝座，武则天对任何对她有威胁的人，都毫不留情地予以铲除。她的同胞姐姐韩国夫人，丈夫死后寡居。后被高宗李治看中，两人常常在一起幽会。此事被武则天发现后，不久，韩国夫人就不明不白地被人勒死在野外。韩国夫人的女儿知道这是姑妈下的毒手，于是逐步接近李治，希望通过皇帝的力量，来向武则天复仇。武则天迅速地掌握了这个小姑娘的动向，于是很委婉地警告她不要自取其祸。但小姑娘不听，于是不久，这个小姑娘就在一次宴会上中毒身亡。

残酷的宫廷斗争的目的，最终都是为了夺取皇帝的宝座。

在秦始皇统一中国之前的春秋战国时代，杀父弑君、篡权谋位的宫廷政变就频繁发生，但是，那时候的宫廷斗争，并不十分复杂，规模也不大。到了秦始皇建立大一统的高度中央集权的国家以后，宫廷的斗争就以前所未有的规模展开了。中国的皇宫之所以会发生那么残酷的宫廷斗争，其根本的原因，就是皇帝的权力太大了。为了夺取这个至高无上的权力，皇帝的嫔妃、子女、兄弟、父子之间展开错综复杂的斗争。在全世界，没有任何一个国家、任何一个民族，像中国的宫廷这样残忍和不择手段。从秦朝末年秦始皇死于沙丘后赵高、李斯和胡亥三人密谋政变，杀害扶苏、蒙恬开始，到慈禧太后发动戊戌政变置光绪皇帝于死地，中国的宫廷发生过多少次政变，恐怕至今难以准确的统计。其中大规模的杀戮，死人在几万以上的宫廷政变，至少不下于百次之多。

例如汉武帝时期的巫蛊案，就是一场大规模杀戮的宫廷斗争。所谓巫蛊之术，就是在一个木头人的身上，扎上钢针，埋入地下，然后念着自己的仇人的名字进行诅咒，用这个办法来害死自己的仇人。这就是古代的巫蛊之术。其实这本来就是子虚乌有的事情，可是迷信的汉武帝却非常相信这些。汉武帝晚年多病，疑神疑鬼，甚至梦见有数千的木头人执杖打他，欲置他于死地，使他惊惧而起。他怀疑有人对他实行了巫蛊之术，尤其是怀疑太子急于夺权而加害于他。于是他命令酷吏江允进行调查。江允平时胡作非为，多次制造冤案，受到太子的斥责，怀恨在心，伺机报复。特别是他担心太子继位后会遭到灭顶之灾，决心先下手为强，致太子于死地。于是他利用汉武帝的疑心，有意对太子进行陷害，果然就在太子府挖掘出几个扎上数枚钢针的木头人，显然这是江允蓄意制造的冤案。

太子面对这一从天而降的大逆不道之罪，万分惊恐。他想到汉武帝养病的甘泉宫说明情况，可是江允却在紧急搜捕他。太子在走投无路的情况下，派人假装为皇帝的使者诏捕了江允等人，并予以斩杀。长安震动，汉武帝大怒。他认定太子有篡夺皇位的野心，于是派丞相刘屈氂带兵前往镇压。太子亲自带兵反抗，双方激战了5天，有几万人被杀死。太子败退到湖县后自杀。受此案牵连并被杀害的还有太子的三个儿子，一个女儿，太子的母亲卫皇后也被迫自杀。太子手下的人也全部被诛杀。巫蛊之祸使得宫廷人人自危。

汉武帝时期的巫蛊之祸，并不止太子这一件。贵为丞相的公孙贺被人诬告在汉武帝居住的甘泉宫地下埋偶人，诅咒皇上。于是，公孙贺转眼间成为阶下囚，不但他和自己的儿子皆死于狱中，而且，整个家族都受到株连。受牵连被杀害的人中，还有汉武帝的女儿阳石公主和诸邑公主。公元前90年，丞相刘屈氂和贰师将军李广利也被人指控埋偶人诅咒汉武帝，还意图立昌邑王为帝。这一弥天大罪使丞相刘屈氂被腰斩于市，其妻被砍头，头颅被悬挂于华阳街示众。李广利当时正率兵攻打匈奴，其家属被全部杀害。李广利闻讯大怒，立即投降匈奴，所率7万大军全部覆没。同时，还牵连到大批的官员、宫人和宾客被诛杀。

像这样导致几万人被诛杀的宫廷冤案，充分表现了中国宫廷的恐怖和血腥。尤其是西晋末年的八王之乱所发生的暴行，更是令人发指。

西晋皇帝司马炎死后，他的儿子司马衷继位，但司马衷是一个白痴，完全受他的妻子贾南风皇后摆布。贾南风为了达到控制朝廷的目的，实行了残酷的屠杀政策。她杀人的理由就是诬告别人谋反。首先她捏造宰相杨骏（杨太后的父亲、皇帝的外祖父）谋反的罪名，把杨骏杀掉，并夷灭杨骏三族，被杀者达数千人之多。

杨骏死后，宰相由皇帝的叔祖司马亮接替，司马亮也反对贾南风干政。于是，贾南风如法炮制，又诬告司马亮谋反，把司马亮也杀掉，受牵连被斩杀者也达数千人。这样贾南风就独掌了大权。随即她把矛头指向了太子，照样诬告太子谋反，把太子也杀掉。以为这样就铲除了全部的政治对手。可是她没有料到的是，皇帝司马衷的另一个叔祖司马伦，经过周密的计划，发动政变，带兵进入皇宫将她逮捕。她在监狱里被灌下满是金屑的毒酒，痛苦而死。贾姓戚族全部被杀，人数多达数千人。

司马伦毒死贾南风皇后独掌朝政之后，还不满足，于是，他把司马衷皇帝囚禁，自己当上了皇帝。结果，他的侄孙司马炯在许昌起兵勤王，攻占了洛阳，司马伦被逮捕后，也被灌下满是金屑的毒酒而死。司马炯拥戴司马衷复辟，他自己当了宰相，但是他却独断专行，结果，他的堂弟司马乂发动政变，以"谋反"的罪名，将司马炯杀掉。

然而不久，司马乂的叔父司马越在洛阳发动政变，将司马乂逮捕，之后，用炭火将司马乂活活烤死。司马越是八王之乱的最后一个王，本应从自相残杀的血泊中吸取教训，可是他没有，最后竟然用毒酒将白痴皇帝司马衷毒死，引发政治的巨变。他一次就斩杀了 10 位部长级的大臣，使西晋王朝处于风雨飘摇的地步，最后被汉赵帝国大将石勒攻破，西晋灭亡。

这就是宫廷斗争导致国家灭亡的典型一例。

除了西晋的八王之乱以外，隋、唐两个朝代的宫廷谋杀案件也是骇人听闻。隋炀帝杨广，为了尽快当上皇帝，他竟然派人挥刀将自己的亲生父亲、隋文帝杨坚杀死在病床上，之后，又将自己的哥哥杨勇及哥哥的十多个子女全部杀死。

唐朝李世民为当上皇帝，发动玄武门政变，将两个兄弟及其他们的家人全部屠杀，后来，太子承乾谋反，也遭到杀害。李世民死后，高宗继位，但大权为武则天控制，武则天为了登上皇帝的宝座，她毒死了自己的两个亲生的儿子，并将李姓王室成员数千家十多万人全部屠杀。武则天晚年时，李显与张柬之联合发动宫廷政变，逼武则天让出皇帝位。

李显当上皇帝后，号为中宗。但唐中宗懦弱无能，朝政操在韦皇后和女儿安乐公主手中。韦皇后和安乐公主妄图步武则天的后尘，登基当皇帝，母女就合谋发动政变，由安乐公主亲手毒死自己的父亲。权力的欲望使她们母女彻底丧失了人性。但是她们并不具备武则天的胸襟和谋略，结果高兴不到一个月，李显的侄儿李隆基和武则天的女儿太平公主联合发动政变，带领禁卫军冲入皇宫，韦皇后被杀，27 岁的美丽少妇安乐公主还在对镜梳妆，就被政变的士兵挥刀砍为两段。于是，李隆基的父亲李旦登基当上了皇帝，但李旦对朝政不大过问，权力基本上控制在太平公主的手里。两年后，当李旦决定把皇位传给李隆基时，太平公主担心大权旁落，就计划废掉李隆基。李隆基发觉了姑母的阴谋，于是先下手为强，围攻太平公主，太平公主走投无路，只好自杀。李隆基当上皇帝后，号为玄宗。后来，唐玄宗为了保住自己的皇位，还一连杀害了自己三个亲生的儿子。

在全世界，有谁看见过这样大规模的残酷的宫廷谋杀？这样的骨肉相残？只有在皇帝绝对专制的集权制度下的中国，才会有这样的事件发生。

当然，在中国的历史上，也不是所有的朝代的宫廷都是这样黑暗。其中西汉文帝期间、宋朝的皇帝（除徽宗之外）统治期间，中国的宫廷生活是比较正常的。尤其是汉文帝、隋文帝和宋太祖生活极为简朴，嫔妃很少。但这样的皇帝和朝代在中国历史上毕竟很少，没有代表性。他们这样做，不是因为制度的约束，而是个人良好品德的表现。

野蛮的宦官制度

宦官就是阉人，就是割去了生殖器官的男人。据说这种男人与正常的男人在生理方面有许多不同，如没有性能力，没有喉结，没有胡须，发出的声音是一种非常尖利的怪音等等。这只是生理方面的，在心理方面，与正常的男人相比，阉人的心理是被扭曲的，是变态的。因为他丧失了一个男人最基本的生儿育女的能力，丧失了人生最美好的男女相亲相爱的生活。

据说宦官的出现，最早是在商朝时期的周部落，是多妻的农业社会的产物。周部落灭掉商朝之后，就把这一充满兽性的残酷的落后制度带到了中原，成为了中国传统文化的一部分。这一野蛮现象的出现，主要是因为在一夫多妻的社会里，男人为了防备妻子红杏出墙而采取的办法。而那些自愿净身成为太监的人，大多数都是家庭贫困、生活无着的人，当太监不过是为了混一口饭吃。

在秦始皇统一中国之前，由于当时各个诸侯国的国王宫殿很小，人也不多，所以并不需要多少宦官来服务。秦始皇统一中国后，建立了庞大的皇宫，选进了成千上万的嫔妃宫女，需要有人为她们的生活提供服务。如果用男人，那么，就会使许多的男人，深入到女人成堆的后宫，皇帝当然对此不能放心。但如果用女人来承担这项工作，就女人而言，她们的体力不能胜任，而且，也会有很多的宫女走入民间市场，担任采购任务。这对秦始皇来说，是不能放心的。在这样的情况下，大量的宦官应运而生了。秦朝的宦官至少有上万名。这些被阉割了的男人，既有男人的体力，又没有性的功能，这对秦始皇来说，当然是再合适不过了。于是，很多为生活所迫的人，就自愿或者由他们的父母的包办，而净身成为太监。在今天北京故宫太和殿的不远处，就是明清两朝太监的净身房。这是人类社会最野蛮、最残酷的历史遗迹。一个正常的男人，就是在这里被阉割成没有性能力的人。

一个正常的男人是如何被阉割成太监的呢？一位作家在考察了历史记载之后，在《中国的太监》一文中有很详细的描写：被手术者仰面躺下，两名助手一名按住他的双肩，一名分开他的双腿。用白色的绳子或者纱布，将手术者的下腹及腰间上部绑紧，用热胡椒将阳具附近仔细洗三遍，然后用一根极韧的细丝系在阳具的尽头，另一端系在屋梁之上。这时，"刀子匠"上场了。所谓"刀子匠"，是公认的行业专家，是一种人人眼红的技术性的职业，一次手术的收入抵得上一个小康之家一年的开支。"刀子匠"拿起镰刀状的小刀，先用手感觉一下阳具的大小，然后手起刀落，寒光一闪便将阳具及阴囊一起切除。无论怎样凄烈地惨叫，都无力回天了。之后用白蜡的针形栓插入尿道，伤口则用浸过冷水的纸小心地包起来。手术完成后，被手术者由两名助手扶着在房间里走动两至三小时，然后才允许躺下。三天之内不准喝开水。据说这段伤痛及口渴的时间最是痛苦难熬。等过了三天之后将栓拔出，如果尿像泉水般涌出，就表明手术完全成功了，否则就是失败。大约手术后100天才能基本痊愈。至于割下来的阳具，则呈送大内有关部门放在瓶子里，置于房间的高处，取"高升"之意，祝福这位未来的太监飞黄腾达。一个帝制大厦中的怪物又产生了。

可见，太监的产生，是腐败的皇（王）权制度的产物，是为了适应皇帝腐败的生活而产生的怪胎。这在全世界都是少见的。而大规模的太监的产生，是伴随着秦始皇统一中国而出现的。从此，历朝历代的皇帝都沿用这一腐朽、残酷的制度。尽管后来出现过很多次的政治改革，但没有任何一次改革，任何一个官员敢于改革或者取消这一野蛮的制度。因为这是皇帝腐败的需要。这是皇帝的特权。所以，太监是皇权的寄生物。随着皇权制度的不断强化，太监也越来越兴旺。到了明朝，太监发展到了顶峰，达到了十多万人。真是古今中外的奇观。这是太监最为得势的时代，民间当时掀起了"自宫潮"，很多有钱人家的子弟，也自愿将自己阉割，进宫以图仕进。据载，明朝天启三年，朝廷征募3000名宦官，结果应征者达到了2万人，大大出乎朝廷的预料，不得不临时增添1500个名额。剩下的人，就由朝廷临时安排。清朝的太监也很多，当时西方社会迅速走向人权时代，可是清朝依然还是生活在宦官时代。清朝著名的太监有安德海、李莲英等等，权倾朝野。太监制度的不断强化和发达，这不能不说是华夏文明区别于西方文明的一个重要的方面，是中国畸形社会的一个重要标志。

用宦官来担任宫中的杂役，不会在男女方面产生麻烦，能够让皇帝放心，不会戴上绿帽子。但问题是，被阉割了的男人，其心理是不正常的，人格是扭曲的。他们对正常的男人，往往抱着一种自卑和仇恨的心理。而且，在皇宫这一个毒蛇魔窟里，太监的生命非常卑贱，等于就是牛马。他们的生命没有任何的保障。为了生存，太监们往往没有是非，没有任何的政治理想和目标，眼中只有利害关系，头脑里只有损人利己的动机，而且手段极为残忍。在太监只作为宫中差役的时候，他们当然不可能对国家有任何危害，不过是皇帝的家奴。可是，一旦太监与皇权结合在一起，那么，就会对国家的政治、经济、军事、文化、教育，等等，产生难以估量的灾难性的破坏。

在中国的历史上，太监在秦、汉、唐、明四个朝代，都起到了颠覆国家政权的作用。秦朝灭亡于赵高，东汉灭亡于"十常侍"，都是众人皆知的事实。唐朝建立后，在李世民和武则天统治时期，宦官的力量并不强大。但到了唐玄宗统治时期，宦官的力量开始强大。当时有一个著名的太监，叫高力士，权倾朝野。唐肃宗即位后，太监李辅国总揽朝政大权，连唐肃宗的妻子、皇后张良娣也为他所杀。从李辅国开始，太监的权力就更大了，不仅可以控制百官，而且可以掌握军队，甚至已经到了废立皇帝的程度。据柏杨先生在《中国人的历史》一书的统计，唐朝皇帝从李纯开始，到李柷结束，唐朝灭亡，共有12代皇帝，其中有10位皇帝为宦官所立，另有2位皇帝为宦官所杀。太监就像是一群蛀虫，最终将唐朝这棵大树蛀空而推倒。与其说唐朝灭亡于大将朱温，还不如说是灭亡于宦官的破坏。宦官为祸之烈，在唐朝表现得无以复加。

明朝的宦官不仅人数最多，而且权力也最大，其中一个最大的特点，就是宦官完全掌握了国家的司法系统，整个国家被宦官严密地控制着。

明朝宦官之祸开始于第六代皇帝、英宗朱祁镇。朱祁镇即位时年纪才有9岁，还是一个贪玩的小孩。每天陪他玩的是宦官、司礼太监王振。王振是一个天才的玩家，让朱祁镇这个荒唐的小皇帝佩服得五体投地，几乎到了离不开王振的地步。王振成了朱祁镇的灵魂。于是，王振掀开了明朝宦官时代的序幕。

由于英宗对王振非常信任，使得王振大权在握，贪污受贿，草菅人命，无恶不作，连朝廷大臣都纷纷投到他的门下。土木堡的失败使王振的脑袋搬了家，但宦官的力量却越来越大。明朝建立了由宦官控制的东厂、西厂、内厂和锦衣卫等等特务机构，秘密警察布满全国。此外，还有纺织太监、税务太监、矿务太监、监军太监、镇守太监等等，中国人已经完全被太监统治着。这些太监都是皇帝的代表，他们所到之处，大兴冤狱，敲诈勒索，贪污受贿，杀人放火，无恶不作，太监的恶劣本质暴露无遗。

中国恐怖的特务统治，从明朝真正开始。

让我们记住明朝一些著名太监的名字，他们是英宗皇帝时代的王振、曹吉祥，宪宗皇帝时代的汪直，孝宗皇帝时代的李广，武宗皇帝时代的刘瑾、钱宁，神宗皇帝时代的冯保，熹宗皇帝时代的魏忠贤，崇祯皇帝时代的曹化淳，等等。是这批宦官将明朝送进了坟墓，使人民生活在水深火热之中。这些宦官个个都是罪大恶极，给国家和人民造成严重的灾难。其中王振、汪直、魏忠贤三人造成的危害最大，其罪恶也是罄竹难书。

为什么中国会出现宦官控制政治的局面？说到底，还是皇帝绝对专制的中央集权制度造成的。皇帝掌握着全国官员的生杀予夺大权，可是，他常年生活在深宫之中，对这些官员既不认识，也不了解。他不信任这些官员，生怕这些大臣和地方官员篡夺皇位。但是，他的命令又要别人去执行。怎么办？于是，地位卑贱的宦官就成了皇帝的耳目。因为宦官长期与皇帝生活在一起，皇帝只了解和信任他们。所以，宦官就成了皇帝的心腹。从秦始皇开始，宦官就开始成为皇帝的最可靠的政治力量。赵高，是秦始皇的机要秘书，掌管皇帝的印玺。宦官成为了皇帝的大脑和灵魂。

从秦朝开始，宦官都是与皇帝最亲近的人，他们担负着一些重要的工作。他们负责皇帝和后宫的生活起居，负责传递皇帝与后宫和大臣之间的一切信息。皇宫总管也由宦官担任。宫中所需要的一切物资都由太监采购。大臣们往往看不到皇帝，看到的就是太监。太监成了皇权的象征，所以，朝廷大臣必须向太监行贿，才可以了解到皇帝的动向，无形之中，太监就成为了举足轻重的人物，太监政治由此开始建立。这一丑恶的社会现象，是中国的特产，是中国的国粹。没有任何一个国家像中国这样，让一群阉人来进行统治，真是华夏文明最黑暗的一页，是中华民族的奇耻大辱。

可怕的奸臣现象

奸臣现象也是中国社会的一大特色。是中国专制制度土壤上长出的怪胎，是中国畸形社会的一个重要的表现。

奸臣是人治社会、专制社会之癌，割之而又生，不割则国家速亡。专制制度赖奸臣而发达，奸臣因专制制度而生存。奸臣使得专制独裁政权更加穷凶极恶。

对现代文明来说，并没有什么忠奸之分。官员是人民选举出来的，不需要效忠最高统治者。总统无权任命市长，市长无权任命县长。同级议会有权弹劾罢免行政官员。而且官员手中的权力受到严格的制约，他们的行为受到严格的监督，想"奸"也奸不起来。他们不效忠于个人，效忠的只是他的选民和宪法。而奸臣则不同，他们是在专制的社会中，效忠某个个人或者派别，并且借此图谋私利。

中国自秦始皇建立了大一统的专制制度之后，奸臣就随之应运而生。在随后两千多年的历史上，奸臣都是层出不穷，祸国殃民，给中国人民带来深重的灾难。其中著名的奸臣有秦朝的赵高，汉朝的梁翼，唐朝的李林甫、杨国忠、来俊臣、索元礼、周兴，宋朝的童贯、蔡京、秦桧、贾似道，明朝的严嵩以及刘瑾、魏忠贤这些太监兼奸臣的双料货，清朝的和珅，等等。为什么中国的奸臣那么多？其根本的原因，就是因为全国的官员都由皇帝来任命，只有得到皇帝的信任才能升官发财，因此各级的官员都要想尽办法，来取悦皇帝，奸臣就由此而产生。

中国建立皇帝制度之后的第一个大奸臣，就是秦王朝的赵高。他是宦官和奸臣的双料货。他本来犯有死罪，要处以极刑。可是因为他能取悦秦始皇，结果秦始皇免了他的死罪，后来还因他懂得法律而成了中车府令和皇子胡亥的老师，成了秦始皇最信任的官员。结果就是他，发动政变，杀害太子扶苏和大将蒙恬，还杀了12个皇子和10个公主，后来又杀害丞相李斯，夷灭李斯三族，逼死右丞相冯去疾、将军冯劫等，还逼反了大将章邯。最后还杀害了胡亥，毁灭了秦王朝。

为什么赵高的阴谋能够得逞？就是因为秦始皇和胡亥都十分信任他。他善于用最美丽的语言，最谦恭的态度，来赞美皇帝。他能够迎合皇帝的一切想法，使皇帝心中得到满足。他讲皇帝喜欢听的话，做皇帝喜欢做的事情，使皇帝失去对他的警惕而宠爱他。可以说，任何的奸臣都具有这方面的特殊才能，他们能够非常准确地把握别人的心理活动，能够指出别人的利害关系，他们的每一句话每一个动作，都会让人产生美好的印象，让人加倍地喜欢他，可实际上却包藏着祸心，这就是奸臣的本领。而言行不一，两面三刀，口蜜腹剑，笑里藏刀，就是奸臣的本性。

秦朝除了赵高之外，还有丞相李斯助纣为虐。李斯为了得到秦始皇的重用，就将本领比自己强的法家人物韩非毒死。他蛊惑秦始皇焚书坑儒。在秦始皇去世后，又与赵高密谋，发动政变，杀害扶苏，最后自己也死于非命。

辉煌的大唐盛世是如何走向衰落的？原因自然很多，但奸臣乱国是重要的原因。唐玄宗晚年生活奢侈，娶了杨贵妃之后，就迷恋于温柔乡之中，不再管理朝政。国家大事开始由口蜜腹剑的笑面虎李林甫一手遮天，后来又由杨国忠把持朝政。这两个人挖空心思，取悦唐玄宗，得到唐玄宗的完全信任之后，就利用权势，排斥异己，贪污受贿，结党营私，把整个国家搞得乌烟瘴气。最后导致安史之乱的发生，葬送了大唐王朝。

让我们来看看这两个奸臣是怎样毁掉唐朝的。由于唐玄宗不理朝政，使当时的宰相李林甫有机可乘。李林甫是一个奸臣，他想长期占据宰相的位置，不想让那些节度使来当宰相，于是他向唐玄宗建议任用胡人担任节度使，而昏庸的唐玄宗同意了他的意见。于是像安禄山这些胡人就得以掌握大权。这些胡人绝大多数没有汉族人那样的国家认同感和儒家"忠君爱国"的道德责任感，因此藩镇的离心倾向越来越严重。

后来李林甫死了，唐玄宗就任命杨贵妃的堂兄杨国忠担任宰相。杨国忠没有治国安邦的道德才能，但他在玩弄权术、贪污受贿方面却非常聪明。所以不久就与范阳节度使安禄山发生了冲突。安禄山是唐玄宗的爱将，又拜杨贵妃为干娘，他多次到长安觐见唐玄宗，受到唐玄宗的喜爱，据说还与杨贵妃有暧昧关系。加上他对朝廷的腐败和官员的无能有很深的了解，所以杨国忠向他索贿时他一口拒绝，而且还对杨国忠十分轻蔑。杨国忠怀恨在心，遂决定报复。他一次又一次地向唐玄宗告密，说安禄山意图谋反。但唐玄宗不相信。杨国忠于是采取阴谋手段打击安禄山。他派遣禁军包围了安禄山在长安的住宅，逮捕安禄山的家人宾客，全部杀死。

安禄山闻讯大怒，他知道要依靠皇帝向杨国忠报仇是不可能的，唯一的办法就是造反。于是他打着讨伐杨国忠的旗号，带着 17 万人的军队向长安进攻。安禄山叛变的消息传到长安，杨国忠异常高兴，认为可以达到逮捕安禄山的目的了。谁知道安禄山的军队一路势如破竹，深入 600 公里，渡过黄河，攻陷洛阳，直逼潼关，朝廷震动。唐玄宗情急之下起用哥舒翰将军，率领 20 万大军扼守潼关。哥舒翰将军与其他将领一致认为潼关险要，只宜坚守而不应出战。安禄山反复进攻，均未得手，这时各路勤王的军队陆续到达，并开始对安禄山形成合围之势。安禄山见军情不利，开始准备撤退。可是，杨国忠害怕哥舒翰立下大功，对自己不利，于是向唐玄宗诬告哥舒翰拥兵自重，不肯出战，意欲谋反。昏庸的唐玄宗听信了杨国忠的谗信，于是逼迫哥舒翰出兵进攻。哥舒翰无奈之下，只好出兵，结果遭到安禄山的埋伏，十几万大军全军覆没，哥舒翰被俘。安禄山大军直逼长安，唐玄宗带着杨贵妃仓皇逃出长安。在马嵬驿发生兵变，禁军统帅陈玄礼将军带兵诛杀杨国忠及其一家，并逼迫唐玄宗绞杀了杨贵妃。但唐玄宗仍然贪图皇帝位，太子李亨忍无可忍，径直奔向 500 公里外的灵武郡，宣布即皇帝位，指挥全国平叛，遥尊远在成都的唐玄宗为太上皇。唐朝这个曾经辉煌的朝代，经过安史之乱，遂成为了中国历史上最黑暗的社会之一，给当时的中国人民造成巨大的灾难。

奸臣取悦皇帝、编织权力网络的目的，最终不过是攫取巨大的财富。东汉时的大奸臣梁翼，依仗着姑姑妹妹皆为皇后而横行霸道，敲诈勒索。他向富人孙奋借钱 5000 万，对方只借给他 3000 万。他就诬告孙奋窝藏盗贼，将其逮捕，收其家财 1 亿 7000 万。他生活腐化，有奴婢数千人，造林苑数十处，每处纵横几十里，甚至几百里。最后，他被桓帝弃市，抄其家财得银 30 余亿。桓帝为此发了大财，下令减免天下租税一半。

明朝大奸臣严嵩父子，也是中国历史上著名的大奸臣。他们在得到皇帝的信任之后，杀人越货，无恶不作，疯狂敛财。严世藩被杀后抄其家，得黄金 3 万两，白银 200 万两，珍宝价值数千万。

清朝的大奸臣和珅，一生吹牛拍马，歌功颂德，仗着乾隆皇帝对他的信任，大肆敛财，贪得无厌。乾隆死后，他被嘉庆皇帝抄家，得白银

8 亿两，还有珍宝无数，其家产相当于满清政府 20 年的财政总收入，真是叹为观止。

历代奸臣的祸国殃民，给国家和人民带来无穷的灾难。其中秦朝灭亡于赵高之手，东汉灭亡于梁翼和十常侍之手，唐朝灭亡于李林甫、杨国忠、朱温之手，南宋灭亡于贾似道之手，明朝灭亡于魏忠贤等奸臣宦官之手，有些王朝虽然没有直接灭亡于奸臣之手，但也被奸臣宦官弄得奄奄一息。

奸臣的大量出现，祸国殃民，是皇帝专制制度的必然产物。因为在人治的社会里，皇帝的态度决定着一切，而皇帝的心态又是很难捉摸的。这就需要人们去揣摩。只有那些奸臣才会有这样的时间和耐心，才能讨得皇帝的欢心。

专制必然造成腐败猖獗，人治必然培养贪官污吏。在一个民主、法治的国家，是不可能出现这种奸臣当道的现象的。没有任何一个国家，像中国这样，出现这么多的奸臣贪官，害国害民。这也是中国作为一个畸形社会的重要的特征之一。

灵魂扭曲的中国人

在秦始皇统一全国之前，中国人虽然没有产生出民主、法治和自由的思想，但依然表现出高贵的民族精神，产生出蓬勃向上的民族气势，整个中华民族蒸蒸日上。就是在秦始皇统一中国之后相当长的历史时期内，中国人都还是表现出强烈的民族气节。但是，随着皇帝专制的中央集权制度的不断强化，特别是到了明清社会，中国人的民族精神越来越堕落，越来越表现出低劣的民族性，中国人的灵魂越来越被扭曲。

第一，官本位。

在中国，当官是人生的唯一目标。在中国人的眼中，通过科举考试，取得功名，然后捞个一官半职，这才是人生的正途。至于经商、当教师、当医生等等，都不登大雅之堂，被人看不起。

然而，在中国，除了宋朝的官员待遇很高之外，大多数朝代实行的都是低薪制。一个二品大员，一年的俸禄往往才 1000 多斤大米。如果靠这点工资，一个官员连起码的生活都难以维持。从表面上看，在中国，当官并没有什么好处。那么，为什么在中国有那么多的人做梦都想当官呢？而一个人一旦当了官，别人就会羡慕他呢？为什么中国人会产生这样的心态呢？

说到底，是因为当官就有权贪污受贿。正所谓"有了权就有了一切，没有权就丧失一切"。因为在中国，官僚制度渗透到社会生活的一切领域。工、农、兵、学、商，官是领导一切的。老百姓要做任何事情，都必须要得到官的批准和允许，否则，你就是犯法行为，就要遭到镇压。因为在中国，是没有什么法律的。对各级官员来说，皇帝的话就是法律。而对广大的百姓来说，官员的话就是法律。一朝权在手，便把令来行。老百姓要办点事，不送礼是办不成的。小官要升迁，就要给大官送礼。地方大员要升迁，就要给中央大员送礼。这样一级送一级，一直送到皇帝那里。

在中国，资源的分配是按照金字塔的社会结构来进行的。皇帝居于社会的顶峰，所以一切都是他的，所谓"普天之下，莫非王土；率土之滨，莫非王臣"。皇帝要什么就有什么。从皇帝以下，就成了"大鱼吃小鱼，小鱼吃虾米，虾米吃泥尘"这样的形势。而老百姓作为泥尘，当然什么都吃不到嘴了，只有受穷挨饿的份。虽然如宋朝等一些朝代，皇室的财政与国家的财政是分开的，皇室的财政收支要受到限制，但大多数朝代，皇室的财政与国家的财政并没有严格的区别，皇室可以随意支配国家的财政收入。这就为皇室的腐败创造了条件。而各级官员，则可以利用手中的权力贪污受贿。

当官除了本人能够得到利益之外，还有一个重要的方面，就是一人得道，鸡犬升天，跟他有关系的所有的人，都可以从中得到好处。这就是在专制制度之下的人身依附关系，一损俱损，一荣俱荣。因此，这种人身依附关系形成了庞大的关系网络，盘根错节，谁也难以撼动。他们并不以是非对错为标准，而是以利益为纽带，这就是中国人际关系的重要特征。

在这样的社会生态环境之中，除了疯子或者傻子，就没有人不想当官了。这就大大强化了中国人的官本位的意识。当了官，掌了权，别人把钱送到你的家里来，还怕你不收。面对着这样一种社会现实，官本位就是很自然的了。

第二，说假话，没有诚信。

在春秋战国时代，中国还是有人能说真话的，也是有诚信的。所谓

"君子一言，驷马难追"、"大丈夫一言九鼎"等等这些著名的语言，真实地反映了当时一部分中国人的精神面貌。流传千古的赵氏孤儿的故事，荆轲刺秦王的故事，反映了中国人当时的一诺千金的气概。孟子面对着君王，说出了一段大义凛然的真话："君之视臣如手足，则臣视君如腹心；君之视臣如犬马，则臣视君如国人；君之视臣如土芥，则臣视君如寇仇。"商鞅变法，一言为重百金轻，这些都表现了春秋战国时代的中国人具有很高的文明素养。

然而，自秦始皇统一全国，建立中央集权制度之后，中国人就在政治的高压之下，开始了说假话的历史。当时许多人反对秦始皇的中央集权，主张分封制，这本来是反映了当时人民愿望的真话，可是秦始皇不愿意听这些真话，结果，他把书籍焚毁，把提意见的人全部活埋。著名的指鹿为马的故事，就发生在秦朝的宫殿之上。

在中国的历史上，多少向皇帝提意见的官员都遭到杀戮。而说假话的人，往往受到重用，得到高官厚禄。专制社会不允许人们说真话，强制人们说假话；只有说假话，才能生存，不至于招来灾祸。

在这样的政治高压之下，人人钳口结舌，谁还敢说真话？于是，在中国，虚假就成了一个普遍的社会现实。简直是谎言遍地。

老百姓对官员说假话，下级对上级说假话，官员对皇帝说假话，可谓是一级骗一级。

第三，下跪文化和奴才心理。

在皇帝绝对专制的中央集权制度之下，中国人被迫向强权下跪，并且，随着专制制度的不断巩固和强化，中国人也就从不愿当奴才变成了被迫当奴才，最后发展到甘愿当奴才。

在春秋战国时代，中国人是反抗强权的，是不向强权下跪的，是不当奴才的。在那个时候，作为一个普通的人，面见国君，也是不下跪的。一个平民，可以当面批评国君，可以指责国君的任何错误。著名的晏子使楚的故事，蔺相如渑池骂秦王的故事，都表现了中国人当时顶天立地的品格。屈原宁愿被放逐，也不向强权屈服；宁愿投江而死，也不向强权称臣。

可是，自秦始皇建立中央集权的专制制度以来，这一切都改变了。特别是自刘邦实行君臣之礼必须下跪以来，中国社会的下跪文化就开始形成了，中国人的奴才身份也注定了。

　　第一个甘当奴才的人，是一个大学问家，他的名字叫董仲舒。他发明了"君权神授"和"天不变，道亦不变"的理论，把皇帝的权力说成是上天授予的，只要天不变，这个天道也就不能改变。这就是说，皇帝是天生的统治者，而人民是天生的奴才。因为董仲舒发明了这个奴才理论，所以，他成了汉武帝的红人。这是一个典型的甘当奴才而又当上了奴才的人。

　　从那以后，中国的奴才就越来越多了，甚至出现了一些离奇的理论，如"君要臣死，臣不得不死"，"君为臣纲"，等等。这让人感到，中国确实有许多的不可思议的人物，他们当惯了奴才，要他做人，他不但不认为这是应该的，相反，他还认为这是罪恶。这就是中国长期进行奴化教育的结果。

　　中国人最悲惨的年代，是明清两个朝代。在明朝，中国人是给太监当奴才。明朝英宗皇帝在位时，宠信宦官王振，王振成了当时社会的实际上的统治者。满朝文武大臣都成了他的家奴，纷纷向他献媚，以至于到了厚颜无耻的地步。工部侍郎（工程部副部长）王佑没有胡须，一次，王振问他什么原因，王佑回答说："老爷没有，儿子辈安敢有？"王佑竟然称宦官为父亲，可见其人格尊严已经荡然无存。英宗死后，他的儿子即位，是为宪宗。他宠信宦官汪直，掌管西厂这个特务机构。于是又有很多的大臣向汪直献媚。其中有个监察御史叫王亿，他向宪宗上书歌颂汪直主持的西厂，对治安贡献很大，不仅可以作为今日之法，而且可以为万世法。奏章一上，王亿立即被提拔为湖广副按察使。而反对汪直的人，却遭到迫害。

　　到了明武宗时，宦官刘瑾受到了信任。刘瑾手下有"八虎"，人称千岁，权倾朝野，于是满朝大臣纷纷投靠，为他歌功颂德。连宰相焦芳、刘宇，吏部尚书张彩，兵部尚书曹元都成为了刘瑾的家奴。

　　大宦官魏忠贤权势更大，号称"九千岁"，横行天下，他的爪牙和马屁系统非常庞大，最后连大多数宰相、部长以及政府的各级官员都成了他的奴才，组成了一个核心集团，有"五虎"、"五彪"、"十狗"、"十孩儿"、"四十孙"。其中"五虎"是核心中的核心，以兵部尚书崔呈秀为首，礼部尚书田吉为次。他们一方面血腥镇压反对他们的人，一方面为魏忠贤大肆歌功颂德，各地的官员纷纷为魏忠贤建立祠堂，树立魏忠贤的塑像，供人焚香跪拜。当西方的坚船利炮向全世界猛烈的扩张时，明朝政府的全体官员，却向一个宦官疯狂地献媚。

　　到了清朝，中国人虽然不再向宦官下跪，当宦官的奴才，可是，却又成了满族人的奴才。在清朝，大臣们向皇帝跪而奏事，都必须口称奴才。而汉族官员还要向满族官员下跪，口称奴才。

　　这种官场的奴才文化迅速向民间蔓延。经过长期的奴化教育，中国人就彻底地被奴化了。老百姓见官，必须下跪，口称自己为"草民"，而称官员为"老爷"，凡事请青天大老爷做主。而官员也自称自己是百姓的父母官，称百姓为自己的子民。

　　这样的奴才文化，在全世界都是独一无二的。这是长期的专制制度压迫的结果，也是长期的奴化教育的结果。中国的教育，历来都是以奴化为目的，以培养出驯服的奴才为目的。教材的内容，都是被阉割歪曲了的儒家经典，三纲五常，忠孝节义，没有任何民主、法治和自由的思想，没有现代科学技术的内容。不允许学生独立思考。虽然在王安石变法时，科举考试改试策论，允许考生发挥自己对国家大事的看法，学院也设立了地理、经济、法律和医学，以培养国家所需要的人才。可是，这一切随着王安石变法的失败而被废止。随着明朝将程朱理学定为官方的意识形态，就更加强化了对青年人的思想禁锢和奴役。明清两朝，通过八股取士，就把中国人的思想彻底地奴化了。

　　总之，由于漫长的专制独裁的历史，到了明清社会，中国人在强权的重重压迫下，已经完全丧失了春秋战国和大宋王朝时期那种自由开放，敢于进取，敢于革新的民族精神，完全丧失了独立自主的个性，使中国人和中国社会离现代文明越来越远，使中国一元化文明向多元化文明转型碰到了不可逾越的障碍。

江湖习气和流氓文化的蔓延

　　明清社会皇帝的专制独裁，与以前朝代的专制独裁相比，出现了一个新的重要特点，就是对意识形态严密控制，也就是用文字狱的形式，镇压不同意见和有独立思想的人士，人们有意见不能说，有思想不允许表达，没有言论自由，思想自由。这种对意识形态严格控制的政策，一直被后来的统治者所继承。这是对中国传统文明的最大破坏和对人权的最大侵犯。

由于明清社会严格控制舆论，结果使中国人在大宋王朝培育起来的自由开放、积极进取的民族精神彻底泯灭。随之出现的社会局面是，在官方，依然是以程朱理学为正统思想，提倡三纲五常和宗法制度，可是在民间，人民却害怕随便说话招来横祸，因此不敢乱说乱动，不敢再关心国家命运，不敢再关心政治，于是转而追求一些世俗的东西，人欲横流，道德观念不断沉沦，不断堕落。儒家有关"天下兴亡，匹夫有责"的道德理想遭到抛弃，法律意识和公共思想消失于无形，代之而起的是江湖习气和流氓文化的蔓延。其中最能反映这种文化的，是《三国演义》、《水浒》这两部小说的广泛流传，对明清社会后中国人民族性格形成所发挥的作用，超过儒家《四书》、《五经》无数倍。这是明清社会控制意识形态的必然结果。

江湖习气和流氓文化的特点，就是结拜兄弟，大碗喝酒，大块吃肉，打抱不平，哥们义气，打富济贫，杀人越货，报仇雪恨，并结成帮派，甚至上山落草，成为山大王绿林好汉。这些人都希望自己成为武功高强的侠客，能够扶困济贫，路见不平，拔刀相助，替天行道。在民间，人们就是以这种方式来反抗强权，反抗欺压人民的官府。因为在专制社会，官官相护，人民有冤无处申诉，"衙门八字开，有理无钱莫进来"。所以人民在盼望清官大老爷为民做主的同时，更多的是仿效绿林好汉的行为，通过江湖习气来进行反抗。因此，中国人的头脑中逐渐丧失了法律的观念，没有通过法律来维护自身权利的公民意识，没有通过民主程序来罢免贪官污吏的思想，他们都是依靠自身的暴力手段，来报仇雪恨。但同时，又往往滥杀无辜，头脑里缺乏是非正义的观念。为了江湖兄弟，可以两肋插刀，与对方拼个你死我活。这是一种被专制政治扭曲了的民族性格。可以说，近现代社会出现的黑帮和黑社会组织，就是这种江湖习气和流氓文化的产物。

在明清社会以前，中国人就有狭义的风范。在司马迁的《史记》中，就为侠客立传，记录他们的事迹。但那时的侠客与明清社会以后的江湖义气不同。那时候的侠客，还有匡扶正义的决心。如荆轲刺秦王，是为了保护自己的国家不受侵犯，而去刺杀暴君。虽然这些都有一种江湖义气在里面，但也有正义和理想的成分。但是，到了明清社会以后，这种理想正义的成分没有了，取而代之的是纯粹的为江湖兄弟报仇雪恨的盲目行为。

　　如《水浒》中的黑旋风李逵，手握两把板斧，只要谁得罪了他的哥哥宋江，他的两把板斧就砍向谁。如江州劫法场一节，李逵为了救出他的哥哥宋江，见人就杀，根本不管被他杀死的人是贪官污吏，还是无辜的百姓："那个黑大汉抢两把板斧，一味地砍将来。""火杂杂地抢着大斧，只顾砍人。""当下去十字街口，不问军官百姓，杀得尸横遍野，血流成渠。推倒颠翻的，不计其数。""这黑大汉直杀到江边来，身上血溅满身，兀自在江边杀人。百姓撞着的，都被他翻筋斗，都砍下江里去。晁盖便挺朴刀叫道：'不管百姓事，休只管伤人！'那大汉哪里来听叫唤，一斧一个，排头儿砍将去。"李逵为江湖义气滥杀无辜，无视别人的生命价值，是一种极其野蛮的变态的行为。没有正义与理性的屠杀，肆无忌惮地剥夺他人的生命，在《水浒》中比比皆是。如武松为了报仇，他不仅杀了西门庆、潘金莲，还一连杀了19条人命。书中还描写道，武松杀死13个人后，发现张都监的妻子还在血泊中挣扎，就过去按住，要割下头颅，却没有割下来。这才发现刀口已经砍缺。最后，武松用尸衣和着鲜血在墙上写下了著名的句子："杀人者，打虎武松也。"作者就是用这样的描写，来歌颂武松的所谓英雄行为。在整部《水浒》中，充满着血腥的屠杀场面，例如梁山好汉们把无辜的人用蒙汗药麻翻，然后用尖刀剜出心脏，用来下酒；女人们也开店用人肉馅做包子。整个水泊梁山，为了报复土豪劣绅、贪官污吏，也不惜走向极端，砍头、挖心、凌迟，什么手段最残忍就采取什么手段。

　　这些凶残的梁山人物，原本大多是被逼上梁山的不幸者，但他们并不都是匡扶正义、替天行道的英雄。由于这本小说高度的艺术性，使之在民间几百年广为流传，水浒人物在中国家喻户晓，为中国人津津乐道，结果使这些野蛮的杀手成为中国人心目中的英雄侠客，这种流氓美学带来的后果，是整个民间社会对血腥暴力的崇拜和对法律的蔑视，对公民意识的抛弃，对民族性格的形成，对民族精神的毒害，起到了难以估量的作用。人们遇到了冤屈，首先想到的就是以暴力反抗杀死对方以报仇雪恨。人们获取财富的手段，往往不是通过辛勤的劳动和知识技能来获取，而是坑蒙拐骗、敲诈勒索、打家劫舍，烧杀抢掠，无恶不作。所谓"打富济贫"、"均田免粮"等等，就是水浒梁山好汉这种江湖暴力行为的必然结果。

　　所以，血腥暴力的意念成了一种潜意识，在中国人心中深深扎根，以暴易暴成为中国人挥之不去的梦魇。这种极端愚昧的暴力意念，之所以能够渗透到中国人的骨髓和血液之中，《水浒》一书所宣扬的江湖习气和流氓文化是起了极其重要的作用的。后来中国民间社会出现了许多的帮派，如青帮、洪帮、三合会、哥老会等帮会流氓集团，无不仿效水浒人物的行为，用血腥的暴力来维持其流氓集团的利益和权威，这就是中国黑社会的由来。这些流氓集团在开始时，偶尔也有反抗官府的行为。但后来这些流氓集团逐渐与官府相勾结，成为欺压百姓、鱼肉人民的地痞恶霸。江湖习气逐渐演变为对龙头老大的效忠。这些所谓的江湖好汉，他们结成帮派，歃血为盟，对天盟誓，不问正义，只讲义气和利益，成为民间百姓谈之色变的地头蛇。

江湖习气与流氓文化也是有区别的。在江湖习气中，仗义疏财，扶困济危，路见不平，拔刀相助，打抱不平，不出卖朋友，遵守诺言，往往是很重要的内容。这些行为是长期为中国人所肯定的。但流氓文化则很少有这些东西。流氓文化除了崇拜暴力之外，还有一个最重要的特点就是"耍无赖"。他们没有任何信义可言。他们常用的手段，就是恐吓、欺诈、绑架、暗杀，等等。当他们处境不利或者要达到某种目的时，往往会用花言巧语欺骗对方，取得对方的信任，一旦处境好转或者达到了目的，就会翻脸不认人，可以把所有的誓言全部推翻，而把对方置于死地。他们翻手为云，覆手为雨，不遵守起码的游戏规则，为了目的可以六亲不认，不择手段。明朝的朱元璋就有着典型的流氓本性。而且，随着明清社会专制制度的强化，流氓文化也更加泛滥，并渗透到政治领域，导致了流氓政治的蔓延。正直之士，根本不是这些流氓政客的对手。如果只是一些像《水浒》中的牛二那样的街头的地痞小流氓，还不能对社会构成多大的危害。而如果政治家或者文人成为流氓，那么对国家民族的危害将是灾难性的。明清社会以后，中国出了像曾国藩那样的正统的儒家官僚士大夫，以"忠君保民"为己任，也出了很多的流氓政治家和流氓文人，如洪秀全、袁世凯、康生、王洪文、姚文元、张春桥之流，对中国的危害，所造成的罪恶，是罄竹难书的。可以说，中国传统的江湖义气和流氓文化，是中国文明中的最大糟粕之一，是阻碍中国民主、共和政治建立的最大障碍之一。

与《水浒》起到同样毒害作用的小说是《三国演义》，这部小说虽然不像《水浒》那样宣扬赤裸裸的江湖习气和流氓文化，但这部书所宣扬的桃园结义和阴谋诡计，对中国民族性格的形成所产生的负面影响，也是非常严重的。尤其是刘备、关羽和张飞的桃园结义、赵子龙单骑求主、诸葛亮鞠躬尽瘁辅助幼主等等，被民间视为千古楷模，历代仿效不绝。其中关羽对刘备兄弟加臣子的忠心，其千里走单骑投奔旧主和华容道释放曹操的事迹为历代中国百姓传诵。人们往往不注意这种行为是不是符合法律、正义和真理，而是无原则地称赞这种义气。事实上，刘备、关羽、张飞的这种江湖习气，使他们结成了一个宗派集团。关羽之所以敢于在华容道放走曹操，就是因为关羽仗着与刘备的特殊关系，而不把诸葛亮放在眼里。把个人义气放在法律之上，在西方社会看来是徇私行为，而在中国人眼里，却是义薄云天的气节。中国历史上像盘古开天地和女娲补天那样为了人类牺牲自我的无私无畏的高尚精神，在《三国演义》中，全然被阴暗的心机和阴狠的权谋所取代。《山海经》传统里的那种君子有所不为、君子有所为、君子知其不可为而为之那样的英雄气度，全然被君子无所不为、无毒不丈夫之类的阴毒所取代。《三国演义》按照这样的权力崇拜和无毒不丈夫的原则，塑造了曹操式的乱世奸雄。与历史上的曹操全然不同的演义型"曹操"，集野心家阴谋家于一身，为了权力无所不用其极。过去《山海经》里的那种阳刚之气，到了《三国演义》和《水浒传》里变成了阴毒、强横和强暴。整个民族在精神和文化上的沦落和整个民族的集体无意识创伤互为因果，彼此恶性循环。

　　《三国演义》、《水浒》所张扬的江湖习气和痞子文化的核心乃是权力崇拜。这种权力崇拜以欲望为动因，以江山和美人为争夺的目标，以为达到目的不择手段为特征。加上岳飞的故事、杨家将的故事、封神榜的故事等民间演义故事，在民间通过一遍又一遍的说书和听书的形式，双向交流，变成了一部又一部的演义小说。这种近乎病态的不断讲说和反复聆听，相当于长年累月的精神手淫和心理放纵，致使人们的精神越来越委靡，心理越来越病态。而这些演义小说一旦成形之后，又反过来一遍又一遍地塑造着整个民族，尤其是二、三流的中国城乡知识分子的灵魂。人们凭着《水浒传》和《三国演义》很容易找到了自己的领袖。秀才落第造反成为许多知识分子的人生归宿。明清之际形成的那些演义小说几乎成了中国式的《圣经》，几乎所有对社会不满的中国人，都心照不宣地信奉这类演义所宣扬的种种权谋和种种为人的方式，这也算是中国人之间不言而喻的一种默契。就是凭着这样的默契，朱元璋成了真命天子，洪秀全成了天王。也是凭着这样的默契，流氓地痞、草莽英雄被逐步捧上神坛。中国的民族性格就这样无形中被铸成了。

中国民间的江湖习气和流氓文化的根深蒂固，一旦与官方提倡的程朱理学、宗法思想结合在一起，使中国人不能具备一个民主社会起码的公民意识和法律观念，使中国很难产生民主、共和、法治、人权思想和社会基础。它最深刻地表现了中国人畸形的心态和生活方式，是中国文明的最大悲剧之一。

官逼民反与周期性大动乱

由于中国社会保持着人治的传统，没有实现文明的转型，以致陷于了周期性动乱的恶性循环之中而无力自拔。这是中国畸形社会的又一个重要的特征。

人治的特点，就是因人而异。也就是说，当一个皇帝是英明的，那么，他就可能把国家治理得很好。像唐朝李世民大帝就是这样。而如果这个皇帝是一个昏庸的君主甚至是一个残暴的君主，那么，这个国家就会搞得一塌糊涂，以致坏人当道，民不聊生，最后天下大乱。如秦二世和隋炀帝就是这样。

问题是，在宗法世袭的社会里，在家国一体的中央集权的制度之下，很难保证一代一代君王都是英明的人物。因为皇权的转移不是通过人民的选举，而是父子的传承。这种权力转移的神秘性，决定了这个政权的脆弱性，不可能把最优秀的人才选举到国家的领导岗位上来。而一旦把一个昏庸的人甚至把一个恶棍送上了皇帝的宝座，那么，这个昏君或者暴君就会滥用权力，就会给国家和人民带来灾难。当人民无法生存下去时，就会铤而走险，起来造反，社会立即就会土崩瓦解。

世界上没有任何一个国家像中国这样，每隔几百年甚至几十年就出现一次大动乱。从秦始皇统一六国建立统一的政权开始，短短十多年时间，秦王朝就陷于动乱而灭亡。其中主要的原因，就是秦始皇的儿子胡亥，荒淫无道。他不但不改变秦始皇残暴统治的方式，反而把这种统治方式推向了极端。如果秦二世是一个英明的君主，能够迅速改变他父亲的残暴统治，实行轻徭薄赋、广开言路的政策，那么，秦朝不但能够渡过危机，而且可以肯定，中国会出现一个辉煌的时代。但是，秦二世不是这样的君主。

刘邦建立了西汉王朝，改变了秦王朝的残暴统治，使西汉初年出现了政治稳定、经济发展的局面。可是到了西汉末年，由于他的后代昏庸无能，以致天下大乱。之后，东汉、西晋、东晋、隋朝、唐朝、元朝、明朝、清朝无不如此。旧王朝崩溃了，新王朝又建立起来，然后，这个新建立的王朝又陷于崩溃，周而复始，恶性循环。而每一次的改朝换代，都没有实现文明的革新，而只是重复着旧王朝的老路。其中只有宋朝是一个例外，没有亡于社会周期性的动乱，而是亡于蒙古人的进攻。

分析中国历代王朝崩溃的原因，其实都大同小异，这就是官僚机构日益膨胀和腐败，对人民过分压榨，土地兼并导致大批农民流离失所，一旦遇到天灾人祸，就会爆发民变，也就是所谓的官逼民反。如秦末陈胜、吴广起义，西汉末年的绿林、赤眉起义，东汉末年的黄巾起义，隋末窦建德等起义，唐末黄巢起义，宋代的方腊起义，元末红巾军起义，明末李自成起义、清末洪秀全暴动等等，都是农民在官府的压迫、剥削之下，无法生存而发动的反抗行为，他们一呼百应，星星之火，即成燎原之势，结果，专制王朝或者灭亡于起义军之手，或者被外敌所侵占而灭亡。如果不是因为官僚机构的膨胀和腐败，加重了对老百姓的压迫和剥削，就不会出现严重的社会问题，王朝的崩溃就不可能发生。但问题就在于，官僚机构的膨胀和腐败是中国专制制度无法医治的癌症，所以周期性的动乱就不可避免。

土地兼并，流民增加，往往是中国社会发生动乱的直接原因。但是在西方，这种现象的发生，却并没有导致社会的动乱，相反，它还促进了大工业的发展。例如，15世纪末期，英国由于毛纺业的发展，对羊毛的需求量急剧增加，地主、贵族、富裕农民便利用各种手段把农民从土地上赶走，圈地改为牧场。大批农民沦为乞丐和流浪汉，涌进了城市。史称"羊吃人"，实质上是"资本吃人"。然而，这批流民并没有成为动乱的因素，而是成为了廉价的雇佣劳动力，促进了毛纺业的发展。而毛纺业的发展反过来又进一步加剧了圈地运动。随着这一循环的反复进行，资本主义的大工业一天比一天壮大。这说明，英国的大工业的发展，能够吸纳这些失地的农民，使这些农民成为了工人，有了安定的工作，从而推动了工业革命的发生，尽管这一过程充满了血腥的压榨。

可是中国的情况却不是这样。虽然中国也出现了农民和土地相分离的现象，其规模和英国圈地运动相类似，但是结果却完全不同。明代中叶，当时全国 6000 万在籍人口中，至少有 1/10，即 600 万人失地成为流民。这些流民纷纷涌进城市，充斥在雇佣劳动力市场。可是，中国却不像英国那样，有大量的工业企业来容纳这些流民。由于没有大工业企业来吸纳这些流民，使他们找不到工作，没有成为产业工人。结果这些农民由于失去了土地，只好背井离乡，到处流浪，沿街乞讨，无以为生，有的成为佃农，有的卖身为奴，有的成为街头的混混，有的成为土匪、强盗，有的成为茶楼酒肆的佣保，斗鸡、走狗、击筑、歌舞的游手，有的成为走江湖的艺人，有的成为杂役等等，只有极少数人充实到小手工业、小商贩队伍，并不能促进大工业的出现。由于流民大量沦为无家可归的穷人，生活没有着落，所以成为社会的不安定因素。

面对这种情况，朝廷为了社会的稳定，就采取了一系列与英国政府完全不同的措施。英国政府是采取断然措施，用"血腥立法"来加速农民的破产，迫使小农经济解体，促进资本的原始积累，使大量失地农民成为雇佣劳动者，成为产业工人。可是，中国的王朝却用强制手段抑制兼并，用招抚的办法尽可能使流民重新回到土地上去。15 世纪 30 年代，明英宗发布一系列安置流民法令，一方面令流民复业，一方面重申严禁隐占土地和人口。国家甚至对流民作出让步。1441 年，英宗的《大赦天下诏》中，除赦免拖欠政府的钱粮外，并允许"离乡年久，产业已成"不愿返乡的流民，在所居住地区报官附籍，享受贷款并"免杂差役三年"。这种国家调节虽然暂时取得一些成效，但是，腐败的官僚体制并不能根本改变土地被兼并的现实，流民生活无着的问题当然也就无法解决，最终成为明末社会大动乱的主要原因。

中国古代城市化进程，由于没有得到产业的支撑，没有大工业的出现，使得这种城市的繁荣，不能导致现代文明的出现，而是一种虚假的病态的繁荣。土地兼并所导致的大量流民的出现，由于没有得到大工业企业的接纳，使得这些流民成为了社会动乱的根源。而这种周期性的动乱，对社会的破坏是致命的打击。每到王朝末年，天下大乱，政治结构崩溃，经济结构马上也随之崩溃，整个社会陷于无序状态。物价飞涨是毁灭性的。秦末大动乱时，米价上涨 166 倍，马价涨到一匹百余钱，最困难时一石米要值万钱。汉末大动乱时物价上涨万倍。元末大动乱时，物价上涨也在六七千倍，贿赂官吏所用纸币要用车载。老百姓无力应付这样脱缰野马般的通货膨胀，纷纷陷于破产。

中国唯一一个没有灭亡于周期性动乱的朝代是宋朝。这是因为宋朝工商业十分发达，为大量失地的农民解决了就业的问题。宋朝城市化的进程得到了工业化的支持，加上有完善的社会救济和社会保障制度，所以，能够跳出周期性动乱的怪圈。这在中国的历史上是非常特殊的现象。可是，宋朝后来在蒙古人进攻下灭亡了，继之而起的元明清三个朝代，没有继承宋朝的文明精神，而是加强重农抑商的政策，使中国走向现代大工业文明的进程被打断，结果始终解决不了土地兼并带来的农民失业的问题。元朝和明朝就是在贫穷的农民的造反打击下灭亡了。清朝虽然没有直接灭亡于农民造反，但是，太平天国农民暴动对清朝的打击也是毁灭性的。后来在辛亥革命中被推翻了。

周期性动乱对社会造成的惊人的破坏，从人口的变化可以看得十分清楚。秦汉之交的大动乱，短短八年中，全国人口从 2000 多万锐减到 1000 万左右，减少一半之多。

东汉末年大动乱造成的破坏更为惊人。公元 157 年东汉人口达 5600 多万，大动乱后公元 260—280 年，魏、蜀、吴三国人口总数才 760 多万，不及原来的 1/7。仅曹操破徐州一次坑杀江淮难民就达数万口，竟至"江淮间空尽，人民相食"。192 年，董卓部将李傕、郭汜攻破长安，"时三辅民尚数十万户，傕等放兵劫略，攻剽城邑，人民饥困，二年间相啖食略尽"。在这种食人习以为常的动乱中，孔融曾为人吃人制造理论根据。他说吃不认识的人，就好比吃猩猩吃鹦鹉。程昱向曹操提供的军粮中就夹有不少人肉干。

隋代人口近 5000 万，900 万户，但唐初武德年间全国只有 200 多万户，到贞观时总户数才达 300 多万户，仅为隋代的 1/3。唐代生产发展了，人口又上升到 5000 万，但经过唐末大动乱和五代十国的军阀混战，赵匡胤建立北宋王朝时，全国登记只有 300 万户左右。又经过一段时间的休养生息，宋代人口慢慢增至 1 亿左右。但经过元末明末大动乱，公元 1655 年，即清初顺治十二年，人口仅为 1400 多万人，与 1626 年即明末天启六年总人口 5165 多万人相比，短短 20 年间，人口减少数千万。

周期性的社会动乱造成了文明积累的中断，首先表现在对城市的摧毁上。东汉末年大动乱中，大军阀董卓焚洛阳城，胁迫献帝西迁长安，洛阳居民也被迫迁徙，沿途积尸累累。一直到魏文帝时，中原一带仍人烟稀少，昔日繁华的都城洛阳附近仍树木成林，田园荒芜。宋代以开封为都城，它成为全国经济最繁荣的地区，城方圆达193公里，11世纪末人口达到百万以上。但经过蒙古人的浩劫，1330年开封人口只有9万了，周围8.5公里，倒退到600年前盛唐时开封市的规模了。600年似乎一个大轮回。

南宋时杭州人口达39万户，百余万口。但经过蒙古人的洗劫，杭州市衰落了。史书称："嘉靖初年，市井委巷，有草深尺余者，城东西僻有狐兔为群者。"唐代扬州市是"雄富冠天下"的重要商业贸易城市，经动乱后，明初扬州城市仅余下18家居民了。福建泉州市在宋元数百年间一直保持了高度繁荣。但是，元末大动乱，1357年至1366年年间，在富庶的泉州、兴化沿海地区也遭洗劫，出现"烽火连天暗锋镝，遗骸遍地飞乌鸢"的凄凉景象。阿拉伯、波斯商人纷纷从这里离去。这个曾经与亚历山大港齐名的世界著名港城，从此以后就失去了昔日的繁华和光辉。

周期性的社会大动乱造成了文明成果积累的中断，还表现在对商品经济的破坏上。众所周知，秦始皇统一中国时，就统一了货币，建立了金本位制，金为上币，铜币为下币，禁止以他物为货币。可是到魏晋南北朝大分裂时，统一的货币制度崩溃，一些地方又倒退到以物易物的低级状态，人们反而用谷帛等实物作为流通手段。查两晋时期的史书，竟然没有铸钱的记载，大约只用旧币就够了。可见东汉末年的大动乱对商品经济破坏到何等程度。

唐代是我国古代商品经济相当发达的朝代。长安已出现了金融市场，并有专门办理汇兑的商人组织，还出现了供抵押信用的质库，现代的几种金融业务在唐代差不多都有了。782年，政府以筹措军费为名，向长安金融市场勒借200万，商人为之罢市，政府不得不让步，可见市民有相当力量了。但唐末大动乱后，进步经济萌芽又被动乱所摧毁。唐代出现的世界上最早的汇兑制度——飞钱，在元代就消失了。唐代的柜坊中，有类似近代银行的萌芽，到元代就完全消失了。

宋代的城市和商品经济是一个高峰。当时已经有印刷得十分精美的纸币。铸钱数量，数十倍于唐，对世界许多国家的经济都发生了重大影响。当时日本就使用宋代的货币为国内通货。由于商品经济发达，沈括发现了货币流通增值的规律。他对神宗说："钱利于流借。十室六邑，有钱十万，而聚于一人之家，虽百岁，故十万也。贸而迁之，使人飨十万之利，遍于十室，则利百万矣，迁而不已，钱不可胜计。"这一最基本的货币流通规律，欧洲到 17 世纪才由洛克发现。但随着宋朝的灭亡，沈括的理论再也没有受到人们的重视了。

周期性的社会大动乱造成了文明成果积累的中断，还表现在对生产技术的摧残上。以钢铁为例，北宋的铁产量比唐代有一个大的进步，但经过战乱和分裂，南宋产量就降到了唐的水平。到元代铁产量仍然未达到北宋水平。明代有个大发展，高出北宋一倍多，使我国的铁产量在世界各国中居于遥遥领先的地位。但到清代初期，经过明末大动乱，再加上政府严禁开矿，冶金业衰落了。康熙皇帝于 1675 年还谕令："闻开矿之事，甚无益于地方，嗣后有请开采者，悉不准行。"对于不能封闭的冶铁厂，则抽 1/5 的重税。到乾隆时，全国合法的铁矿厂只有 93 处了。

中国的悲剧在于：先进技术在生产、军事中的推广和应用，往往受到大动乱一次又一次的扫荡而中断了，但与皇帝专制制度联系在一起的那些奇特而又畸形的用途，却不会失传。于是用罗盘看风水，用鞭炮驱邪辟鬼，反倒一代又一代地继承下来。

周期性大动乱割断了生产力的积累发展，这就造成了中国古代生产技术、科学发明失传的特点。失传使得后代不得不用相当大的精力去重新研究前辈的发现，为发掘被湮没的科学技术文明而在反反复复的研究中耗去宝贵精力。

周期性的中国社会大动乱是没有"立"的"破"，是没有新果实的耕耘。尽管从历史发展总体过程来看，在宋朝之前的历代王朝的生产水平处于缓慢的上升发展中，但这种前进是在一次又一次毁灭后的复苏，遗忘失传后的再创造中缓慢实现的。伟大的有创造性的中华民族，就是这样一边创造了无比光辉灿烂的古代文明，一边迈着沉重的步子行走在弯弯曲曲的道路上。

宋朝灭亡之后，中国就开始走下坡路。一直到清代鸦片战争，中国社会仍没有摆脱专制主义的桎梏，没有能够实现从一元化文明到多元化文明的转型。中国社会的经济、文化也一蹶不振，不断堕落，一直到清朝灭亡，没有根本改变。虽然明清朝社会出现了《红楼梦》等伟大的小说，特别是明末时期，出现了黄宗羲等人对皇权专制的猛烈批判，但整个社会经济、教育、文化水平没有提高，不能扭转社会的衰落，不能改变中国社会畸形的特征。

不成功的文明转型

——近代中国与文明革新

　　1840 年的鸦片战争，改变了中国历史前进的方向，使中国不再沿着皇帝高度专制的、封闭的社会轨道继续前进，而是朝着多元化文明的方向发展。但是，由于中国人在元明清专制社会几百年的残暴统治下所形成的畸形心态的影响，加上统治者对自己既得利益的拼命维护以及民主政治家的缺失等等原因，使得中国文明的转型没有成功。回顾中国近代文明转型失败过程，对于当代中国文明的转型，是有着重要的启示意义的。

"中学为体　西学为用"的破产

　　洋务运动，是中国最先向西方学习的运动。虽然这种学习和革新没有触及到文明的本质，但是，它毕竟开始了这种学习和革新，这是无数的中国人用血换来的代价，是中国历史上具有进步意义的行为。

　　但是，洋务运动一开始就以"中学为体，西学为用"作为自己的指导思想，妄图在没有改变现有的社会制度和意识形态的前提下，实现以纯粹的技术进步来达到富国强兵、抵御外敌的目的，结果在甲午战争中遭到惨败，宣告了"中学为体，西学为用"思想的破产。

　　洋务运动的发生，是与两次鸦片战争直接相关的。

　　1840 年 2 月，英国国会任命乔治·懿律为英国东方远征军总司令，率领 4000 名兵士，分乘着 16 艘军舰，横渡波涛汹涌的太平洋，来到中国的广州，发动了震惊中国朝野的鸦片战争。一年半以后，这支仅有 4000 人的军队，竟在面积比英国大 50 倍、并有 4 亿人口的庞大帝国里横冲直撞，如入无人之境，将数十万清军打得落花流水。一向以天朝大国自居的满清王朝，终于露出了纸老虎的原形，只好乖乖地举手投降，与英国签订了《南京条约》，不仅割地赔款，而且五口通商。

15年后，英法联军发动第二次鸦片战争。1857年，英法联军攻陷广州，两广总督叶名琛被活捉，联军将他送到印度囚禁，并被作为脑后拖着长辫的奇异的动物加以展览，后死于加尔各答。1858年，联军舰队北上，攻陷大沽，进逼天津。1860年，联军攻陷天津。

当英法联军攻占了天津与北京之间的军事重镇杨村（天津武清）、离北京只有80公里时，气急败坏的咸丰皇帝无计可施，只好宣布接受《天津条约》。可是咸丰皇帝从一开始就不打算遵守这个条约，相反，他还指使恭亲王奕訢在与英法联军谈判时，突然逮捕了那个会说中国话的英国代表巴夏礼。因为巴夏礼在谈判时忽然提出一个苛刻的条件，那就是英法代表要将国书亲自呈送给中国的皇帝。这使咸丰皇帝怒不可遏。因为这些不开化的蛮夷，在与中国皇帝见面时，一定拒绝下跪。而下跪磕头却是中国两千年传统文化中最核心、最重要的部分，没有任何一个中国官僚允许它受到破坏。

于是，巴夏礼及其随员，全部被关进北京的监狱。10天后，巴夏礼及30多名随员被释放，但他们全部被打得伤痕累累，其中有5人在狱卒的酷刑下丧生。

为了报复，英法联军迅速攻击北京。亲王僧格林沁率领近5万人的精锐兵团在距北京15里的八里桥，与英法联军决战，结果被只有一万多人的英法联军全部歼灭。英法联军对巴夏礼及其随员受到的虐待仍然怒气未消，并将一腔怒火发在北京郊外的皇家园林圆明园身上，纵火焚烧圆明园。这个用亿万中国老百姓的血泪筑成的中国最大的皇家园林，顿时成为一片废墟。

仓皇逃到热河行宫的咸丰皇帝听到这个消息，气得死去活来。但他没有别的选择，只能授权他的弟弟恭亲王奕訢，与英法联军分别签订了《北京条约》。没有过多久，咸丰皇帝就在气急交加中吐血而死。

第一次鸦片战争和第二次鸦片战争的结果，是满清政府与外国签订了一系列丧权辱国的条约，使闭关锁国的中国大门，从此被打开了。

鸦片战争是西方文明向中华文明发起的挑战，是东西方文明直接冲突的结果，这种冲突最终是以战争的方式表现出来的。当时所有的历史事实都证明，明清社会的腐朽的一元化文明，它的顽固和保守，没有任何一种文明能够同化它。因此，一旦东西方文明发生冲突和竞争，战争就是不可避免的。

曾经有人说，如果不是西方列强的侵略，中国社会也会缓缓地发展到现代文明社会。对于这种看法，人们不能认同。因为至今没有任何证据表明，清朝有发展到现代文明社会的现实可能性。当时皇帝绝对专制的宗法一体化的社会结构，把它的根须深深地扎进中国任何一个角落，对中国社会进行了强有力的控制，任何新的思想、新的政治萌芽都无法生长。小生产的汪洋大海在专制政治和官商垄断的社会里，根本没有可能实现向现代文明的转变。中国文明的转型，绝对不可能从社会内部发生，它必须要借助外力的推动。

但问题糟糕就糟糕在腐朽的满清统治者，用闭关锁国的政策，来拒绝任何进步的文明进入中国，用手持大刀长矛的上百万军队，来保卫他们专制残暴的政权。以至于任何新的政治、军事、文化、思想和经济形式，都难以用和平的方式进入到中国国内。所以，除了战争，没有第二种方式可以选择。而鸦片战争就是东西方文明冲突的导火索。

从14世纪开始，西方的国际竞争已经进步到白热化的程度。15世纪初，西班牙发现了新大陆，葡萄牙发现绕道非洲好望角到达印度的航线，各国商人和基督教传教士陆续向东方发展，葡萄牙商船队于1517年抵达中国的广州，要求与中国贸易通商。

为了大力发展海外贸易，英国开始了争夺海上的霸权。1588年，在英国女王伊丽莎白的命令下，英国海军打败了在海上耀武扬威的西班牙无敌舰队，从而揭开了大英帝国称雄世界的历史序幕。随着英国工业革命完成和君主立宪制度的建立，社会生产力得到空前的发展。蒸汽机、内燃机的发明和大规模的使用，使大工业生产完全取代了手工业和农业生产，使火车、轮船等等现代化的运输工具也迅速地发展起来。动力和能源划时代的进步，使人类社会从此发生了翻天覆地的变化。

现代化的大工业创造了无数的商品，同时也需要巨大的市场，来销售这些产品。于是，经济全球化和贸易自由化，从此成为了世界的潮流。在这个潮流的冲击下，没有任何一个国家能够置身事外。要么在竞争中取胜，要么在竞争中失败，二者必居其一。

英国人大力开拓海外的市场，除了欧洲、美洲、澳洲、印度等等这些市场先后被开拓出来之后，中国这个具有几亿人口的庞大市场，自然成为英国人关注的重点。所以，在鸦片战争之前，英国人就多次派人来到中国，要求满清政府开放市场，以便两国进行贸易通商。

可是满清统治者却对国际法律、国际关系和国际形势茫然无知，他们顽固地坚持闭关锁国的政策，阻挡经济全球化和贸易自由化的浪潮，企图用闭关锁国的政策来保卫中国皇帝绝对专制的统治，保卫自给自足的极端落后的小农经济。对此，英国政府感到无可奈何，必须要采取谈判以外的方法才能解决问题：用刀与剑打开资本的坦途。

不久，中英两国就爆发了鸦片战争。

鸦片是一种具有麻醉功能的毒品。早在唐朝时期，就由阿拉伯传入中国，并一直作为药品使用。在明朝李时珍著的《本草纲目》中，就有鸦片的记载，它的名字叫做罂粟。这是一种非常美丽的植物，每当罂粟开放，其美丽的花朵，灿烂如天空五彩的云霞，令人陶醉。人们把罂粟的汁进行加工，便得到了黑金一般的鸦片。大约到了 16 世纪，人们发现它可以烧成烟雾吞进肚子里，刺激人的神经，让人得到难以想像的快感。据说明朝几十年没有上朝的神秘皇帝朱翊钧，就是鸦片毒品的瘾君子。

国际上的鸦片走私，最早是由葡萄牙人开始的。1600 年，英国成立了东印度公司，负责治理被英国征服了的印度。这家公司还负责与中国贸易通商。开始东印度公司并没有向中国倾销鸦片，而是进行正当的贸易。但由于满清政府采取闭关锁国的政策，用严格的进口数量限制，保护着国内自给自足的小生产农业经济，使正当的国际贸易始终难以得到正常的开展，英国的商品始终难以打开中国的市场。

例如，在中英贸易方面，中国从 1781 年到 1790 年，中国仅卖给英国的茶叶一项，其贸易额就达到 9600 多万银元，而 1781 年到 1793 年，英国卖给中国的棉布、呢绒等商品的总值仅为 1600 多万银元。由于英国严重的贸易逆差，使得英国每年有几百万银元流入中国。产生这一现象的原因，就在于中国高额的税率，使英国的产品价格昂贵，根本无法在市场上与中国价格低廉的土布竞争。

为了扭转严重的贸易逆差，东印度公司开始从海上向中国走私鸦片。开始走私的数量很少，但增加的速度惊人，到 1729 年，就达到了 1.4 万公斤，到 1790 年，达到了 28 万公斤，到了 1837 年，鸦片走私的数量迅速增加到了 240 万公斤。

鸦片走私给中国造成了两项严重的后果。一是白银大量外流，每年流出中国的白银，达到 1000 万两之巨，在鸦片战争之前的 40 年间，中国共流出白银 4 亿多两，引起银价剧烈上涨，通货膨胀，对中国的财政和经济造成毁灭性的打击。二是中国有几百万人吸食鸦片，严重毒害了中国人的体质，吸食鸦片的人一个个骨瘦如柴，成为废人。发展下去，将会造成中国的种族灭绝。

面对着这一严重的情况，道光皇帝命令两广总督林则徐为钦差大臣，前往广州查禁鸦片。林则徐是一个勇于负责任的官员，但是他在当时闭关锁国的社会里，不可能具备处理国际事务的知识和能力，他不是采取谈判的方法，以达成两国一致的看法，用和平的法律手段来处理两国间的贸易问题，例如适当放宽英国商品进口中国的数量限制、降低税率等等。他用严厉的手段，将缴获的英国商人的 100 多万公斤鸦片销毁是对的，但是他粗暴地拒绝中英两国的正常贸易，断绝与英国的正常外交就错了。更严重的是，道光皇帝在虎门销烟之后竟下令永远断绝同英国的贸易通商，永远不让那些讨厌的白皮肤、红头发的夷狄进入中国，就更是荒唐。

而在英国方面，开始对林则徐的禁烟，并没有什么过激的反应。因为毒品走私，在任何一个国家看来，都是犯罪的行为，英国政府不可能为保护毒品走私而发动战争。这是显而易见的事实。所以，英国外交部通知驻广州的英国商务监督查理·义律说："女王陛下的政府，不能支持不道德的商人。"拒绝下令军舰进入广州，要求查理·义律用谈判的方法处理鸦片贸易的争端。查理·义律在这种情况下，多次与林则徐谈判，要求林则徐给予英国商人一定的补偿，对违法人员，要公开审判，不能随意就地正法，希望中国方面继续开放市场，保持中英两国的贸易往来。但是，查理·义律的要求没有受到林则徐的理睬。

随后事情的发展，出现了严重的情况。当道光皇帝永远断绝同英国的通商贸易的消息传到英国后，英国维多利亚女王及其国会议员均十分激愤。因为英国以贸易立国，事关英国的经济命脉，关闭中国市场，会严重打击英国的经济。英国必须维护正常的国际贸易。在这种情况下，英国才决定用武力打开中国的市场。

显然，英国发动对中国的战争，不是为了鸦片而战，而是为了贸易而战，是贸易战争，不是鸦片战争。之所以把这场战争称之为鸦片战争，是因为这场战争，是由鸦片走私引起的。

　　至于第二次鸦片战争发生的原因，主要是因为当时中国没有专门处理外交事务的机构，所有的外交事务都不在中央政府的所在地北京处理，而由两广总督负责处理。可是偏偏当时的两广总督叶名琛是一个圆滑的官僚，他对洋人的态度是永远不见面，对国际事务永远不过问。当时外国的驻华公使都是住在广州，可是他们没有人能够见到叶名琛，他们要求叶名琛指定日期递交国书，可是几年都如石沉大海。在外国人看来，建在广州的两广总督衙门，是一个死亡的政府。

　　当时，中英《南京条约》等条约早已到了修约的日期，可是外国公使就是见不到叶名琛的影子。外国公使无可奈何，他们不再相信中国官员将国书转奏给皇帝的承诺，只好向叶名琛提出要求后，一齐北上，来到天津，向中央政府提出要求，要把国书亲自递交给皇帝，同时要求准许两国的使节进驻北京，在北京建立大使馆，有事直接与中央政府交涉，不再与广州总督衙门打交道，并开放天津作为通商口岸。

　　在资本主义时代，这是习以为常的要求，但在当时的满清社会，却被看成是一件大逆不道的事情。咸丰皇帝看到这个奏折，气得半死，因为自清朝建立以来，还没有过如此荒谬的事。他根本不可能批准这种"有违祖制"的荒唐要求。

　　英法两国在无可奈何的情况下，决定诉诸武力。随后，英国借口亚罗号事件、法国借口马神父事件，一齐向中国发动战争，可见妄尊自大的满清皇帝和腐败、愚昧的满清官僚，根本不可能处理好外交关系，不可能用和平的法律的手段，来保卫自己的国家和人民不受侵犯。

　　两次鸦片战争的发生和随后一系列丧权辱国的条约签订，是中国有史以来最大的巨变。特别是英法联军对北京的进攻，圆明园的被焚毁，《北京条约》的签订，就如同在满清皇帝和这些愚昧的官僚头上狠狠地打了一闷棍，使他们从梦中惊醒，特别是年方二十多岁、并亲手签订了《北京条约》的恭亲王奕訢以及曾国藩、李鸿章、左宗棠、张之洞等一批掌握了国家军政大权的汉族官员，在慈禧太后的支持下，不甘于国家受此奇耻大辱，开始睁开眼睛，发动以自强为目的的洋务运动。鸦片战争的炮声，宣告了中国近代现代化运动的开始。

　　在恭亲王奕訢以及曾国藩、李鸿章、左宗棠、张之洞等人的倡导下，中央政府首先成立了总理各国事务衙门，使中国中央政府第一次有了专门处理国际事务的外交机构，并且，总理各国事务衙门还负责主持教育、海关、海陆军以及开矿、铁路、电线、轮船、工业等工作。

他们创办了中国第一张报纸《申报》，设立了外国语学校同文馆，制定了三角形飞龙戏珠旗作为国旗，中国的皇帝从此不再拒绝外国公使的觐见，并接受外国使节递交的国书。这在满清政府来说，还是破天荒的大事。

北京还建立了外国的大使馆，中国还派出了第一位驻英国公使郭嵩焘。中国从此开始与外国进行正常的外交关系，这不能不说是重大的进步。而第一张报纸《申报》的创办，使中国有了社会舆论和民意表达的机关，有了大众新闻信息传播和舆论监督的工具，这是中国开始步入现代社会的重要标志之一，为中国文明的转型创造了重要的条件。报纸的创办、舆论的开放，从此将改变中国人的生活。

同时，建立了中国的海关，聘请英国人赫德担任海关的总税务司，选派青少年赴美国留学，选派军官赴德国留学，设立海军军官学校天津水师学堂和陆军军官学校天津武备学堂，成立公私合营的客货海运轮船公司上海招商局，创办了海军兵工厂上海江南制造局，创办福州马尾海军造船厂，天津机器制造局，创办汉阳兵工厂。其中北洋舰队、南洋舰队等舰队的建立，使中国海军的实力居世界第七位，在19世纪70年代，中国依然还是世界上军事实力最强大的国家之一。

在实业方面，创办了湖北大冶铁矿等企业。李鸿章、盛宣怀筹办的轮船招商局首开华资企业发行股票的先河，随后，还发行了中兴煤矿公司、汉冶萍煤铁厂矿公司、上海机器织布局等企业的股票，还成立我国第一家股票交易所上海平准股票公司。这是中国传统经济向现代经济转型的重要标志之一。虽然大部分企业都是官办的国有企业，但毕竟朝着现代工业迈进了一步，表明中国开始出现了历史性的进步。

但是，这些满清官僚和士大夫，并没有意识到中国落后的真正原因。他们顽固地认为，中国有几千年的悠久历史，其伦理道德、礼乐教化、政治制度和意识形态比西洋先进，唯一不如西洋人的只是武器落后，所以，当时的官僚和士大夫坚持"中学为体，西学为用"的政治原则，以为只要"师夷之长技以制夷"，就可以取得奇效。也就是说，中国只要有了跟西洋人一样厉害的坚船利炮，就可以把那些西洋人打得狼狈逃窜。于是，大把大把的银子投向军事工业，没有过多久，中国在表面上就呈现出了一种辉煌壮丽的景象。

　　然而，武器的进步不等于文明的革新，由皇帝绝对专制的宗法一体化的政治结构和官商垄断的经济体制，以及传统的程朱理学，从根本上压抑了中国人的聪明才智和社会竞争的能力，政治腐败和各级官员的贪污腐化，使中国就像一棵内部被蛀虫蛀空了的古树，随便吹来一阵大风，就可以把这棵大树拦腰折断。不管有多么先进的武器装备，都不可能使清朝政府起死回生。

　　当时也不是没有头脑清醒的人。其中驻英公使郭嵩焘、两广总督张树声、实业家兼学者的郑观应等人，就是中国近代最早认识到必须在中国实行政治革新和文明转型的先驱。

　　郭嵩焘是湖南湘阴人，1876 年前往英国处理"马嘉理案"，随即担任清政府第一位驻英法公使。这位虽然是科举出身并担任过广东巡抚的二品大员，不仅为人正直、思想极为开明，而且，有着时代的见解。他在英法等国广泛接触了政治、经济、文化、军事、科技等各界的要人，并实地进行考察，还阅读了大量的西方思想家的著作，思想发生了根本的变化。其中最可贵的地方，就是他摆脱了君权至上的束缚，大胆地考究和肯定西方民主政体的优越性。

　　他认为，西方武器的先进、科技的发达、国家的富强，这只是表面的现象，其根本的原因，就是西方实行了立宪政治，君民共主，国政一概公之于民，是君与民交相维系，顺从民意，是以立国千年终以不败，人才学问相继以起，此其立国之本。而中国自秦汉以来的二千余年的国政，却恰恰与之相反。这就是中国国力衰弱、人民愚昧的祸根。

　　他在写给李鸿章的信中警告说：船坚炮利（兵事）是最末微的小事，政治制度才是立国之本……现在谈富强的人，把国家大事，看作跟人民无关。官员贪污，盗贼横行，水旱灾害不断，上下交困，每天都在忧患祸乱。这时轻率地追求富强，只不过是浪费金钱……中国之大患，在于士大夫没有见识，"是治末而忘其本也"。因此，他主张实行西方君民共主的君主立宪制度。

　　总理各国事务衙门曾把郭嵩焘的报告汇集出版，供各级官员阅览。然而，当时的中国士大夫还处在"闻洋人之长处便怒，闻洋人之短处便喜"的水平，对郭嵩焘的看法和主张不能容忍。当时朝野对郭嵩焘是一片唾骂之声，这些卫道舆论痛诋他是数典忘祖的汉奸卖国者。

　　郭嵩焘在一片唾骂声中很快被撤职回国，仅担任一年零七个月的公使职务，随即归隐乡里。1879 年 5 月 5 日，郭嵩焘回到长沙，迎接他的是长沙的大街上贴满了痛骂他"勾结洋人"的标语，没有一个地方官员出面接待他。1891 年，中国现代化的先驱、却被人唾骂为"汉奸卖国贼"的郭嵩焘在凄凉中死去。虽然当时也有官员希望为他立传，给予他公允的评价，但所有的请求，均为朝廷驳回。直到他死去 9 年之后的 1900 年，还有京官上奏，要对郭嵩焘掘墓鞭尸以谢天下。

郭嵩焘，这位中国最早呼吁华夏文明转型的伟大的思想家，就这样被中国社会无情地抛弃，他光辉的思想火花，一闪即灭。

今天，当人们回顾郭嵩焘悲惨的命运时，仿佛听到他临死时发出的一声深沉的叹息。

此外，两广总督张树声虽对政治有不同的看法，但直到临死，才敢上奏朝廷，希望朝廷能够仿效西方实行立宪政治，不可"遗其体而求其用"。张树声贵为两广总督，尚且如此压抑和害怕，说明当时的专制政治对人的压制是何等严厉。

曾任过日本首相的吉田茂在《激荡的百年史》一书中说："文明本来是一个整体，并不能单独采用它的技术发明。例如，为了要采用西方的优良的军舰和武器，就必须建设生产它的造船厂和兵工厂，而为了能够有效地发挥造船厂和兵工厂的机能，又必须使构成其基础的经济活动得到顺利开展。于是，这便同以追求利润为不道德的儒家理论发生了矛盾。因此，归根结蒂，要拥有军舰就不能不使该国的文化深受影响。"

吉田茂的话，深刻地道出了明治维新成功和洋务运动失败的最深层的原因。吉田茂不愧为一个思想开明的具有高度智慧的政治家。

洋务运动是一场由士大夫发起的自强运动，发展新式教育，发展现代军事，发展现代外交，发展国际贸易，特别是发展了股份制公司和金融资本市场（创办银行和发行股票），都是适应现代经济和现代文明的发展趋势的，是具有进步意义的。但是，由于中国君主专制制度的根深蒂固，现代文明需要的基本条件在当时根本不可能具备：一是在制度上如何还民以思想和经济上之自由，从而创造一个公平竞争的社会环境，激发人民的进取精神和创造性；二是如何克服程朱理学的传统文化和狭隘的民族主义意识的束缚，以全面学习和吸收人类社会的先进文明成果。

例如，洋务运动不模仿发达国家的政治、法律、经济制度，而是用官办（国有制）、官商合办（合资企业）和官督商办（私人承包）的制度，来模仿发达国家的技术和工业化模式，企图以此来实现工业的现代化。这种方式不符合政府作为裁判者的立场，使政府既是裁判员，又是运动员，而且还是游戏规则的制定者。这种制度化的国家机会主义行为，保证其利用裁判的权力去获取运动员的利益，与民争利，垄断经济，压制了私人企业的发展，造成了官商勾结、亦官亦商的腐败行为。所以在这些国有垄断的企业里，裙带风盛行，官员滥用资金，胡乱决策，贪污成风。但由于这些企业垄断了市场，所以这些企业的效益反而比私人企业要好。这样一来，公平和健全的市场秩序就很难建立起来，自由竞争无从谈起。其结果是，资本主义的公平竞争机制很难确立，国家经济的发展变得与普通民众没有关系，人民不可能从这样的改革中获得利益，不能激发人民的创意热情和进取精神，这就使文明难以进步。

由于当时社会的士大夫，期望在保留君主专制的政治体制、官商垄断的经济体制和小生产的农业宗法社会的前提下，运用程朱理学和"中体西用"的思想来推行中国的现代化，所以，洋务运动不可能达到文明转型的目的。结果，在随之而来的甲午战争中，这种维护君主专制和庞大的官僚体制的所谓洋务运动，很快就在日本人的大炮声中灰飞烟灭。

戊戌维新与第一次文明转型的失败

如果说洋务运动还没有涉及文明变革的话，那么，戊戌维新就是华夏文明第一次真正的转型。但这次转型，却以光绪皇帝被囚、谭嗣同等人被杀、康有为和梁启超逃往外国为标志，而凄惨地失败。虽然这是一次流产的文明变革运动，但对后世的影响是极其重大而深远的。

过去人们对戊戌维新谈论很多了。但对这场改革运动分析有许多不客观的地方，甚至有些观点是不对的。比如，戊戌维新为什么会失败？就是因为封建顽固势力的强大吗？改革者本人就没有什么责任吗？所以，我们必须重新认真总结戊戌变法失败的经验教训。客观地对待历史是一个民族觉悟的标志之一。

戊戌维新运动发生的直接原因，是因为在甲午战争中中国惨败引起的。

在 1894 年的甲午战争中，中国在洋务运动中建立起来的庞大的北洋舰队全军覆灭，参战的陆军也一败涂地。历来被人瞧不起的日本这个弹丸小国，竟对庞大的满清帝国给了致命一击。在 1895 年签订的《马关条约》中，中国赔偿日本白银 2 亿两，并割让台湾、澎湖列岛、辽东半岛给日本。这一丧权辱国的条约的签订，使中国的知识分子和士大夫都感到了亡国灭种的危机。这也给西方各国极大的震惊，不得不承认中国人是不堪一击的东亚病夫。

长期以来，人们都认为，中国是一头睡狮，一旦被惊醒，就会重展雄风。可是，现在人们看到，被惊醒的中国人，不但不是一头雄狮，而且是地地道道的一只病猫。人们不能不思考，小小的日本历来都是中国的藩属，长期以来，与中国一样的闭关锁国，而且，日本的明治维新还比中国开放晚 7 年，为什么中国反而被日本打败了呢？

在这里，我们必须来看看日本国文明转型的情况。日本国从来都是以中国为师。早在 7 世纪时的日本大化革新，几乎全盘汉化。到了宋朝时期，日本人也大力学习中国的先进文化，宋朝自由开放的政策和发达的市场经济对日本发生了重大影响。日本人全盘接受了中国人的生活方式，语言文字以及政治制度、典章礼仪。后来，中国人在蒙古人的屠杀下泯灭了自由独立、积极进取的民族精神，但日本人在台风的保护下，避免了被屠杀的命运。日本人的民族精神没有被消灭。到了明朝时期，中国开始闭关锁国，但日本人并没有这样做。日本商人大量在中国东南沿海走私，甚至用武装与中国官府对抗。当时中国官方称这些日本人为倭寇。日本人的商业精神和自由、独立、守信以及积极进取的性格依然得到完整地保持。到了 1635 年，日本征夷大将军（江户幕府）德川家光颁布"锁国令"，下令驱逐所有的外国人，也不允许日本人出国，遂使日本成为了一个封闭的国家，但是日本人顽强、开放的民族性格并没有因此泯灭。

1853 年，也就是太平天国定都天京（江苏南京）的那一年，美国海军的一支舰队，在舰队司令培理的率领下，突然闯进了日本的东京湾（江户湾），一边炫耀武力，一边强迫日本开放门户，同意通商。

1854 年，培理再次率舰来到日本。面临美国舰队的威胁，日本没有抵抗，就开始屈服，与美国签订了《神奈川条约》。闭关时代从此结束，日本门户大开。虽然当时在日本国内，仍然存在着开港论与攘夷论

的争论，但绝大多数日本人都要求社会开放。1862 年，由于日本人杀
死了一个英国人，遭到了英国军舰的猛烈炮击。日本人在英国人的巨舰
大炮的轰击之下，受到了强烈的震撼和刺激，在先进的西方文明面前，
他们不愿重蹈中国鸦片战争的覆辙，决心发愤图强。此时隐藏在日本人
心中的自由、开放、独立、进取的民族精神开始像火山一样迸发出来。
全国上下要求革新开放的呼声非常高涨。

　　5 年后，日本明治天皇即位，他顺应民意，下令变法，这就是令人
不可思议的日本明治维新。幕府将军和平还政于明治天皇。天皇将首都
从京都迁到靠海的江户，改名东京，并发布了著名的声明——"五条
誓文"：一、广兴会议，万机决于公论；二、上下一心，盛行经纶；
三、文武一途以至庶民，各遂其志，人心不倦；四、破旧有之陋习，基
于天地之公道；五、求知于世界，大振皇基。

　　就像公元 7 世纪全盘中国化一样，日本人在明治维新中实行全盘西
化。他们从满清的失败中意识到，中国的传统文化已经不行了，必须要
从政治结构、生活方式到意识形态全盘西化，这就是当时日本人津津乐
道的"文明开化"。

　　甚至还有一些日本人认为，要全盘西化，就必须从地域上划清与亚
洲人的界限，而把日本列入西方国家，把日本人变成西方人，与亚洲彻
底脱离关系。这就是日本人当时的"脱亚入欧"运动。日本人思想观
念的迅速转变，与其固有的自由、开放精神与独立人格是紧密相连
接的。

　　通过明治维新，日本开放舆论，尊重人权，允许人民的言论自由，
同时在地方废藩设县，废除等级身份制度，摧毁了腐败的官僚体制，建
立了廉洁高效的文官制度，为国家的经济、文化、教育和军事的发展，
创造了最重要的政治前提。通过这些改革，使日本开始成为了一个法治
国家。

　　有一件事最能说明当时日本的法治情况。

　　明治 24 年（1891 年），俄国太子访问日本时，曾被国粹主义者的
警察所刺伤。这件事在日本引起极大的震动。日本政府为了弥合与俄国
的关系，除了向俄国发出许多致歉的电文外，还决定对犯人处以死刑。
但是，日本的最高法院——大审院院长儿岛惟谦并未屈服于这种压力，
他采取了维护司法权独立和法律正义原则的行动。他认为，判处被告死

罪是不符合法律的，于是只对被告判处无期徒刑。从这件事情上，可以看出日本学习西方文明的坚决态度。

日本明治维新虽然不放弃天皇的权力，但是却在宪法中明确规定私有财产神圣不可侵犯的原则，模仿英国、德国的政治、法律和经济制度。在经济发展上，政府除了在日本人还不知道企业为何物的情况下，办过几个模范工厂之外，基本上不办国有企业。而且一旦私人企业发展起来，政府就立即卖掉了这些模范工厂，而全部由私人经营。因此，政府可以发挥公平立法、司法的第三者裁判的功能，保护私人企业在健康的环境里迅速成长。加上日本模仿西方的专利制度和公司制度，一方面保护了私人企业可以在推广西方专利技术中获得利益，使西方技术在日本迅速普及，另一方面刺激日本的技术发明，使这些技术专利权在经过公司购买之后能够迅速变成大规模的商业化生产。在这个过程中，不仅私人能够从经济发展中受益，推动经济健康发展；而且能够激发人民的创造热情和进取精神，实现文明的迅速进步。

尤其引人注目的是对教育的高度重视，使日本的国民教育迅速普及，到明治末年，日本的就学率超过了95％。当时，如果你走到日本的乡村，看到这些地方的建筑物，最好的都是学校的校舍，表明日本人对教育的极端重视。对于高等教育，日本不仅高薪聘请外国人前来任教，而且，派出大批的学生出洋留学，使日本人的素质迅速提高。

为了达到富国强兵的目的，日本大力发展军事工业。1887年，明治天皇以扩充海防为由，连续6年时间，每年从宫廷预算中拨款30万元用于海防，并要求文武官员在同期内缴纳薪俸的1/10为造舰之用，明治天皇把自己的个人首饰都捐献出来了。由此日本掀起了海防献金热潮，半年时间就募集到民间捐款203万日元。到1893年，也就是甲午战争即将发动之时，日本如期完成了扩充计划，陆军拥有了7个师团12万士兵，海军拥有31艘军舰、21艘鱼雷艇。

在日本全面开放、奋发图强的同时，中国的统治者却在过着花天酒地的生活。社会贪污横行，卖官鬻爵，官员腐化堕落，祸国殃民，社会等级森严，人民贫困不堪，愚昧而不思进取。当明治天皇将自己的首饰都拿出来建设海军的时候，中国的慈禧太后却挪用海军军费800万两白银，用于修建她的安乐窝颐和园。当日本的官员和全国人民节衣缩食、纷纷捐款制造军舰之时，中国的官员却在购进武器时，大量收取武器商人的回扣。军官吃喝嫖赌，克扣军饷，贪生怕死。洋务运动虽然购进了大批的军舰大炮，但是，在一个自以为是、而又愚昧无知的社会里，在一个腐败、堕落的官僚政治体制之下，这些军舰大炮都不过是聋子的耳朵空摆设。

据说日本之所以敢于向中国海军发起进攻，一个重要的情报，就是他们看见中国海军的官兵，在军舰大炮的炮管上晾晒衣服，而且，炮筒里积满了灰尘。日本军队据此断定，中国海军的实力虽然号称世界第七，但实际上没有战斗力，不堪一击。

于是，在甲午战争中，中日两国军队一交手，中国的军队立即全军覆灭。战争失败的背后，是文明的堕落。

日本的文明，是没有被蒙古人消灭的大宋文明。日本的民族精神，就是保留得比较完整的大宋王朝的自由、开放、积极进取的民族精神。面对着外国列强的攻击，这种民族精神迅速地演变为一种变革现实、奋发图强、后来居上的历史责任感。

可是满清帝国却不是这样，整个民族由于丧失了大宋王朝的自由、开放和积极进取的民族精神，结果在外国大炮的轰击之下，不但不反思自己的毛病，从而奋发图强，反而认为惊醒他的人罪该万死。

明清以来的中国人，以天朝大国自居，从来不肯承认自己的缺点，当外国人批评中国的一些缺点时，中国就会找出许多的材料，来证明自己没有这样的缺点，同时，还会找出对方的许多材料，来证明对方才真正具有这样的缺点。明清以来的中国人这种不愿自我反省的劣根性所表现出来的夜郎自大、自以为是的态度，实际是一种政治上虚弱的表现。

被大宋文明陶冶出来的日本民族，对强者充满着谦虚谨慎的态度和开放的胸襟，面对着社会的巨变，立即意识到必须全盘接受西方的文明，才能生存和发展。

可是明清以来的中国人则恰恰相反，不但不虚心向强者学习，反而对先进的东西抱着很深的轻蔑和仇视心理。

日本人的发愤图强，是来自内心的彻底觉悟，感到自己万事不如人。而中国则不同，从始至终就坚持认为，祖宗传下来的社会制度和文化仍是救世良方，而拒绝任何的革新，直到不得不向人投降的时候，也只能接受一些表面的东西。

这就是中国洋务运动和日本明治维新的根本区别。

　　当然，日本在文明转型的过程中，也不是没有一点问题。明治维新以后，日本的军国主义、个人主义和金钱至上主义迅速膨胀，传统的道德和伦理观念迅速崩溃。社会物欲横流，道德沦丧。明治天皇去世后，以自杀方式为天皇殉葬的乃木大将在其遗书中，就严厉谴责了日本的道德混乱。作家夏木漱石也对此进行了严厉的批评，他指出，日本的现代化是为了反抗外来的压力而急剧进行的，因而丧失了日本人的良心和诚实，从而产生了充满虚伪的、肤浅的社会。特别是岛国民族的局限性，使其不具备大宋民族的宽阔、仁爱、和平的气质，所以在其文明变革的过程中，一种军国主义的情绪迅速滋长。日本人虽然保留了大宋文明的许多优秀的东西，但是其岛国民族的劣根性，使其永远达不到大宋文明的水准。

　　甲午战争的惨败，《马关条约》的签订，之后列强纷纷参与对中国的瓜分，使中国面临着亡国灭种的危机。在这样险恶的政治形势下，中国一些先进的知识分子，意识到仅仅办理洋务，购买西洋的军舰大炮，帅夷之长技，是无法改变中国的落后面貌的，必须仿效日本的明治维新，实行变法，中国才有出路。郑观应在《盛世危言》一书中呼吁建立西方立宪政体，反对专制。他的呼声一时间风靡全国。

　　由康有为、梁启超为首发起的"公车上书"，掀起了中国近代文明转型的第一次浪潮，掀起了近代中国第一次思想解放运动。年轻的光绪皇帝在读了康有为著的《波兰亡国记》和《突厥亡国记》之后，痛哭失声，他不甘于做一个亡国之君，决定接受康有为、梁启超等人的主张，仿效日本的明治维新，开始变法维新。

　　从 1898 年 6 月 11 日光绪皇帝颁布《定国是诏》开始，到 9 月结束，前后共 100 天时间，光绪皇帝共颁布了 200 多道谕旨，在全国推行维新变法措施。这些变法的措施，已经远远超出了洋务运动的范围，显示了光绪皇帝坚决变革中国文明的决心。

　　第一，废除八股取士制度，改试策论，取消各地以程朱理学为教材的书院制度，设立经济特科，建立新式中小学学校，在北京创办京师大学堂（北京大学前身），教授西方先进的科学技术和政治、经济学术思想，并鼓励中国人前往西方留学。

　　八股取士是由明朝皇帝朱元璋建立的一种选拔官吏的制度。这是一种极为腐朽的制度，它把全中国的知识分子，都变成了只知道用程朱理学谋取一官半职进而谋取私利的怪物。不废除八股取士制度，中国文明的转型就无从谈起。

第二，准许官民上书言事，准许民间自由成立报馆和学会，成立译书局，大量翻译西方各国的著作，允许言论自由，取消各种政治上的高压政策。

康有为、梁启超等人在北京、上海等地成立了强学会、保国会，并在全国各省建立了分会，当时各种学会纷纷成立，如北京的知耻学会、西学会，湖南的南学会，桂林的圣学会，苏州的苏学会，等等。同时，在北京创办了《中外纪闻》，在上海创办了《时务报》，在天津创办了《直报》、《国闻报》，在湖南创办了《湘学报》、《湘报》等等，当时达百种之多。康有为、梁启超、谭嗣同等维新人士在这些报纸上发表了大量的文章，批判君主专制政治，批判顽固保守思想，宣传西方的立宪政治和民权学说，要求变法维新，实行君主立宪制度，发展民间工商业等等。此外严复翻译了《天演论》，以"物竞天择、适者生存"的生物进化论思想警醒国人。

当时，湖南在巡抚陈宝箴的支持下，开风气之先，成为全国维新运动的中心。27岁的翰林熊希龄，被陈宝箴请回湖南，担任湖南事务学堂的总理（校长），熊希龄又聘请梁启超、谭嗣同、唐才常等一大批具有维新思想的人士来校讲学，担任教习。他们不仅在时务学堂和南学会发表大量的演说，而且在《湘报》上发表了大量的文章，宣传西方议会政治，要求建立内阁会议制度，开国会，定宪法，兴民权，实行君民共治的君主立宪政体。维新派人士还建议光绪皇帝禁止妇女缠足，剪辫子，穿西装，中西通婚、迁都上海等等，实行文明开化的政策。

第三，撤掉臃肿的官僚机构，同时，对司法部门和刑事诉讼法进行改良，改革监狱的弊端，废除严酷的刑罚，同时废除满人的特权等等。这些措施，都直接打击了腐败的官僚制度和黑暗的司法制度。

第四，设立铁路矿务局和农工商总局以及邮政局，推动民间资本的发展，推动民间工商业的兴起，奖励民间的发明创造，从而使中国的私营经济得以迅速发展。

当时，上海、江苏、浙江、天津、广州、湖南等地，民间商人办起了许多的电力公司、电灯公司、电报公司、电话公司、轮船公司、纺织公司、瓷业公司、农业示范场等等。很多公司都是用股份制的形式创办起来的，从而确立了有限责任原则和法人支配财产原则，促进了资本市场的形成与发展，在上海、湖南、江苏等地，官商垄断的局面几乎被打破。

私有经济的发展，是市场经济迅速发展的标志，也是中国文明转型的重要标志，这是具有历史意义的进步。在工商业发展的推动下，中国的金融业开始兴起。1898 年 2 月，中国首次发行公债——昭信股票。期间中国的股票市场的规模也得到扩大。同时，国家积极改革财政体制，编制国家预算决算，改革税收制度，建立国家对经济的调控体系。

从光绪皇帝这些变法措施可以看到，戊戌维新是中国历史上第一次展开的真正的文明变革运动，是要改变中国政治和社会结构的革新运动，是中国继春秋战国和大宋王朝之后，又一次伟大的思想解放运动。它打破了满清王朝文化专制的桎梏，实行了对外开放的政策，它完全适应了人类文明发展的潮流，是中国一元化文明走向多元化文明的重大转折。

但是，戊戌维新运动毕竟失败了。为什么由皇帝亲自发动的改革运动会以失败告终呢？为什么日本明治维新却能够取得成功呢？

今天，当我们来分析这个问题的时候，首先必须看到，戊戌维新变法，中国文明的转型，不是中国社会自身的要求，而是外力的推动。也就是说，中国社会的庞大的官僚集团以及绝大多数的知识分子，都不希望对社会进行改革。因为改革会影响他们的既得利益，所以，他们都想维持社会的现状。

中国社会之所以会提出改革的问题，是因为外国的打击，使中国面临着亡国灭种的危机，而使人产生了强烈的危机感。在这种危机感的驱使下，人们希望通过改革来富国强兵，抵抗外国的进攻。这是官僚阶层中绝大多数人的出发点。但他们同时也不希望改革损害他们的利益，也就是不希望改革触动现存的官僚体制。当时，从慈禧太后到各级官员，以及那些后备的官员——秀才、举人，绝大多数人都抱着这种想法。

问题就出在这里，矛盾也就在这里：要想富国强兵，抵御外国的进攻，光是购买西洋的大炮军舰是没有用的，洋务运动的破产已经证明了这一点。只有变革现存的皇帝专制的官僚体制，实行立宪政治，才能达到富国强兵的目的。而要改革现存的官僚体制，毫无疑问就要损害绝大多数官僚的既得利益，这是无法回避的事实。这一点，与日本的明治维新有根本的区别。

日本的明治维新，从一开始就提出了从政治经济制度、生活方式以及思想文化等等方面全盘西化的改革主张和目标。从明治天皇、各级官员、知识分子再到普通的人民，都抱着同样的决心。这就是要彻底抛弃中国的官僚文化，而进行西方化的改造。这种改造，不仅是为了强国，更重要的是，建立立宪制度，建立法治体系，张扬个人权力，强化个人自由，普及平民教育，提高民族素质，推动商业贸易，鼓励发财致富，建立公平竞争的社会机制。之所以日本能够产生这样的变革文明的动力，是因为除了日本民族保持着宋文明孕育的自由、开放、独立和积极进取的民族精神之外，还在于日本没有中国那样庞大的官僚机构。因为日本官吏的选拔制度与中国完全不同。中国的各级官吏，是通过八股考试的方式进入统治集团的，任何一个人，不管是有钱还是没有钱，只要在八股考试中取得功名，就有了做官的资格。而日本虽然全盘引进了中华的文化，但不知为什么，却独独没有引进中国先进的科举制度，更谈不上去写什么八股文。日本人是要有钱才能做官。没有钱，没有能力，在日本很难做官。做了官，也很难通过不法手段获取财富，不可能像中国那样产生如此庞大的腐败的官僚集团。

日本人的这种官吏选拔制度，与中世纪的西方社会没有多大区别。同时，日本对私有财产，特别是对商人的财产，是采取保护政策的，这一点，与西方社会也没有根本的区别。可是，从明清社会以来，中国对私有财产，特别是对商人和普通百姓的财产，是采取了一种剥夺的政策，不仅无偿占有人民的土地、房屋等财产，还有无休无止的苛捐杂税和劳役徭役，甚至对商人进行大规模杀戮。这样做，是为了防止大商人（资产阶级）利用巨大的财富去争取政治上的权力，对皇权造成威胁，但也造成中国财富积累的中断，造成资本的流向不是扩大再生产，而是用于消费，今朝有酒今朝醉。这些都迫使中国人把做官看成是人生的最高目标。有了权力，才可以保护自己的财产的安全，并可以获取新的财富。所以日本人可以积累财富，并通过财富的积累去获得政治上的权力。只要国家的政治改革不禁止个人经商发财，日本人就不会反对改革，而是推动改革。由于日本的明治维新是一种推动个人发财致富，推动市场竞争，推动资本主义发展的改革，所以朝野上下得到广泛的响应，基本上没有遇到什么阻力。

　　可是中国从明朝开始，就消灭了宋朝建立的通过市场公平竞争发财致富的社会机制，铲除了大商人（资产阶级）产生的土壤，结果中国人的唯一出路，就是通过八股考试后先做官，然后通过利用权力贪污受贿达到有钱的目的，再购买房子和地产，成为一方豪强。虽然明清社会依然有巨富的商人，但是这些商人都是通过官商勾结的形式来发财致富的，没有公平的市场竞争。虽然也有皇帝对贪污进行严厉打击，如明朝皇帝朱元璋对贪官采取剥皮抽筋的残酷手段，也依然不能禁止贪污。这是因为中国皇帝权力太大，所占有的东西太多，因此想取而代之的人也太多，皇帝必须要把全部的精力用于防范别人篡权。如果哪位将军或大臣，能力太强，功劳太大，品德太好，威望太高，就会功高震主，遭到皇帝的嫉恨和警惕，惹来杀身之祸。而官员贪财，却很难引起皇帝的嫉恨，因为贪财，则意味着没有野心，不会对皇位产生非分之想，皇帝就不需要加以防范。在皇帝的眼里，贪财只是小节，只要忠心于皇上，皇帝也就睁一只眼闭一只眼算了。由于皇帝对贪污采取这样一种纵容的态度，于是各级官僚就层层贿赂，组成了一个庞大的贪污网，结成一个庞大的官僚体系，皇帝对此也无可奈何。再说，皇帝也不可能将所有的贪官都杀光，如果把所有的官员都杀光或者都撤职，那么，皇帝统治的基础也将不复存在。光绪皇帝之所以要变法革新，打破官僚集团，是因为外国侵略使他的国家面临严重的威胁和危机而被迫进行改革。

　　可见，戊戌维新与明治维新完全是两码事。虽然都是要实行公平的市场竞争，走上资本主义道路，但一个要遭到整个官僚体制的反对，另一个则是得到整个社会的支持。因此明治维新顺利实现了文明的变革，而戊戌维新则归于失败。

　　除了以上这个客观原因之外，光绪皇帝等人缺乏政治智慧和改革技巧也是重要原因。

　　应该说，当时实行改革的前提条件还没有成熟，不能够匆忙进行大规模的改革。当时要求改革的，只是康有为等少数的知识分子、还有像陈宝箴那样的少数官员，绝大多数人都只是停留在洋务运动的水平，不想做剧烈的改革。像慈禧太后、李鸿章等人，虽然从表面上是支持变法的，但他们只是希望通过某些变革，增强军事力量，巩固国防和发展经济，并不是要对政治制度和思想文化等进行全面改革。

　　更为重要的是，要进行有效的改革，必须要有强大的权力做后盾，这就是光绪皇帝本人必须真正握有实权，才能将自己的改革主张坚决地贯彻到底。可是光绪皇帝没有这样的权力，他只是慈禧命令的发布者。

在这样的情况下，要进行有效的改革，不仅要有改革的决心，更重要的是，它需要改革者具备高度的耐心、政治智慧和改革的技巧，审时度势，采取有利有节的策略，稳步推进，分批实施，先从阻力小的地方突破，从易到难，必须考虑到社会各方面的看法和承受力，避免社会的震荡，减少改革的阻力，用几十年的时间来完成这一伟大的事业，否则万难建功。

遗憾的是，在戊戌维新中，无论是光绪皇帝，还是康有为、梁启超、谭嗣同，都不具备这样的耐心、政治智慧和改革的技巧。他们缺乏政治运作的经验和必要的策略，而又急于改变中国落后的面貌。因此他们没有制定出切实可行的改革策略和周密的操作方案，没有一个适合中国国情的政治体制改革方案的科学设计。因此他们的改革不是从易到难，分批实施，稳步推进，以渐进的方式来完成，而是仓促上阵，大刀阔斧，全面开花，草率冒进，让自己的变法目标过早暴露，引起顽固势力的高度警惕和疯狂反扑，造成了社会的巨大震荡，最终使改革流产。

例如他在处理与慈禧太后的关系方面就是这样。甲午战争之前，慈禧太后虽然还政于光绪皇帝，但实际上，真正的权力还是操在慈禧太后的手里，垂帘听政的格局并没有真正打破。因为光绪皇帝不是慈禧的亲生子，按照以血统来世袭皇位的原则，光绪是不符合的。他能当上皇帝，并不是合法的世袭，而是慈禧太后的选择。所以，光绪在慈禧的面前，始终不能理直气壮的行使皇权。这一点，是无法改变的。所以，就决定光绪无法摆脱慈禧的控制。

但光绪皇帝也有自己的优势，那就是自己年轻，当时他不到 30 岁，而慈禧已是一个年近 70 岁的老人了。这一优势就决定光绪皇帝必须要耐心地等待时机，慢慢培植自己的力量。等到慈禧去世以后，再迅速地集中力量，大张旗鼓地推进政治体制和生活方式的改革，这样才有胜算的把握。

事实上，慈禧太后开始的时候是积极支持变法的。她作为满清帝国的实际统治者，甲午战争的惨败，首先对她是一个沉重的打击，她的心里也一样是痛苦的，应该说，奋发图强以雪耻辱的心情，要比任何人都强烈。积极推进改革的心情也比谁都更加迫切。例如，她很赞赏严复翻译的《天演论》，对康有为的变法主张也并无恶感，甚至对康有为的才能还十分赞赏，特别是像发布《定国是诏》这样的政治大事，如果没有慈禧的同意，光绪皇帝是不可能擅自进行的。这些都说明，慈禧太后并不是变法维新不可逾越的障碍。但慈禧太后不赞成从政治体制上进行改革，不同意改变"祖宗家法"。这就决定了改革必须限制在一个有限的范围内。

但光绪皇帝显然没有正确地判断这个形势，不但没有很好地取得慈禧太后对改革的支持，甚至把慈禧当成变法的阻力而加以排斥，表现出了激进的态度。因为改革就是利益关系的调整和社会资源的重新分配，如撤销了一大批衙门，让许多官员流落街头，打破饭碗。废除八股，让全国的秀才、举人顿时失掉前程无以为生，连思想准备都没有，等等。这些措施树立了太多的敌人，使矛盾空前激化，已经到了水火不容、不共戴天的地步。这些人对改革恨之入骨，纷纷到慈禧太后面前告状，使慈禧太后对光绪皇帝产生了猜疑。

特别是光绪皇帝几次接见袁世凯，并提拔袁世凯的官职，显示出光绪皇帝有夺取军权的意图，他还意图聘请日本国前首相伊藤博文来担任皇帝的顾问，他还意欲开国会、定宪法、实行立宪政治，这些都突破了慈禧太后可以忍耐的极限，深深触及到那些顽固官僚的敏感的神经。他们像热锅上的蚂蚁一样，紧紧抱成一团，向维新派发起疯狂的反扑。最后，由于袁世凯的告密而点燃了慈禧政变的导火索，轰轰烈烈的变法运动以谭嗣同等人的人头落地而宣告结束。可见光绪皇帝激进的变法态度，导致了疾驰的变法列车猛烈倾覆。

康有为的错误，也是戊戌变法失败的又一个重要原因。

严格地说，康有为只是一个思想激进的知识分子，算不上是一个政治家。他不具备一个政治家必须具备的基本素质，性格有严重的缺陷。他胸无城府，锋芒毕露，甚至刚愎自用，急功近利，手段激烈，不适宜在中国这样一个有着悠久的专制传统、充满阴谋诡计的官僚体制的国家，领导一场伟大的革新运动，不适宜担任领袖人物。是历史的阴差阳错，让他担任了这样的角色。

政治家需要谋略，但康有为缺乏谋略。他不知道变法维新要团结更多的人来参加，才能取得成功。他完全排斥李鸿章、张之洞等洋务运动的领导者来参与变法运动，连李鸿章给予他的学会的赞助他也不予接受。当他奉旨面见光绪的时候，荣禄问他如何进行改革，他竟然回答说："杀二三品以上阻挠新法大臣一二人，则新法行矣。"康有为明明知道荣禄是不赞成变法的，可是他却不知道掩饰自己的锋芒，这种惊世骇俗又极不策略的言论，必然引起荣禄为代表的反对派的极端忌恨，从而树立更多的敌人。又如他毫不掩饰地把矛头指向他的政敌和传统的官僚体制，当军机处的大臣们问他应如何变法时，他毫不迟疑地提出"宜变法律，官制为先"的原则。当李鸿章提出"然则六部尽撤，则例尽废乎"的疑问时，康有为明确表示，"弱亡中国皆此物也，诚宜尽撤"。这等于是公开向六部为中枢的传统官僚体制宣战，并以撤除六部作为改革必须达到的目标，一下子就把所有的大臣全部推向改革的对立面。

康有为这种走极端的思维方法、毫无策略的政治态度以及处世的方式，使改革派还没有进行改革之前，就把自己完全孤立起来了。他不知道要尽量争取团结和分化那些手握大权的朝廷大臣，以增加改革派的力量，反而把自己完全置于敌对的立场，成为众矢之的。这样的人来领导一场伟大的改革运动，焉有不败之理？

政治家需要谦虚谨慎的作风，但康有为没有这样的作风。他固执己见，刚愎自用，听不进别人的意见，以致在错误的道路上越走越远。其中最大的错误，就是他坚决拒绝翁同龢"调和两宫"的主张。

在戊戌维新之前，光绪皇帝与慈禧太后的关系，还是很好的。就是在变法的初期，慈禧太后对光绪皇帝也没有恶感，并尽力支持光绪的变法。而且，慈禧太后的权威，是历史形成的，是不可否认的客观事实。由于慈禧太后非常贪恋权势，所以，要她在有生之年将权力完全交给光绪，是根本不可能的。这些都是革新派人士必须首先考虑的客观情况，是他们在做出政治抉择时的前提和基础。所有的变法措施都必须从这里出发，才有推行的现实可能性。所以，翁同龢主张"调和两宫"，改善同慈禧的关系，尽量做慈禧希望做的事情，该妥协的还是要妥协，该让步的还是要让步，该容忍的还是要容忍，使改革能够在一个安全的环境中进行，不至于发生不测。

可是，康有为却不是这样认为，他觉得既然慈禧太后已经归政于皇上，那么，皇帝就应该拥有实权。而一旦皇帝不能拥有实权，那么，就应该迫使太后将实权交给皇上，并将排斥慈禧作为改革的首要目标。所以，康有为根本听不进翁同龢的意见。显然，康有为把皇帝与太后对立起来的想法和政治出发点，是完全不符合客观现实的，是致命的错误。

排斥与孤立太后的政治策略，在当时就遭到变法派内部很多人的反对。王照当时就曾多次劝告康有为，不可以孤立太后。王照说："外人或误以为慈禧反对变法，其实太后但知权力，绝无政见。若奏之以变法之名，使得公然出头，则皇上之志可由屈而得伸，而顽固大臣皆无能为也。"但康有为坚持认为"新旧水火不容"，慈禧是"不可造就之物"，固执己见，根本听不进别人的意见，而坚决地排斥太后，最后他建议皇帝召见袁世凯，并要袁世凯带兵包围颐和园，软禁慈禧，使事态急剧恶化。康有为这一错误造成的后果是，慈禧太后对革新派人士产生了很深的误解、怀疑和仇恨，并由于利害相关而与荣禄紧密地结合在一起了。变法以失败告终的命运就因此注定了。

固执己见并不都是错误，但不尊重客观事实、不虚心听取别人意见的固执己见，就是不可原谅的错误。在事关国家和民族命运的重大问题上，一个精明的政治家，必须虚心听取别人的意见，反复地权衡利害，从而作出正确的决定，引导这个国家走向繁荣昌盛。可是，康有为却不是这样的人，在事关国家、民族生死存亡的紧要关头，却如此地意气用事。这样草率的人，只会把国家民族引向灾难。

与其说戊戌维新是被慈禧所扼杀，倒不如说是被康有为等维新人士自己所断送。因为他们的急躁和轻率导致了这一场伟大变革运动的失败。

光绪皇帝和康有为等人在戊戌变法运动中表现出来的不畏艰险、不怕牺牲、勇往直前、刚健果决的精神，是值得后人永远纪念的和学习的。但领导一场伟大的革新运动，单靠热情和勇敢是根本不够的，必须要有高度的政治智慧和娴熟的政治技巧，以及良好的政治家的品质和风范，才能赢得成功。这是历史留给中国人的深刻教训。

长期以来，人们在评论戊戌维新失败的原因的时候，都找出种种的理由，来为变法的主持者辩护。认为变法的失败，是顽固势力的过于强大，是光绪皇帝没有实权，特别是没有掌握军权等等。但是，这些情况在变法前就存在的，它是改革者在进行改革时首先必须考虑的前提和基础，是改革的出发点，而不是要倒过来，把改革的失败归结于这些因素。

强调客观原因是容易的，但却不能科学总结历史的经验教训。只有正视改革者的弱点，客观地分析失败的原因，才能为后来的改革找到正确的道路。

君主立宪与第二次文明转型的失败

从 1905 年开始，中国开始了以君主立宪为目的的文明变革运动。它是中国历史上第二次具有真正意义的文明转型运动。

它比戊戌维新更为先进的地方，就在于它以国家政治体制和社会结构的变革为直接目的，用立宪政体代替专制政体，是一元化文明转变为多元化文明的具有实质性意义的一步。虽然这场运动后来由于满清统治者不肯放弃权力而功败垂成，但它的进步意义是应该给予充分肯定的。

今天我们来分析君主立宪运动，当然不仅仅是肯定它的进步意义，更重要的是，必须看清满清王朝君主立宪运动失败的原因，以及留给后来的深刻教训。

君主立宪与共和政体都是民主政治的基本模式，从本质上说，没有先进和落后的分别。在现代国家中，日本、英国等国家是君主立宪政体，而美国、法国等国家是共和政体，实行的都是民主制度。不同的只是君主立宪保留了形式上的君主，而共和制度实行的是总统制或总统下的责任内阁制。君主立宪实行的也是责任内阁制，也就是常说的虚君共和制。

就中国国情而言，当时实行君主立宪政体要比实行共和制度要好。因为实行君主立宪可以避免社会的动乱。就像日本的明治维新一样，运用和平的手段就达到了文明转型的目的。所以，当时的中国人都希望清朝政府仿效日本的明治维新，改变专制的政治体制，而实行民主的君主立宪制度。

1905 年 9 月，清朝政府派遣载泽、端方、戴鸿慈等五大臣出使西洋，对美国、英国、法国、德国、意大利、丹麦、瑞典、挪威、俄国等国家的政治制度进行考察，以为政治体制改革提供参考。这就是著名的清末五大臣出洋考察宪政事件。

通过亲身考察，五大臣思想发生了极大的转变，他们认为君主立宪制度是拯救中国也是拯救满清皇族的唯一的也是根本的措施，所以，他们坚决要求满清朝廷仿效日本，实行君主立宪制度，取消皇帝专制制度。主要的内容有：（一）朝廷宣布立宪宗旨，仿效日本明治维新，祭天誓诰，明定国是；（二）中央实行国会制度，建立责任内阁政府，立法、司法、行政三权分立；（三）实行地方自治制度，地方官由选举产生，"庶官任其责，议会董其成"；（四）制定宪法，厘定法律，实现司法权之独立；（五）保障集会、结社、言论、出版之自由。同时，要求"期以五年，改行立宪政体"。

1906 年 8 月，慈禧太后根据五大臣的意见，下诏预备立宪。1907年，又宣布在中央成立资政院，在地方成立咨议局。资政院的议员分钦选、民选两种，共 200 名，其中钦选 100 名，民选 100 名。钦选议员主要是皇室成员和汉族官员，民选议员由各省咨议局选举。资政院是一个立法机关，相当于国会的性质。

地方咨议局则相当于地方议会，当时影响最大的地方咨议局，有张謇为首的江苏、浙江预备立宪公会，湖南的宪政公会和广东的自治会等。在日本，康有为、梁启超建立了政闻社，这是一个具有政党性质的组织，他们的纲领是要求建立国会制度和责任内阁制度。当时的中国，形成了实行立宪的强大舆论和声势浩大的国会请愿运动。

可是，慈禧太后名义上说要建立君主立宪制度，但实际上并没有真正立宪的诚意。她依然不愿意放弃手中的权力。她是一个权力欲望非常强烈的女人。放弃权力就等于是要她的老命。所以，她在 1908 年宣布，要在 9 年后才实行立宪。当时她已经 75 岁，9 年之后就 84 岁了。显然，慈禧太后不愿意在她有生之年实行立宪政治。在随后颁布的《钦定宪法大纲》中明确规定，皇帝有颁布法律、召集及解散议院、统率海陆军、编定军制、宣布戒严、发布命令等权力。人民自由可以诏令限制。宣战、媾和、订立条约由皇帝决定，用人、司法由皇帝总揽。同时还规定，法律虽经议院议决，但未经皇帝核准，不准实行。凡一切军事，皇帝得以全权执行，国家政务也由皇帝亲裁，议院不得干预。人民只有纳税、当兵、遵守国家法律等义务，不许有言论、著作、出版、集会、结社等项自由，更没有其他如选举等公民权利。显然，慈禧太后仍把全国人民当奴才看待，内心要强化皇权，并没有赋予公民权利的打算。

1908 年 11 月 14 日和 15 日，光绪皇帝和慈禧太后先后病逝。不足三岁的溥仪继位，是为宣统皇帝，由他的生父载沣为摄政王，总揽大权。如果载沣是一个开明的有作为的人物，那么，他就会在舆论的普遍支持下，迅速地仿效日本的明治维新，实行君主立宪制度，将中国从危机中解救出来。遗憾的是，载沣是一个狂妄自大、自私愚蠢而又懦弱无能的人物，不具备开明的思想和精明的政治才干，犯了一系列的错误。

第一，载沣没有改变慈禧太后的政策，没有迅速地推进君主立宪的政治革新。

面对着全国风起云涌的立宪、暴动浪潮和危机四伏的政治形势，载沣应该迅速地改变慈禧太后的专制独裁政治，及时地向人民作出让步，以宽容、妥协、谅解的精神来对待自己的人民，将君主立宪的政治改革付诸实施，缩短预备立宪的时间，筹备召开国会，制定宪法，开放舆论，开放党禁，允许言论、集会、结社自由，允许各党派竞选议员和内阁总理职务，组织责任内阁，并在地方实行自治制度。只有采取这些措施，才能得到全国立宪派人士和地方官员的拥护，化解当时社会的尖锐矛盾，维护社会的稳定和秩序。

可是，愚蠢而又自私的载沣及其满清皇族，不但不向人民作出让步和妥协，加快立宪的步伐，缓和社会矛盾，反而采取了一系列违反民意、逆历史潮流而动的政治措施，终于把满清王朝送进了坟墓。

例如，各省咨议局于 1909 年 10 月成立之后，立即开始发动要求速开国会、建立责任内阁的请愿活动。12 月，在江苏咨议局议长张謇的组织和发动之下，江苏、浙江、湖南等 16 个省的议会代表来到上海，经过讨论，决定去北京请愿。1910 年 1 月，他们来到北京，向朝廷递交了请愿书，要求政府早开国会。但摄政王载沣以"国民知识不齐"为理由予以拒绝。

随后，各省代表在北京成立了国会请愿同志会，第二次上书请愿，参加的团体达 10 个，声势空前。但载沣仍以"财政困难为由"再次加以拒绝。10 月，资政院开会，国会请愿同志会举行第三次请愿，向资政院递交请愿书，要求在 1911 年召开国会和建立责任内阁。载沣面对这种情况，宣布于 1913 年召开国会。但各省代表并不满意这样的答复，继续请愿，载沣竟然下令将东三省代表押解回原籍，并将一些请愿代表发配新疆，使请愿活动遭到失败。

面对汹涌澎湃的政治浪潮，载沣不得已于 1911 年 5 月裁掉军机处，组建内阁。可是这个内阁从内阁总理到各部大臣，基本上都是由皇族担任，汉人仅有 4 人。这充分暴露了载沣借立宪之名行集权之实的用心。皇族内阁的成立，使立宪派大失所望，理想破灭，从而转向支持革命或同情革命。满清政府由此完全孤立了。

直到辛亥革命爆发，东南数省都宣布独立之后，满清政府才以从来没有过的高速度，宣布实行立宪。10 月 30 日，也就是武汉起义 20 天后，清廷下罪己诏，承认用人不当，治国无方，对民众的剥夺太多，又没有办一件利民的事业，深表愧疚。诏书表示，要和全国军民"维新更始，实行立宪"。同一天，命溥伦等人速将宪法条文拟齐，交资政院讨论；宣布不再用亲贵充任大臣，开放党禁，赦免康有为、梁启超等重大政治犯。

11 月 1 日，奕劻皇族内阁总辞职，清政府任命袁世凯为内阁总理大臣，要他立即来京，组织完全内阁。11 月 3 日，颁布《宪法信条》19 条，承认"皇帝之权以宪法规定者为限"。6 日，释放因谋杀摄政王载沣而入狱的汪精卫等人。此时清政府行政速度迅速加快，一天一个变化。但遗憾的是，这一切都来得太晚了。因为此时的权力已经落入了袁世凯之手，而且，随着革命的节节胜利，革命派已经不愿与清朝政府和解了，立宪派人士也已经不愿与清朝政府合作了。

如果此时南方的革命派人士和全国的立宪派人士，改变要推翻满清政府的态度，像英国当年签订《自由大宪章》那样，与满清政府签订一个《自由大宪章》，实行君主立宪，结束君主专制制度，保障人民的权利，那么，中国的君主立宪政体就在当时建立了，中国文明的转型也就完成了，中国人从此也就走上了一条光明的大道，步入了良性循环的政治轨道。这样，也就不会有后来的袁世凯称帝的局面出现了。

只可惜，当时的中国人没有这样的政治智慧和政治远见，没有宽容、妥协、谅解的精神，他们在对满清朝廷完全绝望之后，不肯原谅满清政府的过错，不肯宽恕像"扬州十日"、"嘉定三屠"那样的罪恶，决定要推翻满清朝廷，要满族人退出历史舞台，由汉人自己建国，自己当总统，恢复华夏正统，实行共和制度。但是，南方的革命党人和立宪派人士，却没有和平建国和实行民主政治的能力和威望。他们坚决要求清帝退位，哪怕为此付出天大的代价——把政权交给袁世凯这个野心家和阴谋家，只要袁世凯这个汉族的政治、军事强人能把清帝赶下台。这种不切实际的幻想，带来了极为严重的后果，这不能不说是一个很大的错误。事实上，与其把政权交给袁世凯，就不如继续保留满清皇帝以实行君主立宪。两相比较，优劣显而易见。

孔夫子早就说过："过犹不及。"任何事情做过了头，就要产生相反的效果。所以，孔夫子主张中庸之道。而辛亥革命的一个最大的失误，就是重新步入了"改朝换代"的恶性循环的政治怪圈。

在世界其他国家，像中国这种改朝换代的事情，并不太多。如日本的天皇，万世一系，也没有任何一个日本人想到要去取而代之。所以，后来才有明治维新的成功。英国的国王再怎么胡作非为，也没有人想到要取而代之，后来的光荣革命，也没有那个英国人要当国王，而是从外国请来皇室的至亲来担当国王。所以，英国才有了光荣革命、和平立宪的成功，英国的民主政体才得以建立。而中国，如此频繁地改朝换代，何来和平立宪的可能？

第二，载沣将民间资本投资建设的铁路，强行收归国有，从而激化了社会矛盾。这种赤裸裸的剥夺私有财产的行为，导致湖南、湖北、广东、四川发生规模巨大的保路运动。事件发生后，载沣不但不及时改变政策，反而下令进行镇压。四川总督赵尔丰下令向聚集在总督府门前集会请愿的人群开枪射击，制造了成都血案。四川立即爆发了武装包围成都的活动。载沣命令川汉、粤汉铁路督办端方，带领湖北新军前往镇压。结果，端方被暴动的群众击毙，清军失败。由于端方将几万装备精良的新军从湖北调出，导致湖北防务空虚，为湖北革命军起义创造了条件。如果这支军队没有被端方调走，那么，武汉是不可能发生暴动的。

第三，载沣没有及时诛杀袁世凯这个野心家、阴谋家，反而将袁世凯放回河南老家养病，等于是纵虎归山，留下了巨大的隐患。据说光绪皇帝临死前，留下了"杀袁世凯"的密诏。当时载沣完全可以按照光绪皇帝的遗诏，迅速将袁世凯逮捕正法，可是他担心袁世凯手下的北洋军造反，以致错失良机。事实上，诛杀袁世凯，根本不可能引起兵变，当时的北洋军首领都抱着观望的态度，没有人敢乱说乱动，甚至连袁世凯的面都不敢见，只要采取适当的安抚措施，就不会有什么人来为袁世凯报仇。再说，袁世凯出卖光绪皇帝，诛杀他也只是为光绪报仇而已，谈不上什么错杀无辜。由于载沣优柔寡断，使袁世凯死里逃生，为他日后篡夺国家政权赢得了机会。结果，南方民主政权和北京满清政府全部被袁世凯所消灭，并使君主立宪和共和制度全部化为泡影，使中国人民蒙受了深重的灾难。

第四，载沣没有实行开明的政策，广泛延揽立宪的人才，没有建立起一个有效率的政府。面对当时社会深刻的矛盾和危机，作为大权在握的摄政王，他应该迅速为戊戌维新受到迫害的革新人士平反昭雪，如谭嗣同等被杀害的戊戌六君子，被通缉流亡的康有为、梁启超，被革职的一大批官员，都要恢复他们的官职和名誉，并将康有为、梁启超、严复、杨度、张謇、熊希龄等一大批主张君主立宪的人士，聘请到朝廷来参与政治改革，委任他们以较高的官职，来谋划全国的改革，迅速提高政府的效率，恢复政府的威信，发展经济，从而挽回人心，稳定全国的局势。这样，辛亥革命根本不可能爆发。

由于载沣的一系列错误，更加清楚地暴露了满清政府的反动、自私、残忍的真面目，使清政府完全丧失了执政的资格，令全国人民完全失望，不再对满清政府有任何的幻想。当时的中国人已经没有耐心再等待满清政府的立宪了。于是，华夏文明的转型运动再一次陷于失败。

1905 年到 1911 年的君主立宪运动，是怎么发生的呢？为什么在戊戌维新时遭到扼杀的君主立宪运动，会在几年之后由政府来提倡呢？

说到底，还是国家内忧外患造成的，是外力推动的结果。

戊戌维新失败之后，中国又恢复了一切旧的秩序。维新志士人头落地，各级腐化顽固的官僚弹冠相庆。在他们的心目中，什么国家的兴亡，什么百姓的哀乐，统统都是不存在的，唯一与他们有关的，就是他们的既得利益，就是升官发财。

当然，也有使慈禧太后不高兴的地方。例如，她想把康有为、梁启超杀掉，可是，外国人却把这两个"罪大恶极"的人，救到外国去了。而且，这两个人在日本发表了大量文章，把她骂得狗血喷头，而她却束手无策。她想废掉光绪皇帝，但她知道，皇帝的废立，没有各国的赞成是做不到的。于是她就试探外国人的态度，结果她发现，各国都对光绪皇帝有很好的印象，强烈反对废掉光绪。例如她宣布立载漪的儿子溥儁为皇太子，以便把光绪排除，并示意各国公使前来道贺，可各国公使根本不予理睬，这使慈禧夺取帝位的计划落空。慈禧太后十分恼怒，于是就阴谋将光绪毒害。每天派御医进宫为身体健康的光绪诊病，一方面放出风声，说皇帝病情严重。各国公使对此十分关切，各地重要官员也纷纷要求保护皇帝，外国公使还派来医生为皇帝检查身体。这使慈禧太后谋杀光绪皇帝的阴谋落空。

这一切的事情，都使慈禧太后和围绕在她身边的一批顽固的官僚，把外国人看成是眼中钉肉中刺，产生了盲目排外的情绪，决意要进行报复。但是，满清王朝的军队却不是外国坚船利炮的对手，这使慈禧太后既愤怒又无奈。

但机会终于来了。此时，她接到报告，说山东有很多自称为"义和拳"的神人，只要念动咒语，就可以神灵附体，刀枪不入，连洋人的枪炮也不能将他们击伤。而且，这些神人的口号是"扶清灭洋"。

老太太闻讯大喜过望，决意要利用义和拳来向洋人进行报复，以便出出她心中的一口恶气。于是她命令这些人开进北京，并亲自接见他们的首领曹福田，观看了曹福田的神功。曹福田向老太太保证，只要他施展神功，就可以立即将天下的洋人杀光。从一般常识看来，慈禧太后不可能相信这些无稽之谈，但是，一种变态的心理使她相信了这种神话。也许她认为民心可用，能够帮助她教训一下洋人。总之没有人知道她出于何种心理，做出后来那样发疯一样的举动。

在慈禧太后的支持下，义和团在北京、河北、山西等地大肆杀戮外国人，很少有外国人能够逃得生命，连妇女儿童也不能幸免。不仅外国人，就连穿洋服、带西洋眼睛的中国人，也难逃厄运。跟西洋有关系的事物，如洋楼、铁路、电线，等等，也都被焚毁。义和团竟然杀害了日本、德国的外交人员，北京的对外电报、铁路等一切交通、通讯工具均被破坏。

面对这些疯狂的举动，慈禧太后不但不觉得这是违反国际公法、会引起国际纠纷的事件，反而觉得很开心，并认为时机已到，于是命令正规军与义和团一起联合起来，去攻打集中于北京东交民巷的各国使馆，屠杀洋人。

1900 年的 5 月 20 日，慈禧太后竟然下诏向所有与中国有外交关系的国家宣战。

消息传到世界各国，人们几乎不敢相信自己的耳朵。各国政府的领导人开始没有人相信这种只有疯子才会做出的怪事。等到证实确有其事时，他们无不震惊。德国皇帝威廉二世宣称，他发誓要用对付野蛮人的手段来对付中国。

　　于是，英国、美国、法国、德国、意大利、日本、奥匈帝国、俄国组成八国联军，在天津大沽港登陆。6月18日攻陷天津，向北京推进。7月20日，八国联军攻陷北京，距慈禧向全世界宣战，仅55天。

　　数十万赤着背、念着咒语、情绪狂热的义和团和手持鸦片烟枪的清军，在八国联军的大炮轰击下，迅速溃散。而八国联军为了报复中国人对洋人的屠杀，攻进北京后，立即进行烧杀抢掠。

　　在这里我们要指出的是，义和团运动的兴起，不是没有原因的。西方人来中国传教和通商，本来是无可非议的事。许多的传教士，抱着极大的热情，在中国传播基督教，传播科学文化知识，开办学校、医院，举办慈善事业，是值得中国人称赞的。但也有少数的传教士，傲慢无礼，从心眼里瞧不起中国人。而一些中国教徒，不仅不再祭拜祖先，任凭祖先的坟墓荒芜，而且，还利用洋人的关系，横行乡里，欺压民众，有的甚至成为地方上的恶霸。而且，外国人在中国建立租界，享受治外法权，不受中国法律的管辖，以致一些外国人为非作歹。这一切都使善良的中国人怒气冲天，切齿痛恨，怨恨与日俱增。义和团就是在这样的背景下出现的。

　　本来，义和团开始的动机是十分单纯的，就是反对那些欺负中国人的外国人和成为了洋人奴才的中国人。他们没有文化知识，盲目排外，于是就从《封神榜》、《西游记》上依样画葫芦，伪装成念动咒语就可以呼风唤雨的神人。但是他们的单纯和愚昧却不幸被大大小小的官僚所利用，于是一场轰轰烈烈的民族自觉运动完全变质。这一切都使人非常痛心。

　　面对八国联军的进攻，慈禧太后心胆俱裂，她挟持光绪皇帝，仓皇逃往西安。临走时还不忘将珍妃投入井中，往光绪皇帝的心上再插上一刀。接下来就是《辛丑条约》的签订，中国赔偿白银本息共9.8亿两。这个天文数字一般的赔款数额，全部由穷苦的中国老百姓负担。为了偿还赔款，清政府加大了对百姓的搜刮，数不胜数的苛捐杂税使百姓不堪重负，贫者上无片瓦下无立锥之地，四出逃亡，卖儿卖女，水旱灾害更是雪上加霜。整个社会，民不聊生，天怒人怨。这就是当时社会的悲惨景象。至少有2000万无辜的中国人家破人亡，哀哀无告，代替愚蠢的满清政府承受惩罚。

　　在八国联军进攻北京的同时，俄国突然出动大军，向中国的东北三省发动了大规模的入侵，黑龙江省长（将军）寿山兵败自杀。俄国军队长驱直入，直抵山海关，不到 70 天的时间，俄国便占领了中国 110 多万平方公里的土地。

这一场巨大的社会动乱，使中国社会发生了极大的变化。首先是由于社会危机的空前加剧，使皇帝绝对专制的中央集权制度被弱化了，那种对人民进行天罗地网式的控制系统被打破了。由于八国联军的进攻，东南宣布互保，使中央集权制度受到了挑战。满清政府开始越来越多地依赖于地方。民间的自由度开始增加。满清政府的腐败无能使人民对皇权发生了怀疑，社会舆论也越来越开放了。满清政府已经不可能继续按照以前的方式进行专制统治了。

另外，慈禧太后本人经此巨变，也受到了极大的震动。她的思想也开始发生了变化。1901 年在西安时，她就发出罪己诏，宣布实行变法，举办新政。如废除科举八股取士，兴办学校，派遣留学生，裁减一些多余的衙门，设立商务部，奖励民间工商业，举办铁路、矿务，练兵筹饷，等等。这些措施，开始改变了满清政府的统治方式，以促进中国社会和经济的发展，富国强兵。

这些措施总体上当然是进步的，但其中废除科举制度是严重的失误。科举制度是在隋唐时代建立的，在唐朝和宋朝，为国家选拔了大批的人才，是维系国家最高统治者与最底层人民的重要纽带，是维护社会稳定的重要措施，是适合中国国情的人才选拔制度，对唐朝、宋朝的繁荣，发挥了巨大的作用，是一个伟大的历史进步。

中国的科举制度后来之所以变质，是因为从明朝开始，考的是八股文，以程朱理学为考试的内容，结果禁锢了人们的思想，毒害了知识分子的灵魂。所以，在中国，可以废八股，而不可以废掉科举。慈禧太后轻率地废掉了科举制度，斩断了朝廷与社会下层联系的纽带，铲除了稳定社会的一块重要的基石，毁掉了知识分子通过读书入仕的梦想，使他们除了造反就无路可走，造成了严重的后果。

除了废除科举这一措施是错误的以外，其他的新政，都是进步的。问题是这些在戊戌维新的时候就实行过的措施，已经不能解决当时尖锐的社会矛盾和深重的社会危机了。当时的中国，满目疮痍，内忧外患，人民怨声载道，民不聊生。各级官员贪污腐败，不思进取，社会已经腐烂，满清政府的统治权威受到了极大的削弱。加之义和团运动之后，西方各国已经意识到，要瓜分和灭亡中国，是不可能的，所以，西方各国从打击满清政府的立场逐步转到扶持满清政府的立场。而慈禧太后对外国政府没有追究她屠杀洋人的责任也心存感激，从而改变了她对洋人的敌视态度，开始与洋人改善了关系。她在宫中经常接见外国的大使，接受他们递交的国书，并常常宴请大使的夫人。凡是重大事件，总是先征求外国大使的意见。她甚至恬不知耻地说："量中华之物力，结与国之欢心，""宁赠友邦，勿与家奴。"

满清政府开始从仇恨洋人，转变为依赖洋人，看洋人的脸色行事，这是晚清政治的一个重要的转变。这样做的结果，一方面，使西方各国能够更加有力地控制中国的政治和经济，另一方面，也使社会更加开放，人民的思想更加活跃，使社会的危机更加深重。以小农经济为基础的中国经济，在外国资本和商品的加倍冲击下日益破产，社会矛盾加剧。满清政府的统治能力开始受到人民的质疑。舆论的开放，使社会上要求实行君主立宪，改变政治体制的呼声日益高涨起来。

1905 年，日俄战争在中国东北爆发，结果日本战胜，俄国战败。在很多中国人看来，这便是立宪政体优于专制政体的铁证。全国上下，纷纷倡导立宪，并把它作为救亡图存的良方。

与此同时，以孙中山为代表的民主革命派人士，在日本成立了同盟会，提出了"驱逐鞑虏，恢复中华，创立民国，平均地权"的政治纲领。革命的力量日益壮大，并开始发动暗杀和起义。整个中国，面临着山雨欲来风满楼的严峻形势。满清王朝的这只大船，随时都有倾覆的危险。

与其被人革命，不如接受立宪。不仅汉族官员是这种看法，就是满清皇族成员，大多数也是这种看法，觉得只有实行立宪，才能维持满清王朝的统治。而汉族官员，则更多地是想从君主立宪中获得权力，参与国家政治决策。驻法公使孙宝琦首先上奏朝廷，要求实行立宪，随后，云贵总督丁振铎、两广总督岑春煊、江督周馥、鄂督张之洞、直隶总督袁世凯等封疆大吏，都纷纷上奏，要求派出亲贵大臣，去各国考察政治，以为改政张本。五大臣出洋考察宪政，就是在这样的背景下发生的。

从以上的历史事实，我们可以看到，满清政府的政治改革，是在内忧外患的情况下被迫进行的。这与日本的明治维新是不一样的。中国社会内部没有自发产生变革文明的动力。如果不是鸦片战争，就没有洋务运动的发生；如果没有甲午战争，就不会发生戊戌维新；如果没有八国联军战争，也不会有君主立宪运动。中国的统治者对权力的无限的贪欲，注定他们不肯进行限制他们自身权力的政治革新。只有在外力的沉重打击之下，威胁到他们自身的统治基础时，他们才会进行有限的改革，而且这种改革，都是以不削弱自身的权力为前提的。

可以说，满清末年的君主立宪运动，是最适合中国国情的政治改革。因为中国人经过几千年的皇权社会，对皇帝的存在是普遍认可的。皇帝成为了国家至高无上的权威，成为了国家统一的象征和人民的主宰。所以，由皇帝出面实行君主立宪的改革，比较容易成功。只要皇帝决心改革，扩大民权，社会就完全可以在稳定的情况下，实现文明的革新。特别是满清末年，全国君主立宪的呼声非常高涨，天时、地利、人和全部具备，只要皇帝顺应这个历史的潮流，果断地建立国会和责任内阁，并逐渐把权力下放给议会和责任内阁来掌握，就可以成功实行君主立宪政体。

遗憾的是，当慈禧死后，当时行使皇帝大权的摄政王载沣，不像他的哥哥光绪皇帝，也不像日本的明治天皇，没有那种以天下为己任的伟大胸襟，没有那种奋发图强为人民谋福祉的高贵品格，没有那种决心推进文明变革的勇气和决心。载沣不是那样的伟人，他是一个缺乏政治智慧和能力的平庸的官僚。他仍把中国当成他的家天下，把全国的土地和人民当成他的私有财产，也看不到革命的巨浪已经给社会和皇权造成了巨大的危机，看不到当时的社会和皇权都如同在火山口上，因此他始终与历史发展的潮流相对立，完全无视民心的向背。结果，不仅君主立宪的政治改革不能实现，而且，满清皇族也随着革命的发生而全面覆灭，他们不但丧失了皇帝的权威，就连皇族所有的一切都全部丧失，使皇帝在中国成为了历史的陈迹。这不仅是中国的悲剧，也是满清皇族的悲剧。辛亥革命之后，满清皇族不仅如鸟兽散，而且连自己祖宗的陵寝都无力保护，除没有陪葬之物的顺治皇帝的陵寝外，其余的陵墓全部被盗挖一空，慈禧本人的陵墓被军阀孙殿英用炸药炸开，值5000多万两白银的金银珠宝被盗掠殆尽，慈禧的尸骨被抛撒一地。如果载沣能够完成君主立宪，怎么可能连自己先人的尸骨都不能保全？想起来不免使人感到寒心和悲凉。

由此可见，中国一元化文明的可怕和可悲之处，就在于国家和人民的命运掌握在一个人的手中，由一个人说了算。如果这个人英明伟大，就可以顺应历史的潮流，把社会和文明推向进步，相反，如果这个人顽固自私卑鄙无耻，那么，他宁愿与旧王朝同归于尽，也不愿向人民放权让利，终致玉石俱焚，谁也不能幸免。摄政王载沣的教训是极其深刻沉痛的，并成为后来政治人物的警示。

君主立宪的失败，延缓了中国文明转型的历史进程，它导致的后果是非常严重的。其中最为严重的后果，就是导致了国家权威的丧失。

从世界上政治发展的历史来看，凡是君主专制历史悠久的国家，实行君主立宪制度都比较成功，如英国、日本等，而实行总统制的都不是很成功，如法国、俄罗斯等。

美国实行总统制非常成功，是因为美国没有君主专制的历史，而且是一个地方自治的移民国家。美国的民主制度是建立在新英格兰乡镇自治制度基础之上的。这个制度培养了美国人的公民意识，所以，实行总统制比较顺利。美国与中国的国情完全不同。美国的民主模式中国在晚清时很难借鉴。

中国与美国不同，美国人尊重宪法的权威，而蔑视个人的权威，而中国人没有宪法的概念，所以迷信个人的权威。没有个人的权威，中国人很难实现思想上、政治上的统一。由于中国君主立宪的失败，皇帝被推翻，结果选择了美国式的总统制。但总统制在中国是一个新事物，它的宪法并不具有皇帝一样的权威。结果，袁世凯还是想恢复君主制，恢复世袭制度和皇帝的权威，但袁世凯做皇帝没有合法性，而且用帝制来代替共和制，乃是一种历史的倒退，人民并不认可，结果他只做了83天皇帝，就在全国民众的反对声中垮台了。

由于国家权威的丧失，人们希望建立新的权威，于是在袁世凯死后，中国又选择了孙中山、蒋介石这样的权威，不能不说是中国人希望权威出现的思想的直接产物，最后导致极端集权和专制的社会现象重新出现，否定了民主与法治思想，以至于到了后来的文化大革命时代，出现了严重的个人迷信、个人崇拜、大肆造神的社会现象，这都是君主立宪失败所导致的恶果。

民国建立与第三次文明转型的失败

1912 年 1 月 1 日，中华民国成立。这是华夏文明的第三次转型。这一次转型与前两次不同。前两次是自上而下的改革，这一次是自下而上的革命。

应该说，无论是改革还是革命，都是一种变革国家现状的行为。在某种意义上来说，改革比革命要好，因为改革是统治者主动进行的变革社会的行为，它是在法律允许的范围内活动，它能够在社会稳定的前提下，按照一定的政治设计方案，有目的的、有计划的对经济基础和上层建筑进行革新，以推动社会和文明的进步。

问题是，中国是一个以官僚文化为基础的专制国家，官员的任免都由皇帝决定，这就注定了官员必须通过拉帮结派、行贿受贿来达到升官发财的目的，也就决定了官员的贪污腐化如同癌症一般难以治愈。所以，改革一旦触犯了官僚阶层的利益，都必然遭到官僚阶层的强烈反对。如果皇帝不坚定不移地推进改革，如果皇帝不掌握实际的大权，如果决心推动改革的皇帝和大臣没有政治谋略，那么，任何改革最终都逃脱不了失败的命运。

所以，在中国历史上，除了商鞅变法是强化官僚集团的利益而取得成功外，其他任何改革都是失败的，改革者的下场都是悲惨的。唐朝的王叔文改革、宋朝的范仲淹、王安石改革、明朝的张居正改革、清朝戊戌维新、君主立宪等等，没有一次取得成功。强大的腐化的官僚集团是不允许中国的改革取得成功的。

所以，在中国，革命是人民无可奈何的选择。这是因为一个国家的纠错机制只有两种，一种是体制内的纠错，这就是通过合法的手段，对权力进行有效的制约和监督，和平地将国家领导者的错误加以制止。西方的三权分立和联邦自治制度，就是一种在国家政治体制内纠错的制度。这个制度被历史证明是有效的成功的。所以西方实行了三权分立和联邦自治制度的国家，政治都是平稳的，没有出现过巨大的动乱。美国建国 200 多年，除了南北战争，没有发生过一起重大社会动乱，就是最有力的证明。

但是，在中国，没有这样的在体制内纠错的有效制度，所以不能和平地解决社会的矛盾和问题。于是错误一旦发展到顶点，导致国内矛盾激化就会实行第二种纠错的机制，那就是官逼民反，人民在体制外起来革命。但革命的结果也有两种，一种是改朝换代，像中国古代王朝更替那样，把旧的统治者推翻，让新的统治者起来纠正旧王朝的错误；另一种是不推翻旧的统治者，而是迫使旧的统治者改变统治的方式，纠正自己的错误，就像英国当年起义胜利后迫使国王签订《自由大宪章》那样，用法律的形式扩大人民的权力，对王权进行制约，并促进文明的革新。但是，在中国，第二种结果很难实现，因为中国人没有法律意识，没有宽容的精神。而皇帝在危机渡过之后，往往要背信弃义，反攻倒算，对革命者进行迫害。因此，中国革命的结果，除了用血的代价换来一个时期的矛盾缓和以外大都只能是改朝换代，让新的专制集权代替旧的专制集权，对人民的统治更加残酷更加高明。结果只能强化专制，而不能促进文明的革新和进步。

在中国，普遍的现象是：由于改革的失败，官僚体制的强化，对老百姓的加倍压榨和盘剥，腐败的蔓延，使老百姓忍无可忍，无法继续生存下去，只好铤而走险，揭竿而起，对官府进行武力反抗。所以，革命必然要导致战争和暴力，导致社会的动乱。虽然很多革命者的动机是纯洁的，但是，在一个官僚政治和流氓文化占统治地位的社会里，革命的结果，一般都要为官僚、政客和军阀所利用，不但不能推动文明的进步，相反，它还给普通的老百姓带来深重的灾难。这就是国家分裂，战火连绵，生灵涂炭，民不聊生。在辛亥革命之前的所有的农民革命，其结果都不过是少数阴谋家和官僚政客改朝换代的工具，甚至每一次革命之后，都强化了中央集权的皇帝专制制度，使历史发生倒退。所以，在中国，革命很难实现文明的根本改变。

体制内的改革难以成功，体制外的革命会导致动乱或者产生新的专制集权。在中国，这是一个两难的选择。所以，中国的一元化文明才会延续两千多年的漫长岁月。

但辛亥革命显然与历史上的农民革命不同，它是在西方现代文明的推动下发生的民主革命。革命的结果，是推动了华夏文明从一元化到多元化的转型。

第一，国家的政治体制和社会结构发生了变化。

中国结束了两千多年的君主专制的集权制度，建立了国会，实行了多党议会政治，制定了宪法，即《临时约法》，选出了孙中山为临时大总统的责任政府，建立了立法、行政、司法的三权分立的政治体制和民主选举的一系列程序，使中国开始迈上了民主、自由和法治的轨道。

《临时约法》规定，中华民国的主权属于全体国民，国内各民族一律平等，国民具有人身、居住、财产、言论、新闻、出版、集会、结社、宗教信仰等自由，以及具有选举国家领导人以及被选举的权利。

为了防止总统专权，约法还特别规定，国家政治体制在中央实行责任内阁制度，内阁总理由议会的多数党产生。总理对总统要办的事项如不同意，可以驳回；总统的命令必须由内阁总理副署才能生效。总统和内阁的命令要经过国会审议，国会有弹劾总统的权力。在地方，实行联邦式的地方自治制度。

南京临时政府颁布了一系列的法令。例如，为了摧毁旧的官僚制度，南京临时政府颁布法令，建立文官制度，对国家的公务员一律通过考试来进行任免。任用精通法律和经济知识的学者专家来管理国家事务，建立廉洁高效的政府机构，杜绝贪污和腐化行为的发生。

为了保障人权，南京临时政府下令，焚毁刑具，停止刑讯，通令保护华侨，禁止贩卖华工，严禁买卖人口，禁止蓄奴，禁止蓄辫，禁止缠足，禁止赌博，严禁侵犯人权，等等。在思想教育方面，南京临时政府下令，提倡自由、平等、友爱为纲的公民道德，学校不允许拜孔子，不读四书五经，鼓励言论自由，鼓励文明开化，鼓励科学民主，等等。

南京临时政府成立后的短短几个月内，中国的南方出现了完全崭新的气象。例如，政党纷纷成立，一时间出现了大大小小的近 200 个政党，虽然相互攻击，但都是和平的竞争。为了强化各个政党之间的监督和竞争，各个政党都创办了自己的报纸，发表自己的政见。民间也创办了许多报纸，评论时政，抨击腐败，一时间，中国在思想、政治方面，出现了欣欣向荣的景象，中国人参与政治的热情空前高涨，新闻自由、言论自由、集会和结社自由得到了完全的实现。中国终于融入了世界多元化文明的大潮。

虽然在几个月后，孙中山将总统的职位让给了袁世凯这位军阀、官僚、政客三位一体的人物，但袁世凯窃取政权之初，民主、共和制度依然还是保存着。政党、议会政治也没有改变。毕业于日本早稻田大学、年仅 30 岁的宋教仁于 1912 年 8 月，联合其他几个政党，将同盟会改组为国民党，并担任国民党的代理理事长。

宋教仁怀着建设民主共和国的伟大理想，希望通过国会选举，重组内阁，实行平民政治，将中国建设成为富强、民主、自由和法治的国家。他日夜兼程，到长江流域的江苏、湖南、湖北等各省发表演说，阐述政见，抨击袁世凯专制独裁，为国民党争取选票。他的这些言论通过报纸刊登出来以后，受到国人的热烈拥戴。中国人的民主、共和、自由、法治意识日益强烈。

不久，国民党在国会选举中，击败进步党等党派，获得了全国选民的绝对多数的选票，赢得参众两院的大多数议席，成为国会第一大党。在下一届国会选举时，宋教仁作为国会多数党——国民党的总裁，选举为内阁总理并出面组织国民党内阁政府，应该是顺理成章的事情。当时全国各方面都一致认为，宋教仁将会当选为内阁总理。

为了阻止宋教仁组织国民党责任内阁，1913 年 3 月 20 日，袁世凯指使当时的国务总理赵秉钧收买的凶手，在上海火车站刺杀了准备北上参加竞选的宋教仁。3 月 22 日，宋教仁不治身亡，年仅 31 岁。

宋教仁的被暗杀，是国民党难以挽回的巨大损失，也是中国民主共和政治难以挽回的巨大损失。

"宋教仁案"的发生，是中国近代民主、共和政治向专制政治转变的转折点，是近代中国一元化文明向多元化文明转型遭受严重挫折的标志。

宋教仁，一介书生，手无寸铁，却在 20 世纪初的中国掀起了民主政治的旋风。他心怀民主的梦想，要耗尽自己的良知和才智，完成中国历史上从未有过的宪政理想。只可惜，他错生在一个没有游戏规则、也没有人想认真遵守游戏规则的国度里，只能在 31 岁的时候就攀上了人生的最高峰，之后戛然而止，惨然而逝。

宋教仁被刺杀以后，袁世凯又打垮了孙中山发动的"二次革命"，接着逼迫国会选举他为正式大总统，随后又迅速废除了《中华民国临时约法》，解散了国会和国民党，把作为民主国家象征的国会送进了坟墓。之后公然接受日本企图灭亡中国的"二十一条"，登基做起了洪宪皇帝。结果，蔡锷将军在云南率军起义，全国响应。

袁世凯，这个千夫所指的窃国大盗，这个靠权术阴谋起家、给中国人民带来无穷灾难的政治流氓，这个毁灭了中国民主政体被永远钉在历史耻辱柱上的千古罪人，终于在四面楚歌声中一命呜呼。

　　袁世凯死后，中国又恢复了总统、责任内阁、国会等民主政治的形式。虽然这时的国会，已经不是真正意义上的多党竞选的民主政治，但是，至少在表面上，它依然是民主政治的象征。随后，张勋又复辟帝制，但也不过是昙花一现。

　　这说明，皇帝绝对专制的宗法一体化的政治结构，已经被中国人抛弃，民主共和政体已经成为了中国人的政治选择。公民选举、多党竞争、三权分立、保障人权、地方自治、军队国家化等等这些在辛亥革命时变成了现实的民主框架，成为了中国人奋斗的目标。当时，"三人可组党"、报纸自动登记注册等等，已经成为中国人普遍具有的基本常识。

　　所以，辛亥革命并不像有些人说的那样，仅仅是推翻一个皇帝，剪掉一条辫子。它最深刻的意义，就在于它开启了中国一元化文明到多元化文明的转型，确立了民主政治的原则。这些原则至今依然为人民所公认。

　　在世界历史上，美国、澳大利亚等少数几个殖民国家的民主进程比较顺利，这是因为这些国家是移民国家，没有出现过专制的历史，其风土人情具有建立民主的基础。此外没有哪个国家的民主进程是一帆风顺的，也不是一次完成的。无论是英国、法国，还是日本、德国，此外还有奥地利、意大利、荷兰、西班牙等等国家，其民主政治的历程，无不是反复曲折的。

　　例如英国的立宪政治，历经《自由大宪章》运动，直到1688年的"光荣革命"之后，才得以最终确立。期间经历了400多年。法国民主革命之后，建立了民主共和国，但后来经过多次帝制复辟，才确定共和政体。日本自1868年开始明治维新，实行立宪政体，但后来也经过多次君主专制，才于二次大战之后，完全实行了立宪政体。

　　中国是一个有十多亿人口的大国，有几千年君主绝对专制的历史，有深厚的程朱理学道德伦理作基础，三纲五常、忠孝节义禁锢着中国人的思想，还有中国的江湖义气、流氓文化毒害着中国人的心灵，这些都有利于君主绝对专制的宗法一体化的政治制度的复活，其文明转型的难度远非其他国家可以相比。所以，中国文明转型的时间要比任何国家都要长。而辛亥革命迅速结束帝制，建立起民主共和政体，而且此后再也无人能够复辟帝制，这难道不是一个伟大的奇迹吗？

第二，辛亥革命和民国建立所确立的言论自由、信仰自由、思想自由的原则，使近现代的中国出现了自春秋战国和大宋王朝以来的最伟大的思想解放运动。

新闻自由、言论自由、思想自由、信仰自由是最重要的人权，也是民主、法治和自由得以实现的最重要的保证。清朝末年，随着戊戌维新、君主立宪的进行，中国的言论越来越自由，特别是辛亥革命的发生和民国的建立，使中国人的言论出现了空前自由的局面。

辛亥革命和民国建立，制定了一系列的法律程序，使人民的民主权利得以实现。当时的中国人，可以自由地创办报纸，可以在报纸上自由表达自己的真实思想，批评政府和国家的领导者，而不受任何官方的干预，国家也没有所谓的新闻检查制度。公民诉求的渠道完全是畅通的。例如1912年5月20日的《民权报》上，刊登了戴天仇的一篇文章，文章说："熊希龄卖国，杀！唐绍仪愚民，杀！袁世凯专横，杀！章炳麟阿权，杀！此四人者，中华民国国民之公敌也。欲救中华民国之亡，非杀此四人不可。"

这篇文章主要是批评当时政府的善后大借款，有损国家主权。熊希龄当时是国家财政部长，唐绍仪是国务总理，袁世凯是民国总统。而戴天仇在报纸上如此指名道姓地加以痛骂，却不担心任何政治迫害，如果没有言论自由的舆论环境，怎么可以做得到？

当时各种西方思想大量涌入中国，各种政治主张都可以随意表达，中国人出国也非常自由。思想解放程度，为中国历史所罕见。这是中国继春秋战国、大宋王朝时代以来，从来没有过的最伟大的思想解放的时代。在推翻了君主专制制度之后，中国人获得了精神上的完全独立和解放。在中国的历史上，只有辛亥革命和民国建立，为中国人民当家做主提供了最起码的法律保障。

袁世凯在复辟帝制期间，中国的新闻自由、言论自由受到了压制。但是，这个时间非常短暂。很快，袁世凯复辟失败并死去，言论自由迅速地得到恢复。此后，无论是黎元洪担任大总统，还是徐世昌等人担任大总统，言论自由依然还是有保障的。在中国创办报纸、随意发表文章，都是没有任何限制的。这个局面，一直延续到蒋介石时期才结束。蒋介石实行专制统治，压制民主和言论自由，使中国人开始又回到了专制时代。但蒋介石事实上并没有完全统一中国，所以，他的专制统治还是有限度的。因此新闻自由、言论自由、思想自由在蒋介石统治时期还是在一定程度上存在着。例如在延安解放区的解放日报和重庆新华日报上，就发表了许多批评国民党一党专制的文章。

辛亥革命和民国建立所开创的伟大的思想解放运动，对近现代的中国产生了巨大的影响。当时国外各种各样的思想流派、学术思潮纷纷进入中国，其中有民主和法治的思想，有国家主义思想，民族主义思想，也有无政府主义思想，同时马克思、列宁的思想也开始在中国传播。

如严复翻译的《天演论》、卢梭的《社会契约论》、孟德斯鸠的《论法的精神》、亚当·斯密的《国富论》等等宣扬新思想的书籍，到处都是。李大钊、李达等人写了大量的文章，宣传十月革命，宣传马克思主义。

由于新思想的传播，因此才导致了1919年的伟大的五四运动，提倡民主和科学，反对孔孟之道，提倡白话文，反对文言文，提倡新道德，反对旧道德。

中国人面临着各种政治主张、各种思想流派的选择。也正是因为有了这样自由的舆论环境，所以，才使后来的一代中国人，能够从各种各样的思想流派中，选择了马克思的理论。

如果没有这样自由的舆论环境，就不可能有马克思的理论在中国传播的局面出现。如果当时是一个高度专制的社会，马克思的学说，这样一种主张以阶级斗争和暴力革命手段，去推翻现存社会并建立无产阶级专政的社会主义社会的最为激进的革命言论，怎么可能在中国广泛流传？

同时，如果没有这样一种言论自由、思想自由、新闻自由和行动自由的社会环境，怎么可能产生陈独秀、李大钊、鲁迅、胡适、毛泽东、周恩来等无数的政治和文化的巨人？陈独秀、李大钊公开在《新青年》杂志上发表文章，宣扬马克思主义，宣扬十月革命，鼓励中国人走俄国十月革命的道路，毛泽东也在《湘江评论》公开发表文章，宣扬民众的大联合，也没有看到当时的政府对他们兴师问罪。

第三，辛亥革命和民国建立以来所确定的保护私有财产、发展私人资本、推进中国市场经济和工业现代化的原则，为中国现代文明的发展和民富国强指明了方向。

　　公民的人身财产安全是最重要的人权体现，是其他一切人权的物质基础。有了私有的财产，一个人才能得到生活的保障，才有生存的可能，才能从事政治、经济、文化、军事和艺术的活动，也才能有自由和参政的权利。因此，只有大力保护私有财产，发展私人资本，才能为民主、法治和自由奠定基础。因此，是发展官僚垄断经济，还是发展自由竞争的私人经济，这也是一元化文明与多元化文明的重要区别之一。

　　从戊戌变法、君主立宪开始，中国就开始鼓励民间资本的发展，废除了重农抑商等落后政策，到了辛亥革命和民国建立，民间资本和私人经济开始成为国家的主要经济形式。南京临时政府积极推动市场经济的发展，保护自由竞争和自由贸易，积极实行对外开放的政策。政府设立实业部，奖励和保护私营的民族工商业，鼓励私人兴办实业，鼓励华侨和外国人在国内投资，废除满清朝廷的苛捐杂税，打破满清朝廷官商垄断经济的局面。这对于改变中国自给自足的小生产的农业经济的落后局面，推动自由竞争的市场经济的发展和工业现代化，具有重要的意义。此后民国政府一直坚持这一政策。

　　从民国建立的 1912 年到 1919 年，中国的民间资本迅速发展，新增的资本达到了 1.3 亿多元，超过了过去半个世纪的总和，先后投资兴建了 600 多家纺织、面粉、火柴、造纸、化工等企业和矿山，其中纺织业是当时最大的新式工业。当时的中国，还出现了一批著名的民间资本家和实业家，他们是张謇、周学熙和荣宗敬、荣德生兄弟等人。

　　张謇是晚清的状元，著名的立宪派领袖人物。他先后创办了 18 家企业，参加了 9 家公司的投资。他创办的南通大生纱厂发展迅速，仅大生纱厂一厂和二厂，到 1921 年，就获利白银 1600 多万两。还有周学熙创办的启新洋灰公司和滦州矿务公司，荣氏兄弟创办的面粉公司和纺纱厂，都获得了巨额的利润。此外，还有简玉阶、简孔昭、简英浦兄弟创办的南洋兄弟烟草公司，也发展很快，成为中国烟草业的巨子。

　　在此同时，外国的资本也在中国大量投资，修建铁路，制造轮船，发展制造业、采矿业以及钢铁工业，等等。外国的资本当时在中国占了很大的比重，对中国现代经济的发展，作出了积极的贡献。对这一点，应该给予积极的评价。

　　民间工业的迅速发展，为中国金融资本市场的建立和发展，创造了条件，推动了中国市场经济的建立和迅速发展。例如银行业，1911 年，全国华资银行只有 15 家，而且还有 7 家是官办的银行，但到了 1919 年，民间新设立的银行就达到了 66 家。

中国的股份制经济在政府的鼓励下，以更快的速度发展起来。当时的中国，民间资本不仅大量投资于纺织、面粉、造纸、化工等行业，而且，民间资本还投资于铁路、采矿、新闻出版、造船、航运、银行、房地产等各种过去由官府垄断的行业。这些公司通过上市发行股票，募集资金，不断发展壮大。而民间的资本，也能够通过买卖股票的方式，逐步投资于实业，从而优化了社会资源的配置。当时的官僚垄断经济在南方基本上被打破了。大量的民间资本通过资本市场流向民间创办的企业，不仅促进了民族工业的发展壮大，也促进了中国资本市场的迅速发展和壮大。

1914 年，中国成立了上海股票商业公会，标志着中国第一家正式的证券组织的诞生。同年，北京政府颁布了"证券交易所法"，使证券交易开始走上了法治的轨道。1920 年，由孙中山、虞洽卿联名申请成立的上海证券物品交易所正式开业，成为当时中国最大的一家证券交易所。此外，国内还建立了北京证券交易所和天津物品交易所，证券交易，盛极一时。

股份经济，是迄今为止最高的也是最完美的经济形式；股票市场的建立和发展，是人类社会最伟大的创举。通过这种形式，能够最充分地优化人类资源的配置，实现资本的社会化，这是人类文明划时代的进步。辛亥革命和民国建立，有力地推动了这一形式的发展，对推动中国的市场经济的完善和工业化发挥了重要的作用。

第四，辛亥革命和民国建立，还深刻地改变了中国社会的面貌、中国人的生活方式和思维方式，使中国人的生活出现了多样化。

在辛亥革命之前，中国人要向强权下跪，也就是说，老百姓要向官员下跪，小官要向大官下跪，全国人都要向皇帝下跪。这是对中国人灵魂的摧残，对中国人人格的侮辱。辛亥革命和民国建立后，下跪这一残酷的行为被取消了。中国男人还剪掉了头上的辫子，改变了中国人丑陋的形象。还废除了妇女缠足的恶习，使妇女恢复了做人的尊严。中国人从此互相称呼从"老爷"变为"先生"，打躬作揖变成握手，人和人之间变得平等和自然。

随着法制的建立，城市里出现了大量的律师事务所，有了大量为人打官司的律师，还有医生、编辑、记者、经纪人、教授、工程师、建筑师、演员、导演、编剧等多种新型的职业。当官不再成为中国人唯一的出路。文学艺术特别是戏曲，不再是人们瞧不起的下九流的行为，而成为人们生活的一部分。随着报纸的大量出版，广告业蓬勃发展，中国人开始从新闻和广告中选择商品，获取信息。

西方的思想观念和生活方式，像潮水一样涌进中国的国门。人们不再以经商为耻，而以经商赚钱为荣。商人纷纷涌现。许多中国人还成为外国公司和银行的雇员，当时叫做"买办"。他们利用自身的优势，成为洋商和华商不可缺少的中介和代理人，并从中赚取财富。许多人成为股票市场上的股民，人们通过买卖股票，赚取财富，投资企业。大量的农民脱离农村，进了工厂、商店做工，成为了工人和店员，成为了城市的居民。

人们的衣食住行日新月异。人们抛弃了古代的长袍马褂，穿上了西装，打上了领带。中山装、学生装流行一时。特别是妇女，不再穿着宽大的棉袄和对襟衣，而是改为穿着旗袍。旗袍降低了领子的高度，将肥大的袖子缩短、减瘦，同时收紧了腰身，使线条简明流畅，穿起来方便利落，能较好地衬托出女性的曲线美，深受妇女的喜爱。中国的妇女也开始使用香水和化妆品，妇女们还穿上了高跟鞋，走起路来，显得婀娜多姿。妇女烫发成为时尚，发型出现了多样化，表现出了东方女性的美。还有西方的钟表、眼镜、皮鞋、电影、音乐大量进入中国。中国人戴上了手表，有了时间的观念。中国人开始看上了电影，听上了音乐，学校开始设立音乐课，学习钢琴、提琴、舞蹈成为时尚。

随着民国的建立，原来仅限于宫廷和官方的邮政、电报、电话等通信手段，迅速普及到民间，使人民传递信息的工具迅速地现代化。轮船、火车、汽车、自行车等等交通工具也越来越普及。城市中的轿子、人力车迅速减少，柏油路开始兴建，大城市里的公交车和有轨电车也开始出现。在饮食结构方面，西餐开始进入中国人的生活。牛奶、汽水、面包、啤酒、葡萄酒、咖啡、饼干、味精等西洋食品，越来越为中国人所喜爱。酒店业在中国迅速兴起。外国的建筑业迅速进入中国。在大城市，出现了许多的洋楼，这种钢筋水泥结构、布局合理的西式建筑，后来逐步取代了中国古老的木结构的房屋，而成为现代的主要建筑方式。在城市住宅中，电灯和自来水逐步普及，西医也迅速普及。这一切，不

仅方便了人民的生活，也使人们的卫生状况迅速改变。总之，辛亥革命
和民国的建立，使中国人的生活方式迅速地多样化和现代化，使中国社
会出现了从未有过的巨大进步。虽然当时中国的农村还处于落后的状
态，但是，在中国的城市已经迅速地现代化。

　　不过，辛亥革命建立的民主分权的政治体制和民主选举程序，却没
有能够保留下来，而是让袁世凯篡夺了民主革命的果实，没有把华夏文
明转型的事业坚持到底。这是一大遗憾，也是中国人的不幸。

　　其实，从当时的历史情况看，民主制度是可以坚持下来的。只要我
们深入、具体地进行分析，就可以看到，中华民国建立的民主制度的被
抛弃，并不是历史的必然。

　　首先，民主制度的建立，这是当时全中国人的选择。辛亥革命是具
有民主思想的新军战士自发发起的，并不是哪一个政治家组织的，是人
民对满清专制统治极端不满的总爆发，是人民意愿的表现。而且，革命
的烈火一旦燃起，即成燎原之势。当时孙中山等人还在国外，直到两个
多月之后，孙中山才回到国内，立即被选举为临时大总统，可见当时人
民对民主政治的拥护。并且，全国大多数省份都通电脱离了清朝政府的
统治，都支持孙中山为临时大总统的南京临时政府，就是最有力的证
明。南京民主政权当时是中华民族的希望，并不是众叛亲离的腐败政
权。从政治上来看，南京民主政权的建立是人心所向，没有理由失败。

　　其次，南方有几十万军队，士气高涨，为了保护新生的民主政权，
将士都愿意与清朝军队决一死战。这些军队，很大一部分是由新军组成
的，装备精良，训练有素，很有战斗力，而且是为一种伟大的理想而
战，也得到民众的支持，又有长江天险，天时、地利、人和均已具备，
保卫南京新生的民主政权，是没有问题的。而袁世凯指挥的北洋军队，
是一支落后的军队，虽然装备精良，但是他们不可能得到南方人民的支
持，士气也不可能与南方的革命军相比，所以没有可能轻易打败南方的
革命军队。从军事上看，南京民主政权不可能受到北洋军队的威胁。

　　再次，从财政上来看，南方的广东、广西、湖南、湖北、江苏、浙
江等省，都是中国经济最发达的地区。只要关注民生，大力发展经济，
应该说，南京政府的财政来源是没有问题的，不可能在财政上发生危
机。虽然在短期内，民国政府的经费有很大的困难，但只要渡过暂时的
困难，就可以转危为安，从长远看，南京政府应该是有足够的财力来维

持运转的。

最后，从人才上来看，南京政府集合了当时中国的优秀人才和民族精英，他们富有民主政治的理想，具有献身于国家民族的精神，学贯中西，有管理国家的才能，精通宪政。所以，南京政府在人才方面也是没有问题的。

以上几个方面都证明，辛亥革命所建立的民主分权的政治体制和民主程序的被抛弃，并不是不可避免的。相反，南方的民主政权是应该取得成功的，失败是不应该的，也是没有理由的。

辛亥革命的沉痛教训和严重后果

为什么辛亥革命和民国建立所创立的多党和平竞选的民主政体没有坚持下来呢？

客观地分析，不是因为什么资产阶级的软弱，不是因为什么中国的中产阶级太少，不是因为什么中国民智未开、文化太少、生活太贫穷，不是因为什么专制势力太强大，也不是因为没有解决农民的土地问题，更不是因为什么外国势力的破坏，等等。

以上这些都是一些客观的因素，当然有一定的影响。但是，造成民主政治体制中断的根本原因，是因为孙中山等人在指导思想上和在政治运作上发生了严重的失误。

长期以来，有些历史评论家和历史学家，歪曲了历史的真实面貌。他们过分地强调客观的原因，甚至根本否认中国有建立民主政治的可能性，从而为专制政治的实行提供依据，这是错误的。

孙中山等人的失误，主要表现在以下几个方面：

第一，过分地强调了反满革命。

辛亥革命发生之后，英国、美国等西方国家就认为，南方的革命党人，没有行政管理的经验和领导一个大国的能力，不能保持国家的稳定和促进经济的繁荣，所以，他们建议南方革命党人，不要推翻满清皇帝，而是在保留皇帝虚名的前提下，实行君主立宪，比较符合中国当时的实际情况。这是西方各国向中国各派别发出的最明确的信号。

在西方各国的要求下，被清廷重新起用担任内阁总理大臣的袁世凯，派唐绍仪与南方进行和谈，要求实行君主立宪。唐绍仪在谈判中认为，我们进行改革和革命，无非是要达到真正立宪的目的。如今朝廷已经宣布立宪，且开了党禁，改革和革命的目的都已达到。所以，没有必要再打下去，否则将引起外国的干涉。但南方革命党人坚持要清帝退位，实行共和政体。两次谈判都没有达成一致的意见。

为了达到反满革命的目的，南方革命派表示，只要袁世凯赞成共和，逼清帝退位，南方愿意拥护袁世凯为大总统。否则，南方独立的十多个省几十万军队，绝不会臣服于君主之下。如果袁世凯坚持实行君主立宪，则战争绝不可免。据说，南方革命党人孙武，在与北方谈判代表唐绍仪谈判时，竟拔出手枪对着唐绍仪，表示清帝如不退位，就要发生流血事件。

孙中山表示："如清帝实行退位，宣布共和，则临时政府绝不食言，文可正式宣布解职。以功以能，首推袁氏。"

虽然孙中山让位于袁世凯是迫不得已，但只要清帝退位，孙中山这样做，也不违背革命的宗旨。因为孙中山的革命纲领，最核心的一点，就是驱逐鞑虏、恢复中华，也就是反满革命。所以，孙中山等人认为，只要袁世凯迫使清朝皇帝退位，就可以把大总统的位置让给他。

在孙中山等人看来，只要满族人不当皇帝，由汉人来管理国家，并承认共和政治，不管谁来当总统，都是一样的。因此，孙中山在袁世凯迫使清朝皇帝退位之后，就将大总统的位置让给了袁世凯，并强行解散了南方的几十万军队。这是孙中山等人反满革命思想的必然结果。

由此可见，孙中山等人在政治上是很幼稚的。他们没有意识到，汉族人和汉族人也是不一样的，汉族人有伟大的民主战士，也有专制的暴君，而革命的核心是要建立立宪体制，而不是只把满族人赶下皇帝的宝座就达到目的了。他们不了解中国专制制度下官僚政治的极端黑暗，没有看清楚很多中国汉族官僚在腐败的官僚政治和流氓文化培育下形成的阴险、狡诈的性格。而袁世凯就是这些汉族官僚和流氓文化的最突出的代表。

孙中山把民主政权拱手让给袁世凯这样的官僚，还天真地希望袁世凯这样的反动官僚、阴谋家和独裁者成为中国的华盛顿，这等于是主动把一群羊交给狼去看管，其结果可想而知。

第二，过分强调了国家的统一，而且统一全国的愿望过于急迫。

如果南方革命党人坚决要实行共和制，而与君主立宪制度不共戴天，那么，南京临时政府建立以后，当务之急并不是要统一全国，事实上也没有能力迅速统一全国。当时最急迫、最重要的事情，是要以联邦制的地方与中央分权的形式，巩固南方的民主政权，完善民主分权、多党竞选的民主共和体制，发展经济和教育。等南方的民主实力强大之后，再伺机统一全国。事实上，留下北方不统一，让南北双方进行竞争，对国家有利而无害。等到一定的时机，南方再与北方谈判，结果无论是采用君主立宪政体还是民主共和政体，统一中国都不会成为什么困难的事。

这一点，在历史上是有先例的。美国独立战争之后，北方和南方实际上也是不统一的，北方实行的是民主政治，而南方还保留着黑奴制度。经过多年以后，经过南北战争，美国才真正实现南北的统一。

可是孙中山等人由于"大一统"的情结太重，所以急于实现南北的统一，建立全国性的中央集权的政府。为了达到统一的目的，他们不惜把民主政权拱手交给袁世凯这样的旧官僚和出卖光绪皇帝的恶棍。这是南方革命党人最人的失误之一。

第三，孙中山没有建立起领袖的权威。

中国是一个皇帝绝对专制几千年的国家，皇帝的权威是至高无上的。在这种政治体制的影响下，中国人树立起了牢固的"皇帝情结"和迷信个人权威的心态。这种心态，并没有随着皇帝的消失而消失。可是孙中山并没有迅速地建立起领袖的权威。

首先是因为武昌起义，并不是孙中山领导的同盟会发动的。而且，起义发动之时，孙中山还在国外，他不是迅速赶回国内参与革命，而是在国外拖延时间，错过了大好的历史机遇。直到两个多月以后，他才回到国内。那时，全国已有十多个省宣布独立了。这些独立的省份，大部分都由立宪派人士掌握了实权。所以，辛亥革命的成功，以孙中山为首的同盟会并没有什么功劳，这就使孙中山的权威受到了很大的影响。

再则，孙中山没有解决南京临时政府急需解决的财政困难的问题。在民国建立以前，革命党人的活动经费，是向华侨和商人募集而来的，数额是有限的。民国成立后，需要巨额的财政支持，可是，财政没有来源，堂堂中华民国政府总不能靠募捐过日子吧？当时人们都以为孙中山从国外带回了巨额的金钱，纷纷翘首盼望，可是他回国后竟两手空空，就像他自己回国后对记者所说的，"只带回了革命的真理"。真理当然很好，可是不能当饭吃。人不能只靠真理而活着。而且，他在与美国、英国、法国等国家协商贷款时被拒绝了，以至于政府没有能力支付庞大的军费开支，没有能力与北方的北洋军作战，没有能力来维持政府的正常运转。士兵领不到军饷，政府工作人员领不到工资，办公也没有经费，这个政府还怎么支撑下去？这样的政府还怎么凝聚人心？据当时任南京临时政府秘书长的胡汉民在《自传》中的回忆："一日，安徽都督孙毓筠以专使来，言需饷奇急，求济于政府。先生（孙中山）即批给二十万元。余奉命到财政部，则金库仅存十洋。"可见当时财政危机到了何等的程度。由于孙中山没有得到财政的支持，所以，他没有能力稳定南方纷乱的人心。

还有，孙中山没有解决外交上的问题。他在要求美国、英国、法国等国家承认南京临时政府时，也被拒绝了；另外，他的政府没有指挥军队打败北洋军的进攻，特别是在武汉一役中，被北洋军打败，武汉失守，等等。

这些都没有使孙中山成为众望所归的领袖，没有建立起民主之父的权威。人们对他感到失望，转而对袁世凯抱有希望。因为袁世凯当时在政治上、军事上、外交上、财政上都比孙中山占有优势，具有稳定全国的政治、经济和军事实力，也能够得到西方各国外交上的承认。

第四，孙中山组织的政府没有代表性。

南京临时政府没有实行责任内阁制，而是实行总统制，这就赋予了总统很大的权力。当时，宋教仁建议实行责任内阁制，但没有被孙中山所采纳。这就给人留下孙中山集权的印象。加上孙中山组织的政府内阁成员中虽然有一些立宪派人士和地方官员，但是，在所有的次长中，几乎全部是同盟会会员。事实上，主持行政事务的，都是次长，而不是总长，所以，人们当时称这个内阁是"同盟会次长内阁"。

孙中山等人忽视了一个基本的事实，那就是，辛亥革命不是同盟会发动的，而且当时同盟会已经处于四分五裂的状态，没有能力来领导中国的民主革命。孙中山的大总统的位置，不是他在领导民主革命的过程中得到的，而是革命发生后，由独立的各省代表选举产生的。各省当时都宣布独立了，各省长官和民间舆论都希望在承认中华民国的前提下，实行地方自治，组织中央和地方分权的联邦政府。所以，当时的中央政府应该由各党各派协商组成，特别是像孙武这样的辛亥革命的领导者和开国元勋，以及那些对推翻清朝起到决定作用的立宪派人士，是不应该排斥在国家政权之外的。可是孙中山等人却把最重要的职位都由同盟会员担任，孙中山本人也不愿做在责任内阁制下没有实权的大总统，而要做有职有权的总统制下的大总统。

由于孙中山在组阁中没有考虑到各方面的利益，于是，武昌起义的革命人士、掌管地方实权的地方官员和立宪派人士，都不支持这个政权，担任部长的地方官员和立宪派人士，如张謇等，纷纷请假不来上班，有的跑到租界居住，连人影都看不到，孙中山成了孤家寡人，使堂堂的中华民国临时政府变成了往日的同盟会机关，给人们留下的印象是同盟会篡夺了辛亥革命的成果。于是，要求民主的孙中山被人认为是"独裁者"，而真正的独裁者袁世凯却被人视为"中国第一华盛顿"，这不能不说是孙中山缺乏政治智慧的表现。

不能说孙中山对袁世凯的为人没有警惕。在孙中山把总统的位置让给袁世凯的时候，当时就提出了几项条件，一个就是要实行责任内阁制，一个就是要袁世凯南下，到南京就职。孙中山想以此限制袁世凯的权力。但是，孙中山这样做，更加丧失了自己的威信，因为孙中山自己当总统，就拒绝宋教仁实行"责任内阁制"的建议，要实行总统制，他说自己不愿意当一个有职无权的空头总统。而袁世凯当总统，孙中山又出尔反尔，坚决要实行责任内阁制，这种自相矛盾、自食其言、不遵守游戏规则的行为，无论出于何种理由，都不能不让人们感到，孙中山有很强的权力欲望。对于这一点，袁世凯当然不干。这就为后来袁世凯解散责任内阁埋下了伏笔。

第五，孙中山算不上是一个彻底的民主政治家，他对民国初年的民主立宪政治没有发挥出应有的推进作用。

客观地面对当时的历史，我们不能不认为，孙中山没有深刻地了解民主共和立宪政治的意义，没有把中国民主共和立宪政治坚持到底的愿望。在他把大总统的位置让给袁世凯之后，他就认为，中国的民主革命已经完成，"今日满清退位、中华民国成立，民族、民权两主义俱达到，唯有民生主义尚未着手，今后吾人所当致力的即在此事"。"鄙人拟于十年之内，修筑全国铁路二十万里"。"今日修筑铁路，实为目前唯一之急务，民国之生死存亡，系于此举"。这就是民国元年孙中山辞去临时大总统后的行动纲领。其核心思想是信任和支持袁世凯领导政府

统治全国，而把自己的主要精力集中于经济建设特别是铁路建设上。用
他的话来说是："袁总统才大，予极盼其为总统十年，必可练兵数百
万，其时予所办之铁路二十万里亦成，收入每年有八万万，庶可与各国
相见。"

作出这样的抉择，实际上是走上非政治化的道路。所以在 1912 年
8 月，同盟会与统一共和党、国民共进会、国民公党、共和实进会等政
治组织联合，合并为国民党，公推孙中山为理事长之时，孙中山坚决拒
绝。而宋教仁等人则认为，"今革命虽告成功，然亦只可指种族主义而
言，而政治革命之目的尚未达到也。推翻专制政体，为政治革命着手之
第一步，而尤要在建设共和政体"，并强调自由、平等等"天赋人权"，
坚持把建立民主政治体制放在中心位置，主张以两党制和政党内阁为基
本政治主张，推进民主、自由的政治制度建设。用宋教仁的话来说是：
"我们要在国会里头，获得过半数以上的议席，进而在朝，就可以组成
一党的责任内阁；退而在野，也可以严密的监督政府，使它有所惮而不
敢妄为；应该为的，也使它有所惮而不敢不为。那么，我们的主义和政
纲，就可以求其贯彻了。"

显然，孙中山的想法是错误的。当然，发展铁路及其他交通、工商
事业，发展教育，都是国家现代化的基础，确实极为重要。问题是政治
家在这些事业中应该扮演什么角色。政治家活动的主要舞台应在政治领
域。他们应在这个领域扫清工商业发展的障碍，构筑自由、安全、法
治、廉洁、民主的社会环境，让工商企业家可以充分施展自己的才干。
如果政治家去经营工商业，其结果必然从政治领域淡出，无法在各种政
治势力的角逐中为工商业发展营造良好的社会环境，可能导致不利于工
商事业发展的现象泛滥。可是孙中山固执己见。这与国民党既定的政纲
相比较，被孙中山抛弃的恰恰是为民主共和制度奠立牢固基础的政党内
阁、议会制度和地方自治制度，与袁世凯的 13 次会谈中，他只字未提
这些重要的问题，矢口不谈民主政治体制的建立和巩固以及对总统权力
的制约，念念不忘的是铁路和中央集权，这是他在辛亥革命后的一个重
大失误。（参见袁伟时《孙文在辛亥革命后第一个十年的迷误》）

更严重的是，在中国民主立宪政治处于生死存亡的历史紧要关头，
孙中山没有民主政治和平运作的能力，没有民主政治家应该具备的政治
智慧。宋教仁被刺杀以后，随着案件的侦破，人们发现刺杀宋教仁的主

谋，乃是现任总理赵秉钧和临时大总统袁世凯，于是全国舆论哗然，纷纷谴责赵秉钧和袁世凯。按照民主政治的程序，此时的大总统袁世凯和国务总理赵秉钧，应受到国会的弹劾，受到法律的追究。当时的社会舆论对民主派非常有利，全国上下要求严惩凶手，伸张正义，保卫新生的民主政权。在北京、上海，数以十万计的人群悼念宋教仁，特别是在宋教仁被刺杀的上海，几万人怀着悲愤的心情，自发沿街为宋教仁送葬，泪洒长街，全国各大城市，都举行了声势浩大的悼念活动。人们怀念宋教仁而谴责袁世凯，使袁世凯大失人心，处境十分被动。为了维护自己的威信和权力，应付舆论，袁世凯只好采取丢卒保帅的办法，派人先后杀害了凶手洪述祖和赵秉钧以灭口。法院也加紧审理这桩案件，国会也提出了对袁世凯的不信任案。在这种情况下，如果孙中山等人能够把握机会，充分利用社会舆论和法律的手段，因势利导，有理、有利、有节地揭露袁世凯的阴谋，未必不是推进和完善中国宪政和法治的绝好机会。

当时孙中山还在日本为修铁路奔走，闻讯后他才如梦初醒，匆匆回国。可是，他却没有按照民主法治的基本原则来处理这一重大事件，反而以轻率的态度，意气用事，以匹夫之勇，兴兵讨袁，发动"二次革命"。虽然黄兴等人不同意孙中山盲目蛮干的行为，主张进行法律解决，但孙中山一意孤行，从而给袁世凯提供了镇压民主派的口实。由于当时全国人民都反对战争，特别是南方各省的商人激烈反对战争，而且南方各省的地方领导人也不赞成武力讨袁，而是希望法律解决，结果孙中山等少数人领导的武装处于孤立无援的境地，很快就在袁世凯指挥的北洋军的进攻下失败。孙中山不但没有抓住这个有利的机会，来推进中国的政治民主化，反而使民主的力量遭到了重大打击。

历史不容许假设。如果容许的话，人们就会想到，假如当年孙中山在南京就任临时大总统时主张内阁制而不是总统制，那么中国的共和历史是否会改写？

美国《那一代可敬的开国元勋们》一书曾获得普利策奖，作者埃利斯在谈到美国联邦党领袖汉弥尔顿与人为荣誉而决斗时说："荣誉之所以是重要的，是因为品格是重要的。而品格之所以是重要的，是因为美国的共和政府实验的命运，还维系在具有道德风范的领袖能够存活下去这一点上。"

因此，从这个意义上说，美国共和政府实验和中国共和政府实验结果上的差异，来源于它们的奠基人品格上的差异。这是因为，制度创立时期，人格决定制度；制度完善时期，制度规范人格。这就是制度与人格的关系。只有具备伟大人格和智慧的民主政治家，才能在制度创建时期，以自己的人格魅力巩固民主的制度。所以，一个在创制时期拥有一个像华盛顿那样道德完美的政治领袖的民族是有福的。可惜中华民国开国总统孙中山没有具备华盛顿那样完美的道德品质和风范，而且，像中国这样一个如此重视圣人人格修养的国度，却偏偏很难产生具有伟大人格的民主政治家。所以中国人是无福的，更是不幸的。

长期以来，中国人在写历史的时候，都没有具体地分析孙中山等人的失误，是导致辛亥革命民主政治失败的主要原因这一基本事实。他们把这个失败归结于资产阶级的软弱性，归结于资产阶级力量的弱小，所以，很多的历史学家就得出了这样的结论：中国的资产阶级没有能力领导民主革命取得胜利。显然，这是对中国历史的误解。

如果说，资产者阶层因为人数不多、力量不强大就不能领导民主革命取得胜利，那么，全世界就不可能有民主政治的胜利。英国的《自由大宪章》签订时，英国的资产阶级有多少？真正的资本家根本就没有出现。还有美国的独立战争胜利之后建立了民主政权之时，美国有多少资本家？还有日本明治维新之时，有多少资本家？也是没有的。

在全世界的历史上，都不是先有了资产阶级，然后才有民主革命的发生和民主政治的建立。事实恰恰相反，是先有了民主政治，然后才有了资本家的出现。没有民主政体，没有自由贸易、市场竞争和资本的流动，资本家难道会从天上掉下来吗？早在几千年前，古希腊就建立了民主政体，那时候，到哪里去找资本家？

至于还有人说，辛亥革命建立的民主政体的失败，是因为中国人没有文化，生活贫困，没有条件谈民主，这也是把具体问题抽象化的一种说法。英国签订《自由大宪章》时，英国人的文化并不比中国人高。美国人在独立战争取得胜利、建立民主制度之时，其文化也不比中国人高。日本明治维新之时，日本人的文化也不比中国人高，生活也不比中国人富裕。

至于说，辛亥革命没有解决农民的土地问题，所以，没有得到农民的支持，从而导致了民主革命的失败。这也是一种抽象的说法。世界上实现了民主政治的国家，没有哪个国家是因为解决了农民问题才确立了民主政治。都是先有了民主政治，才逐步解决了农民的土地问题。日本明治维新之时，农村的农民非常困苦，没有土地，没有文化，不也同样实现了立宪政治了吗？

所以，辛亥革命所建立的民主政体的失败，不是任何别的原因，而是孙中山等人的失误造成的，是他们缺乏政治智慧、没有审时度势造成的结果。

对辛亥革命的历史功绩是要充分肯定的。但是，辛亥革命对中国历史进程带来的负面影响，也是不能忽视的。

辛亥革命对中国历史产生的最大的危害，首先就是中断了文明成果的积累。

在辛亥革命和民国建立之前，满清朝廷已经进行了洋务运动、戊戌维新、君主立宪等政治改革，政治、经济、文化、教育和对外开放都取得了迅速的进步。而且，当时全国已经开始实行立宪，中央建立了资政院，地方成立了咨议局，并决定于1913年实行立宪。如果满清政府的立宪改革能按照原来的设想按部就班地进行下去，也许辛亥革命就不会发生；辛亥革命发生后，满清政府的反应是迅速决定立宪，如果不是这场疾风暴雨般的革命推翻了满清政府，和平立宪的目标也许有机会实现了。然而历史就是这么残酷，容不得后人作抽象的假设。

辛亥革命要求建立共和制度，但革命党人又没有能力和威望来实现这个目标。事实上孙中山等人根本没有来得及致力于民主宪政制度的建设。如中央和地方分权的联邦制度这一制约专制政体的根本制度，就根本没有提上议事日程。南京政府只存在短短两个多月，就夭折了，权力就被袁世凯篡夺而去。共和制度也从此成为一个可望而不可即的画饼。至于民国建立后在思想自由、言论自由、对外开放、人权保障、私有财产的保护、教育、文化、经济的发展等方面，所取得的一些进步，由于没有政治制度的保障，后来都化为乌有，犹如做在芦苇上的鸟窝，迅速被大风扫荡得无影无踪。

辛亥革命消灭了皇帝这一国家的最高权威，又没有及时建立起宪法的权威，结果给后来高度集权专制的出现埋下了隐患。

中国人习惯于服从，这是民族的心理习惯，没有个人权威，思想就难以统一，政府就无法施政，国家就会陷于瘫痪。辛亥革命之前，皇帝是至高无上的权威，无人可以侵犯。辛亥革命打倒了这一权威，可是孙中山却缺乏领袖的权威，同时也没有树立起宪法的权威，结果把革命的成果拱手送给了袁世凯。袁世凯虽然有领袖的权威，但是却没有民主的思想，结果他要登基当皇帝，最后被推翻。

　　清朝皇帝虽然被推翻了，但是，长期隐藏在人们心中的皇权意识和"大一统"情结，并没有随着皇帝的垮台而消失。所以，后来面对着各省分治的局面，用武力统一全国、重树中央集权的权威，就成为中央集权主义者最大的目标。一场战争接着一场战争，一场动乱接着一场动乱，全国战火纷飞，生灵涂炭，使人民蒙受了巨大的灾难。国家的战乱，还为日本发动对中国的侵略战争，提供了条件，使中国人民遭到残酷地杀戮和压迫。从北伐战争开始直至抗日战争、国共三年内战，全国统一，死伤于战火的中国百姓和士兵，达数千万人之多，财产损失更是不可计数。这一切的根源，都是因为辛亥革命打倒了皇帝这一权威，而又没有建立起宪法的权威所致，同时还产生了袁世凯、蒋介石这样的独裁人物，把中国再一次推向专制的社会。

　　辛亥革命也无力为人民提供现实可行的政治理想。

　　辛亥革命前，人们的目标只有一个，就是要实现君主立宪制度，推进中国现代化的进程。但是，辛亥革命的失败，民国的名存实亡，使人们对民主制度产生了怀疑。很多人认为，民主、法治、自由、立宪这些西方的东西，不符合中国的国情，并不能解决中国的问题。于是，各种各样的思潮迅速泛滥起来。这些思潮主要有教育救国、实业救国、无政府主义、民族主义、集权主义、实用主义、新权威主义、开明专制主义、社会主义、尊孔复古主义甚至法西斯主义等等。而社会主义又有吉尔特社会主义、马克思的社会主义、皇室中心的社会主义、基督教社会主义等等。如梁启超的新民说，严复的牛与马的悖论说等等，轰动一时。还如鲁迅先生认为，要救国，就要改造国民的心理。鲁迅先生虽然反对封建的伦理道德，但是，他的最大的误区，特别是晚年的最大的误区，就是从来也不提倡民主、法治、自由、人权这些现代文明观念，不提倡立宪议会政治。还如陈独秀、胡适、李大钊等人，提倡新文化，反对旧文化，提倡新道德，反对旧道德，要打倒孔家店，甚至彻底否定中国的传统文化，等等。他们都不再主张加强民主共和制度和法治秩序的建设，而是希望从精神、道德、思想、文化的层面上进行革命，来改变中国人的思想和灵魂，实现社会的革新。因此，他们中的许多人都彻底抛弃了辛亥革命确定的民主、共和和宪政的目标，抛弃了人权、自由和法治的理想。

辛亥革命的失败，使中国人在军阀割据的严酷现实面前，不得不放弃了对民主制度、法治秩序、人权和自由保障制度等等现代文明的梦想，转而接受了阶级斗争和暴力革命的思想，使中国文明的转型偏离了正轨，使中国人民为此付出了巨大的悲惨的代价。

辛亥革命的志士们，为了在中国建立民主制度，为了实现中国的现代化，贡献出自己的生命和全部的心血，他们的精神将永远为人民所敬仰。但是，在纪念他们的同时，人们更应该从他们的失败中吸取教训，这就是任何时候都首先要考虑用和平、法治和改革的手段，去积累文明的成果，去建立民主政治制度和推进中国的现代化；要具有宽容、妥协、谅解的精神，才能达成民主、法治的制度框架；暴力革命当然也可能带来民主和自由，但是如果缺乏政治智慧，处理不当，超过了社会的承受能力，就只会带来新的集权和专制，不可能实现华夏文明转型的目标。

联省自治与第四次文明转型的失败

现在的中国人，大多不知道在 20 世纪初期，中国还发生过一场规模巨大的文明转型运动，这就是联省自治运动。这是中国自五四运动后规模最大的、也是中国有史以来唯一的一次要求实行地方自治与联邦制度的社会政治运动。虽然西周时中国实行的也是地方自治制度，但西周的地方自治与联省自治是不同的，联省自治要实现的是民主选举的联邦制度，其主权在民，而西周的地方自治是宗法世袭制度，其主权在君王。

前面我们曾详细谈到西周实行分封诸侯的地方自治制度的情况。在分封自治之下，有周天子、诸侯、大夫、国人等多极力量的互相制衡，虽然这个制度的主权在君王，但是对于监督和制约周王和诸侯的权力，还是有积极的作用。因为地方自治，所以，即使周天子或者某个诸侯胡作非为，也不至于酿成危害全国的灾难，不会出现一主昏暴而天下同祸的结局。并且这个制度依民习惯、顺应民意，国人有言论自由，有参政议政和选举地方官吏的权利，这对于保护人权、稳定社会、培养民众公共意识，都是有重要作用的。周朝（西周和东周）维持了近千年的统治，最后也没有发生全国性的农民起义，就是最有力的证明。而秦朝取消了这个制度，实行大一统的中央集权的郡县制度，结果只维持了十多年的时间，就发生了全国性的农民暴动，给人民带来了巨大的灾难，秦朝也随之灭亡。历史证明，西周有多极力量的相互制衡，是比较稳定的；虽然由于这个制度当时还不完善，后来出现了诸侯纷争的局面，但春秋战国诸侯之间的竞争，对促进社会经济、文化、人才的发展反而发挥了积极作用。而秦朝取消地方自治，社会只有皇帝、官员和百姓。皇帝、官员是统治者和压迫者，而百姓是被统治者和被压迫者，社会只有两极，这是很不稳定的。一旦动乱发生，天下土崩瓦解，经济崩溃，生灵涂炭。从这个意义上来说，地方自治制度比郡县制度要先进和文明。一个国家要实现长治久安、发达进步的目的，特别是对像中国这样情况千差万别的大国来说，除了实行地方自治的制度，没有更好的政治设计可以选择。如果坚持整齐划一的大一统，那么，要有效地解决皇帝和各级官僚的腐化问题，实现社会的长治久安的目的，将是十分困难的。也许在开国之初，皇帝比较英明、廉洁，各级官吏也能自觉守法，所以社会比较开明，一旦进入王朝后期，官僚机构恶性膨胀皇帝腐化，官员贪污受贿，结党营私，人民有冤无处申诉，社会矛盾不断积累，那么，这个国家就将面临着随时都可能爆发的火山。中国自秦朝以后的中央集权社会，之所以陷于周期性的动乱之中，就是因为中央集权的制度设计，有难以克服的体制性弊端。这是被历史反复证明了的不容怀疑的结论。

联省自治就是要把主权，从君主或者军阀、政客的手中，和平地转移到人民的手中。由人民来选举地方官员，而不是由中央任命。它不仅是一种民主的制度，能够保证下层多数人有参与政治的权力，而且也是一种共和的制度，能够对上层的权力进行有效地制衡，既防止少数人的专制，也防止民主的滥用，保证国家政治能够有序运行，所以，联邦自治是一个国家，尤其是一个大国政治体制的重要构件。

联省自治即为联邦自治，其目的就是要建立联邦制的国家。其基本的政治构想，就是模仿美国的政治体制，在中国先从体制上建立各省自主的小型自治共和体，然后划分中央和地方的权限，从而把属于地方的自治权交还地方，同时建立三权分立的立宪体制，把政党与国家、政党与军队分家，再逐步举办选举，培育人民的公民意识和对民主、自由的信念，彻底保障新闻自由和基本人权，在此基础上和平实现全国的统一，构建永久性的联邦制国家。

正如联省自治的主要倡导人陈炯明在《建设方略》一文中指出的那样："政治组织之根本，在于规定中央与地方之权限；规定之方式，古今万国不外中央集权与地方分权两种。大抵国小民寡，集权之制容或可行，否则无不用分权制者。美之合众，德之联邦，皆分权制。英之帝国，其属地如澳洲、加拿大等皆完全自治，实为分权之尤。俄以广土众民行中央集权，今亦已革命矣。"

陈炯明甚至毫不客气地指出："若事事受成于中央，与中央愈近，则与人民愈远，不但使人民永远处于被动之地位，民治未由养成，中央即有为人民谋幸福之诚意，亦未由实现也。"他认为，地方自治可以发挥地方人民的自动自发性的潜在能力，增强人民的自信心，能为地方谋幸福，也正是为国家民族谋幸福的道理。

他还说："国乱有年，非谋统一不可。但真止统一，须建筑于法治上，乃能永久运用，而不用分裂。民国纷乱，在于中央地方权限不分，军事民政各不归位，故民政应分权者，中央乃改而集权，军事应集权者，中央反令各省据为己有。今欲塞乱源，制治本，应从制宪着手，略取美制度，定为联邦宪法。"

所以，联省自治在中国的兴起，不是对宪政、共和的抛弃，而是结合中国国情对宪政与共和的深化。联邦自治不是要分裂国家，而是要追求和平的、自由的、自治基础上的统一，反对用暴力进行大一统建立中央专制集权制度。正是在这一点上，联邦自治与戊戌维新、君主立宪、辛亥革命和民国建立，构成了中国文明转型的必然逻辑和重要保证。没有主权在民的地方自治制度的建立，要想真正实现国家的和平统一和长治久安，实现民主、共和的政治体制，对中国这样一个土地辽阔、人口众多、情况复杂的大国来说，是很难的。

因此，联省自治是一场值得关注的文明转型运动，是中国近代史上唯一的一次试图打开中国通向联邦主义大门的尝试。可惜的是，这一场文明变革运动，却被人误认为是在军阀割据时期，武人割据各省、拥兵自保、分裂国家的借口，最后这个大门被孙中山和国民党联合北方的外国势力用武力关上了，使中国失去了一次真正走向现代文明的机缘。

　　孙中山以及后来的蒋介石，虽然用武力建立了中央集权的一党专政的国家，但是，由于他们没有在地广人众、情况殊异的中国建立地方自治的联邦制度，也没有真正建立起民主、共和的宪政体制，没有对专制权力进行有效的制约，结果始终没有实现国家的真正统一和富强，没有有效地防止自身的腐败，最后也没有摆脱遭到"革命"的命运，不得不败走台湾。

　　在美国独立战争之后，出现过一场讨论政制选择的大讨论。在这场讨论中，主张联邦建国的联邦党人占了上风，主张各州保持独立的一派最终作了让步。在辛亥革命之后的中国也出现了一场类似的大争论：是走传统的大一统武力建国之路，还是走美国式的联邦主义和平建国之路？联省自治运动的拥护者们选择了后者，但是他们最终被主张大一统的武力所击败。美国人利用了革命后的契机选择了联邦主义，而中国的革命家们继续因袭有悠久历史传承的大一统。这两种不同选择的后果，今天已经充分展现出来。

　　回顾中国联省自治的历史过程，是有很多重大的历史教训需要我们吸取的。

　　早在晚清时期，立宪派人士就注意到联邦主义对中国文明转型的重要意义。1905 年，慈禧太后宣布实行君主立宪，并派出五大臣出洋考察宪政。根据五大臣考察报告，清廷的宪政编查馆就在奏折中极力主张设立作为各省自治之制度要件的省咨议会，认为"立宪政体之要义，在予人民以与闻政事之权，而使为行政官吏之监察。东、西立宪各国，虽国体不同，法制各异，无不设立议院，使人民选举议员，代表舆论。是以上下之情通，暌隔之弊少。中国向无议院这说，今议倡设，人多视为创举。……中国地大民众，分省而治。……谘议局为地方自治与中央集权之枢纽，必使下足集一省之舆论，上仍无妨国家统一之大权。"这里，上奏者已经认识到，中国地大民众，须分省而治，而且，各省的自治与国家的统一并行不悖。根据这一看法，所以，清朝下诏预备立宪时，就决定在中央设立资政院，在地方各省设立咨议局，作为君主立宪的基础，这实际上就是国会和地方议会的雏形。

　　由于辛亥革命的突然爆发，地方自治制度还来不及建立，清朝皇帝就退位了。但清朝政府的灭亡，不但没有使联邦主义的呼声减弱，相反这种思想更加蔚然成风。当时各省民间建立的自治会，达 5000 多个。

在辛亥革命中，山东在宣布独立之前，各界联合会曾向巡抚孙宝琦提出8条要求，请孙宝琦代奏朝廷，其中的一条就是要求"宪法须注明中国为联邦国体"。就是孙中山本人也是主张中国实行联邦主义，赞成地方自治的。辛亥革命爆发后，孙中山就在巴黎发表谈话说："中国于地理上分为二十二行省，加以三大属地即蒙古、西藏、新疆是也，其面积实较全欧为大。各省气候不同，故人民之习惯性质亦随气候而为差异。似此情势，于政治上万不宜于中央集权，倘用北美联邦制度，最为相宜。每省于内政各有其完全自由，各负其统御整理之责；但于各省之上建设一中央政府，专管军事、外交、财政，则气息自连贯矣。"面对着全国各省纷纷独立的现实，辛亥革命成功后，南京国民政府起草的政府组织大纲，就是以美国的联邦宪法为蓝本。

可是，遗憾的是，孙中山回国后，被各省代表选为临时大总统，却并没有认真推行联邦制度，相反却积极主张中央集权。由于孙中山和同盟会的政治要求与现实相距甚远，结果面对着袁世凯北洋军的进攻，没有得到独立各省以及立宪派人士的有力支持，只得把总统的宝座让给袁世凯。而袁世凯作为一个野心家和阴谋家，当然极力加强中央集权和专制，对地方各省进行严密的控制，最后登基做起了洪宪皇帝。

袁世凯复辟帝制，遭到全国人民的反对和声讨，蔡锷将军在云南振臂一呼，发动护国运动，各省随之纷纷独立，袁世凯经营多年的北洋军也出现分裂。袁世凯在四面楚歌中死去。袁世凯死后，中央虽然恢复了国会和内阁，但是继任的总统无论是黎元洪还是徐世昌，都没有能力恢复袁世凯时期的中央集权的权威了，这为联省自治提供了有利的机会。当时各省实际上处于独立状态，其情形与独立战争之后的美国各州独立一样，也像西周崩溃后的春秋战国时代一样。由于中央集权制度的弱化，使中国继春秋战国之后，出现又一个空前自由开放的时代，人们的思想得到了空前的大解放。正是在这样的背景下，出现了新文化运动和五四运动。同时，联邦自治的政治主张也开始得以付诸实验。

从1920年冬天开始，有十多个省争取自治，并派代表到北京请愿实施自治。在北京，自治运动有两个联合组织，一个是广东、江苏、山东、四川、湖北等12个省和北京市代表组成的各省区自治联合会。还有一个是湖南、直隶、浙江等14个省的代表组成的自治运动同志会。从那时开始，自治运动就形成了一股潮流。当时湖南、浙江、云南、四川、广东都制定出了省宪。还有湖北等十多个省也积极酝酿制定省宪。1921 年湖南制宪运动是联省自治运动的起点，并于 1922 年 1 月 1 日公布施行湖南省宪法草案，还选出了中国有史以来的第一位民选省长。而广东的自治运动开展得最为积极，也最有成效。

广东的自治运动是由地方实力派人物陈炯明领导的。陈炯明是联省自治运动最积极的倡导者之一，是近代历史上极少数集宪政主义者、共和主义者和联邦主义者三位于一体的民主政治家。在他的倡导下，广东的自治运动确实开展得有声有色。让我们来看看自治运动在广东的情况。

20 年代广东省的人口统计是 3000 万人，（以人口计，这是等于 5 个现代的瑞士国）。全省 92 个县，平均每县人口是三十多万人。这里截取的时段是 1921 年的广东。

广东的自治运动给当时的那些局外观察家留下了什么样的印象？美国当时的驻华公使雪曼在于 1921 年 9 月 16 日向美国国务卿提交的报告中从侧面透露了一些线索。该报告认为，"南方政府在广州设立一个极有效率的现代化市政府，同时积极进行全省地方自治，他们宣布的主义是由联省自治来建立一个联邦政府。广东目前毫无疑问的是中国最开明的一个省份，可能也是管理最有效率的省份之一"。广东在这一年究竟发生了一些什么事情获得如此的评价？请看以下与联省自治的有关的大事摘要：

1920 年 12 月：颁布了《选举县长与县议会议员的暂行条例》。

1921 年 1 月：1921 年初，广东省议会选出省宪起草委员会进行起草省宪。

1921 年 2 月：省议会审查《县自治条例》的报告。

1921 年 6 月：宪法初稿完成。

1921 年 9 月：民选县议会议员完成。

1921 年 11 月：民选县长完成。

1921 年 12 月：省议会即正式通过《广东省宪法草案》。

这一年的头等大事，就是广东在其历史上有了第一部省宪。这部省宪有两大特点。一是宪法中有专门一章，规定公民之基本权利。二是对省长作为行政权之代表的权力有很大的限制，例如省长对议会之决议无否决权，议会对省长有弹劾权。制定省宪的目的，不是要独立，而是要自治。所以，它规定国家对外宣战时，省军队之一部得受（中央）政府之指挥；规定现役军人不得干预政治。为控制政府的规模，省宪规定广东实现省县两级政府，外加特别市。省宪不仅规定在省一级实行自治，而且规定县长县议员由公民直接选举，特别市设参事员五人，掌理市政，设市议会。

仅有宪法没有具体的制度，不过是一纸空文。有了宪法下一步就是具体的制度建设。有了省宪，各级自治制度便有了基础。既然是自治，就须自下而上，中国的自治也理应自村庄施行，依次发展，及于全县全省与全国。1921年从广东便开始在村上实行自治，各县县长与省议员亦归人民自举，警察与税收由人民自办，由此拾级而上，在广东全面实行自治。民选的县长是一县的行政长官，由上列的县事权看来，县长对地方全部事务是负有庞大的责任和权力的。实行县长民选，选举条例中有一项有趣的规定，选民须服劳役三天（或出资代役）者才有资格投票，而这些人力大部分是用在开辟全省公路上。

让我们来看看，根据广东省宪法，一个县保有哪些自治权，所列举县的事权，共有十一项，以教育、实业为前列：

办理师范学校、中学校、高等国民小学校、幼稚园、半日学校、各种废疾学校、宣讲所、图书馆、博物馆、美术馆及其他关于教育事项。

奖励农桑渔牧垦荒造林经营并监督共有及私有工业，设立各种展览所试验场，及其他关于实业事项。

疏浚河流湖塘，修筑埠圳沙围堤防并道路，及其他关于水利交通之事项。

建筑并管理公有营造物，及一切公共土木电力煤气工程。

办理县银行各种保险合作，及其他公共营业。

清理市街屠场，整饬公园公坟，及其他关于公共卫生事项。

办理义仓，施医育婴，恤嫠养老，收养废疾，保护工人，及其他公益慈善事项。

办理警察及保甲团防并其他保安事项。

调查户口生死婚嫁，及其他关于统计事项。

办理行政官长依法令委托征收，及执行各种事项。

在理论上，从村到省的逐级自治是复合共和的基本组件。在地方实行自治，改变了地方主政者的性质，由代表上级的官治化身，变成了代表民众的民治化身。按照当时广东主政者陈炯明的看法，"民选县长采用民治精神，由县民直接选举，当选者方合民治本旨，不必复由省长选择。中国觅求民主，必须从乡村的自治传统演进而成。我们必须采用由下而上的办法，再不能采用由上而下的办法，因为许多年来，中国已曾试用多次由上而下的办法，而每次终于遭到失败"。按照地方自治的构想，广东在乡村实行自治，警察和税收由人民自办。整个广东俨然是一个小型的复合共和，从村到省，并然有序。

就在这一年，广东也就成为制定省宪、县长民选、乡村自治、司法改革、教育改革、禁烟禁赌等令人瞩目的新政实验地。当年的广东能有上面所列的那样的作为，那位公使的结论就不令人诧异了。孙中山于1921年5月5日就职非常国会所选大总统的通电也表达了对这场联省自治的支持，电文说："欲解决中央与地方永久之纠纷，惟有使各省人民完成自治，自订省宪法，自选省长。中央分权于各省，各省分权于各县，庶几既分离之民国，复以自治主义相结合，以归于统一。"可惜后来又是他用武力结束了这场运动。

联省自治运动当时还受到社会舆论的广泛赞扬和支持。1922年9月，胡适提出了"建立在省自治上面的联邦的统一国家"的建议。梁启超、蔡元培、章炳麟、章士钊、熊希龄等人都热情宣传过联省自治。张东荪、丁世泽、潘力山等发表文章支持联邦制。20世纪20年代北京大学丁燮林、王世杰、李四光（仲揆）、李煜瀛（石曾）、李麟玉、谭熙鸿等六教授曾共同建议中国应当暂时实行"邦联"制，以为奠下建立永久"联邦"的基础。许多自由知识分子对联省自治的支持，也说明这场运动不是地方军阀武装的割据运动。美国汉学家杜赞奇发现，自治运动在湖南和广东获得巨大的支持。学生、知识分子，还有像记者、教育家、商人和省议员等新兴的专业人士，都对自治运动抱有极大的热情。还有陈独秀本人曾参与过陈炯明的广东省自治政府，主管过教育。中国共产党在成立之初也是支持联邦制的。早在1922年的中共"二大"宣言中，就明确提出"用自由联邦制，统一中国本部、蒙古、西藏、回疆，建立中华联邦共和国"。毛泽东在湖南也积极支持联省自治运动，主张湖南走联省自治道路。

但是，联省自治运动最后还是失败了。它留给后人的遗憾是巨大的。长期以来，联省自治被认为是一场"分裂"、"割据"运动，积极

推行联省自治的地方实力人物，被批判为"野心勃勃、居心叵测"的
"地方军阀"。很多人固执地把在宪法基础上的中央和地方分权、分治
等同于分裂国家，把在分权基础上的统一等同于集权，这反映了中国一
些人"大一统"情结的根深蒂固，并因此埋下了 20 世纪中国悲剧的根
源。因为按照联邦主义的看法，"自治"与"分裂"风马牛不相及。联
省自治派一再表明，他们所追求的只是自治和联邦主义，不是割据，更
不是国家的分裂。"联省自治"不是要把中国分裂为几十个独立的国
家。全国的立宪中央政府框架依然存在，全国在名义上依然维持着政府
的统一。所以"统一"不能误解为"集权"，"分权"不能误解为"分
裂"，"自治"不能误解为"独立"。可是他们的看法在当时并不为大一
统派所接受，结果中国还是走上了武力统一的道路，用中央集权大一统
来代替联邦自治，使实行了两千年的秦政依然不变。蒋介石后来的专制
独裁为千夫所指，即为明证。联邦自治运动的失败，使中国文明转型的
道路变得更加艰难和曲折。

　　更为难能可贵的是，那些拥护联省自治的地方主政者，大多数主动
愿意通过宪法（省宪）来约束包括自己在内的主政者的权力。这一现
象绝对不能被人们忽视。古今中外，极少数例外，主政者无不以各种机
会扩大自己的权力，其中包括利用宪法。能在没有外部压力与内部竞争
的情形下，自觉限制自己权力的制宪者与主政者，只是在美国的制宪者
和中国的联省自治的一些实践者们身上能够看到。在中国，执政者利用
包括宪法在内的一切手段来扩大自己的权力，已经形成了似乎是难以逆
转的历史惯性。联省自治的实践者们能够逆这一历史惯性而动，是需要
巨大的勇气和开阔的胸怀。毫不怀疑的是，联邦主义和宪政民主在中国
未来的落实，很大程度也取决于那时的制宪者和主政者，是否愿意让自
己的统治权力受到宪法的限制。没有这一个重要的因素，中国文明转型
的成功，中国民主共和的真正实现，将是遥不可及的梦想。在这一方面，
联省自治的要求值得反思。

　　因为陈炯明是联省自治的主要发起人和推动者，最后又由于他与孙
中山决裂，并发生了 1922 年的"6·16"事件，导致联省自治运动的
彻底失败，所以这里有必要简单介绍一下陈炯明以及"6·16"事件的
情况。

　　在一般人印象里，陈炯明是背叛孙中山的反动军阀，其罪证之一，

就是 1922 年 6 月 16 日的"炮轰总统府"，逼得孙中山逃出广州，所以长期以来都批判陈炯明是"革命的叛徒"。然而近年来，对陈炯明不同的评价越来越多，有关陈炯明的资料也陆续出版。例如，广东中山大学出版社 1998 年出版了由段云章、倪俊明编著的《陈炯明集》，后来广东人民出版社又出版了段云章编著的《孙文与陈炯明史事编年》。与此同时，《南方周末》、《南方都市报》、《书屋》等报纸杂志也陆续刊载了不少重新评价陈炯明的文章。这些著作和文章，根据实事求是的原则，肯定了陈炯明的历史功绩，对他和孙中山的关系以及"6·16"事件进行了分析和澄清。

陈炯明，广东海丰人，又名竞存。1898 年中秀才，1908 年以优异成绩毕业于广东法政学堂，其后加入同盟会。在辛亥革命中，他率领部队光复惠州。广东军政府成立被推为副都督，不久为代都督。袁世凯称帝，他积极参加讨袁斗争。1917 年参加护法运动。1920 年任广东省省长兼粤军总司令。1921 年 5 月，被孙中山任命为陆军部总长兼内务部总长。

陈炯明具有民主思想，反对军治、党治。面对当时南北对峙的局面，他积极主张仿效美国的联邦制，在中国推行联省自治，希望把广东这个南方省份建设成为一个民主、共和制度的模范省，然后作为模式推广到全国，从而在全国实现和平统一和民主共和政治。陈炯明因此决定先定省宪，以确立民治的基础；再议国宪，循序渐进地推进统一。但是，他的这些政治主张与孙中山的主张不同。孙中山主张用武力北伐，统一全国，成立一个正式的中央政府，领导全国革命。所以孙中山把国民革命分为军政、训政、宪政三个时期，他说："我们建立民国，主权在民，这四万万人民就是我们的皇帝，帝民之说，由此而来。这四万万皇帝，一来幼稚，二来不能亲政。我们革命党既以武力扫除残暴，拯救皇帝于水火之中，保卫而训育之，则民国的根基巩固，帝民也永赖万世无疆之休。"（居正：《中华革命党时代的回忆》）

但孙中山的主张遭到陈炯明的批评，陈炯明说："训政之说，尤为失当。此属君政时代之口吻，不图党人袭而用之，以临吾民。试问政为何物？尚待于训耶！民主政治，以人民自治为极则，人民不能自治，或不予自治机会，专靠官僚为之代治，并且为之教训，此种官僚政治，文告政治，中国行之数千年，而未有长足之进步。国民党人有何法宝，以善其后耶？徒使人民不得自治机会，而大小官僚，反得藉训政之谬说，阻碍民治之进行。"（《陈炯明集》下卷，中山大学出版社，1998 年 9 月）

由于两人的政治主张不同，所以矛盾越来越尖锐。《南方周末》2002 年 4 月 17 日刊登《1922 年陈炯明与孙中山》（作者叶曙明）的文章谈道：1921 年孙中山发动粤桂战争，"10 月 29 日，孙中山在梧州设大本营，一面派汪精卫回广州筹饷，一面躬亲督师，溯江北上，向桂林前进。他愤然表明：'我已立誓不与竞存（陈炯明字）共事。我不杀竞存，竞存必杀我。'（《华字日报》1922 年 6 月 24 日）遂有把手枪交给黄大伟，令其刺杀陈炯明之举。（章太炎：《定威将军陈君墓志铭》，载《广州文史资料》第 9 辑，此事亦经黄大伟本人撰文证实）"。

矛盾发展到这一步，显然已经难以调和。到了 1922 年 6 月 2 日，北方的中华民国总统徐世昌在巨大的压力之下，宣布辞职。由于孙中山事前曾一再发表政治宣言，承诺只要徐世昌下台，他亦将同时下野。因此，舆论普遍认为，徐世昌下台后，停止内战，和平统一，终现一线曙光。6 月 3 日，蔡元培、胡适、高一涵等 200 多位各界名流，联名致电孙中山和广州非常国会，呼吁孙中山实践与徐世昌同时下野的宣言，辞去非常大总统。可见这个要求在当时是颇得人心的。但是孙中山没有履行其诺言，辞去非常大总统的职务。这就导致了随后 "6·16" 悲剧的发生。

根据有关的资料证实，6 月 16 日事件发生时，陈炯明并不在广州，而在惠州。当时他已经在孙中山的逼迫下辞职。指挥这次事件的是他手下的叶举将军。叶举对孙中山的行为十分不满，于 6 月 3 日宣布广州城戒严。关于随后发生的事情，《1922 年陈炯明与孙中山》谈道：6 月 15 日深夜，粤军高级将领在郑仙祠召开紧急会议，决定发动军事政变，驱逐孙中山下台。就在这危急关头，"陈炯明在惠州派秘书陈猛荪持亲笔信劝止叶举……信大意说孙中山出兵北伐如果能胜固好，如其失败，我以陆军部长身份暂将部队调返东江训练，做充分准备，到时仍可收拾残局。陈猛荪持信送到郑仙祠。叶举阅后，当着陈猛荪的面将信掷落地上，说陈炯明不知军事，叫陈猛荪回报陈炯明事情已不容不发……陈炯明怒不可遏地把茶盅也打碎了。"（彭智芳：《叛孙前后的陈炯明部队》）

6 月 16 日凌晨，粤军围攻总统府。孙中山登上军舰，宣布陈炯明是"叛徒",于是海军与"叛军"开战。但既是如此,这场叛乱同谋杀还是不同,因为叶举等人并不想置孙中山于死地,只想将孙赶出广东,所以他们在事前让人打电话给孙中山透露了消息,让他赶快离开。他们提出的要求,也正是前面蔡元培等人所提出,请孙中山兑现他与徐世昌一齐下台的诺言(《晨报》,1922 年 6 月 4 日,并参见袁伟时先生相关分析:《文化专横与历史污秽》,载《二十一世纪》网络版第三期,2002 年 6 月 29 日)。再说,孙中山从总统府步行到永丰舰,走了三个多小时,沿途没有遭到拦阻。这在层层封锁的广州城,是不可能的。如果不是要有意放他离开,不可能有别的解释。

至于"炮打总统府",也应该不是事实。因为查当时的《申报》、《时报》、《大公报》以及香港、广东的报纸,都没有看到"炮打总统府"的新闻报道。根据陈定炎《我为什么要为先父翻案》的文章介绍,当时观音山下有 3 声炮响,"是(总统)府内守军拒绝被粤军缴械解散,粤军开土炮'三响而吓之',并不是炮打总统府"。相反,从报纸查到的消息是,6 月 17 日午后 1 时半,孙中山率领永丰等七舰,向广州城内各处开炮射击,造成 100 多名平民死亡,这样的大字标题布满了当时各大报纸。

"6·16"事件是一大历史悲剧,导致了陈炯明和孙中山的彻底决裂,陈炯明随后也就成为了"革命的叛徒",联省自治也受到殃及,被批判为"军阀割据、拥兵自重的借口",成为政治禁忌。陈炯明随后遭到孙中山的讨伐。由于受到陈炯明的牵连,所以联省自治受到的批判和谴责最多,得到的肯定最少。但是,联邦自治毕竟为中国政治进步和文明演化找到了具体的操作载体,是中国制约权力的滥用、防止腐败的蔓延、走向现代文明、实现个人自由、社会公平正义和长治久安的一种尝试。其现实的路径是:以个人为最基本的自主单位,以村镇为最基本的自治单位,联民而村镇,联村镇而市县,联市县而省邦,联省邦而共和,由是达到联邦共和的境界。它为后人实现中国文明的转型留下了可资借鉴的政治设计,这是一笔宝贵的财富。

历史的奇观：超顽强文明

——东西方文明转型的比较

在有关中国历史的各种问题中，最引人注目的是：为什么中国专制社会长期延续达两三千年之久？中国的一元化文明为什么在近代经历了西方文明的巨大冲击之后，依然还在顽强地延续着？为什么中国文明的转型难以成功？

对于这个千古之谜，长期以来，许多人都曾做过深入的研究，但是至今还没有人能够作出最令人信服的解释。今天，当我们对中国文明再一次进行反思的时候，这个千古之谜又摆在了人们的面前。我们不得不承认，无论是偶然的原因，还是必然的原因，中国文明确实具有超顽强的生命力。这是历史的一大奇观。

两种中国文明转型的观点

一种相当流行的观点认为，中国专制制度的长期延续，是因为中国古代社会自给自足的小农经济长期得不到必要的变更，城市化水平低，市民社会没有形成，商品经济没有得到充分的发展，加上统治者长期重本抑末，以至于没有为专制社会向民主社会过渡准备好必要的经济基础。这种观点从经济发展的角度来分析社会发展和变化的原因，当然是必要的，也是正确的。但是，一个社会的变化，一个文明的变革，仅从经济上找原因是不够的。

经济史的研究表明，欧洲中世纪时期的领主庄园经济，其自给自足的程度远远高于中国古代的水平。早在春秋战国时期，中国就有了发达的商品经济。特别是到了唐、宋时期，商品经济已经发展到了很高的水平。如唐朝的国际贸易就已经很繁荣，公元769年和770年，每年仅在广州登陆的外国商船就达4000多艘，平均每天就有十多艘。而当时，广州仅仅是交州、泉州、扬州、明州等著名大港中的一个而已。就城市化水平而言，仅唐代的长安，就有居民 100 多万人。宋代时，商业更加繁荣，国家每年向工商业征收的税收，已经超过了农业税。宋朝实际上已经进入了以工商业为主的社会。宋代的城市，有 50 多万人口的多达 6 个，北宋开封、南宋临安都是 100 多万人口的大都市。而欧洲，直到 14 世纪的时候，最大的城市威尼斯、佛罗伦萨还不到 10 万人，一般的城市，如纽伦堡、奥格斯堡不过 1 万人左右。而且，我国每到王朝末年，就会出现商业病态繁荣的景象。

那么，为什么民主、共和、自由和宪政恰恰从欧洲高度自给自足的领主庄园和规模不大的城镇中产生，而在城市和商品经济相对发达的古代中国，现代文明却反而难以产生和发展呢？显然，文明的变革和发展，经济因素只是一个重要的条件，不是根本的原因。

还有一种观点认为，中国的封闭、保守和僵化的儒家文化长期占着统治地位，这是中国文明难以转型的根本原因。他们认为儒家思想的君君臣臣、父父子子的宗法血统原则、禁止竞争的原则和仁义道德至上的原则，窒息了人们的思想，扼杀了人的创新精神，因此阻碍了中国文明的进步，造成了中国专制文明的长期延续。

这种观点试图从意识形态的角度来认识中国文明的缺陷，显然也包含了一定程度的合理性。但事实是，中国在春秋战国以前，儒家文化并没有产生，那么，为什么没有产生出多元的文明呢？而且，就是在春秋战国时期，儒家的文化也并没有为人们所接受，多元文明也同样没有出现。再一个就是，日本自唐朝全盘汉化之后，儒家思想也同样占着统治的地位，而且，日本人的忠君情结比中国人还要牢固。那么，为什么日本明治维新能够成功实现文明的转型，而中国的戊戌维新却失败了呢？在欧洲中世纪，虽然没有儒家的文化，但是基督教却占着统治的地位，这种宗教一样摧残人的欲望，压抑人性和人的创新精神，那么，为什么欧洲的文明能够实现转型，而中国的文明却不能实现转型呢？

显然，文明的变革和发展，仅仅从儒家文化方面找原因，也是不够的。长期以来，一些专家学者都认为，要想实现中国文明的转型，就必须彻底抛弃儒家学说，抛弃中国的传统儒家文化，而进行全盘西化的改造。很多的专家学者，希望通过文化的革新，来改造中国人的灵魂，让中国人全盘接受西方文化，从而实现文明的转型。但历史事实证明，单靠文化的革新并不能实现文明的转型，孔家店被打倒了，专制政治也丝毫没有改变。因此，文化上的全盘西化，也是不能实现文明转型的目的的。

其实，春秋战国时代的中国儒家文化，都没有提倡"君君臣臣"的愚忠思想，而且有许多积极和进步的成分。例如孔子主张的仁爱、宽容的思想，与民主、共和、自由和宪政思想也并不矛盾。没有爱和宽容的精神，就不可能产生民主、共和、自由和宪政。还有孔子提出的中庸之道，告诉人们不能用极端的手段来解决问题，而是要通过和平的协商的方式，通过双方的妥协、谅解，来寻求一个折中的方案，达成一致的意见来解决问题。这与西方的"社会契约"的思想也非常接近，更是民主、共和和立宪政治得以实现的基本程序。还有孟子提出的"民为贵，社稷次之，君为轻"的民本思想，更是与"人民主权"的民主、自由思想非常接近。所以儒家思想并不见得就是实现现代文明的主要思想障碍。

在中国皇帝专权的历史上，除北宋一些皇帝外，很少有君主真正按照儒家的要求来治国。西汉武帝采纳董仲舒的建议，"罢黜百家，独尊儒术"，其实只是一个口号，他独尊的儒术，并不是真正的儒家思想，而是"天人合一"的谶纬神学，是为神化皇权制造舆论的。汉武帝实行的并不是仁政，而是暴政。可见儒家思想在汉代已经被阉割。南宋时的朱熹理学，也不是真正的儒家思想，所谓的"君为臣纲"、"忠孝节义"，也是为强化皇权服务的。所以，儒家思想虽然在古代被确定为正统的思想，但只是一种形式，其民本思想并没有得到真正的推行。而从明清社会以后，真正占统治地位的文化，并不是真正的儒家文化，而是程朱理学以及严酷的法家权谋；而在民间，则是江湖习气和流氓文化。这种文化所导致的专制压迫和流氓政治才是毒害中国人的烈性毒药。这一点，长期被思想界所忽略。

事实上，日本、韩国的传统儒家思想、文化、传统礼仪等等，比中国要保留完整得多，却也丝毫没有妨碍这两个国家成为多元化文明的国家。当然，儒家思想中没有现代民主、共和政体的制度设计，所以，儒家思想和礼仪只能作为可以运用的形式，为人们所继承。所以，在日本和韩国，他们实行的并不是"中学为体，西学为用"的政治设计，而实行的是"西学为体，中学为用"的政治设计。可见，文化的变革不是文明变革的核心问题。

那么，到底要怎样做才能实现中国文明的转型呢？为了解答这个难题，我们必须要重新对中国的历史进行审视，同时，我们要与欧洲文明转型的历史进行对照，看一看中国与欧洲在文明的转型方面，到底有什么不同。

教会是推动西方文明转型的决定力量

无论古今中外，强大的官僚体制都是民主、共和政治体制建立的巨大障碍。而要打破官僚体制的束缚和压迫，建立起民主、共和、自由、法治的社会，没有一种特殊强大的力量是做不到的。西方社会之所以能够建立起民主、共和政体，首先就是因为西方社会产生了教会这一巨大的力量，来对君主的权力进行有力的制约。这是官僚体制之外的一种强大的力量，所以它对君主权力的制约是有效的。

也许是上帝特别关爱欧洲人，当雅典、罗马的民主、共和政治被消灭以后，基督教却在欧洲迅速地蔓延开来。虽然基督教使欧洲人受了1000年的神的摆布，但是，基督教却也在欧洲造就了一支巨大的力量，这就是教会的力量。

当时，教会的力量是非常强大的，甚至凌驾于世俗社会的君王之上，成为制约君权的决定性力量。因为在整个欧洲的中世纪，神性和俗性是并驾齐驱，共同发展的，政教分离的二元体制是西欧中世纪社会的特点，这就为欧洲文明的转型创造了前提。

立宪政治的基本前提，就是国家的立法、行政、司法等权力要相互制约，没有权力的相互制约，立宪政治就无法实现，多元化的文明就无法产生。正是在这个意义上，教会成为了摧毁官僚体制、催生现代文明的助产婆。如果没有强大的基督教作为后盾，西方文明的转型是不可想像的。

西方人具有宗教的观念。这是宗教在西方得以产生的基础。马克思曾经说过，基督教是犹太教的私生子。它是从犹太教发展而来的，是犹太世界的产物。犹太民族是一个伟大的民族，也是一个多灾多难的民族。在外国的侵略下，饱受亡国之苦痛，虽然他们多次反抗，但均告失败，于是犹太人后来就产生了救世主拯救世界的观念。

公元前 2 世纪前后，散居在小亚细亚的犹太人出现了一个宣扬
"救世主就要降临"的秘密宗教派别，基督教就是从这个教派脱胎而来
的。传说基督教的创始人是耶稣，他曾收了 12 个人为大弟子，四处传
教。但耶稣后来被罗马帝国犹太省总督以叛逆罪逮捕，并钉死在十字架
上。耶稣死后，他的信徒们便以耶稣"死而复活——升天——重新降
临——建立大卫王国"的信念聚集在一起。他们相信耶稣就是救世主，
是未来大卫王国的君主，他们认为崇拜基督，通过悔罪、受礼，可使灵
魂得到拯救，升入天国。在那里，"叫有权柄的失位，叫卑贱的升高，
叫饥饿的得饱美食，叫富足的空手回去"。这就是基督信徒们的理想。
由于这种要求社会平等的理想是对当时不平等社会秩序的挑战，所以，
在基督教形成之初，遭到罗马当局的残酷迫害。

但是，后来的情况发生了变化。由于基督教的广泛普及，教会力量
的迅速壮大，迫使罗马帝国的皇帝，于公元 313 年承认基督教为合法的
宗教。到了公元 392 年，狄奥多西一世正式宣布基督教为罗马帝国国
教。从此，教会的组织在政治上、经济上都享有了许多的特权，势力越
来越大，还有了教皇、主教、神父、助祭等品级，在国家政权之外形成
一股独立的政治力量，与世俗的政权相抗衡。

公元 8 世纪，法兰克王矮子丕平为感谢教皇对他篡位的支持，出兵
意大利，击败伦巴底王国，迫使伦巴底王国向教皇投降。公元 756 年，
丕平再次出兵意大利，把从拉文那到罗马的整个中部意大利赠给了教
皇。这一事件，标志着"教皇国"的开始，意味着教皇同时也是世俗
的国君。作为报答，教皇利奥三世于公元 800 年为丕平之子查理曼皇帝
登基加冕。这一举动，为日后的君权神授观念的形成奠定了基础。从
此，世俗的皇帝登基都要经过教皇的加冕，方才显出神圣，教皇的权威
也就越来越大。

为了增加教会的权威，罗马教廷还在自己统辖的地区建立了宗教法
庭——宗教裁判所，也称为异端裁判所。其后各个国家的教会都建立了
这样的宗教法庭。凡违背基督教正统信仰的言行均构成异端罪，由宗教
裁判所进行判决。死刑只有一种，就是火刑。被烧死的具有异端思想的
人中，就有布鲁诺、塞尔维特等科学家，据统计，先后有十多万人被处
以火刑。此外，罗马教廷还组织十字军，先后七次东征耶路撒冷。

为了显示自己的权威，以摆脱世俗皇权的辖制，教皇于是宣称教权

大于皇权。公元 1075 年，教皇格列高利七世亲笔写下了一篇《教皇敕令》，将教皇的权力归纳为 27 条，其中有这样的规定：罗马天主教会为上帝独立建立的；只有教皇理所当然地被称为万能的；只有他能使用帝国的徽章；他的头衔是举世唯一的；王公应当只吻教皇的脚；教皇有权废黜皇帝；任何人不得对教皇进行裁判，等等。

由于教皇将自己凌驾于世俗的皇权之上，因此引发了激烈的政教之争。就在格列高利七世写下《教皇敕令》的这一年，他与德意志皇帝亨利四世之间的斗争终于爆发了，并从此开始了教皇与皇帝争夺领导权的 200 年的斗争历史。

当时，亨利四世骂格列高利七世"不是教皇而是假僧侣"。而格列高利七世也发布敕令，废黜亨利四世，将他革除教籍，解除臣民对皇帝效忠的誓约。亨利四世因此被众人抛弃，被迫在隆冬严寒季节，身披悔罪的麻衣，赤着双脚，在寒风中等候三天，向躲在托斯卡那女伯爵马蒂尔达的城堡里的对手请求宽恕，女伯爵也为他求情，格列高利七世这才赦免了他。这样的斗争几起几落，也没有分出胜负。

到了 12 世纪，维护教皇权威的教皇党提出了所谓的"两把刀"理论，企图把教皇置于皇帝之上。这个理论出自圣经故事，说耶稣叫门徒须备两把刀，这两把刀就是神权和政权，都属于教会，因为政权是教皇为国王加冕时授予国王的。而维护王权的法兰西法学家则认为，没有教皇以前就有皇帝了，主张皇权来自上帝。这样的争论也没有结果，最后双方以妥协宣告结束。

从基督教历史的发展，我们可以看到，在整个欧洲中世纪，随着教会力量的迅速壮大，教会组织的不断发展，形成了一个独立于官僚系统之外的一个政治系统，从而对世俗皇权形成了有力的挑战。

尽管中世纪的教会代表的是保守、落后、顽固的反动势力，但在和皇权斗争的过程中，这种政教之争的客观作用，就在于使一个国家不能建立起由皇帝绝对专制的中央集权制度，不能够形成宗法一体化的社会组织结构，不能够形成由皇帝一个人说了算的政治格局，避免了欧洲走向一元化文明的悲剧发生。

如果没有教会的存在，就没有制约皇权的力量产生，那么，欧洲各国的皇帝就有可能建立起一元化的专制制度，实行集权统治，这将使欧洲的民主政治难以建立起来。正是在这个意义上，基督教成为了现代文

明连接古代希腊、罗马文明的纽带。在这方面，教会的力量是功不可
没的。

考察欧洲各国在中世纪的地方政治制度，我们可以发现，欧洲各国
的地方城市的管理，是以教区来划分的，是实行地方自治的，并不是皇
帝委派官员来统治的，这与中国古代地方官僚机构由皇帝委派官员完全
不一样，因而欧洲中世纪的城市是皇帝专制势力鞭长莫及的地方。《共
产党宣言》曾指出："从中世纪的农奴中间产生初期城市的自由居民。"
英王亨利二世颁发给林肯城的特许状中说，任何人只要在城市住满101
天，就可以获得自由。所以当时欧洲有"城市的空气使人自由"的
说法。

欧洲的城市是农村小农经济的对立物，是君主专制政治势力控制薄
弱地区，它成为资本主义新因素聚集结合的母体。早在公元11世纪，
法国朗城就以赎买为手段获得自治权。法王菲利浦二世为了争取城市的
支持，曾先后对41个旧城和43个新城颁发了特许状，承认它们自治。
这些自治城市，麻雀虽小，五脏俱全，是一种尚未发育起来的新结构的
雏形。市民经济、市民思想文化以及市民政治，都是在城市里孕育、结
合并进一步发展的，这是走向现代文明的重要一步。欧洲的城市是小农
经济汪洋大海中资本主义结构的岛屿。可以说，现代文明取代专制主义
的历史，就是城市不断壮大、战胜农村的历史。

一般说来，城市的发展是和商业的发展联系在一起的。但是，城市
能否成为新因素的结合体，就和社会结构直接相关。旧结构控制力越
弱，城市越容易成为新因素成长的摇篮。

教皇所在的意大利最为典型。教皇和霍亨斯陶菜家族争夺对意大利
的统治权，各自又没有具备统一全境的力量，形成了三四百年之久的均
势。这种均势造成了意大利的四分五裂局面和旧制度控制的真空。于
是，发达的商业贸易和文艺复兴运动，在这里兴起了。威尼斯、佛罗伦
萨、热诺阿等等城市，像种子一样在封建社会结构的裂缝中扎根生长，
逐渐长成大树。可见，皇权与教权的斗争，造成了地方城市的管理真
空，从而孕育了一种新的思想和商业精神。

最重要的是，由于教会与世俗皇权的争权夺利，造成城市的管理真
空，让城市贫民的力量迅速发展起来，成为一支不可忽视的重要力量。
不管是教会还是世俗的君主，为了战胜对手，都必须努力争取市民的支

持，都必须要与市民结成联盟。当教会的力量不足时，教会就会联合市民，共同反对君主，这样，教会就会满足市民的一些要求和条件。而君主的力量不足时，君主也会联合市民来反对教会，这样，君主也会满足市民的一些要求和条件。市民社会就是在这样的情况下发展起来的。

不管是国君反对教会，还是教会反对国君，市民都是双方必须争取的力量。市民因此成为了欧洲中世纪政治斗争的平衡器。由于市民要求在法律上保障政治平等的权力，保障发展自由经济，保障人权，这就对促进立宪政治的发展，起到了直接的作用。

一个最重要的例证，就是教会后来与贵族、平民结合在一起，反对国王，迫使国王向贵族和平民作出妥协，从而导致了英国《自由大宪章》的诞生，开创了欧洲立宪政治的先河。

《自由大宪章》签订的原因是因为当时的英国国王约翰，是一个残暴无能的君王，他不断发动对外战争，大肆增加税收，引起英国社会的普遍不满，而直接的导火线是英国教会中最具权威的坎特伯雷大主教年老去世，教席出缺，约翰垂涎教会的权势和财富，遂任命自己的心腹诺里季主教担任此职。没想到教会根本不买约翰的账。此时执掌罗马教廷的正是赫赫有名的教皇英诺森三世，他狂热鼓吹教权至高无上，皇权服从教权，所以，他对约翰国王提出的人选加以否决，另外任命兰顿为坎特伯雷大主教。

消息传来，约翰国王勃然大怒，宣布拒绝兰顿入境，不承认英诺森的任命。而英诺森闻讯丝毫也不让步，他当即颁布敕令，禁止英格兰一切宗教活动6年。这在中世纪是极为严厉的处罚，教堂关闭，教士们纷纷外逃，全国臣民不能举行宗教活动，这就意味着死后要进入地狱，全国臣民对国王的不满可以想见。

但约翰国王却满不在乎，他不但不改变自己的决定，反而乘机把教堂的教产和教士的财物掠为己有。教皇英诺森见约翰死不悔改，于是下令革除其教籍，废黜其王位，宣布英国臣民可不再对其保持效忠。王位转授给法国国王腓力二世。法王闻讯立即召集军队，准备渡海。与此同时，英国的教会、贵族和市民，对约翰的残暴统治也忍无可忍，于是举行暴动，武装攻占伦敦。面对内外交困的局面，约翰无计可施，只得跑到罗马面见教皇，满脸赔笑，双膝跪地，双手捧着英国地图，表示将王国献给教皇，自称"教皇臣仆"，宣誓效忠。

英诺森教皇见约翰向教会投降了，也就不再追究，于是要求约翰与教俗贵族和市民进行谈判。约翰无可奈何。谈判的结果，是教俗贵族和平民的代表，强迫约翰在写着他们条件的羊皮纸上签字，这就是著名的《自由大宪章》。宪章共63条款，主要包括保证贵族的土地继承权，国王不得任意没收；国王未经法律许可，不得对任何自由人加以逮捕、监禁、没收财产，或加以任何损害；非经贵族大会议同意，不得随意征收额外税金；保证市民的商业自由。其中特别规定，国王保证不侵犯教会的权力和自由，不干涉教会的选举，不剥夺教会的土地，确认伦敦及其他城市的自由权利，等等。最后，这部宪章规定从大贵族中选出25名代表组成委员会，监督国王对宪章条款的执行；如有违反，贵族们有权再次动武。

由此我们可以看到，英国《自由大宪章》的签订，教皇和教会发挥了重大的作用。而《自由大宪章》是世界上最早的由君主与教会、贵族以及平民共同签订的成文宪法，它贯穿了"王权有限"的精神，确认了法律高于国君的原则，保障了人的自由权利，由此开创了人类社会立宪政治的开端，这是一个天才的构想，是对人类文明的伟大贡献。在这个过程中，教会的作用是应该充分肯定的。如果没有教皇和教会对国王的制约，事情的演变就可能出现流血的结果，而《自由大宪章》也不可能签订。

约翰国王死后，其子即位，是为亨利三世。他不甘于王权的衰落，于是在保守派贵族的支持下，与西门·孟福尔为代表的贵族发生内战。此时，又是教会出面支持孟福尔，打败了亨利三世。随后，由孟福尔执政，在伦敦召开教俗贵族、骑士和市民参加的代表会议，是为英国国会的开端。

1295年，英王爱德华一世为筹集经费，再次召开国会，这次国会史称"模范国会"。此后国会经常召开。1343年，国会分成上下两院，而组成上院的就是教俗贵族，下院则是由骑士和平民组成。由于上院的教俗贵族对君权有较多的制约，所以，国王常常联合下院来反对上院，从而使英国的平民处于越来越重要的位置。英国议会的出现，标志着英国宪政制度开始确立，也为资产阶级革命后的君主立宪制打下了基础。这是具有划时代意义的重大事件。后来英国发生"光荣革命"，正式确立了君主立宪政体，这场革命也是由教会领导的，教会是起了决定性的作用的。

　　除了英国之外，法国的文明进程也是如此。由于教皇发布教权高于皇权的敕令，使皇权与教权发生了尖锐的冲突。腓力四世为了反抗教权，于1302年召开全国性的三级会议，参加会议的有高级教士、世俗贵族和市民，从而使法国政治进入议会君主制阶段。

　　可见，在权力的"生物链"上，由于有了教权的制约，王权才会与市民结成联盟，实行议会政治；如果没有教会的制约，王权就不可能寻求市民的支持，不可能实行议会政治，而只会走向专制，走向独裁。所以，在推动欧洲由专制政治向民主政治转型方面，教会的作用是不可替代的。

　　中世纪是欧洲文明的转型时期，是一元化文明向多元化文明转型的关键时期。在这个时期，虽然基督教的统治压抑人的感情，禁锢人的思想，但是，我们不能因此而否定基督教在中世纪时期对于促进欧洲文明转型的作用，尽管这种转型并非是出于教会的本意。

　　正如美国人阿尔文·施密特在他的著作《基督教对文明的影响》一书中指出的那样："今天，很多诋毁基督教的人也许不相信或者没有意识到，倘若没有基督教，他们将不会拥有他们现在所喜爱的自由……西方将不会达到如此高水平的文明，并且赋予它如此深厚的、至今仍引以为荣的人文内涵。"

中国没有出现制约皇权的教会组织

　　基督教在中世纪为推动文明转型所发挥的伟大作用启示人们，要想实现一元化文明到多元化文明的转型，最根本的条件，就是要在官僚体制之外具有一股制约君权的强大力量。

　　由于中国在春秋战国时代既没有走向民主政治，也没有产生宗教观念和宗教组织，不能对国君的权力进行有效的制约，所以中国社会在当时只能产生一种单纯的官僚体制，以至于秦始皇最后建立了高度中央集权的大一统的君主专制制度。其庞大严密的官僚体制，上至朝廷，下至边远的农村，都有朝廷派出的官员在管理着。皇帝就像人体的大脑，居于神经的中枢，而大大小小的官员则是布满人体的神经网络。皇帝和各级官员运用严刑酷法和户籍制度等手段，对老百姓进行全面的严密的控制。就是一只蚂蚁也逃不出皇帝的掌心，任何破坏这个统治系统的人，任何挑战这个系统权威的行为，都属于大逆不道的谋反行为，都会受到残酷的镇压。可见中国的政治结构，与欧洲社会完全不同。

面对这样一个强大的官僚体制，要实现向立宪政治的转变，就必须要有一股巨大的政治力量来制约皇帝和官僚的专制政权。但是，在中国这样的国家，除了宗教的力量，又到哪里去找这样一股在体制外能与皇权抗衡的强大的政治力量呢？

首先是知识分子。他们是读书人，是社会上最有思想的一群人。可是，在中国这个家国一体的高度专制的社会里，知识分子是依附于官府的。在隋唐之前，知识分子通过举孝廉、门第举荐等各种渠道，进入统治集团，或者做官员的幕僚。隋唐之后，知识分子又通过科举考试而被选拔到朝廷做官，融入官僚体制之中。应该说，科举制度有它的合理之处，具有平等的色彩，不管出身贫贱还是高贵，只要你有才能，都可以通过考试，而一视同仁地被国家选进统治集团。所以，知识分子只能被官僚体制同化，而不可能成为官僚体制的异己力量。如果他们自己将这个体制废除掉，或者加以严格的限制，那么，"皮之不存，毛将焉附"？他们只有拼命地维护和强化这个官僚体制，才能谋取个人的前途。

其次，是农民。他们人数最多，而且力量也最大。但是，在中国的古代，是小生产的汪洋大海，农民居住分散，每天为生存而忙碌，而且在户籍制度等严格管辖之下，在官府的严密控制之下，根本无法形成一支统一的强大的力量，来与官僚体制分庭抗礼。他们只希望清官出现，为他们说几句好话，根本没有可能去监督和制约官府的行为。在专制社会，民是怕官的，民不告官，是天经地义的。只有当他们遇到天灾人祸无法生存时，他们才会起来反抗官府甚至皇帝，而这种反抗的结果，就是将社会的一切文明成果彻底扫荡，使整个国家陷于无政府状态。然后由一些胜利者如刘邦、朱元璋等来改朝换代，重新建立起皇帝专制的中央集权的官僚体制，对社会和人民的控制也就随之更加强化。所以，中国的农民不可能成为官僚体制的制约力量和新文明的代表者。

再次，是商人。由于中国历朝历代都实行的是重农抑商的政策，商人并没有形成一股独立的政治力量。不仅官府垄断工商业的经营，民间贸易和手工业十分弱小，而且，民间的商人也是通过官商勾结的形式，来谋取利润。在唐、宋两个朝代，中国的商业十分繁荣，民间商人的力量比较强大。唐朝曾出现过商人为反抗官府增税而罢市的情况。但是随着后来农民起义的发生和外族的侵略，商品经济也被彻底扫荡。到了明朝之后，工商业基本上被官府垄断，无论是江南的丝绸业，还是景德镇的瓷器业，还是矿产业，都是由官府来经营的。民间的商人除了通过官商勾结之外，很难通过市场竞争来发展自己，清朝著名的浙江商人胡雪岩，就是一个官商勾结的典型，他被清朝政府赐予头品顶戴，穿黄马褂，官至江西候补道，衔至布政使，是一个红顶商人。当时还有许多山西人经营票号钱庄，政府给予他们包办汇兑、贷款、代解钱粮及收捐税等等特权，从而有力地促进了山西金融业的发展，一时间山西钱庄票号闻名全国，山西商人因此聚集了巨额的财富，购置了大量的田产。如果没有官府的支持，没有官商勾结，绝不可能出现近代山西繁荣的金融业。所以，中国的商人不是市场竞争的产物，而是官商勾结而产生的怪胎，他们不可能成为官僚体制的制约力量和监督者。

最后，是城市的贵族和农村的地主。在中国古代，城市的贵族都是在朝的官员或者是皇亲国戚，而农村的地主也大多是在位的地方官员或者是退休的官员以及他们的亲戚，其中也有一部分是商人购买土地。当然，这些人有很多是地方的绅士，为本乡本土做好事，耕读传家，口碑很好，受人敬重，但也有很多人把自己贪污受贿得到的大量的金钱在农村购买土地，或者利用权势直接侵占农民的土地，成为一方的大地主。每到王朝的中后期，这些人会造成全国的土地兼并之风愈演愈烈，大量失去土地的农民成为流民或者难民，并因此成为农民造反的直接原因。所以，在中国，城市的贵族和农村的地主也不可能成为官僚体制的制约力量和监督者。他们是官僚体制的社会基础和寄生虫。

官逼民反是中国社会的普遍现象，是中国历代农民暴动的根源。其基本的表现是，官僚机构的膨胀和日益的腐败以及没有节制的土地兼并，加重对农民的剥削，使农民无法生存，只好铤而走险，揭竿而起。这是中国历代王朝走向崩溃的主要根源。面对着这样的情况，作为最高统治者的皇帝，为了维护自己的统治，保住自己的江山社稷，就必须要采取坚决的措施，来制约和监督各级官僚机构的腐败行为。但是，各级官僚机构和散布在全国的大大小小的官僚，又是他统治的基础，是中央政府各项政策和命令的执行者，皇帝不可能将自己的基础摧毁掉。于是矛盾产生了。这就是，既要有效地监督他们，又要保护他们，这是一个难以完成的工作。皇帝不可能从体制外去寻找监督的力量,因为这要危及他自己的统治地位和基础,所以,皇帝只能在体制内想办法,这就是建立监察机构,从上往下进行监督,还有就是强化宦官的权力,通过他信任的宦官来监督各级官僚。然而,这些肩负着监察责任的官员和太监,除了少数人忠于职守之外,大多数人都不是真心地去为皇帝执行监察的任务;相反,他们为了谋取私利,往往和各级贪官污吏相勾结,猫鼠一窝,大肆地行贿受贿,制造冤案,欺压百姓,激化社会矛盾,最终导致全国性的大动乱,将这个王朝埋葬。明朝就是一个典型。

更为要害的问题是,皇帝本身就是贪污和腐败的头子。要在体制内从下而上来监督皇权,这是不可能的。在每一个皇朝刚刚建立的时候,开国的皇帝往往是英明而廉洁的,所以,皇帝腐败的现象并不严重,对贪官污吏的惩治也比较有力。而且像唐朝李世民、宋朝赵匡胤那样的皇帝比较开明,对制约权力有比较清醒的认识,所以,他能够利用宰相等力量来分散自己的权力,监督自己的权力,也比较能够听取大臣的意见。可是,并不是所有的皇帝都有李世民、宋朝赵匡胤那样的胸怀,自己来监督自己,自明清两朝开始,宰相一职干脆不设立了,权力完全集中于皇帝,也就是所谓的"乾纲独断"。在这种情况下,还谈什么对皇权的制约和监督?明、清两朝黑暗的政治统治从此开始。

显然,在古代皇帝专制的中央集权制度之下,除了宗教的力量,没有任何其他力量能够监督和制约皇权和各级官僚的权力。宗教的力量之所以能够有效地监督和制约皇权,是因为它是来自官僚体制之外的一种强大的力量。而且,在中世纪,基督教组织比皇帝的官僚体制还要强大。国内的各个教区,都是教徒们在管理着,皇帝的官僚体制无法控制。所以,教会才能够在皇帝的官僚体制之外,形成一个庞大的政治组织,与皇权相抗衡。政教分离的二元体制,既然是欧洲走向立宪政治的决定因素,同样地,它当然也可以成为中国古代社会走向立宪政治的决定力量。

中国自西汉以后,道教开始产生,而且佛教也开始传入中国。随着时间的流逝,道教和佛教在中国得到了迅速的发展。特别是在魏晋南北朝以及后来的隋唐时期,道教和佛教在中国已经得到普及。这与得到皇帝的支持是分不开的。

东汉明帝是中国第一位弘扬佛教的皇帝。他派遣使者秦景等人前往西天寻佛求法。秦景等人在大月氏寻到佛家经典后，用白马托经，翻山越岭，回到洛阳。汉明帝为表彰他们的功绩，就在洛阳建造了中国第一座佛教寺院——白马寺，作为他们翻译佛经的场所。在明帝以后的历代东汉皇帝都崇信佛教。到了魏晋南北朝时期，佛教与道教势均力敌，都非常兴盛，信奉道教的人主要是知识分子，他们崇尚清静无为的老庄哲学，远离政治，以免在当时恶劣的政治环境中受到迫害，而佛教的普及面则更加广泛，到处都建有佛塔和寺庙。到北魏末年，全国当时有3000万人，但僧尼就达到了400万人，寺院建有四万多座，仅洛阳一地，就建有寺院1367座。寺院还有大量的田地，大部分寺院跟庄园差不多，寺院的主持就是贵族和地主。寺院经济非常强大，几乎可以跟国家的财政收入差不多。举世闻名的佛教石窟艺术，如敦煌、云冈、龙门等古代的雕塑、壁画，达数万个之多，鬼斧神工，令人叹为观止，都是这一时期开始建造的。

魏晋南北朝时期的历代皇帝，绝大多数都是佛教信徒，尤其是后赵皇帝石勒、石虎和南朝的梁武帝，对佛教的狂热达到了登峰造极的地步。例如石勒对西域僧人佛图澄非常尊敬，他令司农每天早晚都要向佛图澄问候致意，太子等人每5天要探望一次。石勒还奉佛教为国教，大兴寺庙。

南朝梁武帝萧衍对佛教更是虔诚。他把佛教列为国教，使佛教成为官方的意识形态，成为国家的意志。而且他自己4次舍身同泰寺，亲自当上了和尚。同泰寺是南梁帝国的首都健康（江苏南京）最大的寺院，僧侣有几千人。公元527年，萧衍到同泰寺进香，忽然脱下皇帝的龙袍，穿上僧侣的袈裟，当起了和尚来。当了3天和尚后才回到皇宫。公元529年，萧衍第二次到同泰寺舍身当和尚，一当就是73天，不愿意再回去。大臣们没有办法，就捐钱一亿，才把这个"菩萨皇帝"从同泰寺赎回来。第三次和第四次萧衍舍身，也是大臣们捐钱赎回来的。除此之外，萧衍还潜心研究佛理，写下了几百卷佛教经卷，对后世影响很大。不能说萧衍的行为都是虚伪的，其中对佛教的崇信是不容置疑的。当时有一个著名的学者叫范缜，他写了一篇《神灭论》的文章，对佛教神学进行了猛烈的批判，引起了一场大争论。为了驳倒范缜，萧衍找了很多佛教高僧以及大臣与范缜辩论。范缜据理力争，萧衍一怒之下，将范缜贬官。正是有了这些笃信佛教的皇帝支持，魏晋南北朝时期的佛教才能够迅速地兴旺起来。

魏晋南北朝时期，中国处于分裂状态，国家不统一，儒家的正统观念也遭到了抛弃。这对宗教的发展是千载难逢的好时机。如果这时佛教信徒们组织起一个全国性的宗教组织，建立起下至一般僧侣，上至大主教或者教皇的宗教组织结构，形成一个布满全国的宗教网络，建立自己的法庭，那么，就完全可以在以皇帝为首的官僚体制之外，形成一个与官僚体制势均力敌的政治势力，形成一个严密的对皇权有着强大的制约和监督力量的政治组织，形成政教分离的二元社会结构。那么，中国的社会结构就发生了根本的变化，这与欧洲中世纪时期的社会结构就没有多大的差别了。而且，在对佛教虔诚的皇帝的支持下，教权在广泛的群众基础上，还可以超过皇权。在这样的情况下，各国的皇帝要取缔或者消灭宗教，就不可能了。而皇帝为了与教会较量，就必须争取城市的贫民、商人、贵族的支持，这样，市民、商人和手工业者的地位，就会大大上升。那么，中国的政治格局就会向多元的方向发展，皇帝绝对专制的大一统的中央集权制度就很难再重新建立起来了。随着商品经济的发展，市民社会的扩大，中国就有可能走上立宪政治的道路。

但是，历史是不能假设的。由于佛教的僧侣们没有强大的自主意识，当时各个国家的寺院互不统属，形成一个个孤立的据点，没有形成一个统一的全国性的宗教组织，没有形成宗教的权威，所以尽管全国笃信佛教的人数占了人口的绝大多数，尽管皇帝大力支持佛教，也没有产生佛教组织独立于朝廷之外的现象。相反，佛教的僧侣们还积极与皇权结合在一起，将自己融入了官僚体制之中，诚心诚意地为皇权服务。佛教在这一点上，无法跟基督教相比。

事实证明，佛教的僧侣们想把自己与皇权结合的想法是幼稚的。既要大力发展自己的宗教组织和宗教经济，又要得到官方的长久的支持，这在现实生活中是做不到的。所以后来当寺院经济发展到一定的程度，威胁到国家财政的时候，官方就再也不能容忍佛教继续蔓延了。到了公元574年，北周武帝宇文邕面临着财政的危机之后，就断然下令，禁止佛、道二教，销毁佛经佛像，敕令200多万僧侣还俗，没收寺院的全部土地和财产，将财产分配给臣下，将寺观塔庙赏赐给王公。公元577年，周武帝在灭掉北齐之后，又在北齐境内推行禁佛运动，敕令300多万僧侣还俗。至此，北方的佛寺几乎扫除殆尽，僧侣只好逃往江南。

　　佛教经过这两次巨大的打击之后，就失掉了成为一支独立的政治力量的千载难逢的良机。后来，在隋唐两代，由于皇帝的大力支持，佛教再次兴盛起来，在人数、规模等方面超过了魏晋南北朝，形成了三论宗、天台宗等八大宗派，甚至还有鉴真和尚东渡日本传教的事件发生，僧院经济再度膨胀，日益强大，形成了"十分天下之财，而佛有七八"的局面，使佛教在中国达到了鼎盛时期。但是，此时的佛教面对的是一个强大的统一的中央集权制度的国家，而不是魏晋南北朝时期国家四分五裂、小国林立的局面，皇权对于宗教控制的力量大大增强，宗教要成为一支独立的政治力量此时已不可能，历史的机遇已经永远地丧失了。到了公元842年，国家财政面临危机，于是，唐武宗开展了大规模的灭佛活动，除了禅宗之外的所有的佛教宗派全部衰落或者消亡，从此中国的佛教彻底衰落。后来，儒、佛、道三教合流，成为了强化皇权统治的工具，宗教的独立地位彻底丧失。

　　在中国，只有佛教才能成为制约皇权的力量。佛教虽然是一个外来的宗教，但是由于它能够为中国各个阶层的人所接受，所以事实上它已经成为了一个本土的宗教，具有广泛的群众基础，同时也能为官方所接受，因而才有了后来那么大的信徒群体。而道教和基督教都不行。道教虽然是中国本土的宗教，但是，道教的致命弱点，就在于它是一种神秘的宗教，它寻求的是长生不老之术，炼丹、采集长生不老之药，所以这是一种医药的宗教。还有一些道士，干的是一些为人算命、预卜吉凶、驱鬼辟邪的事情，为死人做道场，所以，道教很难为绝大多数人所接受，难以成为一支抗衡皇权的力量。而基督教的许多教义，不适应中国人的心理，甚至与中国人的心理习惯和生活方式相抵触，例如基督教不祭祖先，是中国人难以接受的，所以在中国古代难以广泛普及，加上基督教传入中国的时间较晚，所以对中国文明的革新没有发挥什么作用。

　　为什么宗教在西方能够成为制约皇权的力量，而在中国却不能成为这样一支力量呢？应该说，除了佛教本身缺乏基督教那种独立的意志以及广泛严密的组织之外，就是中国人本身缺乏宗教的热诚和信仰。宗教具有排他性，它的前提就是要信。例如信仰基督教，你就必须要真心相信有神的存在，有上帝的存在。必须按照神的旨意去行动。可是中国人对宗教始终抱着一种实用主义的态度，无所谓宗教的信仰。例如中国的皇帝要找1000个老婆，你就没有办法。如果是西方的皇帝，他就不敢，因为这样做，死后会下地狱。他害怕，因为他相信基督教，相信做了坏事会下地狱。可是中国皇帝不相信基督教，不相信做了坏事死后会下地狱，所以他要找 1000 个甚至 1 万个老婆，没有任何顾虑和恐惧。所以中国皇帝的腐败难以消除。而作为一般的中国人，遇到困难的时候，才想到求菩萨保佑。所以中国有一句俗话："平时不烧香，临时抱佛脚。"中国人从古至今，都没有献身于宗教的热忱，只是在需要达到某种目的的时候，才想到求神拜佛。所以中国人大多数对宗教的态度是虚伪的，不是真诚的。没有谁愿意为了宗教而献身。

试想一下，当北周武帝将 500 多万僧侣强行还俗的事件发生时，竟没有任何抵抗就还俗了，这在以宗教为生命的欧洲人来说，实在是不可思议的事情。在西方，绝对不可能发生这样的事情。如果在欧洲，哪个皇帝强行要几百万基督教徒脱离教会，抛弃自己的宗教信仰，那将会使整个社会崩溃。而在中国古代，竟然毫无反抗。这不能不使人感到，这 500 多万佛教徒，根本没有宗教信仰，他们不过是想利用当和尚进寺庙的机会，改善自己的生活，以此牟利而已。所以他们不愿意起来保卫寺院，不愿意为此反抗官府而付出生命的代价。这是佛教的悲剧，也是中国人的悲剧。如果当时 500 多万佛教徒一起站起来，拿起武器，与官府作殊死的搏斗，北周武帝怎么敢轻易销毁佛家经典，将几万座寺院和无数的土地良田分配给他的大臣？

佛教在中国南北朝时期遭受衰落的命运，使中国失去了官僚制度之外建立一个强大政治力量的机会，来制约皇权，这也就注定了中国不能实现立宪政体，而只能建立起由皇帝绝对专制的中央集权制度，只能实行一元化的政治体制，注定了中国的一元化文明向多元化文明转型的失败。

特别是还有一些怀有野心的人，他们传教不过是利用宗教来达到自己的目的。例如东汉末年的黄巾起义，就是张角等人利用宗教发动的。他们传播五斗米教，不是为了树立起人们的宗教信仰，而是为了发动推翻东汉政权的战争，所以他们提出了"苍天已死，黄天当立"的口号，发动了改朝换代的农民革命。结果被无情地镇压下去。不但没有对推动文明的革新发生任何作用，相反，还给当时的中国人带来了深重的灾难。还有中国近代历史上的太平天国也是如此。洪秀全等人组织"拜上帝会"，传播被他们篡改了的基督教教义，目的并不是为了在中国普及基督教，而是利用这个邪教组织，利用当时农民对满清暴政的不满和反抗情绪，而发动一场以争权夺利为目标的社会战争，以满足其称王称帝的野心。让我们来看看洪秀全的所作所为：

按照《圣经》上的基督教教义，摩西十戒是非常重要的教规，相信基督教的人是绝对不能违反的。其中有一条就是"不可淫乱"。但是，自称为天父代言人的洪秀全是怎么做的呢？他一方面实行军事共产主义，兵士不得结婚，不得拥有财产。而他自己呢，在南京大造宫殿，天王府里珍宝堆积如山。他住的金龙殿，戴的金王冠，坐的金制龙车，由美女牵动，用的是金碗金筷……在永安封王时，他就有女人 36 名；打下武昌后，又选妃 60 名；建都南京后，更是命令天下"所有少妇闺女俱备天王选用"。连他 9 岁的儿子也有 4 个老婆。洪秀全在宫中生活糜烂，与宫女群交。他的脑袋里，哪有什么"不可淫乱"的概念。

摩西十戒还规定，"不可杀人"。耶稣基督也规定，要爱人，不可杀人。基督教高度尊重人的生命价值。可是洪秀全一旦发现东王杨秀清对他的王权产生威胁时，竟然兽性大发，命令韦昌辉屠杀了杨秀清及其部下三万多人。一夜之间，南京血流成河。事后，洪秀全又嫁祸于韦昌辉，将韦昌辉及部下杀害。洪秀全还在南京大封自己的亲戚为王，一时间，南京城内王爷满街走，他们向老百姓敲诈勒索，奸淫妇女，贪污受贿，无恶不作。

太平天国失败后，有外国人到天王府，参观洪秀全的龙宫、龙床、龙椅、龙车、龙碗等生活用具，不由得感叹洪秀全生活的奢侈腐败，比清朝皇帝厉害百倍。在洪秀全的脑袋里，哪有什么忏悔自己罪过的基督教思想，哪有什么怕下地狱的意识。

太平天国的领导者，从一开始就是谋求腐朽生活的阴谋集团，是一个与神秘邪教结合起来的极具欺骗性和破坏力的落后组织，一旦势力壮大，便恶性膨胀，对当时中国的生产力和国家对外敌的防御能力，产生了惊人的破坏。它的自相残杀和荒淫无耻，它对士兵的严格控制和对领导者无节制地放纵，乃是人性中最丑恶一面的最集中的大暴露。洪秀全绝对不是什么"追求西方真理的先驱"，而是一个典型的邪教教主的化身。

从洪秀全的身上，我们可以看得很清楚，中国的一些人根本没有什么宗教的观念，对宗教纯粹是采取一种实用主义的态度。他们本身根本不相信什么基督教。所以太平天国被镇压下去以后，拜上帝会也销声匿迹。

　　大多数中国人对宗教采取的虚伪的态度，使宗教活动很难得到健康的发展，使宗教特别是基督新教有关尊重人的自由选择、重视人的生命价值、忏悔自己的罪过等人文精神很难得到发扬，很难对皇权及其官僚体制产生有效的监督和制约作用，难以产生变革文明的动力。

人权和契约观念是西方文明转型的关键

　　在欧洲文明转型的过程中，人权和契约观念是起了关键性的作用的。如果没有人权和契约的观念，即使有教会的力量，欧洲也会像中国一样，陷于改朝换代的周期性动乱之中，不可能有立宪政治的产生，文明也不可能取得进步。

　　欧洲人有重商的传统，而商业活动则需要独立、自由和冒险的精神，同时也对交易的双方有一种约束，这就是签订合同和协议，然后按照合同来进行交易。如果一方违反合同，那么，另一方就可以按照合同，将对方告上法庭，进行诉讼，要求对方赔偿。这个签订的合同，就是契约。

　　签订契约，需要买卖双方坐下来认真谈判，讨价还价，而不是诉诸武力。通过谈判，双方达成一致的意见，达成一个合理的价格，然后才能成交，实现互惠互利的目的。这样，双方才能遵守这个契约。不然的话，契约就无法达成。这是生意场上最普通的常识。

　　长期的商业活动，培育了欧洲人的契约观念。后来他们把通过谈判来签订契约的行为，引申到政治和社会领域，于是有了通过政治上的谈判和协商来达成社会契约的目的，把人权用契约的形式固定下来加以保护，这就导致了宪法的产生。

　　由此可见，宪法的产生需要和平谈判、协商，用武力压迫无法产生宪法。因为契约是双方通过讨价还价而产生的，要对双方都有利，如果一方使用武力，就无法保证另一方的利益不受损害。所以，宪法的产生，是社会各个阶层人群利益的反映，是人权的保证，各方面的个人都能接受，这样的宪法才有权威，人人才能遵守。所以，只有通过谈判讨价还价，而不是使用武力签订的宪法，才是真正的宪法，才能得到切实的实行。宪政的意义，就在于利益各方运用和平谈判的手段，而不是用武力的手段，来达成协议，保护各自的利益。如果使用武力，则没有宪政的产生，国家就无法走上法治的道路。

法国思想家卢梭在《社会契约论》中提出了"天赋人权"的观点，认为社会契约是人由自然状态过渡到政治状态的桥梁。他说："人是生而自由的，但却无处不在枷锁之中，""要使人们挣脱身上的枷锁，恢复他们失去的自由和平等，并使之得到可靠的保证，就只能通过订立契约的方法，建立民主的国家。"

卢梭还指出："维护社会秩序是一种神圣的权力，也是产生其他权力的基础。这种权力不是从自然中得到的，而是在契约的基础上建立起来的。"

从现代意义上来说，宪法就是社会契约，是人民授予政府权力的凭证。也就是说，一个国家的许许多多的个人，以他们自己的权利，自愿地订立一种契约，授权给一个机构，来管理国家事务，这就是政府（广义上的大政府，包括立法、行政、司法机关）得以产生的前提。这个契约，就是宪法。所以，宪法体现的是个人的权利，是政府得以产生的根据，也是政府有权力存在的唯一原则。

在人权的基础上产生了宪法，然后再通过宪法的形式派生了国家的权力。这就很清楚地表明，宪法是要求建立其政府的人民的决议，而不是政府的决议。政府只能是也必须是宪法的产物，而不是相反。政府的权力来自人民的授权，只有得到人民授权的政府才是合法的政府。所以，直接掌管国家权力的组织和个人，不是国家权力的所有者，只有社会权力的主体——社会共同体中的全体成员，才是国家权力的所有者，个人的权利高于政府的权力，这就是卢梭提出的"人民主权"的原则。

承认宪法是社会契约，是人民的决议，那么，就必须承认政府的权力是有限的，是要受到制约的。所以，限制政府的权力，保障个人的权利，这是宪法的核心问题，也是宪法的根本目的。因为对人民权利的最大侵害，是来自政府对权力的滥用。

这就是社会契约的观念，是法治精神，是宪政精神。正是因为欧洲人具有人权和契约观念，所以西方的文明才能突破了"君权神授"的观念和君主专制的枷锁，而走上了民主、自由的道路。

英国是世界上最早实行立宪政治的国家，在这里，我们以英国为例，来谈谈人权和契约观念对促进文明革新的关键性的作用。

英国最早的成文宪法，是1215年签订的《自由大宪章》，也是人类社会最早的社会契约。《自由大宪章》的签订，使英国开始走上了立宪政治的道路。

这件事给了人们很深的启示，这就是：在用武力推翻旧的王朝，建立新的王朝之外，还有另外一种实现权力转移的办法，这就是通过谈判实现和平立宪的办法。《自由大宪章》使国王的立法权、执法权以及征税权等等，开始从国王的手中转移到贵族大会议的手中，意味着国家权力应属于"全国公意"机关的代议制宪政思想的诞生。这就是人权和社会契约观念的具体体现。

如果当时的英国人把国王抓起来杀了，而由起义的首领当上国王，实行改朝换代，那么，它就可能出现流血的结果，而且新的国王上台后，为了防止人民的反抗，就会加强君主的集权，加强对人民的控制，就像古代中国改朝换代那样。那么，英国不但没有实现立宪政治，反而在君主专制的道路上越走越远。

由于英国人用和平谈判、签订条约的方式，解决了权力的转移问题，使人权得到保护，使国家实现了文明的革新和进步。这是英国能够走向现代文明的关键，也是英国人一个伟大的创造。

国王没有变，但是国家的性质改变了，由一个君主专制的国家开始转变为一个君主立宪的国家。所以，《自由大宪章》直到今天，还依然是英国宪法的重要组成部分。

从《自由大宪章》的签订开始，英国就走上了和平立宪、实现权力转移的光明之路。1265年，英国建立了国会。1343年，国会分为上下两院。这为英国后来的代议制民主打下了基础，从而有力地改变了英国社会的政治结构。在与国王专制政治的斗争中，国会发挥了伟大的作用。1628年，国会为制止国王的专权，制定了《权利请愿书》，规定国王未经国会同意，不得向人民随意征税和借债，未经法庭审判，不得逮捕任何人或者剥夺其财产。1641年，国会通过《大抗议书》，列举国王种种过失，要求工商业自由，重申下议院掌握财政，并要求今后所有政府大臣必须要从议会所信任的人中遴选，服从议会，服从法律和公众意志，从而剥夺了国王任命大臣的权力，开创了"责任内阁制"的先河。1676年，国会通过《人身保护律》，对司法过程中的人身保护作出了具体的规定。1688年，英国发生了未流血的"光荣革命"，由英国国会派代表去荷兰，邀请詹姆士二世的女婿、荷兰的执政奥伦治亲王威廉来英国继承王位，称威廉三世。这次政变用和平的方式实现了国家权力的转移。

新国王即位之后，国会就向威廉三世和玛丽女王提交了一份文件，这就是著名的《权利法案》，规定今后君主治国必须依据法律，必须尊重议会权力，不经议会同意，不得征收赋税，也不得终止任何法律之效力。威廉三世和玛丽女王接受了这个法案，这样便使"议会高于王权"、"法律高于一切"的君主立宪制原则正式确立。这是人类历史划时代的伟大变革，开辟了人类社会通过和平手段解决国家根本政体问题的新纪元。这是英国人对人类文明的伟大贡献。

"光荣革命"的胜利，君主立宪制的确立，体现了欧洲人强烈的人权和契约观念以及法治意识，他们在与君主专制的斗争中，采取的都是法律的手段，用一系列的社会契约来限制王权，保障人权，而不是简单的改朝换代。这一点，不仅英国是如此，其他国家也是如此。法国大革命后发表的《人权宣言》，美国独立战争之后发表的《独立宣言》，无不是用社会契约的方式，来确定人民的主权。如美国《独立宣言》指出："人人生而平等，他们都从造物主那里被赋予了某些不可能转让的权利，其中包括生存权、自由权和追求幸福的权利。为保障这些权利，所以才在人们中间成立政府……如果遇有任何一种形式的政府变成损害这些权利，人民就有权力改变它或废除它，以建立新的政府。"为了保障人权，美国的宪法修正案首先就规定："国会不得制定关于下列事项之法律：（一）确立宗教与禁止宗教自由。（二）剥夺人民言论或出版之自由。（三）剥夺人民和平集会及向政府申冤请愿之权。"

正是因为有着强烈的人权和社会契约观念以及法治精神，西方人才能够遵守游戏规则，西方文明才避免了以暴易暴、成王败寇的历史悲剧的发生，走出君主专制恶性循环的怪圈，走出周期性动乱的阴影。为了确保宪法的实行和人权得以实现，西方各国后来都建立了和平竞选、政党轮替、三权分立与制衡、地方自治、新闻自由、军队国家化等等完善的民主共和体制，使人类社会走上了现代文明的道路。

中国传统文化缺乏人权和契约观念

中国的人权历史，应该分秦朝统一以前和秦朝统一以后两个阶段。

从西周立国到战国时代，中国的人权状况应该说还是比较好的。西周时，国人不仅有言论自由，还有参政议政之权，可以选举基层的官吏，在司法中还有"三刺"制度（参见本书第 25 页），所以西周人应该有一定的人权意识。但由于西周商业不发达，所以西周人还缺乏契约观念。

到了春秋战国时代，不仅人权得到加强，而且随着商业的发展，契约观念也开始产生了。如郑国就与商人签订了"尔我无叛，我无强贾，勿或匄夺；尔有利市宝贿，我勿与知"的盟约。意思是说，你们不得背叛我，我也不得强迫你们买卖，不能乞求，不得掠夺；你们有赚钱的买卖和宝贵的货物，我也不过问。对于这个盟约，郑国国君和商人世代遵守。

过了二百多年，到鲁昭公十六年（前 526 年）2 月，晋国正卿韩起出使郑国，郑定公设宴招待。席间，韩起说起他有一只玉环，他很喜欢，可是还有一只听说落到郑国一位商人手里，希望能给他配成一对。当时郑国执政是子产，他马上替郑定公回答说："这不是公室府里库收藏的器物，寡君不便过问。"拒绝了韩起的要求。韩起对此很不理解，在他看来，一只玉环算什么，找这个商人卖出来不就行了吗？因此他事后就问子产到底是什么原因，子产告诉他说，我们郑国与商人定有盟约，必须世代遵守。现在你要我们强迫商人出卖东西，这等于要我们背弃盟约，所以我们不能答应。韩起明白了其中的道理，放弃了买玉的打算。这件事说明，子产管理的政府是很有契约观念的，十分讲信用，遵守游戏规则，不用政府的权力损害商人的权利。在子产执政期间，像这种签订和维护契约的事情，还发生过很多次。

又如在春秋时代，各诸侯国经常会盟，会上都要签订盟约，宣誓遵守。春秋 242 年间，记盟一百六十多起（《左传》的记载），平均每两年就要缔结一项国际条约。特别是齐桓公多次以霸主身份召开国际会议，签订盟约，规定尊王攘夷，存亡继绝等一系列条款，宣誓遵守，尤其是齐桓公主持葵丘会议签订的盟约，还有水利、粮食等方面的条款，还有禁止互相攻伐维护和平、尊重知识培育人才、敬老爱幼、不杀大夫、不禁止商业交易等等条款，涉及对各国人权和自由贸易的尊重和保护问题。而且齐桓公作为霸主，承担了维护会盟条约、保卫国际和平秩序的合法警察的责任。可见春秋时代的政治人物还是有一定的人权意识和契约观念。

　　中国人权意识和契约观念的丧失，具体地说，是从战国后期开始的。由于秦国当时日益强大，专以暴力、强权和阴谋来对付中原各国，大肆杀戮，不择手段，没有任何人权意识、契约观念和道德仁义可言。面对这样的对手，各国为了生存，也完全抛弃了春秋时代的价值观念，而专以暴力和阴谋诡计为能事。特别是秦国消灭六国、建立大一统的皇帝绝对专制的中央集权国家以后，完全以强权和暴力对人民进行压迫，人权意识和契约观念被铲除。直到唐朝贞观年间，政治才比较开明统治。后来，宋朝建国，宋太祖赵匡胤提出了一个具有宪政意义的政治纲领："不杀士大夫及上书言事人。"这一纲领保护了宋朝人言论自由、思想自由、信仰自由的权力，保证了宋朝人自由、开放的生活方式。但是这一政治纲领却并不是宋太祖赵匡胤与人民签订的契约，所以，它不具有《自由大宪章》一样的权威，随时都可能因皇帝的改变而改变，因朝代的改变而改变。

　　中国统治者迷信强权，不尊重个人生命、财产和思想言论自由的权力，使"成者为王败者寇"的思想根深蒂固，总是以杀戮、征服的手段夺取和巩固权力，不运用和平的手段去实现国家权力的转移，不通过社会契约的形式，去保障个人的权利，去改变文明的形态。所以中国的文明没有本质上的进步。统治者对民众所采取的办法，除了严密地控制，就是残酷地镇压，没有宽容的心态，不肯做丝毫的让步和妥协。而老百姓一旦造反，对统治者所采取的办法也是残忍的报复和残酷的屠杀。双方都没有妥协的余地，没有想到可以坐下来谈判，用契约的方式去规定自己的权利，去约束双方的行为，使双方可以互相尊重，和平共处。

　　我们拿秦朝的统一和美国的统一作一个比较。

　　秦朝的统一与美国的统一完全不同。美国的统一是在13个州签订契约的基础上统一的。1776年，美国发动独立战争，宣布脱离英国。但当时美国的13个州都是独立的，也没有全国统一的政府。因为美国人害怕建立了一个统一的政府，会损害人民的民主和自由的权利，所以宁愿不要政府。但后来全国出现了纸币贬值、通货膨胀、对外贸易严重受阻的情况，各州才想到成立一个统一的政府。1777年，大陆会议通过《联邦条约》，决定各州联合组成国家。但中央政府只是一个一院制的联邦大会，中央政府也不设总统，只设诸州委员会，每州派一名代表参加。联邦会议也只有宣战与媾和权，派遣对外使节，调整各州事务这些权力。没有权力管理州际贸易和对外贸易，无权干涉各州内部事务。实际上这并不是一个国家。而各州的权力却很大，可以自主征税、征兵和发行纸币等等。

按照这种情况，如果是在中国，早就是诸侯割据，军阀混战，天下大乱了。可是美国没有。为什么？就是因为美国人有人权和契约的观念，他们相信宪法，尊重宪法，严格按照宪法办事。所以，到了1787年，美国召开制宪会议，修改了《联邦条约》，制定了一部新的宪法，称为《合众国宪法》，一直沿用至今，二百多年基本没有改变。这部宪法克服了国家的松散状态，建立了统一的国家，选出了国家的总统，并最早把三权分立学说用于国家政权的实践，保证了美国二百多年的繁荣稳定，真是天才的构想。

可是大一统的中央集权的秦朝政府是怎么建立起来的呢？是秦始皇用强大的军事力量征服别的国家建立的。其中秦、赵长平之战，赵军大败，秦将白起把四十多万投降的赵国士兵全部活埋在一个叫"杀谷"的深谷之中，惨不忍睹。消息传回赵国，举国大哭，声震天地。四十多万名母亲失去了自己的儿子，妻子失去了丈夫，儿子失去了父亲。凄惨之状无法用语言来形容。秦国的野蛮暴行，引起了其他被消灭的六个国家人民的刻骨仇恨。整个统一战争，都是杀人如麻，血流成河，其对生命的残酷摧残，对人权的严重践踏，旷古未闻。秦朝的统一，不是全体国家的共同意愿，是用暴力强制统一的，不符合当时各国人民的愿望。

为了镇压六国人民的反抗，秦朝政府制定了残酷的刑法，对人民进行野蛮的统治。由于秦朝暴虐无道，引起全国暴乱。刘邦攻进咸阳，与百姓约法三章，还是有一点契约的观念。可是，刘邦只是与百姓约法三章，并没有与秦朝政府约法三章，以确定人民的权力，限制秦朝皇帝的权力。最后还是将秦朝推翻，自己做皇帝。他做了皇帝之后，根本没有想到要制定法律保障个人的权利，而是强化对人民的统治。

秦朝之后的大多数朝代都十分残暴，用严刑酷法对待人民，无穷无尽的赋税和徭役使人民苦不堪言，人民的生命、财产和言论自由的权利被剥夺殆尽。虽然在唐、宋时期，皇帝对人民的统治开明，但到了元明清三朝，专制统治更加残酷，如明朝实行廷杖、宦官统治、特务横行、文字狱、株连九族、八股文、禁海命令、户籍制度、连坐法、官商垄断等等这些世界上最落后、最野蛮的制度，使中国人的人权丧失殆尽。清朝不仅把明朝践踏人权的制度全盘继承下来，而且还强迫汉人剃发留辫，成为脑后拖着长辫的怪物，成为了地地道道的奴才和贱民。直到鸦片战争之后，在西方文明的巨大冲击之下，中国人的人权和契约的观念才开始产生，最后导致了辛亥革命的发生和中华民国的建立。中华民国第一次在中国制定了宪法，将中国人的生命、财产、言论自由等等权利第一次用契约的形式固定下来。民国临时总统孙中山说："宪法者，国家之构成法，亦即人民权利之保障书也。"

辛亥革命虽然改变了这种冤冤相报的血腥的历史循环，以宪法的形式确定了人民的权利。但是，袁世凯并不遵守这个宪法，不遵守游戏规则，不按照游戏规则办事，而是出尔反尔，以阴谋和武力手段复辟帝制，实行专制统治，人民用生命换来的一点权利又烟消云散了。从那以后，中国又回到了战争和专制社会恶性循环的时代。蒋、冯、阎一场中原大战，有上百万人民流离失所，死伤的无辜百姓不计其数。

中国人迷信权威。但中国人迷信的权威是个人的权威，而不是宪法的权威。不是树立宪法的权威，而是树立领袖的权威，结果总是在改朝换代的周期中循环。"帝王情结"由此成为许多中国人的潜在意识。

历史昭示人们，没有人权和契约观念，任何革命都改变不了专制社会的性质。中国要想实现一元化文明到多元化文明的转型，必须要把整个民族的人权和契约观念真正树立起来。破除个人权威和人治传统，打破个人迷信，抛弃"帝王情结"，取消对人的控制手段，确立人权和法治的原则，树立宪法至高无上的权威，这是中国走上现代文明之路的必然选择。

然而，中国历史上的几部宪法都没有具备至高无上的权威。满清末年制定的《钦定宪法大纲》，体现的只是满清皇族的意志，并没有体现全体人民的意志和要求。因为这部宪法既没有得到当时立宪派的同意，也没有征求孙中山为首的民主革命派的意见，更没有公开征求过人民的意见。所以这部宪法不可能得到全体人民的接受，人民当然不可能去遵守它。同时，当时国家也没有建立执行宪法的监督机构，当满清政府自己不遵守宪法的规定时，没有任何力量能够制约它。没有违宪的审查机制，宪法也就只能成为一纸空文。没有任何权威性。

辛亥革命后民国政府制定了《临时约法》，体现的只是南方民主革命派的意志，并没有征求全国人民的意见。当时北方的袁世凯就没有同意这个宪法的规定。袁世凯希望实行君主立宪制度。后来袁世凯虽然表面上接受了《临时约法》，但内心并没有接受，所以后来才有了复辟帝制的结果。可见，《临时约法》对南方民主革命派具有权威性，对北方的袁世凯不具备权威性。

宪法的权威来自全体公民的认可。没有得到全体公民认可的宪法不具备任何权威性。如果宪法只体现胜利者的意志和要求，不体现失败者的意志和要求；只体现统治者的意志和要求，不体现被统治者的意志和要求，对立的双方没有达成一致的意见，那么，这样的宪法是不具备任何权威性的，是不可能得到很好地执行的。它所导致的结果，就绝不会是民主和法治，而只能是专制和压迫，要实现文明的革新也是无从谈起的。

在世界上，英国、以色列没有完整的成文宪法，却有很好的宪政制度。中国从晚清开始，就一直在制定宪法和修改宪法，可是却长期有宪法而无宪政。这不能不说是中国人缺乏人权和契约观念造成的。中国的政治人物只是把宪法当成可以利用的工具，而中国的老百姓却对宪法的制定、修改、执行或者废弃均漠不关心。中国人宁愿相信和依附强权，而不相信和依靠宪法，所以不可能有真正宪政的开始。

民主思想家和政治家的伟大作用

民主思想家，特别是民主政治家的伟大作用，就在于他们能够加速民主政治的前进步伐，是推动欧洲文明走向民主的强大动力。例如当年雅典即将走向专制社会的时候，是梭伦改革扭转了雅典走向专制的车轮，加速了民主的进程。后来，克利斯提尼和伯里克利这两位杰出的民主政治家的改革，进一步完善了雅典的民主制度，将雅典的多元化文明推向了辉煌的高峰。当年如果不是这三位民主政治家的不懈努力，雅典的民主制度不可能得到那样迅速地发展，不可能达到那样高的文明程度。

民主思想家和政治家的产生，需要理性精神的培育。所以希腊的理性精神，是民主的思想家和政治家产生的土壤和成长的摇篮。正是有了理性精神，所以希腊人追求真理，演绎科学，富于理性的思维，努力创造民主政治体制。在希腊，除了上述三位民主政治家之外，还出现了苏格拉底、柏拉图、亚里士多德等伟大的思想家，特别是亚里士多德以自己杰出的思想和智慧，论述了民主共和政体的对于维护公民权利的重要意义。希腊的民主精神和民主的政治体制，成为后来欧洲文艺复兴和启蒙运动的思想源泉，大大加速了西方文明转型的进程。希腊的民主精神永远都是人们为争取自由、民主和法治社会的巨大的精神力量。

可惜后来的罗马人缺乏理性的精神，没有产生像希腊社会那样伟大的民主思想家和政治家的土壤，所以后来没有能够加快罗马的民主进程，相反，唯利是图、崇尚暴力的性格，使罗马人产生了大量的野心家、阴谋家和军事强人，他们争权夺利，相互残杀，最终使罗马走向帝制，并使欧洲进入了漫长的君主和教会专制的中世纪。虽然在教会力量对君权的的制约下，欧洲一些城市的市民与教会或者君主结成联盟，提升了自己的社会地位，但是欧洲君主势力依然十分强大，人们依然在君主专制的制度下遭到压迫。加之基督教的禁欲主义扼杀人性，践踏人权，摧残科学，欧洲人对社会的前途依然十分迷茫。在这样的情况下，如果没有一大批民主思想家和政治家以及科学家的横空出世，那么，欧洲要迅速地摆脱中世纪的专制和落后，实现专制政治向现代民主立宪政治的转变，显然是不可能的。

后来，随着市民社会日益强大，城市自治的扩大，希腊理性精神终于开始复活，成为孕育欧洲民主思想家和政治家的肥沃土壤。以坦丁的《神曲》为先导，终于酿成了文艺复兴的伟大运动。这是一个需要巨人并且产生了巨人的时代，莎士比亚、达·芬奇等一个个伟大的名字，犹如灿烂的群星，闪烁在欧洲的夜空。希腊、罗马多元文明的复兴，照亮了欧洲人前进的道路，从而大大加快了欧洲多元化文明发展的进程。特别是在后来欧洲的宗教改革和启蒙运动，伏尔泰、孟德斯鸠、卢梭等许多的思想家，根据古代希腊、罗马的民主思想和实践，提出了"天赋人权"、"主权在民"、"三权分立"等等的民主共和思想的理论，成为推动欧洲民主运动的强大的精神力量，从而使人们对于民主、共和立宪政治从自发的行为转变成为了自觉的行动。欧洲的民主革命最后终于在这些民主理论的指导下得到成功。

英国是欧洲最早建立立宪政治的国家，民主思想家和政治家对于英国立宪政治的最终完成发挥了伟大作用。

　　早在 1215 年的签订的《自由大宪章》中，英国人就开始了限制王权的实践。但是，对王权的限制，并不等于就是构建立宪政治体制。而真正完成从限制王权的实践到近代英国宪政体制构建的中介，就是"王权有限"的理论和"主权在民"思想的诞生。这一理论的创建者，就是英国著名的思想家洛克。

　　洛克在他的伟大的著作《政府论》中，深刻地批判了"君主主权"和"君主专制"的思想和主张，阐述了宪政的精神和内涵，这就是：（一）王权有限；（二）主权在民和议会主权；（三）分权制衡和议会内阁制；四、法治。

　　洛克第一次在人类社会的历史上提出了民主分权的理论，奠定了西方立宪政治的思想基础。后来孟德斯鸠提出了三权分立的理论，就是受到洛克的启发而提出来的。

　　正是有了洛克等民主思想家的理论指导，英国的民主政治家们，才逐步建立和完善了英国的君主立宪政体，建立了完善的选举制度、议会制度、行政制度、司法制度、文官制度、政党制度以及监察制度等等，确立了宗教信仰自由、思想言论自由、新闻出版自由、集会结社自由、政党轮替、三权分立与制衡、地方自治、军队国家化等一系列民主共和政治的基本原则。

　　英国立宪制度的建立和完善，充分体现了民主思想家和政治家的伟大作用。除了英国之外，还有美国民主共和制度的建立，就更是华盛顿、杰斐逊等民主政治家心血的结晶。正是这些伟大的民主政治家推动了人类社会朝着民主共和的道路迅速前进，加速了人类文明朝着多元化的方向发展的步伐。

　　在这里，我们特别要赞扬西方民主政治家的伟大情操和高度的政治智慧。他们不仅有民主的理想，有对爱、宽容、自由、正义、和平、人权等等现代文明目标的不懈追求，而且有构建民主共和政体的操作技巧，有高超的话语能力和逻辑思维能力。他们信守承诺，言行一致，表里如一，遵守游戏规则，维护国家宪法。他们大公无私，光明磊落，不谋私利，不贪恋权位，真心为公众服务。他们具有宽容的心态，能够为他人着想，尊重竞争对手，重视个人意志和个人生命价值，遵纪守法等等。这些优秀的品质和信念使他们能够成为文明前进的推动者。

　　可是中国的专制主义扼杀了民主的思想家、政治家和科学家产生的机制，因此，几千年来，都没有出现文明革新的推动力。

从秦始皇建立了中央集权的君主专制制度，焚书坑儒，实行文化专制主义，一直到了明末清初，才有了黄宗羲、王夫之、顾炎武、李贽等思想家的产生。几乎就在英国洛克提出民主分权理论的同时，中国的黄宗羲也对君主专制制度进行了猛烈的批判。在《明夷待访录·原君》一文中，黄宗羲指出，国家政治的腐败，社会的动乱，人民的苦难，一切罪恶的根源都在于君主专制。专制的君主为了争夺天下，不惜"屠毒天下之肝脑，离散天下之子女"；得到天下之后，为了满足一人之私欲，不惜"敲剥天下之骨髓，离散天下之子女"。他愤怒地指出："今也天下之人怨恶其君，视之如寇仇，名之为独夫，固其所也。"

黄宗羲以其超人的胆识，愤怒地揭露君主专制的罪恶，但是，黄宗羲在对君主专制制度进行了一系列的批判之后，就再也没能继续前进，提出民主、共和、法治的政治制度的科学设计，而只是重弹"君臣共治"的老调。此后，又是几百年过去了，直到洋务运动发生后，中国人才从郭嵩焘的信中，第一次知道西方的立宪政治。

甲午战争和与八国联军战争的失败，使中国人感到了亡国灭种的危机，在这样的形势面前，中国人才开始接受西方的立宪政治的主张。民主的思想家也才开始登上中国的政治舞台。严复翻译了《天演论》用"物竞天择，适者生存"的进化论思想启迪国人。梁启超、孙中山、邹容、章太炎、陈天华等人也纷纷宣传西方的立宪和共和政治。满清王朝也感到了亡国的威胁，开始进行立宪。在这个过程中，中国也产生了为数很少的民主政治家，其中最突出的民主政治家，就是为民主共和宪政事业献身的宋教仁。

首先，宋教仁具有坚定的民主共和立宪政治的信仰，遵守民主政治的基本游戏规则，不谋私利，凡是一个民主政治家所需要的良好品质和道德情操，他全部具备。他在国会竞选中所表现出来的杰出的政治才能、大公无私的高尚品质，受到全国上下的一致肯定。但也遭到以袁世凯为首的官僚、军阀集团的嫉恨。袁世凯作为大总统，害怕宋教仁成为民选的内阁总理，会限制他总统的权力，不利于他实行独裁统治。所以，袁世凯一方面表示"忠于共和"、"忠于约法"，把自己打扮成为共和制度的积极拥护者，一方面加紧控制和笼络宋教仁。他在与宋教仁的谈话中表示，只要宋教仁不举行公开竞选，他愿意任命宋教仁为国务院总理。但遭到宋教仁断然拒绝。宋教仁说，总统任命总理和民选总理有本质的不同，前者是独裁专制的政治行为，后者是民主法治的政治体现。中国要建设民主、共和制度，就必须要进行全国公民参与的竞选活动，才能体现国民的意志，这样的政府才具有合法性。他坚持要参与竞选。

　　为了控制宋教仁，袁世凯只好采取贿赂的手段，他派人给宋教仁送去一套 3000 元的西服和一张 50 万元的银行支票，但遭到宋教仁的拒绝，他绝不为高官厚禄所动，继续为组织国民党内阁奔走呐喊，并在全国竞选中取得了胜利。袁世凯此时对宋教仁已完全绝望。为了阻止宋教仁组织国民党责任内阁，1913 年 3 月 20 日，袁世凯指使当时的国务总理赵秉钧收买的凶手，在上海火车站刺杀了准备北上参加竞选的宋教仁。3 月 22 日，宋教仁不治身亡，年仅 31 岁。宋教仁在临死前的痛苦中仍念念不忘国事，要求他的同志在他死后"总要往前做"，并授意黄兴代拟给袁世凯的电报，陈述自己中弹经过，及革命生涯，真诚地希望袁世凯"开诚心，布公道，竭力保障民权，俾国会得确定不拔之宪法，则虽死之日，犹生之年"。宋教仁至死都想着立宪政治，不计较个人得失，这种高贵的品质是令人敬佩的。

　　其次，宋教仁具有一个民主政治家所必须具有的政治运作的能力，无论是在政治辩论中的话语能力，争取政治对手支持的胸怀和政治智慧，都是独一无二的。在国民党的领袖中，只有宋教仁"最露头角，政治手腕灵敏，政治常识也比较充足，能为他党所推重"。宋教仁是一位精通宪政的专家，被人称为"宪政先生"，同时又有高度的政治热情和责任感。他是国民党的创始人，也是其中的核心与灵魂。如果有宋教仁在，他具有调和各政党、消除偏见的能力、威望和远见。他惨遭毒手，使民初的中国失去了这样的可能性。其他政治人物都缺乏他的风度与识见，结果只能被袁世凯这样的官僚、军阀玩弄于股掌之上。孙中山、梁启超、熊希龄、张謇等作为政治家和他相比都差得太远了。

　　宋教仁是国民党的领袖，但他与其他政党的领袖都关系良好，尤其和民主党领袖汤化龙、林长民私交更深。他死后，汤化龙的挽联用"便降格就利害观，何国人忍把万里长城自坏"的词句，来表示自己的悲愤，一时争相传诵。林长民的挽联中有"政举人存，人亡政息"的句子，对宋之死的严峻后果也看得很清楚。

对于梁启超这样过去的政敌，宋教仁曾专程到天津去密访。他对梁表示，彼此应以英美式的两党轮流执政相勉励。并说：现在国家前途，是根据《临时约法》推行议会政治，走政党内阁的路子。在即将到来的国会大选后，你上台执政，我愿在野相助；否则我当政，请你善意监督。梁启超也是个立宪政治的追求者，对此自然感激而且契合。他当即表示：国民党执政，他们愿作为在野党在议会内监督执政党。所以宋教仁被刺身死，梁启超痛惜不已。

连袁世凯的死党梁士诒、赵秉钧等人，宋教仁也是往来密切，在北京时竟一度住在赵秉钧的家里，他和赵有过多次深谈，就是在他们身上下工夫，希望把袁世凯为代表的掌握实力的旧势力、梁启超这样的思想言论界的权威及他所代表的政治力量，都纳入他所梦想的宪政轨道，在政治上和平竞争。

宋教仁死后，国民党在参议院、众议院所占的议席虽然多于其他三个政党的总和，但实际上已经分崩离析，而其他政党在袁世凯的支持下合并成了进步党，成为国会的重心。中国第一次、也是唯一一次宪政民主的尝试到这一步其实已经彻底破产。其中的关键就是宋教仁之死，失去了平衡各党各派力量的灵魂人物。因此当时和以后的人们都以为他的死绝非一身的存亡，而是国运所关。连他的政治对手民主党党首汤化龙都这样激赞他："倘许我作愤激语，谓神州将与先生毅魄俱沉。"神州真的与宋教仁俱沉了。

一个宋教仁倒下了，并没有千万个宋教仁站起来。在中国，像宋教仁这样杰出的民主政治家，寥若晨星，而暴君、独夫、贪官、污吏、军阀政客、流氓、奸臣、汉奸、败类、恶棍和庸才却可以像苍蝇、蚊虫一样批量繁殖，祸国殃民。

美国在独立战争之后，有人劝华盛顿当国王，遭到华盛顿的严词拒绝。在华盛顿的倡导下，美国建立了共和制度。之后，又经过亚当斯、杰斐逊等一代又一代民主政治家的努力，美国的民主制度才真正建立和巩固下来。

可是在中国，民主的思想家和政治家，总是难以产生和成长起来，这是专制制度压迫和摧残的结果，是中国统治集团自私和权欲的表现。

由于中国历史上的统治者缺乏理性的精神，所以主导中国人思想和行为的，只能是实用主义和崇尚暴力的观念，成者为王，败者为寇。于是就必然产生极端自私和贪婪的性格，争权夺利，发动战争，频繁地改朝换代，这样就必然产生专制的暴君，产生官僚、政客，产生野心家、阴谋家和军阀。他们没有崇高的信仰，没有生活的原则。一个民主的政治家为了民众的利益可以自己辞职下野，可是一个独裁者却为了一己之私，不惜把人民投入战争的血海，以极端残暴的手段来镇压人民的反抗，以高压的手段来压制舆论，实行愚民宣传。同时也不惜采用造谣、污蔑、中伤甚至暗杀等手段，来消灭自己的政敌，保住自己的权利。

在这样的情况下，民主的思想家和政治家是无法产生的，自然科学也是无法产生的。中国的学术都是围统治者的需要而进行的。从秦始皇希望自己长生不老的愿望开始，炼丹、寻仙访道、采集长生不老之药的活动就没有停止过，历代都十分兴旺。为了做官，无数的知识分子穷毕生精力去研究八股文。中国古代出现了四大发明，可是没有上升到理论的高度，还是一种实用的技术。还有那些精美恢弘的宫殿建筑、精美绝伦的陶瓷、丝绸等等技术，都是围绕皇权的需要而产生的。为了得到皇帝的信任，中国的官员都去研究权谋之术。谁要是提出要限制皇权，那就是杀头之罪。等等这些，都是皇权专制的产物。

这一切都告诉人们，中国要加速走向民主政治的步伐，必须要树立理性的精神，培养出具有崇高理想的民主思想家和政治家。

西方文明转型的其他重要因素

欧洲社会之所以能够彻底挣脱中世纪君主专制的枷锁，实现一元化文明到多元化文明的转型，还有一些重要的因素。

第一，欧洲长期的分裂不统一，为民主思想和民主政治家的产生，创造了客观的条件。

因为多个国家的并存，使民主思想和民主政治家有处可逃。在这个国家不能生存和发展，换一个国家就可以生存和发展。但中国自秦朝大一统后，新的思想和人才无处可逃，而被消灭。

欧洲的不统一，使同一文化背景下的各个国家能够展开政治、经济、文化等的竞争，因此可以产生政治、经济、文化等制度的创造性的模仿，大大增加制度试验的多样化及其效率。如中国春秋战国时代，各个国家的君主面对着国际的竞争，都纷纷实行变法，笼络人才，富国强兵等等就是证明。在欧洲，如英国宪政制度、自由企业制度、专利制度、自由贸易制度等等一系列制度，只用了五十多年的时间，就被欧洲其他国家成功模仿。但中国大一统社会却没有模仿其他国家先进制度的动力。因为欧洲各国模仿英国制度，是这些国家与英国是同一文化，而中国人不愿意模仿英国的宪政制度，是中国与英国的文化不是同一文化，中国人认为英国制度不适合中国的"国情"。对于美国的制度，因为与中国的文化距离更远，所以更没有模仿的动力。

第二，欧洲有希腊、罗马的民主共和的政治传统，而中国没有这样的政治传统。传统有自发复活的内在趋势，一旦具备相应的条件，传统马上就会被后人所继承和发扬。所以欧洲一旦出现思想解放的潮流，希腊、罗马的文明马上就开始复活。而中国没有民主、共和政治的文明传统，而只有专制的传统，所以，一旦社会出现变动，人们很自然就产生回归大一统的思想，专制制度马上就开始复活。像辛亥革命这样大的文明变革运动，也无法扭转专制传统的复活，可见传统的生命力之顽强，可谓是"野火烧不尽，春风吹又生"。

第三，欧洲地理大发现的伟大探险，导致欧洲的商业和工业都发生了革命性的变化，这就是全球贸易的自由化和一体化以及大工业的出现，推动了文明的转型。

地理大发现以及随之而来的商业革命，使欧洲社会完成了原始的积累，大批的资本家纷纷涌现，资产者的力量迅速崛起。他们要求得到政治上的权力，于是为欧洲的资本主义革命创造了基础。他们开始成为制约王权的决定性力量，成为在教会之外推动西方文明转型的最有力的力量。

西方的现代政治文明，就是由这些资产者推动而出现的。完善的君主立宪和民主共和的政治体制，就是根据他们在政治上和经济上的要求建立起来的。他们注重个人的自由和权力，要求保护私有财产，要求对政府的权力进行限制，要求进行广泛的民主选举，要求司法的公正等等。资产阶级登上历史的舞台，从而对西方的现代文明产生了重要的影响。

与西方人相比，中国人缺乏大海冒险的经历。但不能说中国人完全没有竞争和冒险的精神，事实上，不少的中国人有着强烈的竞争和冒险的精神。问题是专制的社会制度，压抑了中国人的进取精神。自明朝郑和下西洋之后，沿海许多居民也冒着大海的风浪，前往南洋诸国，甚至世界各地贸易经商，甚至大量向海外移民。

然而，中国人对海外的开拓，不但没有像欧洲那样得到政府的支持和保护，相反，却遭到政府的严厉禁止。中国的统治者害怕大量的移民，会给国家带来不稳定的因素，威胁到他们的统治，于是称他们是海外奸民，用武力和监狱来对付他们，使得这些海外的华人不得不成为被自己的国家遗弃的孤儿。

16 世纪之后，欧洲人开始向东扩张。西班牙最先占领菲律宾，随后，荷兰占领了爪哇，他们对当地的华人采取压迫的政策，迫使华人不得不起来反抗。面对这种情况，中国政府义不容辞地应该保护自己的华人，可是，明朝和清朝政府不但没有支持华人，反而希望这些华人早一点被铲除，所以，华人的每一次的反抗，都遭到残酷地杀戮。其中西班牙在菲律宾对华人进行了三次灭绝种族式的大屠杀。

据柏杨先生在《中国人的历史》一书中的统计，发生在 1603 年的大屠杀，西班牙共杀害华人两万多人。发生在 1639 年的大屠杀，西班牙杀害华人近三万人。剩下的一万多人，被列为贱民阶级，除了要缴纳人头税之外，还要改信天主教。发生在 1662 年的大屠杀，华人武装自卫，宁死不屈，结果连妇女和儿童在内，全部遭到屠杀。

柏杨先生在书中十分痛心地说："华侨的历史是一篇血泪史，世界上没有一个国家的移民，受到过像中国移民所受到的那种永无终止的可怕灾难。就像被父母遗弃而又走进蛇窟的孤儿一样，除了自己保护自己外，没有人保护他们。当中国国力最强大时，如本世纪（十八）初叶，对他们不但毫无帮助，反而巴不得他们在海外死尽灭绝……"

欧洲的地理大发现，有力地促进了欧洲现代经济的发展，对欧洲文明的转型发挥了巨大的作用。可是，在中国，由于明清社会对社会的高度封闭，使中国人白白丧失了这次向海洋进军、发展新经济并促使文明转型的宝贵的历史机遇。其严重的后果是，扼杀了宋朝培育起来的中国人的自由、开放的精神，中断了文明成果的积累，使手工业没有发展到现代大工业的推动力，使中国的工业革命无法发生。这就制约了中国大资产者的产生，没有培育出实行现代民主制度的社会基础。在这种情况下，要实现文明的转型，是不现实的。

结　论

　　写作《中国文明的反思》这本书，目的就是要让人们了解中国一元化文明是如何产生并发展的，了解中国的真实历史。从本书的分析可以看到，由于没有海洋的阻隔，缺乏教会组织，缺乏人权和契约观念，缺乏民主思想家和政治家的推动等基本条件，中国古代文明没有转变成为现代文明。

　　在这里，我要说的是，除了以上这些基本原因以外，还有别的重要原因，这就是民族心理的影响。书中对此已经做了一些探讨，但还有一些问题需要引起足够的重视。这些问题在这里虽然不能做深入的论证，但把这些问题提出来，引起人们的思考，对于正确认识中国的文明历史，我想还是有益的。

　　这些问题主要包括：

　　一是中国人在传统上缺乏权力谦卑的观念。这种观念认为，人类权力与尊荣的本质，就是绝对的谦卑，就是无条件地服从世人，就是无条件地为世人牺牲与奉献。可是在中国的历史上，那些皇帝和各级官僚却从来就不知道什么叫权力的谦卑。他们认为自己是百姓的父母，是统治人民的，所以满脑子为民做主的观念，不尊重人民的自由选择，甚至公然向人民说谎，对人民施以暴力，缺乏最高道德的自制和自律。他们在取得权力之前，可以表现得十分谦卑，甚至愿意向人民下跪或者作各种无法兑现的承诺，一旦大权在握，他们就翻脸不认人，将人民踩在脚下，使人民感到恐惧。古代中国政治人物的两副面孔，很难产生出民主、平等、博爱的思想，不能为人民奉献与牺牲，他们更多的是《三国演义》中的权谋思想和《水浒》中的流氓心态。这种官场文化生态很难导致真正民主政治的产生。

　　二是不知道保护失败者。如果没有对弱者、对失败者、对少数人和对反对势力的尊重、保护和和平共处，就不可能有民主、共和制度的产生。因为民主是多数人对政治的参与，是少数服从多数；而共和则是对权力、对民主的制衡，是对少数人的保护，其中就包括对失败者、对弱者和对反对势力的保护。只有少数人、失败者、弱者和反对势力的权利得到尊重和保护，能够与多数人、胜利者和强者和平共处，相互制约，才能保证宪政和自由的实现。可是中国古代的政治人物没有这样的观念，因此没有制定出控制"控制者"的制度设计，来保护失败者、弱者以及少数人的人权不受到侵犯。所以，中国古代没有能改变强权专制的历史。

三是没有自愿认输的观念。输者认输的游戏规则是民主、共和制度的保证。在公平竞争的原则下，只有输者认输，才能使政治运作在和平的框架里进行，防止暴力的出现，保证政权的和平转移。所以，实现民主宪政最困难的问题，不但是有权影响游戏规则的人，能够替政治竞争中的失败者着想，而且是失败者的自愿认输。但是中国古代的政治人物既不愿意保护失败者，更不愿意输了认输，结果不是同归于尽，鱼死网破，就是成王败寇；这就使强者、胜利者很难与失败者和平共存，相互制约，使权力的转移，从来都是以暴力、流血的方式进行，最终的结果总是改朝换代。所以中国古代容易发生革命，而不容易进行公平竞争。

四是不喜欢听取批评。古代中国的皇帝在取得政权之前，往往都能较好地听取不同的意见，鼓励人们言论自由。在夺取政权之后的初期，也还是能够虚心纳谏，所以中国古代也曾经有过发达的清议政治，士大夫被鼓励针砭时弊。但皇帝权力巩固之后，就一意孤行，对不同政见者进行残酷的杀戮。秦始皇"焚书坑儒"，汉武帝时期，颜异死于"腹诽"，司马迁遭李陵之冤，等等，以至于冤案成山，血流不断。魏晋南北朝时期，祢衡、孔融、嵇康等许多知识分子死于言论之祸，使陶渊明等当时的知识分子纷纷遁入山林，成为隐士，有的出家当了和尚，以躲避残酷的政治迫害。特别是到了明清时期，统治者大兴文字狱，庭杖士大夫，夷人九族，动辄牵连成千上万无辜的人，使整个明清两代鸦雀无声，开创了思想、言论犯罪的恶劣历史。虽然唐朝李世民比较能够虚心纳谏，特别是宋朝实行"不杀士大夫及上书言事人"的政治纲领，以文治国，鼓励人们独立思考，发表不同意见，但宋朝的政治文明并没有为明清社会所继承发扬，结果使皇权专制愈演愈烈。

五是没有感恩的心理，遗忘前人的恩惠。"滴水之恩，当涌泉相报"。这是中国的古训。但在现实的生活中，其实并不是这么回事。1898年，光绪皇帝为了富国强兵，改善民生，不顾自身的安危，对中国的政治、经济、文化、教育等各个方面，进行坚决的变革，最后在既得利益集团与慈禧太后的联合攻击之下遭到失败，他本人作为国家名义上的最高领导人，在没有经过任何合理、合法和合情的程序下，就被慈禧终身软禁，丧失了人身自由。这是专制政治对法治的践踏。

光绪为了国家民族而遭不幸，应该说他是有恩于民众的。作为中国人，按理是应该报答他的恩惠的。然而很不幸的是，光绪皇帝很快就被国内的民众遗忘了。虽然康有为在海外呼吁要恢复光绪皇帝的帝位，但他的呼吁不但没有得到人们的理解、同情和支持，相反，康有为还被人们咒骂为"保皇党"。很显然，正是因为中国民众对光绪皇帝恩惠的迅速淡忘和对他的境况的漠不关心，于是既鼓励独裁者不仅敢于蔑视法治剥夺光绪皇帝的自由，而且使得剥夺行为没有任何外在的压力和内在的恐惧。于是使得专制独裁政治不仅没有因为戊戌变法而有所改变，相反还更加强化。

对光绪皇帝恩惠的遗忘，必然使他的复辟难以实现。试想，如果当年中国人帮助光绪皇帝重新掌权的话，必然要为戊戌维新平反，那么，中国的民主、共和政治必然大大地向前推进，宪政和法治必然大大加强。所以，对光绪皇帝恩惠的遗忘，不仅仅是对某一个人的遗忘，而且是对一个伟大的变革时代的遗忘，是对一个民族基本道德的遗忘。

除了以上这些心态不利于民主政治的发展之外，还有中国传统文化中根深蒂固的大一统观念、狭隘的民族情绪、喜欢听好话以及走极端等心态，都不利于民主政治的发展。

正是因为这种种的原因，中国古代文明没有摆脱专制与革命的循环，没有出现实质性的进步，使中国皇帝专制制度延续了两千多年。这是非常令人遗憾但也是无可奈何的事情。我们今天之所以要把这些问题提出来，就是希望人们对中国古代文明有一个客观的认识。

当然，我们反思中国的文明，不仅要吸取历史的教训，也要总结历史的经验。在中国历史上，也曾创造出了辉煌的文明。其中宋朝是中国古代文明的顶峰，其文明的先进性远远超过同时代的西方社会。为什么宋朝能够创造出如此辉煌的文明成就？这个问题所蕴涵的信息，绝对不应该被今天的中国人所忽略。认真研究宋朝文明产生的原因，对于今天中国文明的复兴，有着极其重要的意义。

大宋文明的成功，有一个非常重要的启示，那就是：在中央集权的政治体制之下，只要有良好的完善的制度建设，中国一样能够创造出领先于世界的文明成就。

宋王朝是怎样在中央集权制度之下，创造出伟大文明的呢？其中的原因应该是多方面的，但中央集权加仁政的政治设计应该是主要原因。因为中央集权不等于专制和暴政，专制与集权还是有区别的。中央集权是指国家政策由中央决定，地方无权。专制指的是皇帝个人实行独裁。秦朝建立的虽然是中央集权制度，但实际上实行的是皇帝个人专制独裁。所以秦朝的政治设计是专制加暴政。实行专制加暴政的朝代，还有汉武帝统治时期、西汉末年的王莽时期、东汉末年的宦官外戚专制加暴政、西晋、隋炀帝统治时期、元明清等朝代。当然这些朝代施行专制和暴政的轻重程度也有不同。而西汉的"文景之治"、唐朝的"贞观之治"、"开元盛世"，实行的是中央集权加仁政的政治设计。宋朝也是这样的设计，但宋朝以文立国，以仁义治国，社会高度开放，言论十分自由，在各方面都比唐朝要开明开放。可见，凡是实行专制加暴政的朝代，社会就腐败黑暗，人民就受苦受难。而实行中央集权加仁政的朝代，社会就政治清明一些，人民能安居乐业，文明就进步发达。

宋朝实行中央集权加仁政的政治设计，制定了许多重要的制度和政策措施，从而保证了宋朝政治设计的实现。这里我们着重只指出以下几点：第一，宋朝以文立国，以仁义治国，是一个真正按照儒家"仁政爱民"、"以民为本"思想来治国的朝代，实行了自由、开放的政策。宋朝不杀士大夫及上书言事人，有言论自由、思想自由、宗教信仰自由和人身自由，保障人权。不拒绝任何一种外来文化，不设置任何思想的禁区。整个社会开放，人民没有恐惧感，敢想敢说。宋朝尊重知识、尊重人才，整个社会有良好的读书学习的风气。因此养成了自由、独立、开放、仁爱、宽容、正直、追求公平竞争、积极进取的民族性格和精神。第二，在皇权的控制和保护下，宋朝有宽松的政治环境，有比较完善的君臣相互制约的政治结构，有保障人权的比较完备的法律，有公开的舆论监督制度，使官场腐败现象受到遏制。不但各级官员，就是皇帝本身也比较遵守游戏规则。宋朝有先进的科举选拔人才的公平竞争制度，有比较完善的文官制度，有高薪养廉的制度、有先进的大学教育制度等等，培育了良好的官场生态系统和人文精神。第三，宋朝有私有财产的保护制度，有自由贸易制度，有土地私有制度，有一定的社会保障制度和宏观调控措施。

当然不是说宋朝社会没有问题和缺点，但宋朝的中央集权加仁政的政治设计和先进的制度建设，确实创造了中国古代社会的最高文明成就。本人认为，宋文明实际上就是伟大的中华传统文明的最高代表。宋朝实际上已经处于现代大工业文明的前夜，处于由仁政社会向现代宪政社会的过渡阶段。如果不是宋文明后来被蒙古的铁骑所屠杀消灭，可以断言，在后来与西方文明的竞争中，一定会迅速走上现代化的道路，并创造出绝不亚于西方的文明成就。这是在中央集权的制度下创造的伟大成就，是留给现在中国人的宝贵遗产，确实应值得今天的中国人好好研究。

如果今天的中国能够借鉴古代科举制度，通过立法手段建立起完善透明的人才选拔制度，并建立企业自动注册制度、违宪违法审查制度、私有财产保护制度、思想自由和舆论开放制度、各级官员财产公开制度、与国际接轨的先进的大学教育制度、社会分配相对公平的制度、公共财政转移支付制度（包括党政财政分家制度）、市场经济和宏观调控制度、限制和监督行政权力滥用制度、保护人权的制度等等，同时努力改善民生，发展经济，那么，"以民为本，执政为民"的执政理念就会得到很好的落实，一个更加辉煌的时代是完全可以预期的。

最后我想要说的是，这本书虽然是我经过多年的努力写成的，本人为此付出了很多心血，但由于历史知识不足，理论水平有限，所以难免有许多的缺点和错误，在此希望能够得到有关专家学者和读者的批评指教，并对所有帮助过我、关心过我的人表示衷心的感谢。

主要参考书目和文章

1. （台湾）柏杨：《中国人史纲》，中国友谊出版公司 1998 年 1 月版。
2. ［英］汤因比：《历史研究》，上海人民出版社 1997 年 11 月版。
3. ［法］托克维尔：《论美国的民主》，商务印书馆 2002 年版。
4. ［法］孟德斯鸠：《论法的精神》，商务印书馆 2002 年版。
5. 钱穆：《中国历代政治得失》，生活·读书·新知三联书店 2001 年 6 月版。
6. 万里：《不受制约的权力》，岳麓书社出版 1998 年 9 月版。
7. 黄中业：《战国盛世》，河南人民出版社 1998 年 8 月版。
8. 董小燕：《西方文明史纲》，浙江大学出版社 2001 年版。
9. ［法］让－皮埃尔·韦尔南：《希腊思想的起源》，生活·读书·新知三联书店 1996 年 6 月版。
10. ［英］约翰·索利：《雅典的民主》，上海译文出版社 2001 年 1 月版。
11. 陈恒：《古希腊》，华东师范大学出版社 2001 年 1 月版。
12. 郭长刚：《古罗马》，华东师范大学出版社 2001 年 1 月版。
13. 赵德馨主编：《中国经济通史》，湖南人民出版社 2002 年 12 月版。
14. 谢苍霖、万芳珍：《三千年文祸》，江西高校出版社 1991 年 12 月版。
15. 吕锡琛：《道家方士与王朝政治》，湖南出版社 1991 年 12 月版。
16. 叶秀山：《前苏格拉底哲学研究》，人民出版社 1997 年 10 月版。
17. 施雪华：《当代各国政治体制：英国》，兰州大学出版社 1998 年 4 月版。
18. 刘小林：《当代各国政治体制：日本》，兰州大学出版社 1998 年 4 月版。
19. ［美］施密特：《基督教对文明的影响》，北京大学出版社 2004 年 9

月版。

20. ［日本］吉田茂：《激荡的百年史》，世界知识出版社 1980 年 7 月版。

21. 樊树志：《国史十六讲》，中华书局 2006 年 6 月版。

22. 吴国盛：《科学的历程》（第二版），北京大学出版社 2002 年 10 月版。

23. 陈钦庄：《基督教简史》，人民出版社 2004 年 1 月版。

24. 陈剩勇：《中国第一王朝的崛起》，湖南人民出版社 1994 年 5 月版。

25. 裴默农：《春秋战国外交群星》，重庆出版社 1994 年 2 月版。

26. 怀效锋主编：《中国法制史》，中国政法大学出版社 2002 年元月修订版。

27. 除喜辰：《井田制研究》，吉林人民出版社 1984 年 4 月版。

28. 任俊华：《儒家大同、小康思想与〈易经〉的渊源关系》，网上文章，见 http：//www. confucius 2000. com/zhouyi/dtxkyzhy. htm。

29. 赵靖主编：《中国经济思想通史》，北京大学出版社 1996 年 4 月版。

30. 郑学檬：《中国古代经济中心南移和唐宋江南经济研究》，岳麓书社 2003 年 10 月版。